geni@l klick

Deutsch für Jugendliche

Lehrerhandbuch B1

von

Michael Koenig

Klett-Langenscheidt

München

geni@l klick Lehrerhandbuch B1
erstellt von Michael Koenig

Redaktion und Projektleitung: CoLibris-Lektorat Dr. Barbara Welzel, Göttingen

Gestaltungskonzept und Layout: Andrea Pfeifer, München
Illustrationen: Theo Scherling, München; Yo Rühmer, Frankfurt
Covergestaltung: Bettina Lindenberg, München

geni@l klick Kursbuch B1
erstellt von Sarah Fleer, Michael Koenig, Petra Pfeifhofer, Margret Rodi, Cordula Schurig
unter Mitarbeit von Maruska Mariotta

Redaktion und Projektleitung: CoLibris-Lektorat Dr. Barbara Welzel, Göttingen

Gestaltungskonzept und Layout: Andrea Pfeifer, München
Illustrationen: Theo Scherling, München; Yo Rühmer, Frankfurt

Autoren und Verlag danken allen Kollegen, die geni@l klick B1 begutachtet sowie mit Kritik und wertvollen Anregungen zur Entwicklung des Lehrwerks beigetragen haben.

geni@l klick Deutsch für Jugendliche

B1: Materialien

Kursbuch B1 mit 2 Audio-CDs	605069
Arbeitsbuch B1 mit 2 Audio-CDs	605070
Arbeitsbuch B1 mit DVD-ROM (Audio und Video)	605071
Lehrerhandbuch B1 mit integriertem Kursbuch	605072
Lehrwerk Digital B1 mit interaktiven Tafelbildern	605073
Testheft B1 mit Audio-CD	605074
Intensivtrainer B1	605075

Interaktive Tafelbilder auch als Download erhältlich

Verwendete Abkürzungen

KB	Kursbuch
AB	Arbeitsbuch
LHB	Lehrerhandbuch
S	Schüler
EA	Einzelarbeit
PA	Partnerarbeit
KG	Kleingruppe/n
PL	Plenum
KV	Kopiervorlage
Aufg.	Aufgabe
s.	siehe
z. B.	zum Beispiel
ggf.	gegebenenfalls
usw.	und so weiter
evtl.	eventuell
d. h.	das heißt
v. a.	vor allem
u. a.	unter anderem
max./min.	maximal/minimal
Sg.	Singular
OHP	Overheadprojektor

Besuchen Sie uns auch im Internet:
www.klett-sprachen.de/genialklick

1. Auflage 1 6 5 4 3 | 2017 16

Satz: kaltner verlagsmedien GmbH, Bobingen
Druck und Bindung: CPI books GmbH, Leck

ISBN 978-3-12-605072-2
9 783126 050722

geni@l klick
Deutsch für Jugendliche

Lehrerhandbuch B1

Inhaltsverzeichnis

Zur Arbeit mit geni@l klick – eine Einführung 4
Ausführliches Inhaltsverzeichnis des Kursbuchs 14
Selbstevaluation für Lehrende und Hinweise für den Unterricht 18
Hinweise zu den Kapiteln 19

Wortliste 133

Anhang
- Kopiervorlagen 144
- Transkripte der Hörtexte zum Kursbuch 170
- Transkripte der Hörtexte zum Arbeitsbuch 183
- Transkripte der Texte im Video 196
- Lösungsschlüssel für die Aufgaben des internationalen Arbeitsbuchs 200

Quellen 216

Zur Arbeit mit geni@l klick – eine Einführung

geni@l klick ist ein Lehrwerk, das die aktuellen Erkenntnisse der Lernpsychologie und der Fremdsprachenlehr- und -lernforschung berücksichtigt. Es richtet sich an Jugendliche, die bereits Deutsch auf dem Niveau A1 und A2 gelernt haben. Wer *geni@l klick* A1/A2 kennt, wird schon einige der Prinzipien erprobt haben, die im Folgenden noch einmal genannt und im Hinblick auf das Niveau B1 ergänzt und angepasst werden.
Die Lernziele und die Progression von *geni@l klick* B1 entsprechen dem Gemeinsamen europäischen Referenzrahmen (GeR) und werden sowohl im Inhaltsverzeichnis des Kursbuchs als auch zu Beginn der Kapitel aufgeführt und auf den letzten Seiten der Kapitel nochmals aufgegriffen. Die Anforderungen der internationalen Prüfungen wurden umfassend berücksichtigt.

Band B1 wurde, wie auch die Bände A1/A2, für ein Schuljahr mit rund 160 Stunden konzipiert. Diese Stundenzahl ist ein Durchschnittswert, der je nach Leistungsstärke der Lerngruppe variieren kann.
Das methodisch-didaktische Grundkonzept von *geni@l klick* folgt den Leitlinien eines kommunikativen, handlungsorientierten Unterrichts. Besonderer Wert wurde auf die Unterstützung interaktiver und kooperativer Arbeitsformen auf der inhaltlichen Grundlage des GeR und von „Profile Deutsch" gelegt. Die Thematisierung von Reflexion im Sinne von Nachdenken über Sprache und Sprachenlernen, Lernstrategien und die Anregung zur Selbstevaluation unterstützen eine „Autonomisierung" der Lerner mit dem Ziel, dass die Schüler mehr Verantwortung für ihren Lernprozess übernehmen.

Die Komponenten von geni@l klick B1

Kursbuch B1

Das Kursbuch (KB) enthält zwölf Kapitel und drei „Plateaus". Die **zwölf Kapitel** sind übersichtlich aufgebaut und beginnen mit einer Einstiegsseite, die in das Kapitelthema einführt und die Lernziele benennt. Nach der Einstiegsseite wird das jeweilige Thema auf drei Doppelseiten vorgestellt und mit Übungen zum Lernpensum verschränkt, wobei alle Fertigkeiten berücksichtigt werden. Jedes Kapitel schließt mit der „interaktiv" konzipierten Rückschauseite „Das kann ich … ", auf der die S mithilfe von kurzen (Partner-) Aufgaben selbstständig prüfen, ob sie die Lernziele des Kapitels erreicht haben.

Die **drei Plateaus** festigen jeweils den Lerninhalt der vier vorausgehenden Kapitel und bieten
- ein Training der Fertigkeiten bzw. der Kompetenzen,
- eine Schulung der Aussprache,
- Reflexionen über Lernstrategien
- Übungen zum Video.

Zudem gibt es in jedem Plateau einen Teil, der anhand *praktischer Modelle* auf die B1-Prüfungen vorbereitet.

Die vier **sympathischen Figuren** Lara, Rudi, Mieze und Bello fungieren auch im Band B1 wieder als Modelle für Äußerungen, kommentieren oder konkretisieren grammatische Strukturen.

Im Anhang finden die S eine **Zusammenfassung der grammatischen Strukturen** sowie eine **Wortliste**.

Arbeitsbuch B1

Kursbuch (KB) und Arbeitsbuch (AB) sind eng miteinander verschränkt. Durch das Konzept der „Spiegelung" bezieht sich jeweils eine Doppelseite aus dem AB auf die entsprechende Doppelseite aus dem KB. Dadurch werden Verweise und Transparenz der Inhalte für Lehrende und Schüler erleichtert.

Das AB ist vor allem für das selbstständige Wiederholen und das individuelle Training zu Hause gedacht. Allerdings gibt es ab und zu Aktivitäten, bei denen die S zusammenarbeiten sollen und die daher **in der Klasse** durchgeführt werden müssen. Diese Übungen sind mit einem Symbol gekennzeichnet und sollten im Präsenzunterricht berücksichtigt werden.

Auch im AB werden die S angeregt, **ihren Lernfortschritt selbst zu evaluieren**, indem sie auf der letzten Seite eines Kapitels Aufgaben zu den kommunikativen Lernzielen lösen („Das kann ich schon") und mit einem Lösungsvorschlag im Anhang des AB vergleichen. Außerdem **evaluieren die S ihr Lernverhalten** und werden ermuntert, verschiedene Lernstrategien zu erproben („So lerne und übe ich").
Den drei Plateaus sind im AB jeweils ausführliche Trainingseinheiten zur intensiven Vorbereitung auf **Testaufgaben** der internationalen Tests auf dem Niveau B1 zugeordnet.
Darüber hinaus bietet ein **Videotrainer** zusätzliche Übungen zum Begleitvideo an.
Ein **Vorspann** informiert die S zudem über Funktionen, Konventionen und Angebote des AB.

Die „Rückschauseite“ im Kursbuch und im Arbeitsbuch – ein innovatives Angebot zur Wiederholung und zur Selbstevaluation

Im Kursbuch: Auf der letzten Seite jedes Kapitels finden sich eine knappe Zusammenfassung und kurze Partnerübungen zu den Kapitelinhalten („Das kann ich ...“). Hier überprüfen die S selbstständig ihr Wissen und Können.

Die Arbeit mit der Rückschauseite

Die Rückschauseite soll die S ermutigen, sich selbst zu evaluieren – und zu zweit geht dies besser und macht mehr Spaß. Die S decken die linke Seite ab und lösen und „üben zu zweit“ die Aufgaben in der rechten Spalte. Bei Unsicherheiten und zur Kontrolle hilft die linke Spalte. Anschließend sollte im Kurs kurz gesammelt werden, was gut geklappt hat oder was noch schwierig war.
Bei **„Mit Sprache handeln“** üben die S die Sprachhandlungen aus dem Kapitel. Sie lesen die Beispiele und Redemittel und üben in Partnerarbeit Fragen, Antworten und ggf. auch weitere Variationen. Zur Erinnerung und Vertiefung finden sich hier noch einmal die **Lerntipps und Strategien** aus dem Kapitel.

Im Arbeitsbuch: Auch auf der letzten Seite eines Kapitels im AB finden die S Übungen zur eigenen Evaluation der jeweiligen Inhalte. Die S können ihre eigenen Lösungen direkt mit den Lösungen im Anhang des AB vergleichen und so ihre Leistungen einschätzen. Zudem verweisen Seitenzahlen auf die entsprechenden Seiten im KB und AB, wo sich die S noch einmal Hilfe „holen“ können.

Vorschlag: Bearbeiten Sie nach Kapitel 1 ausnahmsweise die Seite „Das kann ich“ im AB in der Klasse, damit die S diese Form von Aktivität kennenlernen. Lassen Sie die S entdecken, wie die Seite funktioniert und wo sie die Lösungen finden. Die S arbeiten dabei am besten in Partnerarbeit. Geben Sie Hilfestellung. Ist alles klar, können die S von nun an die „Das kann ich“-Seiten individuell als Hausaufgabe machen. Thematisieren Sie diese Seiten dennoch bei späteren Kapiteln regelmäßig im Kurs, um die S auf dem Weg der Selbstevaluation zu stärken.

Die Plateaus in Kurs und Arbeitsbuch

Im Kursbuch: In *geni@l klick* B1 gibt es drei Plateaus, die der Anwendung des Gelernten, der Wiederholung von Wortschatz und Grammatik und dem Üben der Inhalte der vorausgegangenen Kapitel dienen. Die S werden in den Plateaus nicht mit neuen grammatischen Inhalten konfrontiert, sondern können hier noch einmal das wiederholen und vertiefen, was sie schon gesehen und gelernt haben.
Auf der Einstiegsseite, dem sog. **Karussell**, beschäftigen sich die S mit ca. 18 Sätzen, Fragen, Impulsen usw. aus den vier Kapiteln davor. Sie müssen lesen, vorlesen, die entsprechenden Antworten/Ergänzungen finden und sie arbeiten zu zweit. Impuls und Reaktion wechseln jedes Mal und es kann nichts passieren, da die S keine grammatischen Fehler machen können. Alles wird gegeben wiederholt, geübt und dadurch eingeprägt und automatisiert. Geben Sie den S zuerst Zeit, 2–3 Minuten alles schnell zu lesen und sich zu orientieren. Dadurch werden sie die Zuordnungen schneller wiedererkennen und das Ganze verläuft flüssiger und problemloser. Als Lehrperson haben Sie „frei“ und können entweder bei der Übung einfach mitmachen, gezielt schwächeren S helfen oder eine weitere Phase Ihres Unterrichts vorbereiten.

Im Arbeitsbuch: Die Plateaus im AB sind als **Testtraining** angelegt. Die erste Seite erleichtert durch ihren spielerischen Wiederholungscharakter den Einstieg. Die Tests sind dem Zertifikat Deutsch des Goethe Instituts angeglichen, damit die S mit diesen und ähnlichen Testformaten vertraut gemacht werden. In den Plateaus werden alle vier Fertigkeiten trainiert. Bis auf wenige Übungen auf den Einstiegsseiten und bis auf die Fertigkeit Sprechen, die im Unterricht behandelt werden sollte, können die S die Übungen zu Hause bearbeiten. Aber auch bei *geni@l klick* B1 bietet es sich an, das Plateau 1 im PL zu erklären und Teile daraus im Unterricht zu machen. Stellen Sie zudem ab und zu im PL reflektierende Fragen wie *„Was war für euch schwierig/einfach?“*. So werden Sie und die S wissen, wer wo Schwierigkeiten hat, was leichter/schwerer fällt und wo die S stärker gefördert werden müssen.

Audiomaterialien

Zum KB und zum AB gibt es jeweils zwei CDs, die Hörtexte und Impulse zur Ausspracheschulung enthalten. Genauere Hinweise, wie Sie am besten mit den jeweiligen Hörtexten arbeiten können, finden Sie in den Beschreibungen der Kapitel im Lehrerhandbuch.

Video und Videotrainer B1

Das etwa 20-minütige **Video** zeigt Szenen mit Jugendlichen, die nicht von Profis, sondern von Schülern gedreht wurden. Das Video ergänzt die Arbeit mit dem KB und dem AB auf motivierende Weise und bietet zusätzliche Sprechanlässe für den Unterricht.
Aufgaben zum Video finden sich in den Plateaus des KB und im **Videotrainer**, der sich im Anhang des AB befindet. Sie liefern Impulse zum Hör-Seh-Verstehen, Sprechen und Schreiben und fördern die Anwendung und den Transfer von gelerntem Wortschatz und kommunikativen Strukturen. Sie können nach Bearbeitung der einzelnen Blöcke des KB oder kapitelbezogen eingesetzt werden.
TIPP: Über die Steuerung Ihres Videoplayers können Sie die deutschen **Untertitel** einblenden.

Intensivtrainer

Der Intensivtrainer bietet zu den zwölf Kapiteln eine Vielzahl zusätzlicher Übungen. Mit einfachen und bekannten Übungsformen werden Wortschatz und Grammatik wiederholt und vertieft. Darüber hinaus enthält der Intensivtrainer einfache Lesetexte. Am Ende jedes Kapitels haben die S die Möglichkeit, wichtige Wörter und Sätze zusammenzufassen. Um einen aktiven und selbstverantwortlichen Umgang mit den Übungen zu fördern, findet sich im Anhang ein Lösungsschlüssel, damit die S ihre Arbeitsergebnisse selbstständig überprüfen können.

Testheft

Das Testheft stellt Testmodelle zur Verfügung, die auf die jeweiligen Prüfungen „Zertifikat Deutsch" und „Zertifikat B1" vorbereiten. Im ersten Teil des Testhefts finden Sie zu den Kapiteln Lernfortschrittstests. Zudem enthält das Testheft kursbegleitend Modelltests mit prüfungsvorbereitenden Materialien zu den „Europäischen Sprachenzertifikaten" (B1-Niveau). Mithilfe dieser Modelltests können Sie überprüfen, ob die Lernenden die Lernziele für das Niveau B1 erreicht haben. Die S können mit den Materialien einerseits nachweisen, was sie schon können, und sich andererseits „echt" auf offizielle Tests vorbereiten.

Glossar

In den zweisprachigen Lernglossaren, die unter www.klett-sprachen.de/genialklick online zur Verfügung stehen, ist der Wortschatz nach Kapiteln aufgeführt. Zudem finden die S hier Beispielsätze, die das Lernen des Wortschatzes erleichtern.

Lehrerhandbuch (LHB)

Das vorliegende LHB beschreibt die „Philosophie" des Unterrichts und bietet zu den Übungen und Aufgaben konkrete Vorschläge für eine mögliche Umsetzung im Unterricht sowie die Lösungen der KB-Aufgaben an. Außerdem finden Sie dort Kopiervorlagen.
Im Anhang sind zudem die Lösungen und Lösungsvorschläge für die Aufgaben im AB aufgeführt, wie auch die Transkripte der Audiodateien (KB und AB) und des Videos.

Lehrwerk digital – elektronische Lehrerhandreichung und Unterrichtsmedium zugleich

Das Lehrwerk digital auf DVD-ROM beinhaltet Kursbuch, Arbeitsbuch, die Audiomaterialien, das Video, das Lehrerhandbuch sowie die interaktiven Tafelbilder in elektronischer Form.
Das Lehrwerk digital ermöglicht eine einfache und effiziente Unterrichtsvorbereitung und den Zugriff auf alle Medien des Lehrwerks per Klick. Gleichzeitig können die o. g. Medien im Unterricht projiziert und bei der Arbeit am Whiteboard eingesetzt werden. Integrierte **interaktive Tafelbilder** sorgen für einen abwechslungsreichen, kommunikativen Unterricht. Passend zu den Kapiteln werden Sprechanlässe geboten und die Themen spielerisch und kurzweilig vertieft.

Zur Arbeit mit einem Lehrwerk – Was bedeutet das eigentlich?

Im Folgenden werden einige zentrale Aspekte zur Arbeit mit einem Lehrbuch, die im Lehrerhandbuch zu A1 bzw. A2 ausgeführt wurden, wiederholt und anschließend an Beispielen konkretisiert.

Lehrwerkarbeit ist das dynamische Zusammenspiel von Lehrmaterial (meist in Form eines Lehrbuchs als Teil eines Lehrwerks) welches von einer Lehrkraft im Unterricht eingesetzt wird, um den Spracherwerb der Lernenden zu fördern. Dabei wird deutlich, dass es das ideale Lehrwerk nicht geben kann, da die Bedingungen für den Unterricht von Institution zu Institution sehr unterschiedlich sind und Lehrende sowie Lernende die Arbeit mit ihrem Lehrwerk jeweils auch sehr unterschiedlich interpretieren. Untersuchungen haben gezeigt, dass im Extremfall Lehrende sogar das Gegenteil von dem im Unterricht praktizieren, was das Lehrwerk und das Lehrerhandbuch empfiehlt. Das, was auf den ersten Blick also klar und einfach aussieht, die Lehrwerkarbeit, ist bei genauem Hinsehen ein komplexer Prozess und eine Interaktion von Material, Lehrenden und Schülern. Wir möchten Ihnen mit dem Lehrerhandbuch dabei helfen, diesen Prozess möglichst erfolgreich zu planen und zu realisieren.

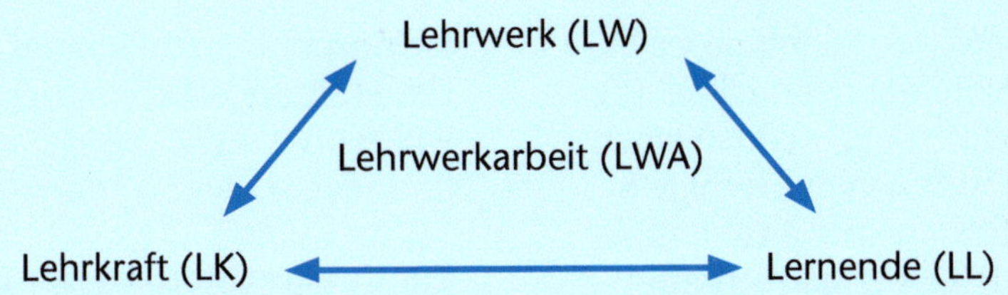

Generelle Bemerkungen zur Arbeit mit Ihrem Lehrwerk (LW)

1. Das LW sollte als **„source book“** und nicht nur als „course book“ betrachtet werden. Ein LW ist ein Angebot, das Lehrkräfte im Sinne einer *Lehrwerkbewusstheit* zusammen mit Ihren Lernern entdecken und erarbeiten sollten, um das in ihm vorhandene Potenzial nutzen zu können.
TIPP: Besprechen Sie in den ersten Unterrichtsstunden gemeinsam mit Ihren S die einzelnen Lehrwerkteile. Weisen Sie die S besonders auf die Möglichkeit hin, dass sie in der Grammatikdarstellung, in der Wortliste und im Glossar selbstständig Unterstützung finden. Blättern Sie zusammen mit den S das KB und das AB durch und erklären Sie wichtige Prinzipien, wie z. B. die Rückschauseiten.

2. Die didaktisch-methodischen Grundlinien im *Lehrerhandbuch* sind häufig auch eine Zusammenfassung aktueller wissenschaftlicher Tendenzen zum Fremdsprachenlehren und -lernen. Lesen Sie die Informationen im LHB vor und während der Arbeit mit dem LW aufmerksam durch. Entscheiden Sie dann, welche Vorschläge für Ihre Unterrichtssituation passen. Probieren Sie aber auch neue Ideen aus! Optimal wäre, wenn Sie das Material mit Ihren KollegInnen diskutieren würden. Durch die lehrerfreundliche Gestaltung des LHBs wollen wir Ihnen die Arbeit erleichtern. Sie haben das komplette Kursbuch und das LHB in einem Buch und brauchen im Prinzip nur dieses Buch mit in die Klasse zu nehmen.

3. Die *Aktionsforschung* als sozialer Prozess bringt Lehrkräfte zusammen, die professionell, kollaborativ und reflexiv die Zusammenarbeit mit dem gemeinsamen LW suchen und auf diese Weise ihren Arbeitsalltag erleichtern und verbessern. Untersuchungen zeigen, dass sich dort, wo Lehrende sich informieren, zusammen arbeiten, unterstützen sowie gemeinsam Probleme und Lösungen diskutieren, das Arbeitsklima positiv entwickelt und sich die Lehrenden entlastet und motivierter fühlen.
TIPP: Sprechen Sie Ihre Deutsch-KollegInnen (aber auch die Kollegen aus anderen Fremdsprachen) an und bilden Sie am besten eine Arbeitsgruppe, die sich kontinuierlich über Fremdsprachenunterricht austauscht.

4. *Wirkungsforschung:* Kaum jemand weiß, wie das Lehrmaterial im Unterricht ankommt, was gut oder nicht so gut funktioniert. Damit die Materialien ständig verbessert werden können, teilen Sie bitte die Beobachtungen der Lehrkräfte (auch der Schüler) dem Verlag mit.

Was uns wichtig ist: Themen und Hinweise für den Unterricht

In Folgenden sind einige Prinzipien und methodische Vorgehensweisen beschrieben, die wir für wichtig halten. Einiges davon wird Ihnen sicher bekannt sein und Sie und Ihre Arbeit bestätigen. Anderes vermittelt vielleicht Impulse oder regt an.

Partnerarbeit und Interaktion

Das Gehirn ist ein soziales Organ – der Mensch ist ein soziales Wesen. Darum sollte im Klassenraum vor allem sozial-interaktiv gehandelt werden.

Je häufiger Ihre S miteinander in der Zielsprache sprechen, desto besser ist es
- für die Atmosphäre im Klassenzimmer, da sich die S in der Regel viel weniger langweilen,
- für das Üben der Zielsprache Deutsch, da die S wesentlich mehr produzieren und
- für die Lehrkraft, da sie nicht der aktivste Teil des Unterrichts ist und Zeit hat, sich z. B. intensiver um schwächere S zu kümmern.

Also: Lassen Sie Ihre S so oft wie möglich zu zweit oder in kleinen Gruppen arbeiten.

Förderung der Sprechkompetenz – konkretisiert an ausgewählten Beispielen

Traditionell bearbeiten und bewerten Lehrende viele Übungen oder Aufgaben im Unterricht von vorne. Die S werden nacheinander aufgerufen und nennen einen Satz oder eine Lösung. Dabei kommen nur wenige S zu Wort und der Prozess ist stark durch die Lehrenden gesteuert. Die S sollen auch viele Übungen schriftlich im Klassenzimmer bearbeiten. Dies kostet nicht nur sehr viel Zeit, sondern führt auch zu Fehlern, die die Lehrkräfte meist nicht rechtzeitig bemerken und die dann wieder aufwändig „repariert" werden müssen.

Bei Frontalunterricht kommen die S nicht oft zum Sprechen. Oft haben nur die Besten den Mut, von alleine etwas vor einer größeren Gruppe zu äußern. Viele haben Angst, Fehler zu machen. Manche brauchen etwas mehr Zeit zum Überlegen usw.

In *geni@l klick* B1 finden sich ganz bewusst sehr viele Aktivitäten, bei denen die S in Partnerarbeit oder in Kleingruppen miteinander sprechen, ohne dass die Lehrkraft die Arbeit immer direkt kontrollieren muss. Das erhöht – wie gesagt – den Sprechanteil erheblich und macht den S in der Regel auch mehr Spaß.

Zur **Konkretisierung der unterschiedlichen „Interpretation" und methodischen Durchführung** einer Übung sind im Folgenden zu ausgewählten Aufgaben aus *geni@l klick* B1 Merkmale von „möglichen" Vorgehensweisen einander gegenübergestellt.

Beispiel 1 (Kapitel 6, Aufg. 11a):

11 Noch mehr irreale *wenn*-Sätze …

a Ergänzt die Sätze mit den passenden Verben im Konjunktiv.

Wenn ich mehr Geld hätte, *würde* ich öfter ins Kino gehen. Wenn ich öfter ins Kino gehen w…, hätte ich weniger Zeit zum Jobben. Wenn ich weniger Zeit zum Jobben h…, hätte ich weniger Geld. Wenn ich weniger Geld h…, könnte ich nicht so oft ins Kino gehen. Wenn ich nicht so oft ins Kino gehen k…, h… ich mehr Zeit zum Jobben. Wenn ich mehr Zeit zum Jobben h…, h… ich mehr Geld.

Zur Gegenüberstellung s. Tabelle.

Abfragen im Plenum / frontal/ von vorne	Bearbeiten der Übung in Partnerarbeit
Macht jetzt bitte Aufgabe 11a. Schreibt den Text mit den Lösungen ins Heft. (Nach einigen Minuten) *Gut, seid ihr alle fertig? Dann lies bitte den ersten Satz vor, Monique … usw..*	*Macht bitte Aufgabe 11a zu zweit. Bitte zuerst nur mündlich, nicht schreiben! Lest euch abwechselnd die Sätze mit den Lösungen vor. Wechselt die Rollen, wenn ihr fertig seid.* (Nach einigen Minuten) *Hat alles geklappt? Was war ein Problem? Kann ich einige Beispiele hören? O. k. Monique?…*
Bewertung: Die S arbeiten still und individuell. Sie schreiben und das dauert in der Regel sehr lange. Fehler, die sie dabei machen, können von den L. in der Regel nicht verhindert werden und kosten danach viel Reparaturzeit. Die S sprechen überhaupt nicht. Wenn sie fertig sind, dann lesen nur ganz wenige S ihre Lösung gerne vor (die „Guten"). Wenn jemand einen Fehler macht, kann das zu Frustration und Demotivierung führen.	**Bewertung:** Die S sprechen über die Aufgabe, lesen die Sätze vor und korrigieren sich gegenseitig. Sie hören und sprechen wahrscheinlich mehrmals die richtigen Sätze und erhöhen damit ihre Sicherheit. Zudem üben sie das gegenseitige Wahrnehmen. Wenn manche schneller fertig sind, können sie die Rollen tauschen und lesen jetzt die Sätze vor, die ihr Partner vorher hatte. L. kann sich zu einigen Paaren dazusetzen und feststellen, wo es noch Probleme gibt. Das Vorlesen einiger Beispiele in der Klasse dient nur noch der Kontrolle. Die S haben durch ihre Selbstevaluation das meiste schon geleistet.

Der Ablauf im individuellen Unterricht jeweils etwas anders verlaufen, denn die beiden dargestellten Vorgehensweisen sind sehr gegensätzlich. Dennoch wird an dem Beispiel deutlich, wo die Vorteile eines sozial-interaktiven kommunikativen Unterrichts liegen.
Im Prinzip können Sie praktisch alle Übungen dieser Art, die in einem traditionellen Unterricht oft schriftlich erfolgen und frontal abgefragt werden, von den S interaktiv vorbereiten lassen. Sie können sich während des Übens jeweils hin und wieder zu den Schülern setzen, die vielleicht noch ein bisschen mehr Hilfe brauchen. Da die Übungen häufig so angelegt sind, dass die S durch Nachdenken und Aufmerksamkeit kaum Fehler machen können, können sie vor allem auf die inhaltliche Richtigkeit, die Aussprache und die Intonation usw. achten.
Wenn Sie der Ansicht sind, dass die S eine Festigung durch das Schreiben der Sätze brauchen, dann sollten die S das besser NACH dem mündlichen Üben leisten, da dann die Gefahr, etwas falsch zu notieren, gesunken ist. Auf diese Weise vermeiden Sie z. B. auch Stress und Angst vor Fehlern, da es für die S immer die Möglichkeit gibt, den Nachbarn rechts, links, hinter oder vor ihnen zu fragen und um Hilfe zu bitten. Dieses Fragen als „Helferprinzip" sollte aktiv unterstützt werden, da so die Kommunikation bei den S bleibt.

Wichtig: Der Unterricht im Klassenzimmer sollte im Sinne eines sozial-interaktiven Raums so umfassend wie möglich zur Kommunikation der S untereinander genutzt werden.

Beispiel 2 (Kapitel 7, Aufg. 7b):

1.46 **b Hört zu und lest die kritischen Fragen und Kommentare zum Thema. Sprecht sie mit Emotionen wie im Beispiel auf der CD.**

a. Schulfach Graffiti? Um Gottes willen, dann beschmieren die Schüler noch mehr Häuser!
b. Das sind doch noch Jugendliche, die wissen doch gar nicht, was passiert, wenn sie Graffiti sprayen!
c. Die Lehrer haben doch gar keine Ahnung von Graffiti! Wer soll denn das unterrichten?
d. Und wie wird das Ganze dann bewertet??
e. Ich glaube nicht, dass das den Schülern Spaß macht!
f. Wo sollen die Schüler denn Graffiti üben???
g. Und was bringt das Ganze für das Lernen?

Auch hier können die S zu zweit üben und sich gegenseitig unterstützen. Es wird bestimmt etwas lauter im Klassenzimmer, aber die S trauen sich eher, mit mehr Emotion zu sprechen, und das ist bei dieser Aktivität am wichtigsten. Es geht hier vor allem um die „Musik in der Sprache". Sprache hört sich in der Regel erst dann „echt" und „authentisch" an, wenn die Wort- und Satzakzente, die Satzmelodie und die emotionale Realisierung zusammen wirken. Hier kann die Lehrkraft ein Modell sein und mit etwas Übertreibung die S ermutigen, über ein oft monotones Ablesen hinauszugehen.

Üben versus Testen

Die S müssen **üben** können, d. h. die Aufgaben müssen **lösbar** und **erfolgsorientiert** sein und sollten an erster Stelle **kommunikative Zwecke** erfüllen, ohne eine grammatische Korrektheit zu vernachlässigen. Nach wie vor gilt der Satz für den Fremdsprachenunterricht: **„form follows function"**, d. h. Bedeutung und Inhalt zuerst, erst dann Grammatik.

Deshalb lohnt es sich, einen Augenblick über die beiden Begriffe „üben" und „testen" nachzudenken, denn viele Sprachübungen werden zwar Übungen genannt, sind aber in Wirklichkeit Tests.
Hier ein Beispiel zu den Präpositionen.
Vergleichen Sie die beiden Lückensätze:

a) Die Katze liegt auf ____ Tisch.
b) Die ____ liegt auf dem Tisch.

In a) können die S viele Fehler machen. Sie müssen wissen, dass der Artikel von Tisch „der" ist und dass dieser im Dativ zu „dem" wird. Außerdem müssen sie wissen, dass die Verbform „liegt" den Dativ verlangt. Diese Lücke testet viel grammatisches Wissen. Es ist also ein Test und keine Übung. „Übungstypen" dieser Art nennen wir aus diesem Grund auch **defizitorientiert.**
In b) wird auch die Struktur „auf dem Tisch" verwendet, wenn man den Satz liest, spricht, oder hört. Aber die Lücke ist viel leichter zu füllen, da die S sicher viele Varianten kennen: Die Tasche, die Lehrerin, die Orange usw. liegt auf dem Tisch. Die S produzieren also die gleiche grammatische Struktur, aber mit viel mehr Zuversicht und Sicherheit. Sie können ihre Wortschatzkenntnisse einbringen, ohne viele Fehler zu befürchten. Die Aktivität ist also eher **erfolgsorientiert**.

Erfolgsorientierung ist wahrscheinlich das wichtigste Kriterium im Unterricht. Wenn Aktivitäten so gestaltet sind, dass die S sich von den Übungen nicht überfordert fühlen, sondern diese schnell und flüssig lösen können (und wollen) und dabei viel Deutsch sprechen, wird der Unterricht sicher sowohl den Lehrenden als auch den S mehr Freude bereiten. Diese These wird auch von der Forschung unterstützt: Die S brauchen die Gewissheit, dass sie die ihnen gestellten Aufgaben mit entsprechender Anstrengung letztlich auch lösen können. Wenn sie das Gefühl haben, dass die Aufgaben für sie unlösbar oder zu schwierig sind, dann verlieren sie Mut und Motivation.
In *geni@l klick* B1 finden Sie immer wieder solche „erfolgsorientierten Übungen" angeboten, die die S in der Regel in Partnerarbeit durchführen können.

Zur Rolle der mündlichen Kompetenz

Während in A1 und A2 vorwiegend ein **dialogischer** Gebrauch der mündlichen Sprache im Vordergrund stand, so wird diese Gesprächskompetenz in B1 ergänzt und erweitert durch eine **monologische** Kompetenz. Auch in den jeweiligen Prüfungsformaten wird diese Kompetenz in Form sogenannter **„Präsentationen"** erwartet und bewertet. Wir erfüllen die Vorbereitung darauf anhand zahlreicher Übungsbeispiele in unterschiedlicher Weise durch das gesamte Kursbuch und anhand verschiedener Themenschwerpunkte. In der Prüfungsvorbereitung widmen wir explizit ein Kapitel der Präsentationskompetenz.

TIPP: Lassen Sie die S zunächst in KG ihre mündlichen Beiträge vorbereiten und üben und beschränken Sie die Präsentationen im PL auf ganz wenige Beispiele, da sonst die Aufmerksamkeit und das Interesse nachlassen, wenn immer nur einzelne S präsentieren. Eine Alternative ist auch, dass die S eine Präsentation in ihrer KG in einzelne Abschnitte gliedern und diese dann von mehreren S vorgestellt werden, um möglichst alle S zu Wort kommen zu lassen.

Zur Rolle der Lese- und Hörkompetenz

In B1 arbeiten die S mit mehr und längeren Sachtexten mit informativem Charakter. Sie werden in der Regel angeregt, dabei jeweils ihr Vorwissen und unterschiedliche Lese/Hörstrategien zu aktivieren, unterstützt durch Tipps und Hinweise, welche den Verstehensprozess begleiten.

Bei den Strategien unterscheiden wir grob:
- globales Verstehen: „Worum geht es? Was ist das Thema?"
- selektives Verstehen: „Nur bestimmte Informationen sind wichtig."
- detailliertes Verstehen: „Alle Informationen sind wichtig."

Auf der Stufe B1 wird von den S je nach Textsorte die ganze Breite der Verstehensstrategien abgerufen.

Die Aktivitäten beim Lesen und Hören folgen dabei der Formel: VOR, WÄHREND, NACH. Mit „Vor" ist der gezielte Aufbau einer Fragehaltung zum Lese/Hörtext gemeint, also Hypothesen und Vermutungen und das Aktivieren des Vorwissens der S. Bei „Während" geht es um die Unterstützung des Lese/Hörprozesses, z. B. Markieren, Notizen machen, und „Nach" behandelt die Frage, was die S nach dem Lesen mit den Informationen anfangen können, z. B. Fragen beantworten, berichten usw. Diese Überlegungen lassen sich durchgehend sowohl auf den Leseprozess wie auch auf die Aktivitäten zum Hörverstehen anwenden.

Zur Rolle der schriftlichen Kompetenz

Im Prinzip ist auch in B1 die mündliche Kommunikation immer noch zentral, aber andere prüfungsrelevante Schwerpunkte, z. B. mehr schriftliche Leistungen, kommen dazu. In den Testtrainings 1, 2, 3 im AB erhalten die S wichtige Modelle für die schriftlichen Anforderungen auf dem Niveau B1. Entscheidend ist dabei in der Regel neben der formalen Richtigkeit das sinnvolle Verknüpfen von Informationen und Ideen. Diese „Reflexionsfähigkeit" der S wird in zahlreichen Aufgaben und Übungen in B1 entwickelt, vor allem auch im Bereich der Lesekompetenz.

Zur Rolle der Grammatik

Untersuchungen aus dem Zweitsprachenerwerb legen nahe, dass auf dem Niveau A1 und A2 sehr zurückhaltend mit der expliziten Vermittlung grammatischer Strukturen verfahren werden sollte. Eher möglich wird dies jedoch ansatzweise ab dem Niveau B1. So finden Sie in diesem Band auch ein Nebeneinander von impliziter Grammatikarbeit, von induktiven Ansätzen der Regelfindung, aber auch explizite Regelformulierungen, wenn auch reduziert und der Komplexität der Thematik angepasst. Eine Erfahrung aus zahllosen Unterrichtsbeobachtungen ist jedoch, dass immer dann, wenn das Thema Grammatik in der Form von Regelerklärung und schwierigen Lückenübungen im Unterricht dominiert, nichts Gutes entsteht. Jemand hat einmal gesagt: **„Wer Grammatik sät, wird keine Kommunikation ernten"**. Dennoch ist es auf der Buchebene manchmal nötig, bestimmte Strukturen häufiger anzubieten, als sie in der Wirklichkeit gebraucht werden. Dies dient in der Regel dazu, die sprachlichen und strukturellen Besonderheiten durch viele Beispiele zu „zeigen", führt jedoch manchmal zu einer gewissen „Künstlichkeit". Versuchen Sie daher so oft wie möglich, Situationen im Unterricht und in der Klassengemeinschaft zu nutzen, um die Schüler „echt" und pragmatisch mit den Strukturen arbeiten zu lassen. Testen Sie bitte nicht gleich neue Strukturen, sondern lassen Sie den S Zeit, die Dinge zu verarbeiten, zu verdauen. Aus der Forschung wissen wir, dass es manchmal einige Wochen dauert, bis neue Strukturen von den S einigermaßen sicher produziert werden können und dass dabei auch zusätzliche Übungen kaum einen positiven Effekt zeigen.

Hinweis: Die Regeldarstellungen im Kursbuch sind zum Teil (bewusst) sehr knapp gehalten. Am Ende des KB finden die S aber eine Zusammenfassung der wichtigsten grammatischen Erscheinungen zum Nachlesen.

Zur Rolle der Wortschatzarbeit

Der Wortschatz ist wohl das, was bei einer Kommunikation in der Fremdsprache am wertvollsten ist. Dabei wird zwischen Wortschatz, den man zum Verstehen braucht (rezeptiver WS), und Wortschatz, den man zum Äußern benötigt (produktiver WS), unterschieden. Aus der Forschung weiß man, dass die S zwar in der Regel schon schnell viele Wörter auf Deutsch (z. B. mithilfe anderer Sprachen) verstehen können, doch das bedeutet noch nicht, dass diese auch produktiv benutzt werden können.
Wenn Sie möchten, dass Ihre S neuen WS **aktiv** gebrauchen, dann müssen diese Wörter immer wieder im Unterricht gehört, geschrieben, gesprochen und in unterschiedlichen Kontexten verwendet werden. Es reicht **nicht** aus, Wörter als Hausaufgabe zum Auswendiglernen zu geben.
Im KB und AB gibt es zahlreiche Aktivitäten, durch die der Wortschatz auf vielfältige Weise vernetzt, sinnvoll geordnet und damit im Gedächtnis verankert wird.
In der Forschung zum Wortschatzerwerb gilt nach wie vor die Arbeit mit Lernkärtchen, bei denen sich die S gegenseitig abfragen, als die effektivste Form des Wortschatzlernens.
TIPP: Lassen Sie zu Beginn des Unterrichts jeweils 5 Minuten mithilfe von Kärtchen (oder auch Listen) Wortschatz wiederholen. Die S fragen sich dabei abwechselnd und Sie können in der Zeit andere Dinge erledigen (z. B. einen Tafelanschrieb vorbereiten usw.).

Lerner in die Verantwortung nehmen

Mit Hilfsmitteln arbeiten (Wortliste und Grammatikanhang)

Selbstverständlich werden Ihre S am Anfang nicht alles verstehen und immer wieder auch den Wunsch nach Erklärungen äußern. Bitte versuchen Sie nicht gleich in der Muttersprache zu übersetzen, sondern gewöhnen Sie Ihre S daran selbstständig „Probleme" zu lösen – natürlich mit Ihrer Unterstützung.

Hier einige Tipps, wie Sie das Verstehen von Wortschatz und Grammatik unterstützen können:

- Arbeiten Sie immer wieder einmal mit der Wortliste im Anhang des Kursbuchs oder mit dem Glossar, vielleicht sogar mit einem Wörterbuch. Die S sollten sich daran gewöhnen, zunächst Hypothesen über die Wortbedeutung zu bilden, das neue Wort mit ihrer Muttersprache, mit Englisch oder einer anderen gelernten Fremdsprache zu vergleichen, ihre Mitschüler zu fragen und erst danach die Lehrperson.
- Das Gleiche gilt für die Grammatik. Lassen Sie die S immer wieder grammatische Strukturen selbst entdecken oder Strukturen im Deutschen mit Strukturen in der Muttersprache, Englisch oder einer anderen gelernten Fremdsprache vergleichen und analysieren. Im KB finden sich an einigen Stellen solche grammatischen „Entdeckungsreisen" und es wird sogar eine Kopiervorlage zum Entdecken fremder Sprachen angeboten.

TIPP: Geben Sie rechtzeitig Hilfen, wenn das „Entdecken" zu viel Zeit in Anspruch nehmen sollte. Das „Entdecken" darf den Unterricht nicht zu lange dominieren, sonst leidet die „Dynamik".

Ein Effekt bei dieser Art des Vorgehens (bei der Wortschatzarbeit wie auch bei der Reflexion über grammatische Strukturen) ist die Stärkung der Eigenständigkeit der S. Sie erhalten mehr Verantwortung für die Arbeit im Unterricht und entwickeln ein besseres Verständnis für den Aufbau und das Funktionieren von Sprache, also „Sprachbewusstheit". Diesem Ziel der Entwicklung von „autonomem" Arbeiten und einer selbstständigen Evaluation von Lernergebnissen im Unterricht und zu Hause dienen ebenfalls die oben beschriebenen Rückschauseiten im KB und AB.

Mehrsprachigkeit

Deutsch ist in vielen Ländern nach Englisch die zweite oder dritte Fremdsprache. Das bedeutet, dass viele S gerade auf dem Niveau B1 schon neben ihren Muttersprachen auch über die Kenntnis (teilweise mehrerer) fremder Sprachen und eine fremdsprachliche Lernerfahrung verfügen. Dies können wir beim Erlernen der deutschen Sprache nutzbar machen. In *geni@l klick* B1 regen wir an vielen Stellen die S an, die deutsche Sprache mit anderen bekannten Sprachen zu vergleichen, Unterschiede und Gemeinsamkeiten zu entdecken/erkennen und darüber zu reflektieren.
Dies bezieht sich auf Ähnlichkeiten im Wortschatz, aber auch Ähnlichkeiten und Unterschiede bei grammatischen Strukturen oder auch der Aussprache usw. Sprachvergleiche dieser Art können beim Verstehen der von der Muttersprache oder anderen Sprachen „abweichenden" oder „ähnlichen" Sprachstrukturen sehr hilfreich sein.

Ausstiegsmöglichkeiten aus dem Kursbuch

Das Lehrbuch ist wichtig, aber es ist nicht die einzige Quelle für interessante Informationen. Das wahre Leben findet in der Regel außerhalb des Klassenzimmers und auch außerhalb eines Lehrbuchs statt. Was das Lehrbuch aber anbietet, sind Anlässe, Themen oder Ideen für die S. Sie können diese Anregungen selbstständig mit kleinen, überschaubaren Projekten erweitern und diese dann wieder für anderes Publikum „veröffentlichen".

Podcasts

Eine Möglichkeit, die S „zu Wort" kommen zu lassen, sind Podcasts – kurze überschaubare Medienprojekte, bei denen die S Kompetenzen wie planen, präsentieren, recherchieren usw. erwerben und anwenden können. Schon jetzt haben mehr als zwei Drittel der Jugendlichen im Alter von 12 bis 19 Jahren mindestens einen MP3-Player, ein Smartphone oder ein Tablet usw. und können damit oft besser umgehen als die Erwachsenen.
Podcasts schulen besonders das Hörverstehen, aber es lassen sich noch wesentlich mehr Argumente für eine Integration in den Deutschunterricht nennen: Da sich ein Podcast in der Regel an eine größere Öffentlichkeit / ein Publikum wendet, müssen sich die S intensiv mit der Auswahl der Themen, der Bearbeitung und der Präsentation beschäftigen. Dies betrifft sowohl die inhaltliche wie auch die sprachliche Gestaltung (Korrektheit/Aussprache).

Themenwahl: Hier können sowohl Themen aus dem Kursbuch gewählt werden wie auch Themen, deren Inhalt sich auf einen aktuellen Anlass beziehen. Themen, die parallel zur Arbeit im Unterricht bearbeitet werden, vertiefen gleichzeitig die Arbeit mit dem Kursbuch.

Sprachliche Richtigkeit: Bei der Erstellung der Texte sehen sich die S mit der Notwendigkeit konfrontiert, Wortschatz und Strukturen zu recherchieren und adäquat zu gestalten. Dies kann in Partner- oder Gruppenarbeit geschehen. Eine abschließende sprachliche Korrektur durch die Lehrenden ist möglich.

Präsentation und Aussprache: Podcasts leben von der Lebendigkeit und der Emotionalität der Präsentation. Beim ersten Anhören realisieren die S häufig selbst Defizite und haben den Anspruch, diese in weiteren Versionen zu verbessern. Sie sind sich bewusst, dass ihre Arbeit publiziert wird und arbeiten engagiert an der Verbesserung ihrer sprachlichen Strukturen oder der Aussprache.

Differenzierung: Es ist natürlich auch möglich, die Hörtexte zum Mitlesen oder Vor- bzw. Nachlesen zu editieren. Damit lassen sich unterschiedliche Zugänge zu den Produktionen realisieren – je nach Interesse, Bedürfnis oder Stärken bzw. Schwächen in den jeweiligen Fertigkeiten.

Fächerübergreifendes Lernen: Neben der Betreuung im Deutschunterricht können die Produktionen der S selbstverständlich auch in anderen Fächern begleitet werden, z. B. im Informatikunterricht (Umsetzung im Schulnetz), im Musikunterricht (musikalische Untermalung) oder auch im Kunstunterricht (grafische Gestaltung).

In Band B1, Kapitel 4, haben wir als Beispiel und als Anregung zu einer Müllsammelaktion einen Podcast für die Schulseite gestaltet. So oder anders könnten die S zu vielen der Themen in B1 zusätzliche Materialien oder „Ausstiege" entwickeln.

Ausstiegsprojekte

Das Unterrichtsprinzip der „Personalisierung" bedeutet, dass die S immer wieder als sie selbst handeln und ihre „persönlichen" Interessen berücksichtigt werden. Sie können daher zusammen mit Ihren S immer wieder auch kleine Projekte und „Ausstiege" aus den Kursbuchkapiteln vorschlagen, sammeln, diskutieren und von den S bearbeiten lassen. In diesen „Ausstiegen" können die S über die Vorschläge im KB hinaus Ideen einbringen. In den Kommentaren zu den einzelnen Kapiteln finden Sie dazu immer wieder Hinweise.
TIPP: Am besten sammeln Sie zusammen mit Ihren KollegInnen und den S die Ideen in einem Ordner oder auf der Internetseite Ihrer Schule.

Autonomie, Reflexion und Beteiligung der S an der Gestaltung des Unterrichts

Lehrerinnen und Lehrer beklagen häufig die Passivität ihrer Schüler. Allerdings sind im Unterricht oft die Lehrenden die Aktivsten, obwohl vieles von dem, was sie tun, auch die S übernehmen könnten. Da die Reflexion über das Lehren und das Lernen sehr wichtig ist, werden an dieser Stelle einige Anmerkungen aus dem Lehrerhandbuch zu *geni@l klick* A2 wiederholt.

Im vorliegenden Lehrerhandbuch finden Sie immer wieder Hinweise, wie Sie Ihre S stärker am Unterrichtsgeschehen beteiligen können. Dazu gehört natürlich das Vertrauen in Ihre S und die Förderung und Unterstützung von selbstständigem Denken und Handeln. Die S müssen allmählich erkennen, dass letzten Endes **sie selbst die Verantwortung für ihren Lernprozess und für ihr Handeln übernehmen müssen.**

„WER macht WAS im Unterricht?"

Schauen Sie sich bitte den folgenden Fragebogen an und überlegen Sie, wer was im Unterricht macht und ob Sie an der Verteilung etwas ändern könnten.

	meistens die Lehrperson	manchmal die Schüler	meistens die Schüler
Wer bestimmt die Lernziele?			
Wer entscheidet, wann eine Aktivität beginnt oder endet?			
Wer stellt die Fragen?			
Wer korrigiert?			
Wer wischt die Tafel sauber?			
Wen sehen die S an, wenn sie etwas sagen?			
Wer ruft die S auf?			
Wer macht Übungsvorschläge?			
Wer bringt (Sprach)-Material mit in die Klasse?			
...			

„Meine Rolle im Deutschunterricht"

Lassen Sie die S ab und zu über den Unterricht nachdenken und ihre eigene Rolle, die sie dabei einnehmen, reflektieren.

	stimmt	stimmt nicht
Ich mache im Unterricht gut mit.		
Ich mache meistens Hausaufgaben.		
Ich habe alles gut verstanden.		
Ich frage, wenn ich etwas nicht verstanden habe.		
Der Unterricht hat mir gut gefallen.		
Ich bin mit meiner Leistung in Deutsch zufrieden.		
Ich muss mehr für Deutsch arbeiten.		
...		

„Meine Meinung zum Unterricht"

Ab und zu sollen S den **Deutschunterricht aus ihrer subjektiven Sicht „bewerten"**. Fragen Sie am besten nach einigen Wochen: *Wir haben jetzt ... Wochen Deutsch gelernt und ich möchte gerne eure Meinung zum Unterricht kennenlernen. Bitte kreuzt an, was für euch stimmt, und vergleicht mit euren Nachbarn.* Mit diesen Rückmeldungen können Sie weiter planen. Diese Umfragen müssen natürlich ANONYM bleiben.

	Dazu machen wir genug Übungen. ☺	Dazu machen wir zu viele Übungen. ☹	Dazu brauchen wir noch mehr Übungen. 😐
Grammatik			
Wortschatz			
Aussprache			
Hören			
stilles Lesen			
lautes Lesen			
Diskussionen			
Spiele			
Schreiben			
Hausaufgaben			
...			

Ausführliches Inhaltsverzeichnis des Kursbuchs

	Themen	Kommunikation	Textsorten
1	**Endlich wieder Schule!??** Das Kursbuch kennenlernen • Über das Sprachenlernen diskutieren • Gründe fürs Deutschlernen • Über fremde Sprachen nachdenken • Wiederholung	– sich vorstellen und etwas über sich erzählen – im Unterricht nachfragen und um etwas bitten – zustimmen und ablehnen – über eigene Sprachkenntnisse sprechen	– Comic – persönliche Berichte – Europanto: ein Witz – Magazintexte
2	**Meine Stärken, meine Schwächen** Eigenschaften, Wünsche und Ideale • Jugend im Urteil von Erwachsenen • Werte von Jugendlichen: Was ist wichtig? • Ziele erreichen • Glücksbringer	– über Eigenschaften, Stärken und Schwächen von Jugendlichen reflektieren – Wünsche äußern: *„Ich wäre gern …“* – Vorbilder beschreiben – über Ziele im Leben nachdenken	– Plakat, Poster – Hörerumfrage – Quiz – Bildinterpretation – Parabel – Comic
3	**Wir und die Medien** Medien früher und heute • Lieblings-Hits und Lieblings-Bands • Bücher: Was lesen Jugendliche? • Handy: eine Geschichte • Online: Virtuelle Schule • Probleme mit dem Computer	– über Medien früher und heute sprechen – über musikalische Vorlieben sprechen – eine Band vorstellen – über Lesegewohnheiten sprechen – ein Problem schildern, um Hilfe bitten und Lösungsvorschläge machen	– Cartoon – Hörerumfrage – Bandporträt – Dialoge – Buchvorstellung – eine Geschichte
4	**Für die Umwelt** Sich engagieren für die Umwelt – Probleme, Projekte, Initiativen	– Nachrichten verstehen – aus Sachtexten wichtige Informationen entnehmen – über Umweltprobleme diskutieren – Ziele einer Aktion nennen – jemanden zum Mitmachen auffordern	– Newsticker – Sachtexte: Thema Umwelt – Projektberichte – Podcast: Aktion für die Umwelt – Textgrafik
P1	– Üben und Wiederholung der sprachlichen Inhalte der Kapitel 1 bis 4 – 5-Satz-Reden kennenlernen und üben; Meckern und Protestieren: auf Vorwürfe reagieren – ein Gedicht ansprechend vortragen – Vorbereitung auf das Prüfungsthema „Sich vorstellen und auf Fragen antworten“; Tipps für die Prüfung – mit dem Video arbeiten – Lernen lernen: Wenn ihr ein Wort nicht wisst (Kommunikationsstrategien)		
5	**Menschen wie du und ich** Vorurteile • Fremdheit (anders sein) • Klischees (Jungen – Mädchen) • Konflikte (Eltern – Jugendliche) • jugendliche Szenetypen	– über Vorurteile sprechen – ein Lied interpretieren und inszenieren – über Jugendszenen sprechen und sie präsentieren – Ratschläge geben und Argumentieren	– Lied (Rap) – Hörtext: Interview – Tipps im Internet – Präsentation (Jugendszene) – Forumsbeitrag: Piercing
6	**Wir hätten gern …** Über Wünschen, Kaufen, Schenken und Verzichten nachdenken und diskutieren	– über Gefühle sprechen – Freude ausdrücken – Widerspruch ausdrücken – irreale Wünsche äußern	– Sprichwort – interkulturelle Erfahrungsberichte – Forumsbeitrag – Artikel aus einer Jugendzeitschrift – Statistik – Interview
7	**Kunst und Können** Über Kunst und Kunstaktionen sprechen • Ein Gemälde beschreiben – und interpretieren • Graffiti: Kunst oder Schmiererei? • Gegenstände beschreiben	– ein (Kunst)Bild beschreiben und interpretieren – mit Argumenten und Gegenargumenten „spielen“ – über Kunst sprechen – Gegenstände genauer beschreiben	– Gedicht – Bildbeschreibung – Forumsbeitrag: Graffiti Pro und Kontra – Zeitungsartikel – Rätseltext
8	**Auf in die Welt!** Traumreisen – Reiseträume • Urlaub international • Deutsch für die Reise • Reiseerlebnisse • Meine Stadt als Reiseziel	– einen Reisebericht verstehen – Probleme auf Reisen lösen – höflich um etwas bitten – sich auf Reisen verständigen – von den Ferien erzählen	– Reisetypentest – Reisebericht – Werbeanzeige – Homepage – Blogeintrag
P2	– Üben und Wiederholung der sprachlichen Inhalte der Kapitel 5 bis 8 – ein Gedicht aufsagen – Vorbereitung auf das Prüfungsthema „Gemeinsam etwas planen“; Tipps für die Prüfung – Bewertungskriterien kennenlernen – mit dem Video arbeiten – Lernen lernen: schwierige Wörter lernen		

Wortschatz	Grammatik	Lernen lernen
– Sprache in der Klasse – Phrasen (Chunks) im Unterricht – Wiederholung von Wortschatzthemen aus Band A1/A2	– Wiederholung von Grammatikthemen aus A1/A2	– eine fremde Sprache entdecken – Grammatikregeln finden – Mehrsprachigkeit nutzen – Strategien zum Wiederholen anwenden und reflektieren
– Persönlichkeitsmerkmale und Eigenschaften (Nomen und Adjektive) – Werte in der Gesellschaft – Symbole für Glück und Pech	– Konjunktiv II: Wunsch (*wäre gern, hätte gern, würde gern*) – Relativsätze im Nominativ und Akkusativ – *zu* + Infinitiv	– Wortschatz erschließen – eine Grammatikregel finden – Strategien zum Erreichen von Zielen diskutieren – **Projekt:** Glücksbringer im eigenen Land
– Wortfeld Medien allgemein und Umgang mit dem Computer	– Passiv Präsens (rezeptiv) – Genitiv mit best./unbest. Artikel – Präteritum von regelm./unregelm. Verben (rezeptiv) – Nebensätze mit *(an)statt (...) zu*	– eine Grammatikregel finden – Sprachbewusstheit: Präteritumformen aus dem Kontext erschließen – Mehrsprachigkeit nutzen – **Projekt:** Planung einer Umfrage zum Thema Medien
– Wortfeld Umweltprobleme – Umweltschutz	– Infinitiv als Aufforderung – Aufforderung mit *sollte* – Alternativen ausdrücken mit *entweder ... oder* – Sätze mit *um ... zu*	– eine Mindmap erstellen – mit einer Textgrafik arbeiten – eine Grammatikregel finden – **Projekt:** Recherche: Was passiert mit dem Elektromüll?
– Wortfeld: Jugendszene (Szenemerkmale, Szenesprache usw.)	– Begründungen mit *weil, da, denn* – mit *sollen* die Meinung Dritter wiedergeben – Nebensätze mit *seit, seitdem* – *lassen* + Infinitiv (Passiversatz) – *dieselbe* – Nomen-Verb-Verbindungen: *eine Frage stellen*	– mit einem Assoziogramm arbeiten – eine Präsentation vorbereiten und halten – **Projekt:** ein Lied inszenieren (Planung, Durchführung, Evaluation)
– Wortfeld: Einkaufen/Geld – Gefühle	– Superlativ vor Nomen: *das tollste Geschenk* – Dativ- und Akkusativergänzungen: bei zwei Nomen, zwei Pronomen, Nomen + Pronomen – Nebensätze mit *obwohl* – Modalverben im Konjunktiv II – irreale *wenn*-Sätze: *Wenn ich ... hätte/wäre, könnte/wäre/würde ich ...*	– Lesestrateglen (global, selektiv) – eine Grammatikregel ergänzen – **Projekt:** Einkaufsmöglichkeiten in meiner Stadt
– Wortfeld: Kunst Bildbeschreibung – Beschreibung von Gegenständen (Materialien und Eigenschaften)	– Partizip I (rezeptiv) – Nebensätze mit *bevor* – Adjektive mit Nullartikel	– eine Grammatikregel ergänzen – Lerntipp: die Lernzieharmonika (Gegensatzpaare) – **Projekt:** Kunst in meiner Stadt (Recherche und Dokumentation)
– Wortfeld: Reisen – hilfreiche Chunks für eine Reise	– Verben mit festen Präpositionen: *sich freuen auf, träumen von ...* – Pronominaladverbien: *darauf, darum, davon ...* – Konjunktiv II (Höflichkeit) – Relativsätze mit Präpositionen	– Texte gliedern hilft beim Verstehen – **Projekt:** ein Flyer mit Werbung für unsere Stadt

	Themen	Kommunikation	Textsorten
9	**So war es – so ist es jetzt** Früher und heute: Über Veränderungen nachdenken • Vom Mauerbau zum Mauerfall (BRD und die DDR) • Eine Ost-West-Geschichte	– erzählen, was sich in dem eigenen Leben verändert hat – einen Text über ein geschichtliches Ereignis verstehen – ein Ereignis im Zusammenhang präsentieren – einen literarischen Text verstehen	– Umfrage: früher und heute – Gedicht – Infotext: deutsche Geschichte – literarischer Text
10	**Wir tun was!** Jugendliche übernehmen Verantwortung in der Schule und in der Gesellschaft • Sag mal, geht's noch? (Konflikte lösen) • Gemeinsam sind wir stark! (Projekte, die helfen)	– sagen, wofür man sich engagieren möchte – über Probleme an der eigenen Schule sprechen – sich in einer Konfliktsituation sprachlich konstruktiv verhalten	– Zeitschriftenartikel – Website – Dialog: Streitgespräch – Artikel aus einer Schülerzeitung – Zeitungsmeldungen
11	**Alles wird anders** Umziehen in eine andere Stadt • Pro und Kontra (Stadt/Land) Auf nach Frankfurt • Pläne nach der Schule • Wohnungssuche	– über Wohnpräferenzen sprechen – Wohnungsanzeigen verstehen – eine Bewerbung schreiben – Prognosen formulieren	– Brief – Fotostory – Zeitungsumfrage – Bewerbungsschreiben – Wohnungsanzeigen – Stellenanzeigen
12	**geni@les aus DACH – und mehr ...** unterschiedliche Themen im Journal-Stil: • Trachten und Traditionen wiederentdeckt • Berufe • Sportarten: alt und aktuell • Unsere Woche!! – Spaß und Humor ☺	– Interessantes auf Deutsch verstehen (z. B. Dialekte erkennen und benennen) – Trachten und traditionelle Musik aus DACH kennenlernen – Humor auf Deutsch verstehen und darüber lachen	– Witze – Zeitungsartikel – Umfragen – Gedichte – eine verrückte Vorlesegeschichte – „Schlusstheater“
P3	– Üben und Wiederholung der sprachlichen Inhalte der Kapitel 9 bis 12 – Test: Wie geht es nach der Schule weiter? – Rollenspiel – eine Rallye durch das Buch – Vorbereitung auf das Prüfungsthema „eine Präsentation halten“; Tipps für die Prüfung – mit dem Video arbeiten – Lernen lernen: das Schreiben planen		

Wortschatz	Grammatik	Lernen lernen
– Wortfeld: Geschichte/Politik (speziell DDR)	– Präteritum produktiv (Chunks) – Nebensatz mit *als* – Passiv Präteritum: *früher wurde man verheiratet* (rezeptiv) – Wortbildung: Nominalisierung	– Sprachbewusstheit: Wortbildung hilft beim Verstehen – Peer-evaluation einer Präsentation – **Projekt:** Recherche zum Thema Jugendliche in der DDR
– Wortfeld: Engagement, – Verantwortung in der Schule, Konfliktlösung	– Indefinita: *wenige, viele …* – Demonstrativartikel: *dieser, dieses, diese* – n-Deklination – Plusquamperfekt – Nebensatz mit *nachdem*	– Lesestrategie: einen Text mit Überschriften gliedern hilft beim Verstehen – **Projekt:** Recherche und Planung zum Thema „Engagement in meiner Stadt"
– Wortfeld Wohnen (Wohnort, Stadt/Land, Anzeigen) – Wortfeld Bewerbung	– Komparation von Adverbien: *öfter, …* – Futur I – Genitiv-*s*	– mit einer Dialoggrafik arbeiten – **Projekt:** Wohnungssuche
– interessante, unbekannte, erstaunliche Begriffe aus DACH		– erkennen, dass Deutsch nicht nur Deutsch ist ☺

Kleine Selbstevaluation für Lehrende

Im Lehrerhandbuch zu *geni@l klick* A1 wurden wichtige Prinzipien vorgestellt, die auch für *geni@l klick* B1 gelten. Die Frage ist natürlich, wie Sie selbst diese Unterrichtsprinzipien einschätzen und ob Sie Teile davon in Ihrem Unterricht integrieren. Als Tipp lässt sich formulieren: **Es lohnt sich, neue methodische Ansätze auszuprobieren.**

Versuchen Sie bitte, zu diesem Thema die folgenden Aussagen für Ihren Unterricht zu beantworten (s. Fragebogen). Je nach Ergebnis können Sie kurz darüber nachdenken, warum Sie so und nicht anders geantwortet haben. Ideal wäre auch ein Gespräch mit Ihren Kollegen und Kolleginnen, in dem Sie über den Fragebogen sprechen und das Ergebnis auswerten.

„Wie berücksichtige ich die Unterrichtsprinzipien von geni@l klick?"

	fast immer	manchmal	nicht sehr oft	eigentlich nie
Ich lasse die meisten Übungen von den S zuerst mündlich und in Partnerarbeit machen.				
Ich benutze sehr wenige grammatische Begriffe, um etwas zu erklären, und arbeite statt dessen mehr mit Beispielen.				
Ich achte darauf, dass die S die Sprache möglichst „echt" benutzen, mit einer guten Sprachmelodie und richtigen Wort- und Satzakzenten.				
Ich lasse die S oft einen Satz wiederholen, wenn die Aussprache undeutlich/missverständlich war.				
Ich lasse die S immer wieder mal mit der Wortliste und der Grammatik im KB arbeiten (etwas überprüfen bzw. nachschlagen).				
Ich achte darauf, dass die S fast alle Aktivitäten in Partnerarbeit machen. Dabei wechseln sie häufiger ihre Lernpartner (rechts, links, dahinter, usw.).				
...				

Zur Arbeit mit den Videoclips und den Kopiervorlagen

Zur Spracharbeit mit den Videoclips

Mithilfe der deutschen Untertitel bei den Clips lässt sich gut Spracharbeit anregen. Die S sehen z. B. das Video ohne Untertitel, sprechen darüber und befassen sich danach noch einmal sprachlich genauer mit dem Clip. Dazu kann man den Clip in PA oder KG mit der Aufgabe an ausgewählte S delegieren, alle idiomatischen Redewendungen oder unbekannten Wörter zu recherchieren und diese dann bei einem erneuten Sehen zu Experten zu erklären oder das Raten, Hypothesenbilden usw. anzuregen und zu moderieren.

Zur Arbeit mit den Kopiervorlagen

Die Kopiervorlagen im Anhang sind teilweise bestimmten Kapiteln zugeordnet, teilweise aber auch flexibel oder sogar mehrmals einsetzbar. Lesen Sie am besten die detaillierteren Beschreibungen dazu und entscheiden Sie über das jeweilige Vorgehen.

Und nun wünschen wir viel Freude beim Unterricht mit *geni@l klick* B1!
das Autorenteam und der Verlag

Ich kann ...
im Unterricht nachfragen und um etwas bitten • mich vorstellen und etwas über mich erzählen • zustimmen und ablehnen • über meine Sprachkenntnisse sprechen • Wortschatz und Grammatik systematisch lernen und wiederholen

1

Endlich wieder Schule!??

1 So sprecht ihr in der Klasse

1.2 **a Hört die Aussagen und sucht sie auf dem Plakat.**

1.3 **b Hört die Aussagen noch einmal. Sprecht nach und achtet auf die Intonation.**

c Übt in kleinen Gruppen und „spielt" dann jeweils vier Aussagen vor. Achtet auch dabei auf die Intonation.

d Macht ein Lernplakat „Sprache in der Klasse". Tragt auch noch andere Aussagen ein.

sieben | 7

Allgemeines

Das erste Kapitel hat einerseits zum Ziel, dass sich die S in der neu zusammengesetzten Klasse etwas näher kennenlernen, und andererseits, dass viele Strukturen aus *geni@l klick* A1 und A2 möglichst motivierend wiederholt und reaktiviert werden. Dazu wird die Sprache in der Klasse in Erinnerung gerufen, eine Kennenlernphase zum Kursbuch angeboten und über Sprache nachgedacht. Zudem werden Wortschatzlernstrategien wiederholt.

1 Die S wiederholen viele Phrasen, die sie im Unterricht brauchen: Fragen, Bitten, Aussagen.

1a Die S hören die CD und finden die Sprechblasen im Comic.

1b Wichtig ist, dass die S die Aussagen möglichst „echt", also mit der passenden Betonung und der richtigen Satzmelodie, vortragen. Generell sollten die S bei jeder Sprechaktivität – so gut es geht – auf eine authentische Aussprache sowie ein flüssiges und „echtes" Sprechen achten, auch dann, wenn sie z. B. Sätze aus einer grammatisch orientierten Übung vorlesen.

1c Die S üben in KG die flüssige Aussprache der unterschiedlichen Aussagen. Sie sollten die Sprechblasen am Ende zügig vortragen können.

Vorschlag: Man könnte eine Klassensituation wie auf dem Comic simulieren und jeder S übernimmt eine Sprechblase. Ein S nimmt das Ganze per Handy (Video) auf. Oder Sie verwenden **KV1**.

1d Die S sollten das Lernplakat nur dann anfertigen, wenn sie beim Thema Klassensprache noch größere Defizite haben.

KV 1 zu Aufg. 1

Mithilfe von **KV 1** können die S die Redemittel aus der Einstiegsseite kreativ weiterverwenden. Wenn die S Spaß an dieser Aufgabe haben, können sie natürlich auch noch weitere Dialoge entwickeln. Anschließend sollten die „fertigen" Dialoge an die Wand gehängt werden, damit alle sie lesen können.

Idee: Die jeweiligen Schülerpaare stehen dann bei ihren Dialogen und spielen diese auf Wunsch vor.

Die folgenden zwei Sequenzen rücken die S selbst und personalisiert in den Mittelpunkt.

2 Die S stellen sich auf eine kreative Weise einander vor.

2a Die S klären zunächst, was die Bändchen, die das Mädchen auf dem Foto am Arm trägt, bedeuten. Wo und wann bekommt man so etwas? Warum sind sie wichtig? Was können die S schon darüber sagen? Dann hören die S die CD und beantworten die drei Fragen.
Lösung: Konzertbändchen – Sie hat sie von Konzerten. – Weil sie sich gern an die Konzerte erinnert. / Weil die Konzerte schön waren.

2b Personalisierung: Wie im Beispiel von Jule erzählen die S (kurz) etwas über einen Gegenstand, den sie immer dabeihaben. Der Gegenstand kann im Prinzip alles sein, von einem Ohrring bis zum Schal. Es geht darum, dass die S noch einmal darüber nachdenken, was ihnen zu dem ausgewählten Gegenstand einfällt. Die Zuhörer machen sich Notizen.

2c Die S stellen nun mithilfe ihrer Notizen einen anderen S vor. Sollte dies zu lange dauern, reicht es, wenn die S den Namen kurz mit dem Gegenstand verbinden (Beispiel: *Das ist Jule. Sie trägt immer ihre Konzertbändchen.*).

3a–b Gemeinsamkeiten finden. Ein Modell für die Durchführung der Aufgabe finden die S in der Illustration und der Beschreibung. Wenn es nicht immer fünf S sein können, zeichnen die S eine Hand, die z. B. mit drei Fingern die Zahl Drei zeigt.

3c–d Die S stellen den anderen ihre Gruppe vor – und erfahren bei der Vorstellung der anderen Gruppen viel über ihre Mitschüler.

1

Das sind wir …

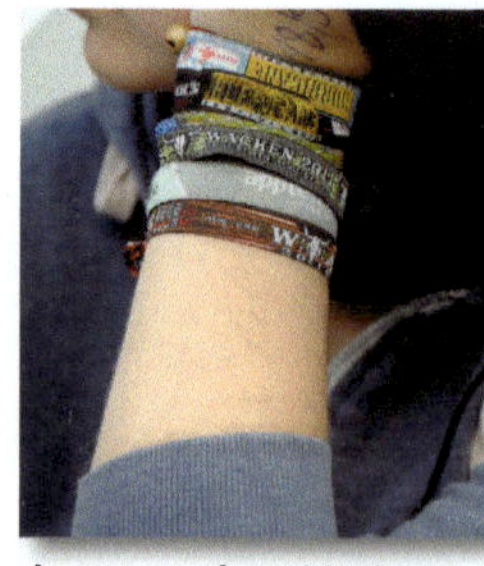

2 Das habe ich immer dabei!

1.4

a Jule erzählt. Hört zu und beantwortet die drei Fragen.

Was hat Jule immer dabei?
Woher hat sie diese Gegenstände?
Warum sind sie wichtig für sie?

Das ist Yuana. Den Kalender hat sie im Buchladen gesehen und er hat ihr sofort gefallen. Er ist immer in ihrer Tasche – so kann sie die Hausaufgaben notieren.

b Und was habt ihr immer dabei? Woher ist es? Warum ist es wichtig? Erzählt eine kleine Geschichte. Die anderen machen Notizen.

c Stellt euch und eure Gegenstände mithilfe der Notizen nun gegenseitig in der Klasse vor.

3 Das haben wir gemeinsam

Ausland	Kochen
Musik	Haustiere
Hobbies	Sport

a Arbeitet zu fünft. Malt den Umriss von einer Hand auf ein Plakat. Findet dann eine Gemeinsamkeit und schreibt sie in die Mitte von der Hand.

b Gefunden? Schreibt Details und eure Namen in die Finger.

c Stellt mithilfe eurer Hand eure Gruppe vor.

Wir fünf waren alle schon im Ausland. Maria war in Italien und …

d Sammelt in der Klasse: Was erfahrt ihr über die anderen?

8 acht

AB zu KB Aufg. 3

3b Die S erstellen zu den drei kurzen Texten zum Thema Reisen jeweils eine Mindmap. Sie entscheiden dann, was für sie am interessantesten war, und berichten mithilfe der Mindmap in der Klasse.

Video zu KB Aufg. 2

Hier bietet sich an, Teil 1, Szene 1 (Voll die Action) anzusehen, in dem sich die junge Tina vorstellt. Dazu passen auch die Aufgaben **2a** bis **2d** im Videotrainer.

… und das ist das Kursbuch

4 Themen-Rallye durch das Buch

a Seht die Bildausschnitte an. Was glaubt ihr: Was ist wohl das Thema?

b Sucht die Ausschnitte im Buch. Waren eure Vermutungen richtig? Wer findet am schnellsten die richtigen Themen?

1. a. Tiere
   b. Fantasy
   c. Eigenschaften

2. a. Konflikte
   b. Familie
   c. Lesen

3. a. Recycling
   b. Liebe
   c. Schreiben

4. a. Mode
   b. Kaufen
   c. Wohnen

5. a. Geschichte
   b. Partys
   c. Architektur

Wie viel?
teuer! / Wo genau?

6. a. Sparen
   b. Diebstahl
   c. Wohnungssuche

5 Das steckt in eurem Kursbuch

a Arbeitet in zwei Gruppen und findet die Antworten im Buch.

Gruppe A: In Kapitel 2
Wer hat 2013 das Abitur gemacht?
Wen findet Bruno toll?
Wie viel Prozent der Erwachsenen sagen, dass Jugendliche sympathisch sind?
Vor welchem Publikum macht der Experte sein Experiment?

Gruppe B: In Kapitel 5
Wie heißt das Lied in Kapitel 5?
Welche Kleidung tragen Hip-Hopper?
Wie findet Friedas Mutter Piercings?
Was ist ein Vorurteil?

b Arbeitet in zwei Gruppen und ergänzt die Sätze.

Gruppe A: In Kapitel 4
Die Fahrt mit dem ___ produziert 76 g CO_2 pro km und Person.
Plant-for-the-Planet gibt es seit ___.
Die Klasse 10b macht ein Projekt zum Thema ___.
Die rote Blume war früher eine ___.

Gruppe B: In Kapitel 11
Dario will sich einen ___ kaufen.
Fiona zieht in drei Wochen nach ___.
Das Zimmer in Köln kostet ___ Euro.
Kim spricht sehr gut ___.

Indem sie die Aufgaben und Fragen bearbeiten, orientieren sich die S im neuen Kursbuch.

4a Bei diesen Aufgaben müssen die S genau hinschauen, denn nicht alle der Bildausschnitte geben eindeutige Hinweise auf das Thema.

4b PA-Wettbewerb: Die S suchen im KB und notieren sich das Thema sowie die Seitenzahl, auf der die Abbildung zu sehen ist.
Lösung: 1c – 2c – 3a – 4b – 5b – 6c

5a–b Die S teilen sich in zwei Großgruppen (Gruppe A und B) auf. Die Gruppen beantworten in **5a** die Fragen zu den Kapiteln – in **5b** suchen sie heraus, wie die Lücken zu ergänzen sind.
Lösung zu 5a:
Gruppe A:
Wer hat 2013 das Abitur gemacht? – Nessie.
Wen findet Bruno toll? – Einstein.
Wie viel Prozent der Erwachsenen sagen, dass Jugendliche sympathisch sind? – 92,2 %.
Vor welchem Publikum macht der Experte sein Experiment? – Vor Studenten.
Gruppe B:
Wie heißt das Lied in Kapitel 5? – „Er ist anders"
Welche Kleidung tragen Hip-Hopper? – Weite Hosen, Kapuzenpullover, Baseballmützen, Sportanzüge.
Wie findet Friedas Mutter Piercings? – Hässlich.
Was ist ein Vorurteil? – Eine feste, meist negative Meinung.
Lösung:
Gruppe A:
Die Fahrt mit dem *Bus* produziert 76 g CO_2 pro km und Person.
Plant-for-the-Planet gibt es seit *2007.*
Die Klasse 10b macht ein Projekt zum Thema *Müll.*
Die rote Blume war früher eine *Dose.*
Gruppe B:
Dario will sich einen *Roller* kaufen.
Fiona zieht in 3 Wochen nach *Frankfurt.*
Das Zimmer in Köln kostet *160* Euro.
Kim spricht sehr gut *Englisch.*

Anhand von Texten und Aufgaben reflektieren die S über Gründe, warum es sich lohnt, Sprachen zu lernen, und berichten über ihre unterschiedlichen Muttersprachen.

6a Die S sammeln in KG Ideen, was sie später einmal mit ihren Deutschkenntnissen anfangen können.

6b Die S lesen dann die Aussagen der vier Personen und ordnen ihnen die Gründe a bis h zu. Zu c: Auch die Liebe zu einer Sprache an sich kann förderlich sein.
Lösung: 1d, h – 2c, f – 3b, e – 4g, a

7a Die S hören ein Modell für das, was sie im Anschluss selbst produzieren sollen. Sie machen Notizen und berichten kurz, was Giovanni gesagt hat.
Lösung:
Muttersprache: Italienisch
Er versteht auch: Schweizerdeutsch
Sprachen in der Schule: Französisch, Deutsch, Englisch
Lernen möchte er: Spanisch

7b–c Personalisierung: Im Sinne des Portfolios sprechen die S über Sprachen, die sie gelernt haben, oder mit denen sie in Kontakt gekommen sind. Es kann sich dabei auch um kurze Kontakte mit einer Sprache handeln, im Urlaub oder zufällig in einer Situation.
Im Sinne der Respektierung der Mehrsprachigkeit sollten die S mit all ihren Sprachen zu Wort kommen und deren Bedeutung wertschätzen.

1

Ich will eine lange Reise durch Europa machen, auch durch die Schweiz und durch Deutschland.

Sprachen lernen – ganz schön wichtig!

6 Deutsch lernen lohnt sich

a Was wollt ihr später mit euren Deutschkenntnissen machen? Sammelt Ideen.

b Lest die Aussagen und ordnet die Gründe (a–h) zu.

1

Deutsch habe ich in meiner Heimat Dänemark gelernt. Wir haben ganz nah an der Grenze zu Deutschland gewohnt. Da sind zweisprachige Schulen völlig normal. Jetzt bin ich froh, dass ich so gut Deutsch spreche. Ich habe ohne Probleme einen Job bei einer Firma in Hamburg gefunden.
Gitte, 23 Jahre

2

Später will ich vielleicht an eine Uni in der Schweiz oder in Österreich gehen. Ich habe mich schon immer für Sprachen interessiert, vor allem für ungewöhnliche Sprachen. Deutsch ist ein bisschen verrückt, finde ich. Mein Lieblingswort ist „Fußballweltmeisterschaftsendrundenteilnehmer“. Irre, oder? Bei uns in England brauchen wir dafür vier Wörter.
George, 17 Jahre

3

Wir haben hier auf Mallorca viel mit Deutschen zu tun. Sie freuen sich, wenn wir in ihrer Muttersprache mit ihnen sprechen. Auch deshalb kommen viele wieder. Man kommt sich irgendwie näher, wenn man eine gemeinsame Sprache hat. Einige von unseren Gästen sind sogar meine Freunde geworden. Was will ich mehr?
Xavier, 36 Jahre

4

Ich wohne mit meiner Familie in Zagreb. Mein Vater hat in Österreich studiert. Früher hat er mir immer viel über die Menschen dort erzählt. Das hat mich neugierig gemacht. Damit man Land und Leute wirklich versteht, muss man aber die Landessprache können. Deshalb habe ich in der Schule sofort Deutsch gewählt. Später möchte ich unbedingt einmal ein paar Jahre ins Ausland gehen, am liebsten nach Österreich. Das stelle ich mir toll vor.
Milos, 15 Jahre

a. Man kann da bestimmt gut leben.
b. Man kann mit den Touristen im eigenen Land sprechen.
c. Im Deutschen gibt es oft ganz lange Wörter.
d. Deutschland ist unser Nachbarland.
e. Man kann Freunde aus DACH finden.
f. Man kann in DACH studieren.
g. Man lernt viel über eine andere Kultur.
h. Mit Deutschkenntnissen kann man besser eine Arbeit finden.

7 Unsere Sprachen

1.5
a Giovanni spricht über seine Sprachen. Hört zu. Was sagt er?

Muttersprache: *Italienisch*
Er versteht auch:
Sprachen in der Schule:
Lernen möchte er:

b Und ihr? Sprecht über eure Sprachen.

c Welche Sprachen sind in eurem Land noch wichtig?

10 zehn

KV 2 zu Aufg. 6
Fragebogen Deutsch im Alltag: Jeder S erhält einen Fragebogen, liest ihn und schreibt Stichworte zu den Fragen, bei denen er etwas beitragen kann. Dann wechseln die Partner, da sie diese vielleicht etwas zu gut kennen und sprechen mit einem anderen S über die Fragen und Themen.

Abschließend könnte man eine Klassenstatistik anlegen: Wie viele aus der Klasse haben schon bestimmte Dinge auf Deutsch gemacht?

Differenzierung: Damit das Ganze nicht zu viel Zeit im Unterricht einnimmt, geben Sie den S nur Streifen mit z. B. 3–5 Fragen. Die S fragen und antworten – und an einer anderen Stelle im Lernprozess geben Sie ihnen weitere Fragen. Bei jeder Fragerunde wechseln sie ihren Partner.

8 Europanto – ein Mix aus vielen Sprachen

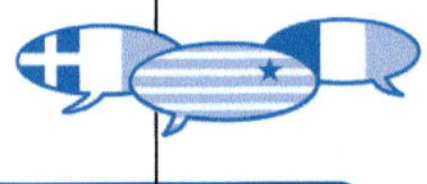

a **Hört und lest den Witz auf Europanto. Könnt ihr ihn in eurer Sprache erzählen?** (1.6)

TOTO ET SA LITTLE SORELLA

Die Mutter of Toto lui demande to go shopping y lui donne una liste de things zu kaufen. Seine mamma le dice auch: „Nimm tua little sorella mit!" Toto geht in das magasin, kauft todas things, aber quando er herauskommt, seine little sorella falls dans un Loch y disappears.
Quando Toto arrive at home, seine Mutter le dice: „Wo ist tua little sorella?"
Toto answers: „Elle est dans un Loch gefallen."
„Aber por qué du hast her nicht helped to sortir?", dice la mother.
„Porque it was not aufgeschrieben sur la Liste!", answers Toto.

b **Lest den Witz noch einmal. Welche Sprachen findet ihr?**

c **Schreibt euch kleine Nachrichten auf Europanto.**

Holà Martin,
what machst du after the Unterricht? Willst du meet me?
Grüße Claudine

d **Sprachenmix: Welche Wörter aus anderen Sprachen benutzt oder hört ihr oft? Sammelt in der Klasse.**

Compré un pantalón en el mall.

Qu'est-ce que tu fais le weekend?

Pardon, tut mir leid.

The car is kaput.

9 Eine fremde Sprache entdecken

Das heißt …

a **Lest den Satz auf dem Zettel. Wie heißt er auf Deutsch? Vergleicht dazu die Sätze 1–4.**

Etxartea ez da txikia.

1. Etxartea haundia da.	Der Hof ist groß.
2. Kalea haundia da.	Die Straße ist groß.
3. Etxartea ez da haundia.	Der Hof ist nicht groß.
4. Kalea txikia da.	Die Straße ist klein.

b **Wie sagt man „Die Straße ist nicht groß"?**

Die Sequenz richtet sich an die Sprachbewusstheit der S, die fremde Sprachen entdecken und spielerisch damit umgehen sollen.

8 Europanto ist eine Kunstsprache, die von einem Übersetzer in Brüssel (Diego Marani) erfunden wurde. Sie ist ohne Regeln und spielt mit den fünf bekannten europäischen Sprachen Deutsch, Englisch, Französisch, Spanisch, Italienisch.

8a Die S sollen für Mehrsprachigkeit sensibilisiert werden. Sie hören und lesen den Witz. Dann versuchen sie, ihn in ihrer eigenen Sprache wiederzugeben.

8b Die S analysieren, welche Sprachen in dem Witz verwendet wurden.
Lösung: Französisch, Englisch, Italienisch, Deutsch, Spanisch

8c Hier produzieren die S eigene kleine Nachrichten oder Witze und können selbst kreativ mit der Sprache spielen. Regeln gibt es keine.

8d Personalisierung: Die S reflektieren ihren mehrsprachig geprägten Sprachgebrauch.

9 Sprachregeln entdecken. Immer wieder werden die S im Kursbuch B1 angeregt, durch den Vergleich von sprachlichen Beispielen bestimmte Regelhaftigkeiten zu finden/entdecken. Hier können sie dies an einer Sprache ausprobieren, die sie mit hoher Wahrscheinlichkeit nicht kennen. Es handelt sich um Baskisch. Die Aufgaben lassen sich mit ein wenig Nachdenken ohne Probleme lösen, da alle Informationen zur Verfügung stehen. Die S müssen sie nur in Beziehung setzen. Diese Erfahrung kann ihnen später bei der Erschließung sprachlicher Regeln helfen. Alternativ können Sie auch **KV3** einsetzen.

9a Sätze vergleichen und analysieren:
1./2. Satz → „etxartea" = der Hof
3. Satz → „ez da" = ist nicht
4. Satz → „txikia" = klein
Lösung: „Der Hof ist nicht klein."

9b ***Lösung:*** Kalea ez da haundia.

AB zu KB Aufg. 9

8a Die S sollen einen deutschen Satz von anderen S in andere Sprachen übertragen lassen und dann im Vergleich Gemeinsamkeiten und Unterschiede (hier: zum Gebrauch des Perfekts) feststellen. Diese Aktivität kann natürlich auch mit anderen Strukturen wiederholt werden.

KV 3 zu Aufg. 9

Die Aufgaben sollen für das Nachdenken über Gemeinsamkeiten und Unterschiede sensibilisieren. Das hilft den S, wenn sie sprachliche Regelmäßigkeiten entdecken wollen.
Die Lösungen finden die S, indem Sie die Sätze und deren einzelne Teile vergleichen.
Schneiden Sie die Aufgaben auseinander und verteilen Sie sie dann, wenn im KB eine Regelfindung angelegt ist. Klären Sie unbekannten Wortschatz, v. a. die Früchte.

Lösung: Aufgabe I: Erika ist allergisch gegen Früchte, die eine Haut haben. Sie ist nicht allergisch gegen Früchte, die man mit den Fingern schälen kann. Wenn die S Probleme haben, fragen Sie sie, wie sie z. B. eine Banane essen, und lassen sie das demonstrieren, dann wird es meist klar.
Aufgabe II: (Persisch)
īn zan mādar-e man ast.
Aufgabe III: (Ungarisch)
A nő piros almát eszik.
Aufgabe IV: (Baskisch)
d) Der Nachbar ist auf der Straße.
e) Auzokoak kalean daude

Die Seite wiederholt zahlreiche Wortschatzthemen und verbindet gleichzeitig die Wiederholung mit relevanten Gedächtnisstrategien.

10a Die S finden die Oberbegriffe für die Wortschatzbeispiele.
Lösung: a. Körper – b. Berufe – c. Essen – d. Familie – e. Wohnung – f. Schule

10b Die S lösen die Aufgaben a–f aus **10a** in PA.
Lösung:
a. 1. das Ohr, 2. das Auge, 3. die Nase, 4. der Mund, 5. der Hals, 6. die Hand, 7. der Kopf, 8. der Arm, 9. der Rücken, 10. der Bauch, 11. das Bein, 12. der Fuß
b. 1. Kellnerin, 2. Ärztin, 3. Lehrer, 4. Bäcker, 5. Malerin/Künstlerin
c. (individuelle Lösung)
d. Geschwister: Bruder + Schwester; Großeltern: Oma + Opa; Verwandte: Tante + Onkel, Cousin + Cousine
e. Lösungsbeispiel:
mein Zimmer: schlafen, Musik hören, Hausaufgaben machen, lesen, am Computer spielen …
Keller: Flaschen holen, Skateboard/Fahrrad hinstellen …
Garten: Ball spielen, lesen, mit Freunden diskutieren
f. (individuelle Lösung)

Differenzierung: Leistungsstarke S können alle Aufgaben anstatt nur drei ausgewählte lösen.

10c Bewusstmachung der verwendeten Lernstrategien.
Lösung: 1f – 2a – 3b – 4c – 5d – 6e

10d Die S sammeln weitere Strategien. Wenn ihnen keine weiteren einfallen, ist das kein Problem. Im Laufe von *geni@l klick* B1 werden sie noch zahlreiche weitere Strategien kennenlernen.

10e Diese einfache Aufgabe, enthält viel Potenzial. Die S erarbeiten in KG jeweils den Wortschatz zu einem Thema, am besten schriftlich auf einheitlichen Blättern. Danach lesen sie ihre Ergebnisse im PL vor und hängen die Blätter an die Wand.

1

Wiederholen – ganz effektiv!

Bei Aufgabe a ist das Thema „Körper".

10 Wortschatz lernen und wiederholen mit Strategien

a Wie heißen die Wortschatzthemen zu den Aufgaben a–f?

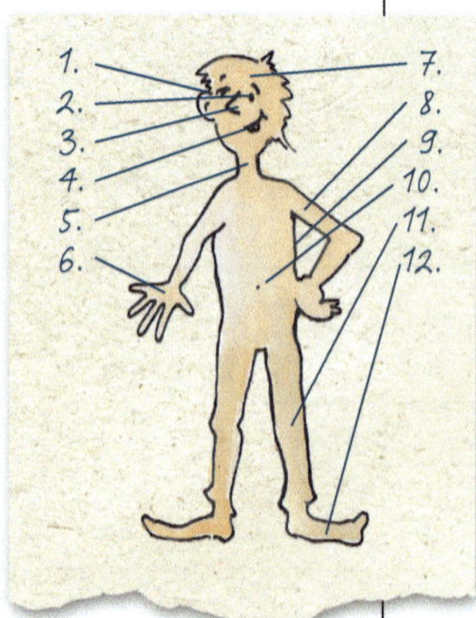

a. Was ist das? Ergänzt.
1. O*hr*, 2. A___, 3. N___, 4. M___, 5. H___, 6. H___, 7. K___, 8. A___, 9. R___, 10. B___, 11. B___, 12. F___

b. 1. Sie arbeitet im Restaurant. *Kellnerin*
2. Wenn du krank bist, gehst du zu ihr.
3. Er arbeitet in der Schule.
4. Er backt Brot und Kuchen.
5. Sie malt Bilder.

c. Das mag ich: Schokolade, Nudeln, …
Das mag ich nicht gern: Pilze, *Melonen*, …

d. Eltern: Vater + *Mutter*,
Geschwister: Bruder + ___
Großeltern: Oma + ___,
Verwandte: Tante + ___,
Cousin + ___

e. Küche: *essen, kochen, reden*
Schlafzimmer: *schlafen, lesen, reden*
mein Zimmer: …
Keller: …
Garten: …

f. Ergänzt die Mindmap zum Thema Schule:

b Wählt drei Aufgaben aus a und löst sie zu zweit.

c Diese Strategien habt ihr in a benutzt. Ordnet sie den einzelnen Aufgaben zu.

1. Wörter mit einer Mindmap lernen • 2. Wörter mit Bildern lernen • 3. Wörter im Kontext lernen • 4. für mich wichtige Wörter lernen • 5. Wörter mit Partnerwörtern lernen • 6. Wörter für Orte und Aktivitäten zusammen lernen

d Welche Strategien zum Wortschatzlernen kennt ihr noch?

e Wählt zwei Themen und wiederholt Wortschatz. Überlegt vorher: Welche Strategie hilft euch am besten?

Freizeit/Hobby	Tiere
Wochentage/Monate/Jahreszeiten	Feste
Kleidung	Farben
Verkehrsmittel	Wetter

12 zwölf

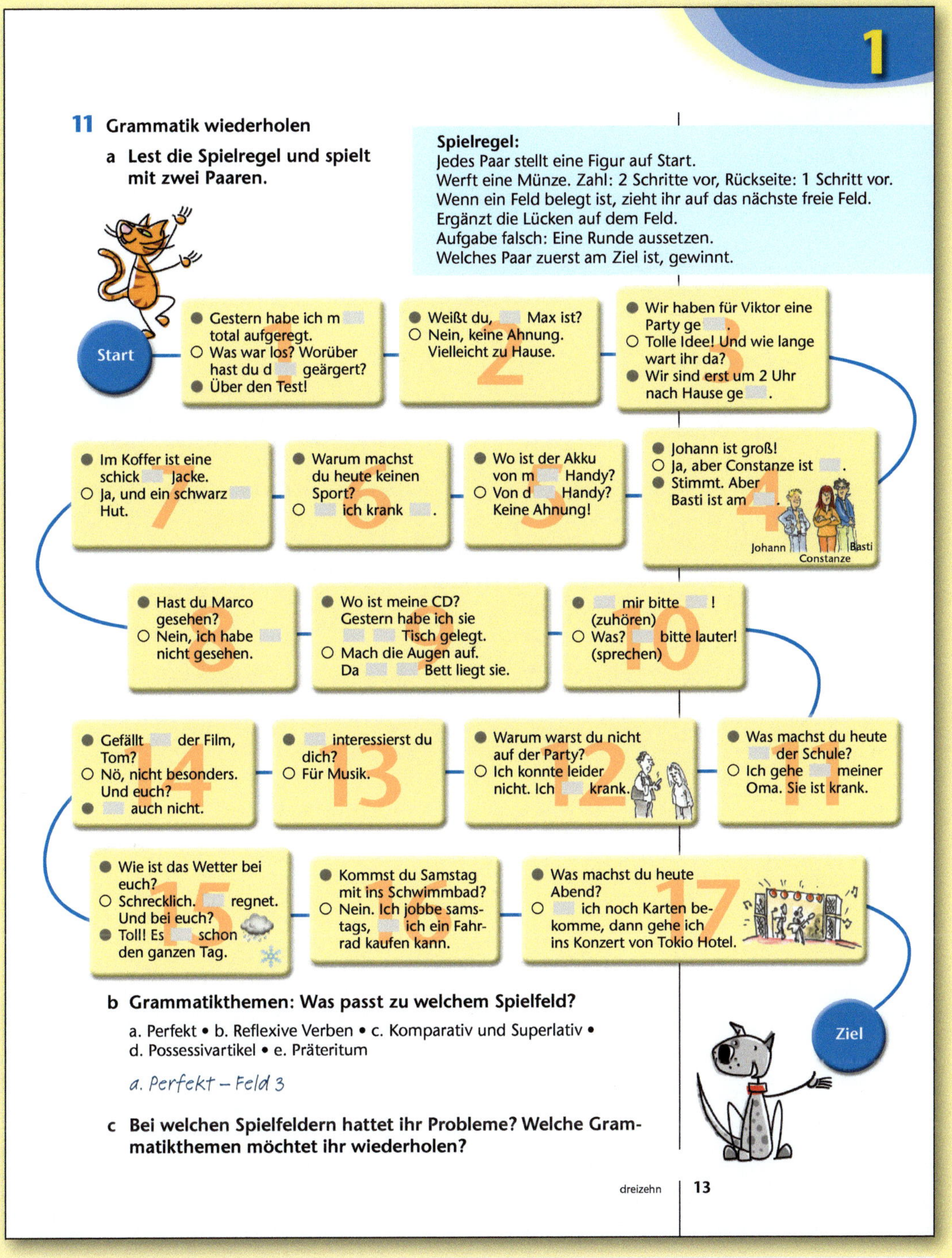

11 Grammatik wiederholen

a Lest die Spielregel und spielt mit zwei Paaren.

Spielregel:
Jedes Paar stellt eine Figur auf Start.
Werft eine Münze. Zahl: 2 Schritte vor, Rückseite: 1 Schritt vor.
Wenn ein Feld belegt ist, zieht ihr auf das nächste freie Feld.
Ergänzt die Lücken auf dem Feld.
Aufgabe falsch: Eine Runde aussetzen.
Welches Paar zuerst am Ziel ist, gewinnt.

Start

1
● Gestern habe ich m___ total aufgeregt.
○ Was war los? Worüber hast du d___ geärgert?
● Über den Test!

2
● Weißt du, ___ Max ist?
○ Nein, keine Ahnung. Vielleicht zu Hause.

3
● Wir haben für Viktor eine Party ge___.
○ Tolle Idee! Und wie lange wart ihr da?
● Wir sind erst um 2 Uhr nach Hause ge___.

4
● Johann ist groß!
○ Ja, aber Constanze ist ___.
● Stimmt. Aber Basti ist am ___.

Johann Constanze Basti

5
● Wo ist der Akku von m___ Handy?
○ Von d___ Handy? Keine Ahnung!

6
● Warum machst du heute keinen Sport?
○ ___ ich krank ___.

7
● Im Koffer ist eine schick___ Jacke.
○ Ja, und ein schwarz___ Hut.

8
● Hast du Marco gesehen?
○ Nein, ich habe ___ nicht gesehen.

9
● Wo ist meine CD? Gestern habe ich sie ___ ___ Tisch gelegt.
○ Mach die Augen auf. Da ___ ___ Bett liegt sie.

10
● ___ mir bitte ___! (zuhören)
○ Was? ___ bitte lauter! (sprechen)

11
● Was machst du heute ___ der Schule?
○ Ich gehe ___ meiner Oma. Sie ist krank.

12
● Warum warst du nicht auf der Party?
○ Ich konnte leider nicht. Ich ___ krank.

13
● ___ interessierst du dich?
○ Für Musik.

14
● Gefällt ___ der Film, Tom?
○ Nö, nicht besonders. Und euch?
● ___ auch nicht.

15
● Wie ist das Wetter bei euch?
○ Schrecklich. ___ regnet. Und bei euch?
● Toll! Es ___ schon den ganzen Tag.

16
● Kommst du Samstag mit ins Schwimmbad?
○ Nein. Ich jobbe samstags, ___ ich ein Fahrrad kaufen kann.

17
● Was machst du heute Abend?
○ ___ ich noch Karten bekomme, dann gehe ich ins Konzert von Tokio Hotel.

Ziel

b Grammatikthemen: Was passt zu welchem Spielfeld?

a. Perfekt • b. Reflexive Verben • c. Komparativ und Superlativ • d. Possessivartikel • e. Präteritum

a. Perfekt – Feld 3

c Bei welchen Spielfeldern hattet ihr Probleme? Welche Grammatikthemen möchtet ihr wiederholen?

In dem Spiel wird ein Großteil der aus *geni@l klick* A1 und A2 bekannten Grammatikstrukturen wiederholt. Sie werden hier in kleinen Tests und in Form eines spielerischen Ansatzes reaktiviert.

11a Spielen wie beschrieben.

Alternative: Ein dritter S sitzt bei einem Paar und kontrolliert die Ergebnisse mit der Lösung, die er von der Lehrkraft erhält. Er liest z. B. am Ende jeweils die Lösung vor. Davon profitieren alle drei S.

Lösung:

1. mich, dich
2. wo
3. gemacht; gegangen/gekommen
4. größer, größten
5. meinem, deinem
6. Weil, bin
7. schicke, schwarzer
8. ihn
9. auf den, auf/unter/neben dem
10. Hör … zu, Sprich
11. nach, zu
12. war
13. Wofür
14. dir, Uns
15. Es, schneit
16. damit
17. Wenn

11b Aktivität zur Wiederholung der Fachterminologie zum Thema Grammatik.
Lösung: a. Feld 3 – b. Feld 1 – c. Feld 4 – d. Feld 5 – e. Feld 12

11c Hier zeigen die S dem/der Lehrenden, wo es noch Erklärungs- oder Übungsbedarf gibt und worauf im Weiteren geachtet werden sollte.

AB zu KB Aufg.11

10a Indem die S selbst Lückentexte schreiben, produzieren sie Übungen für andere – hier zum Thema Adjektivendungen. Das effektive Verfahren eignet sich selbstverständlich auch für andere Grammatikstrukturen.

Das haben wir gemacht

12 Versprachlichung von Einzelaktivitäten im ersten Kapitel.
Die S arbeiten zu zweit. Einer zeigt auf eines der sieben Kästchen und der Partner muss in wenigen Sätzen erklären, worum es hier gegangen ist.

Lösung:

1. Klassensprache wiederholt, Poster gemacht → Deutsch als Klassensprache
2. persönliche Informationen zu Themen gegeben und Gemeinsamkeiten in der Gruppe gefunden → Vorstellung, Kennenlernen
3. passende Seiten zu Ausschnitten gesucht und Themen zugeordnet → Orientierung im Buch, Was lernen wir?
4. Gründe für Deutsch gesammelt → Motivation
5. Witz auf Europanto gelesen → Sprachen aus dem Kontext verstehen; Sprachen helfen beim Verstehen und Lernen weiterer, unbekannter Sprachen
6. Wortschatz gelernt und wiederholt → Strategien; Lernen lernen
7. Grammatik wiederholt → Grammatikthemen identifizieren; Schwächen entdecken; Was muss ich wiederholen?

1

Das haben wir in Kapitel 1 gemacht

12 Bildausschnitte aus Kapitel 1.
Was habt ihr da gemacht? Warum?
Arbeitet zu zweit. Einer zeigt und fragt, der andere antwortet.

Ich kann ...
• über Eigenschaften, Stärken und Schwächen reflektieren
• Wünsche äußern • Vorbilder beschreiben
• Werte und wichtige Ziele benennen

2

Meine Stärken – meine Schwächen

1 Eigenschaften: So sind wir!

1.7 **a Anta und Martin erklären die Plakate. Hört zu. Was ist die Schwäche von Anta? Und wie heißt die Freundin von Martin?**

b Über Eigenschaften sprechen: Kennt ihr die Wörter? Falls nicht: Helfen die Bilder? Was wissen die anderen? Was müsst ihr recherchieren?

Hilfsbereitschaft • Freundlichkeit • Lernbereitschaft • Selbstbewusstsein • Offenheit • Flexibilität • Fleiß • Teamfähigkeit • Ausdauer • Ehrgeiz

c Erklärt die Eigenschaften in b.

Wenn man anderen Leuten hilft, wenn sie Probleme haben, das ist ...

Teamfähigkeit ist, wenn man gut mit anderen ...

Wenn man nicht so schnell aufgibt, das ist ...

Wenn man glaubt, dass man vieles schaffen kann ...

d Zu welchen Begriffen in b fallen euch Adjektive ein? Sammelt.

fleißig, ...

Lösung zu 1a:
Anta: Isst manchmal zu viel Schokolade.
Martins Freundin heißt „Nessie".

AB zu KB Aufg. 1

2b Analog zu dem ABI- Plakat im KB mit dem Namen „Nessie" schreiben die S zu dem Namen ihres Partners ein Namenplakat und diskutieren das Ergebnis.

Allgemeines

Dieses Kapitel regt die S dazu an, sich mit ihren individuellen Stärken und Schwächen zu befassen, mit ihren Wünschen und Werten sowie mit Vorbildern. Es endet mit erfolgreichen Lernstrategien in der Schule und mit Glücksbringern.
Sprachlich geht es u.a. um Eigenschaften (Nomen und Adjektive) und um Wünsche mit Konjunktiv vom Typ *Ich wäre gerne ...*). Grammatisch werden Relativsätze im Nominativ und Akkusativ sowie der Infinitiv mit *zu* behandelt.

1a Die S sollen zunächst Hypothesen zur Bedeutung der beiden Plakate bilden. Einige Wörter kennen sie schon.
Dann hören die S die Erklärung auf der CD. Damit haben sie ein Modell für die spätere Produktion, die allerdings vorher noch mit Wortschatz und Redemitteln vorbereitet wird.
Lösung: s. unten

1b Die S sollen im PL sammeln, welche der Begriffe sie zu kennen glauben, und sich dabei gegenseitig unterstützen. Weisen Sie die S darauf hin, dass sie bestimmt Teile der Begriffe kennen und daraus auf die Bedeutung schließen können. Wenn es die Möglichkeit gibt, sollten die S im Internet oder in einem Wörterbuch recherchieren.

1c Am besten bilden Sie Zweierteams, die dann abwechselnd (so, dass alle drankommen können) versuchen, die Begriffe zu erklären. Es geht dabei nicht um eine 100%ige Genauigkeit.

1d Hier können die S wieder einmal über Wortbildung nachdenken und ihren schon bekannten Wortschatz reaktivieren oder neu bilden.
Lösung:
Hilfsbereitschaft – hilfsbereit,
Freundlichkeit – freundlich,
Lernbereitschaft – lernbereit,
Selbstbewusstsein – selbstbewusst,
Offenheit – offen,
Flexibilität – flexibel,
Fleiß – fleißig,
Teamfähigkeit – teamfähig,
Ausdauer – ausdauernd,
Ehrgeiz – ehrgeizig

Auf dieser Seite wird über das Thema „Stärken und Schwächen" übergeleitet zu Wünschen mit Konjunktiv.

2a Die S interpretieren die Illustration in KG und stellen kurz ihre Version im PL vor.

2b Die S hören die CD und nehmen zu der präsentierten Aussage Stellung.

2c Hörverstehen: Die S notieren Stärken und Schwächen von Indra und Max und vergleichen ihre Notizen.
Lösung:
Indra: Stärken: weiß, was sie will; kann gut planen; ist strukturiert; ordentlich; Schreibtisch immer aufgeräumt
Schwächen: ist nicht so spontan; wäre gern kreativer und flexibler; ist manchmal zu „steif"
Max: Stärken: ist kreativ und teamfähig; macht Musik und zeichnet gerne; ist meistens flexibel; wäre gerne ein bisschen ordentlicher
Schwächen: plant nicht viel; ist nicht ordentlich; ist chaotisch; Schreibtisch ist ein Chaos; Schulnoten nicht gut

2d Die S überlegen in PA, ob sie Indra und Max hilfreiche Tipps geben können.

2e Die S suchen sich einen „Partner" und stellen ihm/ihr Fragen, ähnlich wie in **2c**. Sie stellen im Anschluss das Ergebnis vor.

3a Die S lesen die Wünsche erst still. Danach lesen sie sie der Reihe nach laut vor. Wer möchte, kann spontan reagieren oder ähnliche Wünsche äußern.

3b Die Aufgabe dient zur Verständnissicherung der Grammatik. Besprechen Sie dazu auch die Angaben im Grammatikkasten und weisen Sie die S auf den Gebrauch der Konjunktivformen mit dem obligatorischen Zusatz *gerne* hin.
Lösung: Ich wäre gerne … mutiger, gut in der Schule, ordentlicher.
Ich hätte gerne … einen guten Freund, lange Haare.

2

Niemand ist perfekt!

2 „Stärken" und „Schwächen"

Also, ich glaube, dass …

a Interpretiert die Illustration. Diskutiert in der Kleingruppe und stellt eure Ergebnisse vor.

1.8 **b Hört die Interpretation von Mirka. Seid ihr einverstanden?**

1.9 **c Was sind die Stärken und Schwächen von Indra und Max? Was wünschen sie sich? Hört zu und macht Notizen.**
Indra plant, ist ordentlich, …

d Könnt ihr Indra und Max Tipps für ihre Wünsche geben?

e Wählt einen „Partner" in der Klasse. Findet drei Stärken und eine „kleine" Schwäche.

+	−
– bringt andere Menschen zum Lachen – kann gut organisieren – ist gut in Mathe …	– ist schnell beleidigt …

Hannah organisiert gern. Sie kann super gut planen und ist sehr lustig. Hm, sie ist aber auch schnell beleidigt …

3 So wär' ich gerne

a Lest die Wünsche. Was trifft auch auf euch zu?

Also, ich hätte auch gerne ein Tattoo, aber …

Ich hätte gerne mehr Zeit.
Ich hätte gerne ein Tattoo, aber meine Eltern sind dagegen.
Also, ich wäre gerne ein bisschen fitter. Im Moment treibe ich keinen Sport.
Ich würde gerne Medizin studieren, aber dafür brauche ich bessere Noten.
Ich würde gerne nach der Schule ein Jahr ins Ausland gehen, vielleicht nach Florida. Da muss man nicht so viel heizen ;-))
Ich wäre gerne mutiger. Ich habe zum Beispiel oft Angst vor Prüfungen.
Ich wäre gerne gut in Mathe, aber ich glaube, ich habe keine Chance.

➲25, 26 G

Wünsche mit Konjunktiv
Ich wäre, du wärst, er/es/sie wäre, … wir wären, …
Ich hätte, du hättest, er/es/sie hätte, …
Ich würde, du würdest, er/es/sie würde, …

b *Wäre, hätte, würde.* Was passt? Bildet Aussagen.

Ich wäre gerne ein bisschen ordentlicher, aber ich hasse aufräumen!

Ich wäre gerne … Ich hätte gerne … Ich würde gerne …	einen guten Freund • lange Haare • mutiger • Klavier spielen können • gut in der Schule • Physik studieren • eine Weltreise machen • ordentlicher

c Und ihr? Schreibt jeder ein Kärtchen mit Wünschen: *Ich wäre/würde/hätte gerne.* Sammelt die Kärtchen ein, zieht eins und lest es vor. Wer wünscht sich das noch?

Ich würde gerne … Klavier spielen können, Physik studieren, eine Weltreise machen.

3c Das Ende der Sequenz. Die S schreiben eigene Beispiele auf Zettel. Ein S sammelt sie ein, zieht einen Zettel und liest ihn vor. Erraten die S den Autor? Wer von den S stimmt dem Wunsch auf dem Zettel zu und wünscht sich ebenfalls das Vorgelesene?

2

4 Einfach toll, oder?

a Hört den Beitrag aus dem Jugendradio und notiert. Wer findet wen oder was toll? (1.10)

Bruno findet Einstein toll. Einstein hat viel für die Wissenschaft gemacht.

b Und ihr? Wen oder was findet ihr toll?

5 Wer oder was?

a Ein Quiz: Wer oder was bin ich?

Ein Politiker aus Indien, **der** viel für den Frieden getan hat
Ein Turm aus Eisen, der in Paris steht und den alle kennen
Ein Auto, das sehr teuer ist und das meistens rot lackiert ist
Ein Mann mit einem Bart, **den** man nur in der Weihnachtszeit sieht
Männer, die eine Uniform tragen und gefährlich leben

Der Politiker aus Indien, der viel für den Frieden getan hat, heißt Ghandi.

b Sucht euch fünf „Themen" aus und gebt ein Beispiel dazu.

Ein Mensch, den ich bewundere
Ein Film, den ich sehr gut finde
Ein Land, das ich gerne besuchen würde
Ein Gegenstand, den ich gerne hätte
Zwei Dinge, die ich überhaupt nicht leiden kann
Jemand, den ich jeden Tag auf dem Weg zur Schule sehe
Ein Ort in meiner Stadt, den jeder kennt
Ein reiche Person, die alle kennen

Also, zwei Dinge, die ich nicht leiden kann: Das Erste ist, wenn Leute lügen und …

Der City-Point ist ein Ort, den alle hier kennen … Dort treffen wir uns fast jeden Tag.

6 Nachdenken über Grammatik: Relativsätze

a Ergänzt die Relativpronomen im Nominativ und Akkusativ. Die Beispiele in Aufgabe 5 helfen. Tipp: Achtet auf die Verben.

1. Ein Typ, d___ gut aussieht
2. Der Film, d___ wir schon dreimal gesehen haben
3. Kinder, d___ auf der Straße spielen
4. Ein Lehrer, d___ sehr streng ist
5. Das Lied, d___ ich immer höre
6. Ein Auto, d___ ich toll finde
7. Blumen, d___ man auf der Wiese sieht
8. Der Computer, d___ billig war
9. Der Müll, d___ die Schüler sammeln
10. Eine Sprache, d___ schön klingt

G ⊃7
Relativpronomen
Nominativ: **der**, das, die; Plural: die
Akkusativ: **den**, das, die; Plural: die

b Macht eine Tabelle im Heft. Ordnet die Sätze aus a zu.

Nominativ	Akkusativ
1. Ein Typ, der gut aussieht	*2. Der Film, den wir schon dreimal gesehen haben*

c Wo steht das Verb? Warum sind die Verben wichtig? Was passiert mit dem Relativpronomen? Diskutiert.

siebzehn 17

Die Seite befasst sich mit Vorbildern und Idolen, die ja in der Regel über besondere Stärken oder Merkmale verfügen. Grammatisch werden die Relativsätze im Nominativ und Akkusativ entwickelt.

4a Die S hören die Aussagen von Jugendlichen im Radio und notieren in EA die genannten Personen und was sie besonders an ihnen finden.
Lösung: s. unten

4b Die S nennen eigene Idole oder Vorbilder. Ein Sprachmuster wäre: *Ich finde … toll, weil/da …*

5a In dem Quiz finden die S Beispiele mit Relativsätzen sowohl im Nominativ als auch im Akkusativ. Thematisieren Sie aber hier noch nicht die Grammatik, sondern bleiben Sie noch bei den inhaltlichen Aspekten, die erraten werden sollen.
Lösung:
Turm aus Eisen: Eiffelturm
Rotes Auto: Ferrari
Mann mit Bart: Nikolaus/Weihnachtsmann
Männer mit Uniform: Soldaten/Polizisten

5b Die S können hier eigene Beispiele nennen, sollten aber auch die Redemittel-Vorgaben aus den Sprechblasen verwenden.

6a Die S ergänzen die Relativpronomen. Der Gebrauch hängt vom Verb ab. Im Zweifelsfall sollen die S ein wenig experimentieren und zunächst Aussagesätze bilden. Eine systematische Beschäftigung mit der Grammatik findet in **6c** statt.
Lösung: 1. der – 2. den – 3. die – 4. der – 5. das – 6. das – 7. die – 8. der – 9. den – 10. die

6b Vorgehen wie beschrieben, am besten aber mit Unterstützung an der Tafel oder mit einer Folie.
Lösung: Nominativ: 1, 3, 4, 8, 10; Akkusativ: 2, 5, 6, 7, 9

6c Die S arbeiten einige Minuten in PA. Danach Sammeln im PL.
Lösung: s. unten

Lösung zu 4a:
Angela: Adele, singt gut, hat Erfolg und ist „normal" geblieben.
Mirko: die Mutter, hat für die Geschwister alleine gesorgt und nie gejammert.
Dani: Katze „Babsie", kann alles verstehen und richtig sprechen.
Tina: Obama, erster farbiger Präsident Amerikas, gute Ideen.
Jens: sein neues Handy, viele kostenlose Apps, die alle funktionieren.
Maja: T-Shirt, hat Freundin aus Tokio mitgebracht, mit Bild vom Fujiyama.

Lösung zu 6c:
Das Verb steht am Satzende.
Die Verben sind wichtig, weil sie den Kasus bestimmen.
Die Relativpronomen verändern sich im Akkusativ beim maskulinen Artikel.

AB zu KB Aufg. 6

4 Die Sequenz **4a–g** übt ausführlich die Relativsätze.
In **4f** werden die S angehalten, sich in der Klasse über ihr Regelverständnis auszutauschen.

Auf dieser Seite steht die Meinung der Erwachsenen über die heutige Jugend im Mittelpunkt.

7a Hier geht es um die Arbeit VOR einem Lesetext. Die S lesen die Aussagen und bilden in PA Hypothesen darüber, welche zutreffen.

Hinweis: Fragen Sie die S, wie sie die ironische Illustration mit Lara und Rudi finden.

7b Die S kontrollieren ihre Hypothesen aus **7a** mit dem Text.
Lösung:
1. Zeile: 4–5 (sympathisch)
2. Zeile: 7–8 (zu viel)
3. Zeile: 10 (zu viel)
4. Zeile: 12–13 (gut)
5. Zeile: 17–18 (nicht gut)
6. Zeile: 20–21 (zu wenig)
7. Zeile: 26–27 (noch nicht)
8. Zeile: 24–25 (noch nicht)
9. Zeile: 29–30 (nicht gut)

7c Offene Diskussion und „Meckern" im PL.

2

Jugend – stark oder schwach?

7 Eine Umfrage

a In einer Umfrage haben sich Erwachsene zu ihrer Einstellung zu Jugendlichen geäußert. Was glaubt ihr, war sie eher negativ oder eher positiv? Lest die Aussagen und entscheidet.

1. Die meisten Erwachsenen finden die meisten Jugendlichen sympathisch / nicht so sympathisch.
2. Sie glauben, dass die Jugendlichen wenig / zu viel Alkohol trinken.
3. Sie denken, dass Jugendliche zu viel / gerade richtig konsumieren.
4. Sie glauben, dass Jugendliche gut / nicht gut mit Technik umgehen können.
5. Sie glauben, dass Jugendliche gut /nicht gut mit Geld umgehen können.
6. Sie glauben, dass sich Jugendliche ausreichend / zu wenig für die Gesellschaft engagieren.
7. Sie glauben, dass Jugendliche mit 16 schon / noch nicht Auto fahren sollten.
8. Sie wollen, dass Jugendliche mit 16 schon / noch nicht wählen sollten.
9. Sie finden, dass sich die Jugendlichen gut / nicht gut anziehen.

b Lest den Text. Habt ihr richtig getippt? Lest die passende(n) Zeile(n) vor.

Was Erwachsene über Jugendliche denken ...

Die Erwachsenen in Deutschland haben ein eher skeptisches Bild von der jungen Generation. Zwar finden sie die Jugendlichen mit großer Mehrheit sympathisch (92,2 Prozent), aber sie sind nicht damit einverstanden, wie die junge Generation lebt. Sie glauben, dass Jugendliche übermäßig viel Alkohol trinken (70,5 Prozent) und fremdes Eigentum nicht respektieren (61,1 Prozent). Die Eigenschaften „konsumorientiert" (91 Prozent) und „egoistisch" (64 Prozent) sind im oberen Drittel. Besonders kompetent sind Jugendliche aus der Perspektive der Erwachsenen in technischen Fragen (90 Prozent). Eine deutliche Mehrheit gibt an, dass Jugendliche gut mit anderen Menschen umgehen können (73 Prozent). Mehr als zwei Drittel der Erwachsenen glauben aber, dass die Jugendlichen nicht mit Geld umgehen können und keine finanzielle Kompetenz haben. 67 Prozent der Befragten denken, dass Jugendliche sich nicht genug für die Gesellschaft engagieren.

Die Erwachsenen sind der Meinung, dass die Jugendlichen in der Familie mitbestimmen dürfen, aber nicht im öffentlichen Bereich. So sind über 70 Prozent der Befragten gegen ein Wahlrecht ab 16 Jahren. Noch deutlicher ist das Votum dagegen, dass der Führerschein schon ab 16 Jahren möglich ist. Nur 15 Prozent der Erwachsenen sind dafür. Und was die Kleidung und das Aussehen betrifft, so ist die Meinung der meisten Erwachsenen klar: „Unmöglich!"

c Und was denkt ihr über die Erwachsenen?

Also, viele Erwachsene sitzen jeden Abend vor dem Fernseher!

Genau, und bei uns meckern sie über den Computer!

18 achtzehn

Werte: Was ist wichtig?

8 **Ein Experiment**

a **Seht die Bilder an. Alles soll in die Vase. Was kommt zuerst, was danach? Vergleicht eure Ergebnisse in der Klasse.**

leere Vase

Sand

große Steine

Wasser

kleine Steine

b **Vergleicht eure Ergebnisse mit dem Text. Diskutiert in der Klasse.**

Das Experiment

Eines Tages hält ein Experte für Zeitmanagement einen Vortrag vor einer Gruppe Studenten, die Wirtschaft studieren. Er möchte ihnen mithilfe eines Experiments, das sie nicht vergessen sollen, eine wichtige Erkenntnis vermitteln.
Er nimmt eine leere 5-Liter Vase mit einer sehr großen Öffnung und stellt sie vor sich auf den Tisch. Dann legt er ca. zwölf faustgroße Steine vorsichtig einzeln in die Vase. Die Vase ist nun mit den Steinen bis oben gefüllt. Es ist kein Platz mehr für einen weiteren Stein. Schließlich fragt der Experte, ob die Vase jetzt voll ist. Alle sagen: „Ja." Er fragt: „Wirklich?" Er greift unter den Tisch und holt einen Eimer mit kleinen Kieselsteinen hervor. Einige hiervon kippt er in die Vase und schüttelt diese, sodass sich die Kieselsteine in die Lücken zwischen den großen Steinen setzen.
Er fragt die Gruppe erneut: „Ist die Vase nun voll?" Jetzt hat die Gruppe ihn verstanden und einer antwortet: „Wahrscheinlich nicht!" – „Gut!", antwortet er. Er greift wieder unter den Tisch und holt einen Eimer voller Sand. Er schüttet den Sand in die Vase und der Sand rieselt in die Lücken zwischen den großen Steinen und den kleineren Kieselsteinen. Anschließend fragt er: „Ist die Vase jetzt voll?" – „Nein!", ruft die Gruppe. Nochmals sagt er: „Gut!"
Dann nimmt er einen mit Wasser gefüllten Krug und gießt das Wasser bis zum Rand in die Vase. Dann fragt er seine Zuhörer: „Was ist der Sinn meiner Präsentation?"

Information
nacheinander
schüttet bewegt
fällt langsam

c **Drei Antworten auf die letzte Frage des Experten. Diskutiert in Kleingruppen: Welche Antwort gefällt euch am besten? Warum? Oder was würdet ihr antworten?**

a. Also, ich denke, das bedeutet, dass man zum Beispiel immer noch einen Job oder eine Arbeit annehmen kann, egal wie voll der Terminkalender ist.

b. Für mich heißt das, dass man sich genau überlegen muss, was man im Leben weglässt. Das können die Steine sein oder das Wasser.

c. Man muss immer daran denken, das zuerst zu tun, was wirklich wichtig im Leben ist. Sonst hat man später vielleicht keine Zeit mehr dafür.

9 **Was sind die „großen Steine" in eurem Leben?**

a **Wählt – jeder für sich! – eure „Top 5" der 12 Werte.**

Die 12 TOP-Werte von Jugendlichen
Geld • Erfolg • Gesundheit • Familie • Leistung • Medien • Freunde • Religion • Schönheit • Natur/Umwelt schützen • Liebe/Partnerschaft • Freizeit

b **Diskutiert zu zweit und einigt euch auf eure gemeinsamen Top 5. Macht dann eine Klassenstatistik.**

1.11 **c** **Hört zu und vergleicht eure Ergebnisse mit der Jugendstudie aus Deutschland.**

In dieser Sequenz geht es um die Frage, was die wichtigsten Werte im Leben sind.

8a Der Einstieg ist ein Experiment, welches mit den „Zutaten" (siehe Bilder) funktioniert.

Vorschlag: Malen oder projizieren Sie die Materialien und Gefäße an die Tafel. Die S versuchen in KG, eine Lösung zu finden. Sammeln Sie einige Beispiele im PL.

8b Die S lesen nun den Text, vergleichen mit ihrer Annahme und diskutieren.

8c Hier finden die S drei mögliche Antworten für die offene Frage am Ende des Textes. Die S wählen eine Antwort aus oder geben eine eigene und vergleichen im PL.

9a Einbeziehen der Perspektive der S. Die 12 im Buch genannten „Werte" wurden von deutschen Jugendlichen genannt. Sie sind aber nicht hierarchisch angeordnet. Jeder S wählt zunächst für sich allein seine fünf Favoriten.

9b Die S arbeiten jetzt zu zweit und einigen sich auf fünf Werte aus ihren beiden Listen. An der Tafel werden dann die TOP 5 der Klasse notiert.

9c Die S hören das Ergebnis aus Deutschland von der CD.
Lösung: 1. Familie – 2. Freunde – 3. Gesundheit – 4. Liebe und Partnerschaft – 5. Erfolg, Freizeit, Geld

Auf dieser Seite geht es um das Thema Ziele und um die Motivation, diese zu erreichen.

10a Einstieg ist die Interpretation eines Fotos, auf dem ein Junge Geige spielt. Als Formulierungshilfe finden die S unterschiedliche Aussagen zum Bild.

10b Umfrage, wer positiv bzw. negativ geantwortet hat.

Hinweis: In der Psychologie gibt es einen Forschungsansatz, der darauf beruht, positive oder eher negative Aussagen in Beziehung zum Thema Motivation zu setzen. Gemäß diesem Forschungsansatz ist prinzipiell derjenige besser motiviert, eine Leistung zu erbringen, der eine eher positive Aussage formuliert.

10c Die S erzählen, ob sie schon einmal ein Instrument gelernt haben und wie das war. Wahrscheinlich haben hier schon viele S Erfahrungen gesammelt.

Vorschlag: Lassen Sie die S zuerst in KG sprechen und danach erst im PL.

11a–c Indem sie aus Aufgabe **10** die neue Form mit *zu* sammeln und genauer beschreiben, erarbeiten die S die „Regel" zum Gebrauch des Infinitiv mit *zu*. Im Vergleich mit anderen Sprachen wird deutlich, dass das Verb am Ende steht.

Lösung/Regel:
zu steht vor dem Verb am Ende des Satzes.
Das Verb steht im Infinitiv.
Bei trennbaren Verben steht *zu* nach dem Präfix.

12a Hier finden die S mithilfe der neuen Grammatik eine lustige Berufsbeschreibung.

12b Kreativer Schreibanlass analog zu **12a**.

2

Ziele erreichen

10 Ohne Fleiß kein Preis

a Sprecht zu zweit über das Foto. Welchen Aussagen stimmt ihr zu?

Vielleicht plant er, später eine CD aufzunehmen.
Es ist anstrengend, Geige zu lernen.
Ich spiele Gitarre, das ist einfacher.
Er hat Lust, eine Pause zu machen.
Ein tolles Instrument!
Ich habe auch einmal Geige gelernt, das war furchtbar!
Er hat bestimmt Angst, Fehler zu machen.
Vielleicht wird er berühmt …
Der Junge hat bestimmt keine Lust zu spielen.
Es macht Spaß, ein Instrument zu lernen!

b Wer von euch hat positiv geantwortet? Wer negativ? Warum?

c Habt ihr schon einmal ein Instrument gelernt? Wie war das?

Ich habe Flöte gespielt, aber das war sehr schwer und die Nachbarn …

11 Das kleine Wörtchen *zu*

a Sammelt in Aufgabe 10 Aussagen mit *zu*.

Er hat Angst, Fehler …, Es macht Spaß …

b Seht euch die Sätze aus a genau an und beantwortet die Fragen.

➲3, 9 G

Wo steht *zu*? Welche Form hat das Verb nach *zu*?
Wie funktionieren trennbare Verben?

c *zu* in drei Sprachen. Vergleicht die Sätze und notiert sie in weiteren Sprachen.

Ich habe Lust,	die Hausaufgaben **zu** machen.
J'ai envie	**de** faire les devoirs.
Io ho voglia	**di** fare i compiti.

12 Berufsziel Lehrer??

a Macht es Spaß, ein Lehrer zu sein? Wie ist das in eurer Klasse? So wie in dem Comic oder anders?

Ein Lehrer zu sein bedeutet,
… jeden Tag mit netten jungen Menschen zu arbeiten.
… viel Spaß zu haben.
… viel zu lachen.
… viel positives Feedback zu erhalten.
… sich nie zu langweilen.

b Macht es (keinen) Spaß, ein Schüler / eine Schülerin zu sein? Schreibt und/oder zeichnet einen Comic.

Schüler zu sein bedeutet, jeden Morgen aufzustehen und vor Tests Angst zu haben. Es bedeutet aber auch, Spaß zu haben …

20 zwanzig

Video zu KB Aufg. 10–12

In der Video-Szene 2 (Stuntman: Mit viel Training ans Ziel) berichtet ein Stuntman, mit welchen Mitteln er sein Ziel erreicht. Hierzu passen die Aufgaben **3a** und **3b** im Videotrainer. Sie sind gut geeignet, um über das Gesehene zu sprechen.

2

13 Erfolgsrezepte

a Funktioniert die Aussage auf dem Plakat? Was glaubt ihr?

b Sechs Meinungen: Ziele erreichen – aber wie? Und was tut ihr?

1. Ich ziehe meinen Lieblingspullover an. Er ist schon sehr alt, aber er hat mir immer geholfen.
2. Ich versuche, immer ganz interessiert auszusehen. Dann denken die Lehrer, dass ich aufmerksam und konzentriert mitarbeite.
3. Es bringt nichts, faul zu sein. Ich mache regelmäßig meine Hausaufgaben.
4. Ich melde mich oft im Deutschunterricht und ich habe keine Angst, eine falsche Antwort zu geben oder Fehler zu machen.
5. Ich schreibe manchmal einen Spickzettel. Das ist eine super Vorbereitung und hat mir schon oft geholfen, eine bessere Note zu bekommen.
6. Ich glaube nicht so sehr an Glück. Erfolg bedeutet meistens viel Arbeit und Disziplin!

Lerntipp
Ein guter Spickzettel ist eine ausgezeichnete Strategie zur Vorbereitung auf einen Test, eine Präsentation, usw.

14 Glück oder Unglück?

a Acht Symbole. Was glaubt ihr? Bringen die Dinge in deutschsprachigen Ländern Glück oder Pech? Ordnet zu.

... eine schwarze Katze

... ein Schwein

... ein 4-blättriges Kleeblatt

... ein Schornsteinfeger

... ein Fliegenpilz

13

... die Zahl 13

... ein Hufeisen

... ein Marienkäfer

b Projekt: Was bringt in eurem Land Glück oder Pech? Sammelt und berichtet.

c Kennt ihr diese Redensarten? Wie heißt das in eurer Sprache?

Du bist ein echter Glückspilz!
Toi toi toi!!
Da hast du aber Schwein gehabt!

einundzwanzig | 21

Hier findet sich ein weiteres Plakat aus der Abiturprüfungsphase. Das Kapitel schließt mit einer landeskundlichen Aufgabe zu Glücks- bzw. Pechsymbolen.

13a Diesmal wird eine interessante These formuliert: „Mit wenig Arbeit viel Erfolg haben“. Das kann zum Anlass genommen werden, etwas genauer über das Thema Motivation nachzudenken. Die S sollen die These kurz diskutieren.

13b Hier finden die S Aussagen zur Art und Weise, wie unterschiedlich sich Menschen vorbereiten. So kann z. B. die Erstellung eines guten Spickzettels helfen – natürlich nur zur Vorbereitung. Viele S werden wahrscheinlich Maskottchen oder Glücksbringer haben, an deren Wirkung sie fest glauben.

14a Die S überlegen, welche Symbole in DACH Glück oder Pech bringen könnten.
Lösung:
Glück: Schwein, 4-blättriges Kleeblatt, Hufeisen, Fliegenpilz, Marienkäfer, Schornsteinfeger
Pech: Zahl 13, schwarze Katze

14b–c Die S vergleichen die Symbolik und die Redensarten mit den Konventionen in ihren Heimatländern oder recherchieren notwendige Informationen.

AB zu KB Aufg. 13
10c Die S diskutieren die Textbeispiele in **10b** und bewerten die vorgestellten Strategien der Jugendlichen.

Das kann ich nach …

Die S bearbeiten die „Das kann ich"-Seite im KB und die Selbstevaluation im AB wie in der Einleitung zum Lehrerhandbuch beschrieben.

In der Regel können sich die S selbst evaluieren. Hier finden sie allerdings auch immer wieder Aufgaben, bei denen sie eigenständig Inhalte oder formale Aspekte ergänzen können/sollen. Lassen Sie in solchen Fällen den einen oder anderen S (oder zu zweit) einige Beispiele zur Kontrolle vorlesen.

Lösungen & Tipps

Was passt zusammen?
Ehrgeiz – ehrgeizig
offen – Offenheit
Fleiß – fleißig
selbstbewusst –Selbstbewusstheit
freundlich – Freundlichkeit
Ausdauer – ausdauernd
flexibel – Flexibilität

Was ist das? Ergänzt, antwortet und bildet selbst Rätsel.
Eine Katze, die gerne Fisch isst. (Mieze)
Ein kalter, weißer Mann, den man nur im Winter sieht. (Schneemann)
Ein wichtiges Fest, das man im Dezember feiert. (Weihnachten)
Sportler, die sich k.o. schlagen. (Boxer)

Hinweis: Die S können auch eigene kleine Rätsel erstellen (evtl. auch als Hausaufgabe) und in der Klasse raten lassen.

Lerntipp
Lassen Sie die S zu einem Grammatikkapitel ihrer Wahl einen „optimalen" Spickzettel erstellen. Dieser kann dann in einem Wettbewerb einen Preis gewinnen.

2

Das kann ich nach Kapitel 2

Wörter, Sätze, Dialoge	Übt zu zweit
Eigenschaften (Nomen und Adjektive) die Ausdauer, die Teamfähigkeit, die Freundlichkeit, der Ehrgeiz, der Fleiß, die Hilfsbereitschaft, die Flexibilität, die Offenheit, das Selbstbewusstsein, die Lernbereitschaft … neugierig, ehrgeizig, ausdauernd, freundlich, teamfähig, fleißig, selbstbewusst, flexibel, offen, hilfsbereit …	**Was passt zusammen? Sprecht abwechselnd.** Ehrgeiz – freundlich offen – *ehrgeizig* – Ausdauer Fleiß – flexibel selbstbewusst

Grammatik	Übt zu zweit
Wünsche mit Konjunktiv: *wäre, hätte, würde* gerne Ich wäre, du wärst, er/es/sie wäre | wir wären, … Ich hätte, du hättest, er/es/sie hätte | wir hätten … Ich würde, du würdest, er/es/sie würde | wir würden … Ich wäre gerne ein bisschen klüger. Ich hätte gern eine Katze. Ich würde gerne mit dir ins Kino gehen.	**Fragt und antwortet zu zweit.** Was wärst du gerne? Was hättest du gerne? Was würdest du gerne tun?
Relativsätze und Relativpronomen Singular / Plural Nominativ: der, das, die / die Akkusativ: den, das, die / die Gandhi war **ein Politiker, der** viel für den Frieden getan hat. „Titanic" ist **ein Film, den** ich sehr gut finde. Das ist **die beste Torte, die** ich bis heute gegessen habe! Italien ist **das Land, das** ich am besten kenne.	**Was ist das? Ergänzt, antwortet und bildet selbst Rätsel.** Eine Katze, … gerne Fisch isst Ein kalter, weißer Mann, … man nur im Winter sieht Ein wichtiges Fest, … man im Dezember feiert Sportler, … sich k.o. schlagen
Infinitiv mit *zu* Ich habe keine Lust, ins Kino zu gehen. Es macht Spaß, Spaß zu machen. Ich plane, im Ausland zu arbeiten. Ich habe keine Zeit, die Hausaufgaben zu machen.	**Ergänzt abwechselnd die Aussagen mit *zu*.** Ich habe oft keine Zeit, … Manchmal habe ich Angst, … Ich versuche immer, … Es macht mir Spaß, … Es ist leicht, … Ich habe jetzt große Lust, …

Mit Sprache handeln	
Ich kann über (meine) Eigenschaften sprechen. ● Ich bin fleißig, ordentlich, aber nicht sehr kreativ! ○ Und du willst immer recht haben! Aber du bist sehr lieb ☺. **Ich kann Wünsche äußern.** Ich wäre gerne berühmt. Ich hätte gerne einen Freund. Ich würde gerne studieren.	**Ich kann Vorbilder beschreiben.** Gandhi war ein Politiker, der viel für den Frieden getan hat. Ein Lehrer ist jemand, der viel weiß. Mein Opa war ein Mensch, den ich sehr bewundert habe. ☺

Lerntipp:
Spickzettel machen ist eine gute Vorbereitung.
Achtung: Nicht im Test benutzen!

22 | zweiundzwanzig

Ich kann ...
• über Musik sprechen • eine Band vorstellen
• erzählen, was ich gelesen habe • ein Computerproblem schildern
• um Hilfe bitten • Lösungsvorschläge machen • Alternativen ausdrücken

3

Wir und die Medien

1 Medien – früher und heute

a Seht euch den Cartoon an. Welche Medien erkennt ihr?

b Welche Medien gab es 1950 auch schon, welche nicht?

Fernseher • Handy • Radio • Zeitungen • Tablet • Zeitschriften • Smartphone • Bücher • Computer • Schallplattenspieler • MP3-Player • Telefon • Kassettenrekorder

1.12 **c Hört das Gespräch. Über welche Medien sprechen die Personen?**

d Ihr und die Medien: Erzählt. Die anderen stellen Fragen.

Ich liebe meine Schallplattensammlung! Platten finde ich viel besser als MP3s oder CDs. Ich hab schon über 200!

Was hörst du denn gerade?

dreiundzwanzig | 23

Allgemeines

In diesem Kapitel sprechen die S über die Medien, mit denen sie im Alltag zu tun haben. Nach der Vorstellung einer Band berichten sie über ihre Lesegewohnheiten und -interessen sowie über ihre Kommunikationsgewohnheiten per Handy oder online.

1a Die Illustration zeigt ein etwas übertriebenes Bild eines Jugendlichen, der gleichzeitig mit vielen Medien aktiv ist, diese aber nicht nur als Freizeitbeschäftigung nutzt, sondern auch für die Schule. Die S nennen alle Medien, die sie erkennen.
Tipp: In **1b** sind die meisten dieser Medien aufgelistet.

1b Durch die Frage, welche Medien es auch schon 1950 gab, reflektieren die S über die rasante Entwicklung im Bereich der Medien.
Lösung: Das gab es 1950 noch nicht: Handy, Tablet, Smartphone, MP3-Player, Kassettenrekorder

1c Die S hören das Gespräch zweier Erwachsener, die etwas nostalgisch darüber sprechen, mit welchen Medien sie früher umgegangen sind, z. B. wie sie früher telefoniert haben usw. Die S notieren die Medien, die erwähnt werden.
Lösung: Bücher, Telefon, (Computer/googeln)

1d Vielleicht gibt es ja in der Klasse S, die auch heute noch Briefe schreiben oder ab und zu in eine Bücherei gehen. So zeigt auch das Beispiel in der Sprechblase den aktuellen Trend, anstatt CDs oder MP3s wieder Schallplatten zu hören. Die S tauschen sich in PA oder KG über ihre Vorlieben aus.

Die folgende Sequenz hat den momentanen Musikgeschmack von Jugendlichen zum Thema, also, was sie gerne hören und was sie toll finden oder auch nicht.

2a Natürlich ändert sich der Musikgeschmack der Jugendlichen ständig – und damit bleiben auch die Sänger und Gruppen, die „in" sind, nicht die gleichen. Hier sollen die S lediglich heraushören, welchen Lieblingshit die interviewte Gruppe nennt. Zudem sollen sie vor allem auch die sprachlichen Formen von zustimmenden oder ablehnenden Haltungen wahrnehmen, die sie in **2b** wieder aufgreifen.
Lösung: „Someone like you"

2b Hier sind die positiven und kritischen Äußerungen der Jugendlichen aus dem Interview noch einmal zusammengestellt. Die S üben anhand dieser Beispiele die „echte" Aussprache und das emotionale Sprechen.

2c–d Vorgehen wie beschrieben – die Redemittel in **2b** helfen. Zum Schluss wird der Lieblingshit der Klasse ermittelt.

Vorschlag: Die S bringen ihre Favoriten mit in die Klasse. Jeder Titel wird kurz angespielt. Dann entscheiden die S anhand einer Klassenhitparade, welches Stück ganz gehört werden soll.

3

Das ist echt ein Hit!

2 Unsere Hits

1.13 **a Hört die Umfrage. Welches Lied finden die Schülerinnen und Schüler am besten? „Wunderbare Jahre", „Eines Tages" oder „Someone like you"?**

1.14 **b Hit oder nicht? Hört zu und sprecht nach.**

Ich mag den Text.
Gefällt mir überhaupt nicht.
Cooler Song – den hör ich rauf und runter!
Kann ich echt nicht mehr hören!
Tolle Stimme!
Ein richtiger Ohrwurm – super!

c Was hört ihr zurzeit am liebsten? Stellt euch gegenseitig eure Lieblingsmusik vor und kommentiert sie. Das Beispiel und die Kommentare in b helfen.

● Ich höre im Moment dauernd „Augenbling". Bei der Musik wird meine Laune gleich besser! Und dazu kann man super tanzen!
○ Ja, das ist absolut mein Geschmack. Von wem ist der Song noch mal?
● Von Seeed.
○ Ach ja! Das ist ja von Seeed! Ja, das ist wirklich eine coole Band!

d Schreibt eure Songs aus c auf ein Plakat und macht eine Klassenhitparade.

Seeed: Augenbling 𝍸𝍸 I
Cro: Du 𝍸
Adele: Someone like you 𝍸 III
...

AB zu KB Aufg. 2

2e Die S sprechen gemäß dem Beispiel in **AB 2a** kurze Dialoge zu Musiktiteln und -richtungen.

3 Unsere Lieblingsband – ein Bandporträt

a Lest das Bandporträt von Seeed. Welche Wörter habt ihr ohne Wörterbuch verstanden? Was hat euch geholfen?

Seeed gibt es seit 1998.
Die Band spielt Reggae und besteht aus 11 Musikern.
Es gibt drei Sänger, einer davon ist Peter Fox. Der Gitarrist heißt Rudeboy Rudy.
Seeed hat schon viele wichtige nationale und internationale Preise gewonnen.
Der Song „Augenbling“ war 2013 ein Hit und wochenlang in den Charts auf Platz 1.
Die Fans haben ihn auf youtube ca. 20 Millionen mal angeklickt.
Außerdem hatte Seeed als erste deutschsprachige Reggae-Band schon einen Hit in Trinidad und Tobago.
Der Song, der uns am besten gefällt, heißt „Aufstehn!“.

P **b Projekt „Bandporträt“: Recherchiert Informationen über eure Lieblingsbands und stellt sie in der Klasse vor.**

4 Vor dem Konzert: Was wird gemacht?

1.15 **a Hört das Gespräch. Wo ist Marco? Wo ist Lenny?**

b Hört noch einmal. Was sagt Marco zuerst, was kommt dann? Bringt die Sätze in die richtige Reihenfolge.

a. Jetzt stimmt Rudy noch seine Gitarre.
b. Das Licht wird gerade ausgemacht.
c. Die Musiker testen die Mikrofone.
d. Der Soundcheck wird gemacht.

c Passiv oder Aktiv? Vergleicht die Sätze. Welcher Satz passt zu welchem Bild?

a. Rudy stimmt die Gitarre.
b. Die Gitarre wird gestimmt.

d Seht euch die Sätze in c nochmal an. Wie bildet man das Passiv? Ergänzt die Regel im Heft.

➲27 G

Passiv
Eine Form von ___ und am Ende das ___

e Wie heißen die Sätze in eurer Sprache? Wie wird das Passiv gebildet?

f Nach dem Konzert. Sprecht die Dialoge zu zweit.

1 ● Fährst du mit uns nach Hause?
○ Nein, ich werde abgeholt!
● Was? Du wirst abgeholt? Okay, dann fahren wir halt allein!

2 ● Komm, wir hören die CD vom Konzert.
○ Das geht nicht, meine Anlage wird gerade repariert.
● Wieso wird die denn schon wieder repariert? Was ist jetzt kaputt?

Wiederholung *werden*

ich werde	wir werden
du wirst	ihr werdet
er/es/sie wird	sie werden

AB zu KB Aufg. 4

4a–c Die S können hier in EA oder PA kreative Rätsel zum Thema Passiv schreiben und in der Klasse lösen lassen.

KV 4 zu Aufg. 4

Als Erweiterung zur AB-Übung **4** kann **KV4** in PA oder KG bearbeitet werden. Die Kärtchen werden ausgeschnitten und verdeckt auf den Tisch gelegt. Ein S zieht ein Kärtchen, liest es vor und die anderen raten den Begriff. Wenn alle Begriffe geraten sind, kann man einen zweiten Durchgang machen – diesmal schneller.

Auf dieser Seite wird zunächst das Vorstellen von Bands geübt – im Anschluss daran wird anhand eines Konzertbesuchs das Passiv Präsens thematisiert.

3a Die S erhalten hier ein kompaktes Modell für die Vorstellung der Band Seeed. Anhand dessen können die S sehen, welche Informationen sie in **3b** in das Porträt ihrer eigenen Lieblingsband integrieren sollten.

3b Die S bereiten in KG – je nach Zeit und Möglichkeiten zu Hause oder in der Klasse – das Porträt ihrer Lieblingsband vor, schreiben und illustrieren es und stellen es den anderen S vor.

4a Hier geht es um einen Konzertbesuch. Die S hören das Gespräch zwischen Marco und Lenny und beantworten die zwei Fragen. ***Lösung:*** Marco ist in der Konzerthalle. Lenny ist krank zu Hause.

4b In dem Dialog berichtet Marco, was gerade gemacht wird bzw. was die Musiker machen. Anhand dieses Szenarios wird das Passiv eingeführt und geübt. Die S hören und ordnen die Aussagen und erhalten so Beispiele für den Vergleich von Aktiv und Passiv. ***Lösung:*** 1d – 2c – 3a – 4b

4c Die S überlegen, was auf den Bildern im Fokus steht: die Gitarre oder Rudy. Dann ordnen sie die Bilder den Sätzen zu. ***Lösung:*** a2 – b1

4c Die S ergänzen die Regel im Grammatikkasten.
Regel „Passiv“: Eine Form von *werden* und am Ende das *Partizip Perfekt.*

4e Anregung zur Sprachbewusstheit und zur Mehrsprachigkeit. Die S bilden Aussagen in ihrer Sprache oder in Sprachen, die sie kennen.

4f Dialogische Transferübung zum Passiv. Die S sprechen die Dialoge mit Betonung und Emotion.

Auf dieser Seite geht es darum, ob und was Jugendliche lesen.

5a Das Foto mit dem Plakat und die Schlagzeile darüber suggerieren, dass das Lesen in der heutigen Zeit für Jugendliche nicht mehr attraktiv ist und sie ihre Eltern sogar damit überraschen können, wenn sie lesen. Die S beziehen die Aussagen von Plakat und Schlagzeile auf die Situation in ihrem eigenen Land.

5b In PA oder KG erzählen sich die S gegenseitig, was sie in der Regel lesen (außer natürlich den Texten im Unterricht). Vielleicht lesen ja viele S die Tageszeitung oder informieren sich im Internet?

5c Wie beim Bandporträt erhalten die S auch hier ein Modell für einen Lesebericht oder ein Buchporträt. Zusammen mit der Unterstützung durch den Redemittelkasten stellen sie ein Buch / eine Geschichte vor. Solch eine Vorstellung eignet sich natürlich auch für ein Forum, eine Schulhomepage oder eine kleine Broschüre.

6a In dieser Aufgabe wird die neue grammatische Form des Genitiv mit Buchtiteln verbunden, wo der Genitiv auch häufig zu finden ist.
Zunächst kombinieren die S Buchtitel und einigen sich auf Protagonisten und Inhalte.

Hinweis: Verweisen Sie auch auf den Grammatikkasten.

6b Kreative Rateübung zum Genitiv – in Verbindung mit den ausgedachten Buchtiteln und -ideen aus **6a**. Sollten die S den Titel nach drei Sätzen nicht erraten haben, kann ein weiterer Satz angefügt werden.

3

Die Welt der Geschichten

JUGENDLICHE LESEN NICHT MEHR!

5 Jugendliche lesen nicht mehr?!

a Lest die Schlagzeile über dem Foto. Stimmt das? Wie ist das bei euch?

b Was lest ihr in eurer Freizeit?

Blogs • Romane • Online-Nachrichten • Fantasyromane • Liebesgeschichten • Thriller • Facebookeinträge • Zeitschriften • Krimis • Tweets • Sachbücher

Ich habe gerade einen Thriller gelesen.

Ich lese nur Blogs.

c Lara erzählt, was sie gelesen hat. Und was habt ihr zuletzt gelesen? Was war besonders interessant? Erzählt. Die Redemittel helfen.

Redemittel
Ich habe ... gelesen.
Das ist von ... / Der Autor heißt ...
Das Buch ist dick/dünn.
Der Text ist lang/kurz.
Es/Er hat ... Seiten.
... handelt von ... / Es geht um ... / Das Thema ist ...
Das Buch / Die Geschichte / Der Text hat mir (nicht) gut gefallen, weil ... sehr spannend/interessant/informativ/langweilig ist.

Ich habe „Der Joker" gelesen. Der Autor heißt Markus Zusak. Es ist ein ziemlich dickes Buch, es hat über 400 Seiten. Es geht um einen Jungen, Ed Kennedy. Er ist 19 Jahre alt, hat keine Ausbildung und sein Leben ist ziemlich langweilig. Aber dann erlebt er auf einmal ganz viele Abenteuer. Das Buch hat mir sehr gut gefallen, weil es so spannend ist.

6 Die Titel der Bücher

a Kombiniert einen Buchtitel und einigt euch auf einen Ort, Personen und eine Idee zu einer Geschichte.

Die Liebe	eines Lebens
Das Geheimnis	eines Sommers
Der Schatz	der Diebe
Das Abenteuer	der Mädchen
Die Geschichte	des Schülers
Der Herr	der Jägerin
Der König	eines Herzens
Das Haus	der Träume
Das Lied	des Vampirs
Die Magie	des Kusses

Genitiv
das Abenteuer **des** Schüler**s**
des Leben**s**
der Jägerin
der Mädchen
Nomen mit *der* und *das* bekommen im Singular am Ende ein *-(e)s*.
ein funktioniert wie *der*:
des / **eines**
der / **einer**

G 12

b Drei Sätze und ein Titel. Wer errät den Titel zuerst?

Unser Buch spielt auf einer Insel. Die Personen sind zwei sechzehnjährige Mädchen. Sie finden am Strand ganz viel Gold.

Der Schatz der Mädchen?

Ja, genau!

26 sechsundzwanzig

7 Handygeschichten

1.16 **a Hört zu. Welche Ausdrücke passen zu welcher Geschichte? Vier Ausdrücke bleiben übrig.**

verloren • weggenommen • Akku leer • vergessen • kein Empfang • geklaut • abgestürzt

b Erzählt Geschichten zu den Zeichnungen.

8 Eine Geschichte verstehen: das Präteritum

a Lest die Geschichte. Was fragen zum Schluss Lenas Eltern?

Wie geht es Amy? | Wer ist eigentlich Till? | Wie war London?

Die Siegergeschichte unseres Schreibwettbewerbs: Hilfe, das Handy ist weg!

Lena freute sich total. Sie saß im Flugzeug nach London. Dort wollte sie ihre Freundin Amy besuchen. Ein bisschen nervös war sie schon … Sie war zum ersten Mal in London und Amy hatte keine Zeit, sie vom Flughafen abzuholen, weil sie an dem Tag lange Schule hatte. Die beiden hatten vor, einfach nach Lenas Landung in London zu telefonieren und sich dann irgendwo in Camden Town zu treffen. Der Flug war super. In London wollte Lena dann ihr Handy aus der Handtasche holen, aber sie fand es einfach nicht. Panik! Sie durchsuchte alles, aber es war und blieb weg! Wie verrückt überlegte sie: Bestimmt lag es noch im Warteraum in Frankfurt! Na ja, es war auf jeden Fall weg. Sie dachte sofort an ihre vielen coolen Bilder und Videos … Vor allem an das nette Foto von Till, das sie eigentlich Amy zeigen wollte … Und natürlich hatte sie Amys Nummer nicht im Kopf und wusste absolut nicht, wie sie sie kontaktieren sollte … Aber dann sah Lena zum Glück ein Internetcafé. Dort suchte sie die Telefonnummer von Amys Eltern, aber es gab so viele Trayers in London und sie wusste die Adresse nicht. Das brachte also auch nichts. Eigentlich hatte sie wirklich keine Lust, jetzt ihre Eltern um Hilfe zu bitten, aber es blieb ihr wohl nichts anderes übrig … Also rief sie per Skype ihre Eltern an und gab ihnen das Passwort zu ihrem Computer. Sie fanden zum Glück Amys Telefonnummer schnell, gaben sie Lena und versprachen außerdem hoch und heilig, nichts sonst anzugucken. Uff, Problem gelöst … Lena rief Amy an. Die war schon ganz nervös und freute sich, dass Lena sich endlich meldete. Die beiden hatten dann noch ein super Wochenende zusammen. Zu Hause fragten ihre Eltern Lena: …

Von Franziska, 16 Jahre alt, aus Frankfurt

b Sucht im Text Präteritumformen. Versteht ihr sie? Der Tipp hilft.

Lerntipp: Das Präteritum verstehen

1. **Das kannst du schon:** *war, hatte, wollte, konnte, …*
2. **Das ist leicht: Regelmäßige Verben funktionieren wie** *wollen.*
   Lena woll*te* zu Amy. Lena freu*te* sich. Sie überleg*te* …
3. **Andere Verben: Der Kontext hilft fast immer.**
   Lena saß im Flugzeug. Welches Verb passt hier? Richtig: *sitzen*

Präteritum steht meistens in Geschichten und Zeitungstexten. Ihr müsst es nur verstehen und nicht selbst verwenden.

G →25

c Welche Infinitive passen zu den Präteritumformen im Text?

geben • warten • trinken • nehmen • sagen • gehen • lügen • kommen • liegen • treffen

Gestern ging ich in mein Lieblingscafé und traf dort Jakob. Er wartete schon über eine Stunde auf seine Freundin, aber die kam und kam nicht … Ich nahm sein Handy, das auf dem Tisch lag, gab es ihm und sagte: „Jetzt ruf sie endlich an und frag sie, wo sie bleibt!"

siebenundzwanzig | 27

Hier dreht sich alles um Geschichten, die mit einem Handy zu tun haben. Anhand der im Buch präsentierten Geschichten sollen die S Präteritumformen – als sprachliche neue Form – entdecken und verstehen.

7a Die S hören zwei Geschichten und haben somit Modelle für die spätere eigene Produktion.
Lösung: Paul: Handy ist abgestürzt. / Akku war leer.
Sonja: Der Lehrer hat ihr das Handy weggenommen.

7b Die beiden Illustrationen suggerieren mögliche Katastrophen rund ums Handy. Die S schreiben dazu in PA oder EA kleine Geschichten – hier noch im Perfekt. Achten Sie darauf, dass die Geschichten nicht zu lang werden, damit möglichst viele vorgelesen werden können.

8a Die S lesen hier eine längere Geschichte, in der ein Handy eine bedeutende Rolle spielt.

Vorschlag: Vor der Beantwortung der Frage, was Lenas Eltern zum Schluss interessiert, sollten die S zu allen drei gestellten Fragen kurz Stellung beziehen. Besonders die Frage nach Till ist interessant ☺.

Lösung: Die Eltern fragen zum Schluss: „Wer ist eigentlich Till?"

8b Die S erhalten Hilfen, mit denen sie sich ihnen unbekannte Präteritumformen in Lesetexten weitgehend erschließen können. Diese Sensibilisierung sollte zum Verstehen der Präteritumformen ausreichen, da das Ziel NICHT die produktive Beherrschung des Präteritums ist.

8c Hier erfahren die S, wie allein schon der Kontext und inhaltliche Aspekte beim Verstehen unbekannter Formen helfen können.
Lösung: Bis auf *trinken* und *lügen* werden alle Formen im Text im Präteritum verwendet:
ging – gehen, traf – treffen, wartete – warten, kam – kommen, nahm – nehmen, lag – liegen, gab – geben, sagte – sagen

AB zu KB Aufg. 8

7e Die S werden angeregt, über die Art und Weise nachzudenken, wie der Aspekt „Vergangenes" in ihren Muttersprachen ausgedrückt wird. Vergleich in der Klasse.

Die Sequenz auf dieser Seite hat Lernsituationen mit den neuen Medien, speziell Online-Aktivitäten, zum Thema.

9a Die S verbalisieren ihre Wünsche oder erzählen, welche neuen Medien sie schon im Unterricht benutzen, und bewerten dies. In Klassen, in denen noch nicht mit neuen Medien gearbeitet wird, können die S dennoch berichten, wovon sie schon gehört oder gelesen haben, oder was sie sich vorstellen könnten.

9b Die S lesen die beiden Texte global und ordnen die Fotos zu. ***Lösung:*** 1 B – 2A

9c Verteilen Sie die Texte auf unterschiedliche Gruppen. Jede Gruppe liest einen Text, macht sich dazu Notizen und gibt ihn mit mehr oder weniger eigenen Worten wieder. Die Zuhörer, die den Text nicht gelesen haben, stellen Fragen.

Vorschlag: Auf diese Fragen antwortet nicht die Gruppe, die den Text wiedergegeben hat, sondern „Experten" aus anderen Gruppen, die ebenfalls diesen Text hatten.

9d Wortschatzarbeit. Die S notieren Computerwörter aus dem Text, versuchen sie zu erklären und vergleichen sie mit ihren eigenen Sprachen.
Lösung:
Text 1: Internet, Lernplattform, herunterladen, Datei, Computer, speichern, hochladen, online, Passwort, löschen, Forum.
Text 2: virtuell, Monitor, Webcam, mailen, surfen, einloggen, soziales Netzwerk, Facebook, chatten, hochladen, (Video), youtube.

3

In Zukunft nur noch online?

9 Online lernen

a Lernen mit neuen Medien: Was ist bei euch aktuell? Was wünscht ihr euch?

Ich finde unsere interaktive Tafel gut.

Tablets im Klassenzimmer, das wäre toll! Da kann man schnell mal ins Internet, das ist praktisch.

b Überfliegt die beiden Texte. Welches Foto passt zu welchem Text? Ordnet zu.

A

B

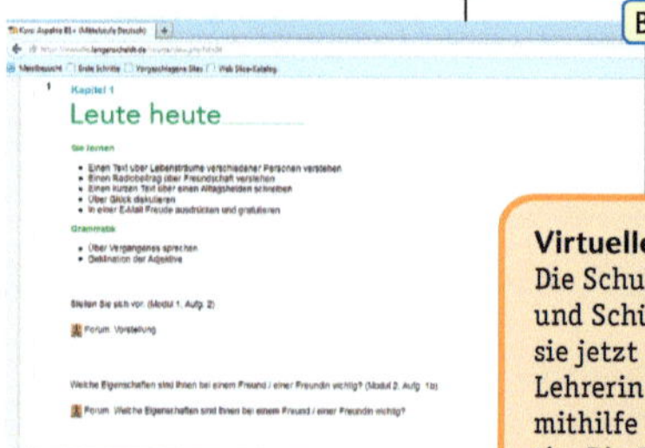

Hausaufgaben 2.0
Hausaufgaben diktieren war früher – heute stellt Frau Stoffers, Lehrerin an einer Sekundarschule, sie einfach ins Internet: Lernplattformen machen's möglich. Ihre Schülerinnen und Schüler und laden die Aufgabe herunter, die sie an dem Tag erledigen müssen. Sie bearbeiten die Aufgabe in einer Datei, die sie auf ihrem privaten Computer speichern und sie dann auf die Lernplattform hochladen – fertig. Alles funktioniert online, man braucht im Prinzip für die Hausaufgaben gar kein Papier mehr. Sogar Tests kann man so schreiben. Selbstverständlich sind Lernplattformen durch Passwörter geschützt, damit nicht Fremde einfach Dateien löschen oder herunterladen oder gemeine Kommentare in Foren schreiben können. Die meisten Schüler finden die Lernplattform praktisch und arbeiten gerne damit. Und das sicher auch, weil sie sich dort in den Foren gegenseitig helfen können … 1

Virtuelles Lernen in der Inselschule
Die Schule auf der Insel Langeoog in der Nordsee hat nur 14 Schülerinnen und Schüler – zu wenig für eine eigene Englischlehrerin. Deshalb gibt es für sie jetzt etwas Neues: Virtuellen Unterricht per Monitor und Webcam. Ihre Lehrerin sitzt weit weg in einer Schule auf dem Festland und unterrichtet mithilfe eines Monitors mehrere Klassen auf verschiedenen Inseln gleichzeitig. Die Jugendlichen können sie natürlich auch hören, sich melden und Fragen stellen. Manchmal funktioniert die Technik noch nicht ganz perfekt, aber die jungen Langeooger finden es gut, dass sie so auf ihrer Insel bleiben und trotzdem Englisch lernen können.
Nachmittags sind die Jugendlichen dann auch wieder virtuell unterwegs, aber jetzt privat: Wie die meisten anderen Jugendlichen in Deutschland mailen sie, surfen im Internet oder loggen sich in ein soziales Netzwerk ein, zum Beispiel in Facebook. Dort chatten sie mit Freunden, laden Fotos hoch oder empfehlen sich gegenseitig Videos auf youtube. 2

Lerntipp Computerwortschatz
Die Verben sind oft wie die englischen, aber mit deutschen Endungen: chatten, mailen, …

c Zwei Gruppen: Jede Gruppe liest einen Text und gibt ihn dann wieder. Die andere Gruppe stellt Fragen.

d In den Texten sind viele Computerwörter. Sammelt sie. Wie heißen sie in eurer Sprache?

28 achtundzwanzig

10 Mist, es funktioniert nicht!

1.17 **a Hört zu und notiert für die Dialoge jeweils das Problem und die passende Lösung.**

im Papierkorb nachschauen • Drucker funktioniert nicht • ausschalten und wieder einschalten • Foto gelöscht • Tinte kontrollieren • Computer abgestürzt

b Hört die Dialoge noch einmal und notiert die Redemittel wie in der Tabelle.

um Hilfe bitten	anderen etwas erklären / Tipps geben
Was soll ich jetzt nur machen? Hast du eine Idee? ...	Am besten ... Du solltest ... ...

c „Ich habe es gelöscht, anstatt es zu speichern ..." Lest den Dialog. Schreibt dann nach dem Muster zwei Sätze mit *anstatt ... zu*.

- Ich habe das Foto gelöscht, anstatt es zu speichern.
- Schau doch einfach im Papierkorb nach, statt gleich panisch zu werden. Anstatt immer gleich auszuflippen, solltest du einfach mal ein bisschen Geduld haben.

1. mich dauernd fragen / solltest du das mal selber probieren.
2. Schalt den Computer doch abends aus / ihn immer anlassen

➲2 G

Alternativen ausdrücken mit *(an)statt ... zu*
Im Nebensatz mit *anstatt ... zu* steht das Verb am ___.

d Spielt kurze Dialoge zu Computerproblemen. b und c helfen.

11 Projekt: Eine Umfrage zur Mediennutzung

a Arbeitet in Gruppen und überlegt, zu welchem Thema ihr die Umfrage machen wollt.

b Entscheidet euch für ein Thema und sammelt Fragen: Was, warum, wie oft, wie lange ... Formuliert maximal fünf Fragen.

c Macht die Umfrage. Stellt anschließend eure Ergebnisse in der Klasse vor.

d Diskutiert: Was habt ihr gut gemacht, was nicht? Was habt ihr gelernt?

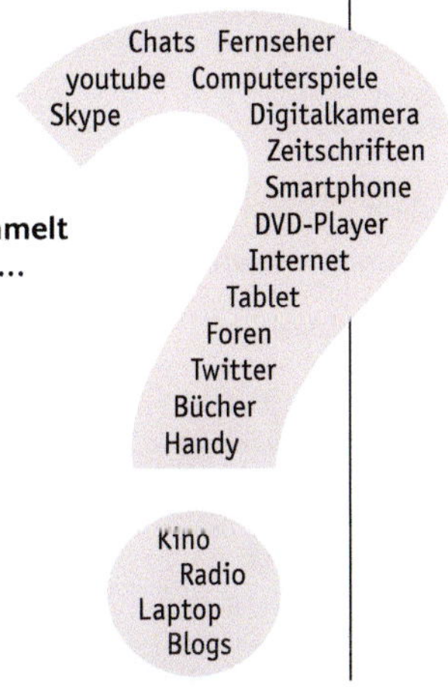

Lösung zu 10b:

um Hilfe bitten	anderen etwas erklären / Tipps geben
Was soll ich jetzt nur machen? Hast du eine Idee? Hilfst du mir bitte mal? Kannst du mir das bitte mal zeigen? Wie funktioniert ...? Erklärst du mir das ...? Ich weiß nicht, wie das geht ...	Am besten ... Du solltest ... Du musst immer ... Schau doch mal ... Guck mal ... Also, das geht so ...

AB zu KB Aufg. 10
9a–c Die S bearbeiten hier einen etwas „frechen" Dialog (Vater und Tochter) zum Thema „Probleme mit der Technik" und sollen diesen mit verteilten Rollen in der Klasse vortragen.

Auf der Seite geht es um Probleme mit dem Computer, wie man um Hilfe fragt und was man *anstatt ...* hätte tun sollen. Ein Projekt zur Mediennutzung schließt das Kapitel ab.

10a Die S notieren beim Hören der zwei Dialoge die Probleme und die Lösungsvorschläge und fassen dies kurz mündlich zusammen.
Lösung:
1. Problem: Foto gelöscht; Lösung: im Papierkorb nachschauen
2. Problem: Computer abgestürzt; Lösung: ausschalten und wieder anschalten

10b Die S hören die Dialoge ein zweites Mal und notieren jetzt Redemittel in einer Tabelle im Heft, die sie anschließend für **10c** benötigen.
Lösung: siehe unten

10c Zusammen mit dem Grammatikkasten erschließen sich die S den Gebrauch von *(an)statt ... zu* ... und lösen die zwei Beispielsituationen.
Lösung: 1. (An)Statt mich dauernd zu fragen, solltest du das mal selber probieren.
2. Schalt den Computer doch abends aus, (an)statt ihn immer anzulassen.

10d Freie Produktion. Achten Sie darauf, dass die S ab und zu die neue Struktur *(an)statt ... zu* ... benutzen und beim Vorspielen natürlich die Emotionen nicht vergessen.

11a–d Modellsequenz, wie die S eine Umfrage (hier zum Thema Medien) anlegen können: von der eigenständigen Formulierung der Fragen bis zur Selbstevaluation ihrer Arbeit.

Das kann ich nach …

Die S bearbeiten die „Das kann ich"-Seite im KB und die Selbstevaluation im AB wie in der Einleitung zum Lehrerhandbuch beschrieben.

Lösungen & Tipps

Welches Medium ist das?
(individuelle Lösung)

Ergänzt. (Passiv)
Mein Computer *wird* gerade *repariert*.
Wir *werden* gleich *abgeholt*.
Der Hit *wird* oft *heruntergeladen*.

Ergänzt. (Genitiv)
Er ist der Sohn *eines* Fußballspielers.
Er erzählte mir vom Konzert *einer* Sängerin.
Kennst du die Geschichte *der* Band?
Das ist die Magie *der* Frauen.

Texte verstehen: Wie heißen die markierten Verben im Infinitiv?
gehen – rufen – liegen

Formuliert Sätze mit *(an)statt … zu*.
Ich lese jetzt oft, (an)statt immer nur fernzusehen.
Anstatt Musik zu hören, üben wir jetzt Geige. / Anstatt Geige zu üben, hören wir jetzt Musik.

3

Das kann ich nach Kapitel 3

Wörter, Sätze, Dialoge	Übt zu zweit
Medien und Computer der Schallplattenspieler, das Tablet, das Smartphone, der MP3-Player, der Kassettenrekorder, der Monitor, die Webcam, das soziale Netzwerk, die Lernplattform, das Passwort, das Forum mailen, surfen, sich einloggen, chatten, herunterladen, hochladen, speichern, skypen	**Welches Medium ist das?** (Es gibt mehrere Möglichkeiten.) Mit dem ___ kann man Musik hören. Mit ___ kann man Filme ansehen. Mit ___ kann man Filme drehen. Mit ___ kann man Freunden eine SMS schicken. Mit ___ kann man telefonieren.
Grammatik	**Übt zu zweit**
Passiv eine Form von *werden* + Partizip Perfekt Die Gitarre wird gestimmt. Die Mikrofone werden getestet.	**Ergänzt.** (reparieren) Mein Computer ___ gerade ___. (abholen) Wir ___ gleich ___. (herunterladen) Der Hit ___ oft ___.
Genitiv das Abenteuer des/eines Schülers des/eines Lebens der/einer Jägerin der Mädchen (Pl.) Nomen mit *der* und *das* bekommen im Singular am Ende ein *-(e)s*.	**Ergänzt.** Er ist der Sohn e___ Fußballspielers. Sie erzählte mir vom Konzert e___ Sängerin. Kennst du die Geschichte d___ Band? Das ist die Magie d___ Frauen.
Präteritum (rezeptiv) **regelmäßige Verben:** funktionieren wie *wollen* Lena wollte nach London. Lena freute sich. **unregelmäßige Verben:** Der Kontext hilft. Lena saß im Flugzeug. → Infinitiv: sitzen Das Handy lag in Frankfurt. → Infinitiv: liegen Sie rief ihre Eltern an. → Infinitiv: anrufen	**Texte verstehen: Wie heißen die markierten Verben im Infinitiv?** Ich **ging** mit meinem Freund ins Konzert, da **rief** plötzlich jemand: „He du, du hast dein Ticket verloren!" Und tatsächlich – da **lag** es auf dem Boden …
Alternativen ausdrücken mit *(an)statt … zu* Ich habe das Bild gelöscht, anstatt es zu speichern.	**Formuliert Sätze mit *(an)statt … zu*.** immer nur fernsehen / jetzt oft lesen (ich) Geige üben / Musik hören (wir)
Mit Sprache handeln	
Ich kann über Musik und Bands sprechen. Gefällt mir überhaupt nicht. Kann ich echt nicht mehr hören! Die Band gibt es seit … … singt, … und … spielen Gitarre und Schlagzeug.	**Ich kann um Hilfe bitten.** Kannst du mir das bitte mal zeigen? Erklärst du mir das bitte mal? Was soll ich jetzt machen? Hast du eine Idee? Weißt du, wie das geht?
Ich kann erzählen, was ich gelesen habe. Das ist von … / Der Autor heißt … Es handelt von … / Es geht um … / Das Thema ist …	**Ich kann Lösungsvorschläge machen.** Am besten … Das geht so: Zuerst … Du musst … Du solltest …

Lerntipp Computerwortschatz:
Die Verben sind oft wie die englischen, aber mit deutschen Endungen: chatten, mailen, …

30 | dreißig

Ich kann ...
- Nachrichten über Umweltthemen verstehen
- über Umweltprobleme sprechen
- das Ziel einer Aktion nennen und begründen
- jemanden zu etwas auffordern

4

1

2

+++++ (a) Klimawandel bedroht Eisbären in der Arktis +++++++++++

++++++++++++ (b) Immer mehr Müll: 1,3 Milliarden Tonnen in diesem Jahr – Zahl kann sich bis 2025 verdoppeln ++++

+++++++++++++++++++++++ (c) Neubau des Flughafens: Bürger klagen gegen Belästigung durch Lärm +++++++++++++++++

Für die Umwelt

3

+++++++++++++++ (d) Venedig – Altstadt wieder überschwemmt ++++++++++++++++++++

4

++++++++ (e) Regenwald in Gefahr: Abholzung, Dürren und Waldbrände zerstören das Amazonasgebiet ++++++++++++++++

+++++++++++++++ (f) Weltweite CO_2-Emissionen steigen auf 34 Milliarden Tonnen – Spitzenreiter bleibt China ++++++

+++++++++++++ (g) Neuer Fall von massiver Umweltverschmutzung: Gift im Rhein – Fischsterben ++++++++++++++++++++

1 Newsticker Umweltprobleme

a **Welcher Tickertext (a–g) passt zu welchem Foto? Ordnet zu. Drei Tickertexte bleiben übrig.**

1.18 **b** **Hört die Nachrichten und notiert pro Umweltproblem eine neue Information.**

In der Arktis leben ...

c **Was findet ihr besonders schlimm? Sammelt in der Klasse.**

Ich finde es schlimm, dass bei uns Fische sterben. Außerdem riecht es nun schrecklich ...

Ich wohne an einer großen Straße. Die Lärmbelästigung nervt mich immer mehr.

einunddreißig | 31

Allgemeines

In Kapitel 4 geht es um das Thema Umwelt und um Aktionen für die Umwelt. Beispiele weltweiter Probleme werden vorgestellt, Sachtexte und Radiofeatures bieten Informationen, die von den S gesammelt und mithilfe von Textgrafiken oder Mindmaps präsentiert werden. Schwerpunkt der sprachlichen Aktivitäten ist der Umgang mit Sachinformationen. Das Kapitel endet mit Möglichkeiten, die im Bereich Recycling liegen, und mit einem aufgabenreichen Umweltspiel.

1a Der Einstieg ist klassisch: Die S sollen die Nachrichtenticker den Fotos zuordnen, müssen dabei aber auswählen. Evtl. werden die S schon aufgrund der Fotos reagieren und etwas zu den wahrgenommenen Problemen sagen.
Lösung: 1 a – 2f – 3b – 4e

1b Die S hören die Nachrichten und notieren sich Informationen, die noch nicht in den Nachrichtentickern aufgeführt sind.
Lösung: 1. Globale Erwärmung. Das Eis schmilzt. Lebensraum der Eisbären wird immer kleiner. In der Arktis leben ungefähr 20 000 Eisbären.
2. Circa ein Viertel des Mülls wird recycelt.
3. China: 8,9 Milliarden Tonnen Emissionen. Deutschland ist international auf Platz 6.
4. Regenwald: 20 % der Fläche heute schon zerstört. / Studie: bis 2030 über 50 % des Regenwaldes zerstört.

1c Personalisierung: Die S berichten über Umweltprobleme, die sie in ihrer direkten Umgebung wahrnehmen.

4

Wir tun was fürs Klima

Lerntipp
Thesen finden ist leicht – einfach jeden Abschnitt in einem Satz zusammenfassen – dann habt ihr die Thesen!

2 **Die Erde hat Fieber**

a **Was wisst ihr über den Klimawandel?**

b **Lest nun den Text. Was sind die vier Hauptthesen? Sprecht.**

DIE ERDE HAT FIEBER

In den letzten 100 Jahren ist die Temperatur auf der Erde durchschnittlich um 0,8 Grad gestiegen. Ende des 21. Jahrhunderts könnte die globale Erwärmung 1,4 bis 5,8 °C betragen – das glauben die Forscher.
Durch die Temperaturveränderungen wird das Wetter immer extremer. Der Klimawandel verursacht Naturkatastrophen wie Dürren, Überschwemmungen und Wirbelstürme.
Mitverantwortlich für diese Entwicklung ist das Treibhausgas Kohlendioxid (CO_2). Es umgibt die Erde wie eine Membran. Diese lässt Sonnenlicht hinein, aber keine Wärme hinaus. Deshalb wird es immer wärmer.
Ein Fünftel des CO_2 wird in Deutschland vom Verkehr produziert. Aber nicht jedes Verkehrsmittel belastet die Umwelt auf die gleiche Weise. Busfahrten sind mit CO_2-Emissionen von etwa 76 Gramm pro Kilometer und Person noch relativ umweltverträglich. Die Fahrt mit dem Auto belastet die Umwelt dagegen schon viel mehr. Am schädlichsten ist aber das Fliegen. Beim Fahrradfahren hingegen werden 0 Gramm CO_2 ausgestoßen. Du kannst also mit der Wahl deines Verkehrsmittels etwas für den Schutz der Umwelt tun.

G ⊃25
könnte **betragen = beträgt vielleicht**

c **Lest die Definitionen: Zu welchen Wörtern im Text passen sie? Was hat bei der Zuordnung geholfen?**

sehr starke, gefährliche Winde • ist auf allen Seiten um etwas herum • ist negativ • ökologisch • produziert • die Umwelt wird wärmer

d **Sammelt Wörter zum Thema „Klimawandel".**

Klimawandel – zerstören – Treibhausgas

3 **Kurz vor zwölf**

a **Hört den Anfang der Radiosendung: Was ist das Thema?** (CD 1.19)

b **Hört weiter. Welche Tipps werden in der Sendung genannt?** (CD 1.20)

a. Mit dem Fahrrad fahren. • b. In der Nähe Urlaub machen • c. Das Haus gut isolieren! • d. Man sollte wenig Fleisch essen. • e. Man sollte weniger heizen. • f. Wenn möglich nicht allein mit dem Auto fahren. • g. Man sollte Lampen kaufen, die wenig Energie brauchen. • h. Bei Elektrogeräten auf den Stromverbrauch achten. • i. Lebensmittel aus der Region kaufen. • j. Mit Deckel kochen.

G ⊃26
Aufforderungen
→ mit Infinitiv: Mit dem Rad fahren!
→ mit *sollte*: Man sollte weniger heizen.

c **Was macht ihr schon? Was könnt ihr noch für den Umweltschutz tun? Diskutiert.**

Ich stelle abends immer alle Elektrogeräte aus.

32 zweiunddreißig

Hier geht es um den Klimawandel und Ideen, was man tun könnte und sollte.

2a Die Diskussion über den Klimawandel wird weltweit geführt, und bestimmt haben die S Informationen oder Meinungen dazu. Lassen Sie die S kurz in KG ihre Informationen austauschen und lassen Sie dann über einige Ergebnisse im PL berichten.

2b Die S lesen den Text und achten dabei auf die wesentlichen Informationen. Im Text selbst sind die Wörter, die möglicherweise unbekannt sind, markiert. Lassen Sie die S dazu Hypothesen bilden und weisen Sie auf den Lerntipp hin.
Beispiellösung:
1. Die Erde wird wärmer.
2. Das Wetter verändert sich.
3. Grund dafür sind u.a. die CO_2-Emissionen.
4. Wir können mit der Wahl des Verkehrsmittels etwas dagegen tun.

2c Kurze Aktivität zum Definieren von Wortschatz. Hier erhalten die S Hinweise für den markierten Wortschatz.
Lösung:
sehr starke, gefährliche Winde: Wirbelstürme;
ist auf allen Seiten um etwas herum: umgibt;
ist negativ: belastet;
ökologisch: umweltfreundlich;
produziert: ausgestoßen;
die Umwelt wird wärmer: Erwärmung

2d Die S sammeln so viele Begriffe wie möglich. Sollte ihnen noch nicht so viel dazu einfallen, so kann diese Aktivität auch zu einem späteren Zeitpunkt angeboten werden.

3 In zwei Teilen hören die S einen etwas längeren Text zu umweltbewusstem Verhalten.

3a Die S hören die CD und achten zunächst nur auf das Thema der Radiosendung.
Lösung: Das Thema ist „Was können wir gegen schädliche CO_2-Emissionen tun?"

Hinweis: Der Ausdruck „Es ist kurz vor 12" oder „Es ist 5 vor 12" bedeutet, dass es höchste Zeit ist, also dass nicht mehr viel Zeit bleibt.

3b Die S lesen zunächst die Tipps und klären deren Bedeutung. Nach dem Hören und der korrekten Nennung der passenden Tipps können die S die Tipps auch versprachlichen und ergänzen. Geben Sie Beispiele mit *„Man sollte …"* und regen Sie die S an, diese Konstruktion oder den Infinitiv (*Mit dem Rad fahren!*) zu verwenden.
Lösung: a – b – e – g – h – i

3c Freiere Äußerungen zum Thema. Dabei können die S die Tipps in **2b** und **3b** wieder aufgreifen.

AB zu KB Aufg. 2

3 Die S wählen für eine Reise ein Verkehrsmittel, rechnen die CO_2-Emissionen aus und vergleichen mit der Hilfe sprachlicher Vorgaben ihre Ergebnisse.

4 Plant-for-the-Planet – Schüler werden aktiv

Lerntipp
Internationale Wörter helfen beim Verstehen!

a Welche Wörter passen zusammen?

weltweit • Referat • Kampagne • Poster • Prominente	Präsentation • Plakat • global • berühmte Personen • Aktion

b Lest den Text und beantwortet die Fragen: Wer? Was? Warum?

www.plant-for-the-planet.org

Wer wir sind

Plant-for-the-Planet ist eine weltweite, demokratisch organisierte Bewegung mit ca. 100 000 aktiven jungen Menschen aus fast 100 Ländern. Unsere Initiative gibt es seit 2007. Die Idee dazu hatte Felix Finkbeiner. Mit neun Jahren hielt er in der Schule ein Referat über den Klimawandel. Er hatte die Idee, dass Kinder in jedem Land der Erde eine Million Bäume pflanzen. Mit der Hilfe von Mitschülern, Lehrern und Eltern fing er gleich auf dem Schulhof damit an.

Was wir tun

Wir sind auf verschiedenen Ebenen aktiv: Entweder wir pflanzen Bäume oder wir machen Öffentlichkeitsarbeit. In vielen Städten gibt es Plant-for-the-Planet Gruppen, die zusammen mit Schulen oder Forstämtern Pflanzaktionen organisieren. Natürlich helfen uns auch Erwachsene dabei. Unser Ziel ist, dass auf der ganzen Welt 1000 Milliarden Bäume gepflanzt werden. Auf unserer Homepage haben wir einen Baumzähler. Hier zählen wir die weltweit gepflanzten Bäume.
Mit unserer Kampagne „stop talking – start planting" versuchen wir gleichzeitig, noch mehr Erwachsene für unsere Ziele zu gewinnen und die Umwelt zu schützen: Auf Postern halten wir Prominenten symbolisch den Mund zu. Damit wollen wir sagen: Hört endlich auf zu reden – tut etwas! Wir wollen den Wald schützen!

Warum wir das tun

Bäume verbrauchen das schädliche CO_2 und helfen so, das Klima zu verbessern. Wir haben nur diese eine Erde. Deswegen engagieren wir uns auch politisch und kämpfen global für neue Gesetze, damit wir alle auf unserer Erde eine Zukunft haben.

deswegen = deshalb

c Fünf Begriffe, die im Text vorkommen: Sagt etwas dazu.

2007 Schulhof Homepage Poster CO_2 Gesetze

Die Initiative gibt es seit 2007.

d Vier Sätze mit *entweder … oder …* Wie heißen sie? Schreibt dann noch zwei Sätze zu den Themen „Schule" und „Freizeit".

1. wir organisieren eine Demonstration / wir schreiben Politikern
2. wir machen bei Plant-for-the-Planet mit / wir gehen zu Greenpeace
3. wir fahren am Wochenende an den See / wir gehen spazieren
4. wir kochen zusammen / wir gehen eine Pizza essen

Entweder wir organisieren eine Demonstration oder wir schreiben Politikern.

⊃5 G

Alternativen ausdrücken
Entweder wir (pflanzen) Bäume oder wir (machen) Öffentlichkeitsarbeit.
oder
Entweder (pflanzen) wir Bäume oder wir (machen) …

e Diskutiert: Wie findet ihr die Aktion? Würdet ihr gern bei so einer Aktion mitmachen?

dreiunddreißig | 33

Die folgende Sequenz beschreibt eine konkrete Aktion von Jugendlichen in dem Bemühen, das CO_2-Problem zu verringern.

4a Arbeit VOR dem Text. Die S ordnen die Begriffe zu und erhalten so eine erste Idee in Bezug auf den Inhalt des folgenden Textes.
Lösung: weltweit – global; Referat – Präsentation; Kampagne – Aktion; Poster – Plakat; Prominente – berühmte Personen

4b Die S lesen den Text mit den drei Leitfragen und fassen die Abschnitte dazu kurz zusammen. Erinnern Sie die S an den Lerntipp bei Aufgabe **2**.

4c Durch die inhaltliche und sprachliche „Füllung" der Begriffe und die schlagwortartigen Informationen werden die Aussagen des Textes noch einmal auf eine andere Weise deutlich. Die S sollen hier die Stichworte mit ihren eigenen Möglichkeiten versprachlichen.

4d Die S wenden hier eine neue grammatische Struktur an, indem sie mit *entweder … oder* Alternativen formulieren. Regen Sie die S an, selbst solche Alternativen zu entwickeln. Beispiele aus dem Alltag (Kino/Theater, oder Hausaufgaben / Computer spielen) dürften dabei leicht zu finden sein.
Lösung: 1. Entweder wir organisieren eine Demonstration oder wir schreiben Politikern.
2. Entweder wir machen bei Plant-for-the-Planet mit oder wir gehen zu Greenpeace.
3. Entweder wir fahren am Wochenende an den See oder wir gehen spazieren.
4. Entweder wir kochen zusammen oder wir gehen eine Pizza essen.

4e Die Aufgabe führt wieder zurück zur Baumpflanzaktion. Die S äußern ihre Einstellung zur Aktion – am besten zunächst in PA oder KG. Erst dann nennen sie das gemeinsame Ergebnis oder diskutieren unterschiedliche Positionen im PL.

In der folgenden Sequenz wird ein Projekt vorgestellt, das die S in Varianten auch selbst an ihrer Schule durchführen können.

5a Die S versetzen sich in die Situation, was sie in einer Projektwoche zum Thema Müll an Ideen umsetzen würden, und schreiben in PA zwei oder drei Ideen auf. Dabei können sie natürlich auch die vorgeschlagenen Ideen mitbenutzen, sollten sie aber auch kurz genauer beschreiben.

5b Erstes Hören. Die S sagen kurz ihre Meinung zu der Idee.

5c Zweites, genaueres Hören und Notizenmachen. Ziel der Aufgabe ist es, dass die S mithilfe der Angaben im Buch und ihrer Notizen das Projekt sowie die einzelnen Phasen und Ergebnisse zusammenhängend präsentieren können. Die **KV5** hilft.
Lösung: s. unten

5d Damit mehrere S zu Wort kommen, können Sie pro S beispielsweise nur jeweils einen Aspekt versprachlichen lassen. Wenn Sie die Grafik projizieren, können die S nach vorne kommen und somit auch ihre Präsentation mit ihrer Mimik und Körpersprache (Deixis, usw.) unterstützen.

5e Am besten diskutieren die S untereinander im PL.

6a Induktive Erarbeitung von Form und Gebrauch von Infinitiv + *zu* im Kontext des Themas.
Lösung:
- Das Verb steht im Nebensatz am Satzende.
- *zu* steht vor dem Verb.
- Das Verb steht im Infinitiv.
- *zu* steht nach dem Präfix.

6b Erweiterung um alltagsbezogene Themen.
Lösung:
1. … um schick einzukaufen.
2. … den Müll zu trennen.
3. … gute Noten zu bekommen.
4. … die Schüler zu ärgern.

6c Kreative Beispielfindung. Die S könnten ihre Beispiele mit *alle, manche, viele* … usw. beginnen.

4

Was passiert mit all dem Müll?

ein Plakat machen • 10 Regeln aufschreiben • einen Bericht schreiben • einen Leserbrief schreiben • ein Video zum Problem drehen • …

Man könnte einen Leserbrief schreiben.

5 Umweltprojekt in der Schule

a Die Klasse 10b der Goethe-Schule hat in ihrer Projektwoche das Thema Müll. Sammelt dafür mögliche Aktionen.

1.21 **b Hört den Podcast. Diskutiert kurz: Wie findet ihr die Idee?**

c Lest die Textgrafik. Hört dann den Podcast noch einmal und macht Notizen zu den Informationen, die in der Grafik fehlen.

Schock:
___ kg Müll – pro Person ___

Projektidee:
2 Schüler – Müll sammeln – 1 ___ – nicht ___, sondern aufheben

Ergebnis:
1 Woche: 3 ___ pro Person – ___ Kilo pro Jahr (nur Schule!!!)

Was im Müll?
Plastik und ___ – Grund: Becher und ___ – ___, Zeitschriften, Hefte

Aktion gegen Müll:
___: recyceltes Papier | Klassenzimmer: 3 ___ (Papier, Plastik, Restmüll) | keine Getränkeautomaten (Schulkiosk: Plastikbecher waschen)

Fazit:
Positiver Anfang, aber auch ___

d Berichtet mithilfe der Textgrafik über das Projekt.

e Eine Stimme vom Pausenhof. Was sagt ihr dazu? Diskutiert.

„Wenn ich alleine aufpasse, dann bringt das nichts. Alle müssen mitmachen. Ich mache nur mit, wenn alle mitmachen."

6 Aktionen und ihre Ziele

a Seht die Sätze mit *um (…) zu …* an. Beantwortet die vier Fragen auf dem Zettel.

1. Kai und Max haben Müll gesammelt, um ihn zu untersuchen.
2. Um etwas gegen Müll zu unternehmen, haben sie Aktionen gestartet.
3. Sie haben drei Mülleimer aufgestellt, um den Müll zu trennen.
4. Der Hausmeister Bello kommt jeden Morgen, um aufzuräumen.

Wo steht das Verb?
Wo steht *zu*?
Welche Form hat das Verb?
Wo steht *zu* bei trennbaren Verben?

G ⊃2

b Wozu machen Menschen das? Schreibt Sätze mit *um … zu …*

1. Viele Menschen fahren nach Paris, um … (schick einkaufen)
2. Viele Familien haben drei Mülltonnen, um … (Müll trennen)
3. Schüler machen Hausaufgaben, um … (gute Noten bekommen)
4. Lehrer geben Hausaufgaben, um … (Schüler ärgern)

c Denkt euch weitere Beispiele aus.

Lösung zu 5c und zu KV5:
Schock: *450* kg Müll – pro Person *im Jahr*

Projektidee:
2 Schüler – Müll sammeln – 1 *Woche* – nicht *in Mülltonne*, sondern aufheben

Ergebnis: 1 Woche: 3 *Kilo* pro Person – *150* Kilo pro Jahr (nur Schule!!!)

Was im Müll? Plastik und *Papier* – Grund: Becher und *Flaschen* – *Kopien*, Zeitschriften, Hefte

Aktion gegen Müll: *Kopierer:* recyceltes Papier – Klassenzimmer: 3 *Mülleimer* (Papier, Plastik, Restmüll) – keine Getränkeautomaten (Schulkiosk: Plastikbecher waschen)

Fazit: Positiver Anfang, aber auch *Probleme*

AB zu KB Aufg. 5

7a–c Hier finden die S einen weiteren Umwelttext, der mit einer Textgrafik wiedergegeben wird. Lassen Sie das Ergebnis am besten mithilfe einer Folie/Projektion in der Klasse beschreiben.

7 **Lustige Umweltausreden: Alles nur für die Umwelt??? Seht euch die Bilder an. Wozu machen die Jugendlichen das? Ergänzt.**

1 Ich mache die Hausaufgaben nur noch mündlich, um …

2 Ich kaufe mir keine neuen Klamotten, …

8 **Verwandlungen**

1.22 **a Hört das Märchen „Der Froschkönig" in Kurzform. Was wird aus dem Frosch?**

b Seht nun die Briefmarke an. Was hat sie mit dem Thema Umwelt zu tun?

c Wie man Abfall in etwas Schönes verwandeln kann. Ordnet die Sprechblasen den Fotos zu.

a, b, c, d, e

1. Ich war eine Dose.

2. Wir waren auf Weinflaschen.

3. Ich war ein altes Taschenbuch.

4. Wir waren Autoreifen.

5. Wir waren auf Cola-Flaschen.

d Kennt ihr noch andere Beispiele?

9 **Projekt „Elektromüll": Was passiert eigentlich mit alten Handys, kaputten Computern und all dem Elektromüll? Recherchiert und diskutiert.**

fünfunddreißig 35

Nach einer humorvollen Aufgabe beschäftigen sich die S damit, was man mit all dem Müll alles machen kann.

7 Humorvolle Lockerung des eigentlich sehr ernsten Themas.
Mögliche Lösung: 1. um Papier zu sparen; 2. um Energie zu sparen

8 Hier zeigt sich, wie kreativ mit Abfall gearbeitet werden kann.

8a Einstieg mit dem Märchen vom „Froschkönig", in dem es ja in gewissem Sinn auch um eine Verwandlung von etwas Hässlichem (der Frosch) in etwas Schönes (der Prinz) geht. Die Deutsche Post hat dies zum Anlass genommen, eine Briefmarke zu publizieren, die das Thema Recycling durch das Märchen thematisiert.
Lösung: ein Prinz

8b Die Briefmarke zeigt sehr schön die Verbindung des Märchens (Froschbeine aus der Dose) mit dem aktuellen Thema der Abfallverwertung. Ein bekannter Slogan aus der Abfallverwertung dazu ist „Ich war eine Dose" (… und wurde in etwas Schöneres umgewandelt). Dies gilt natürlich nicht nur für Dosen, sondern auch für viele Materialien oder Produkte, die sinnvoll weiterverwendet werden.

8c Die S ordnen die Sprechblasen den abgebildeten Beispielen für kreatives Recycling zu.
Mögliche Fragen: *Was gefällt euch am besten? Was kennt ihr noch? Was könnt ihr in die Klasse mitbringen?*
Lösung: 1a – 2e – 3b – 4d – 5c

9 Das Projekt führt wieder zu den ernsten Aspekten des Themas zurück: Der Elektromüll der Industrieländer wird vor allem auf dem afrikanischen Kontinent „entsorgt" und gefährdet dort bei Teilen der Bevölkerung die Gesundheit.

Das Kapitel endet mit einem Brettspiel zum Thema Umwelt.

10 Die S erhalten zahlreiche Aufgaben, von denen sich die blau unterlegten auf die Informationen beziehen, die im Kapitel thematisiert wurden. Die grün unterlegten Aufgaben beziehen sich auf das ökologische Weltwissen der S und bei den gelb unterlegten Feldern wird man für umweltschädliches Verhalten bestraft (z. B. Gehe 2 Felder zurück.) oder für umweltbewusstes Verhalten belohnt (z. B. Du darfst noch einmal würfeln.).
Wenn Sie die Möglichkeit dazu haben, vergrößern Sie das Spielfeld und machen Sie es etwas stabiler.

Lösung:

blaue Felder – in Reihenfolge des Parcours:
1A – 2B – 3C – 4A – 5C – 6A – 7C – 8B – 9C – 10A

grüne Felder – Beispiellösungen in Reihenfolge des Parcours:
1. Rettet die Vögel.
2. Weniger heizen. Energiesparlampen kaufen. Elektrogeräte nicht im Standby-Modus lassen.
3. Zeitungen, Toilettenpapier, Taschentücher.
4. CO_2 ausstoßen, Bäume pflanzen, die Umwelt zerstören.
5. oder wir fahren mit dem Fahrrad.
6. positiv: umweltfreundlich, verbessern, pflanzen; negativ: belasten, Dürre, schädlich, giftig
7. global: weltweit / auf der ganzen Welt; Mülltrennung: Sortieren von Müll nach bestimmten Materialien; Überschwemmung: große Mengen Wasser, die über eine Fläche fließen.
8. …, weil sie CO_2 verbrauchen.
9. Den Müll trennen; beim Einkaufen auf die Verpackung achten.
10. Man sammelt Regenwasser, um Wasser zu sparen. Man öffnet die Fenster nur kurz, um Strom zu sparen.

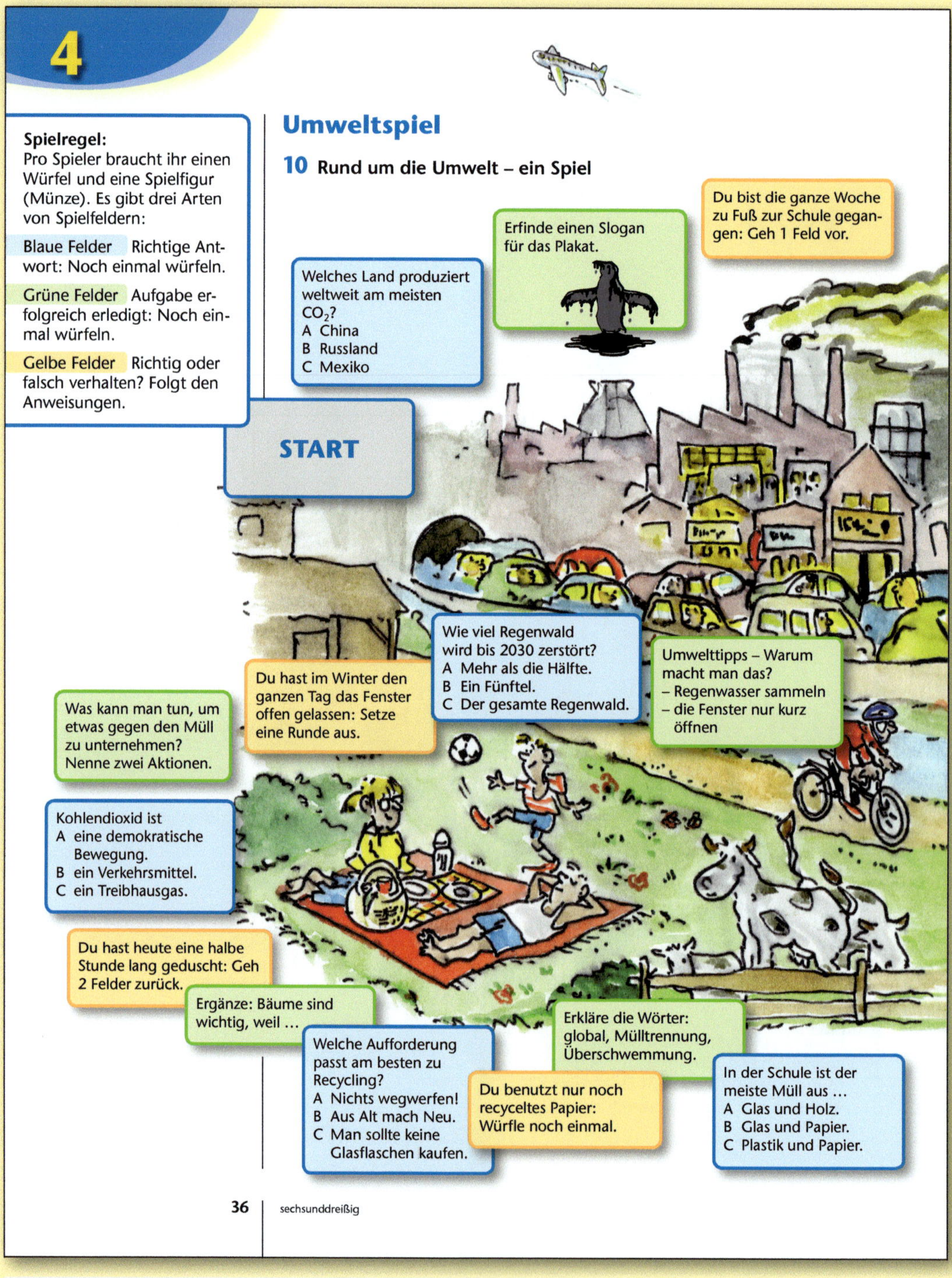
4

Spielregel:
Pro Spieler braucht ihr einen Würfel und eine Spielfigur (Münze). Es gibt drei Arten von Spielfeldern:
Blaue Felder Richtige Antwort: Noch einmal würfeln.
Grüne Felder Aufgabe erfolgreich erledigt: Noch einmal würfeln.
Gelbe Felder Richtig oder falsch verhalten? Folgt den Anweisungen.

Umweltspiel

10 Rund um die Umwelt – ein Spiel

START

Welches Land produziert weltweit am meisten CO_2? A China B Russland C Mexiko

Erfinde einen Slogan für das Plakat.

Du bist die ganze Woche zu Fuß zur Schule gegangen: Geh 1 Feld vor.

Umwelttipps – Warum macht man das? – Regenwasser sammeln – die Fenster nur kurz öffnen

Wie viel Regenwald wird bis 2030 zerstört? A Mehr als die Hälfte. B Ein Fünftel. C Der gesamte Regenwald.

Du hast im Winter den ganzen Tag das Fenster offen gelassen: Setze eine Runde aus.

Was kann man tun, um etwas gegen den Müll zu unternehmen? Nenne zwei Aktionen.

Kohlendioxid ist A eine demokratische Bewegung. B ein Verkehrsmittel. C ein Treibhausgas.

Du hast heute eine halbe Stunde lang geduscht: Geh 2 Felder zurück.

Ergänze: Bäume sind wichtig, weil …

Welche Aufforderung passt am besten zu Recycling? A Nichts wegwerfen! B Aus Alt mach Neu. C Man sollte keine Glasflaschen kaufen.

Du benutzt nur noch recyceltes Papier: Würfle noch einmal.

Erkläre die Wörter: global, Mülltrennung, Überschwemmung.

In der Schule ist der meiste Müll aus … A Glas und Holz. B Glas und Papier. C Plastik und Papier.

36 sechsunddreißig

KV 6 zu Aufg. 10
Diskussion pro und kontra „radfahren“: Die S notieren sich jeweils mögliche Stichwörter zu Pro und Kontra. In dem unter der Tabelle Kasten finden sie dazu Anregungen. Danach setzen sie sich in zwei Gruppen gegenüber und per Los entscheidet sich, wer Pro und wer Kontra ist. Pro beginnt und Kontra antwortet und widerspricht. Dann könnte man die Gruppen wechseln, da ja wahrscheinlich unterschiedliche Argumente notiert wurden.

Die KV kann sowohl zum Thema Umwelt eingesetzt werden, wie auch zum Plateau 1 (Thema: Meckern)

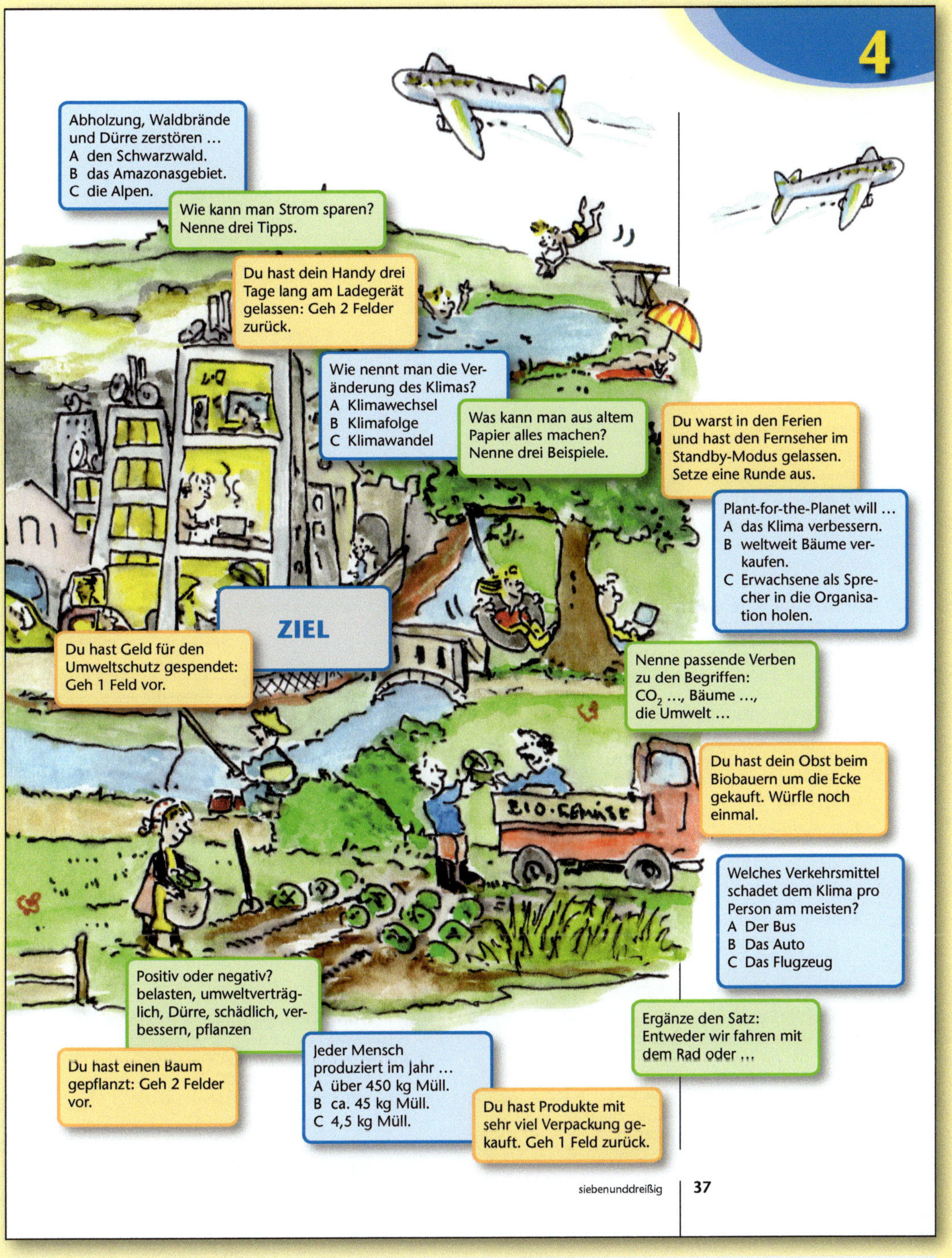

Video zu KB Aufg. 10

Zu Beginn des Clips zu Szene 3 (Fahrräder für die Umwelt) läuft ein Fließtext mit, welcher diverse Vorteile des Fahrrads in Bezug auf die Umwelt benennt. Stoppen Sie das Video nach jedem Textabschnitt und diskutieren Sie mit den S die Inhalte. Einige der Argumente lassen sich auch sehr gut beim Einsatz von KV 5, bei der es um das Fahrrad pro und kontra geht, integrieren. Die Aufgaben im Videotrainer gehen in eine andere Richtung und thematisieren die Herstellung von Fahrrädern.

Das kann ich nach …

Die S bearbeiten die „Das kann ich“-Seite im KB und die Selbstevaluation im AB wie in der Einleitung zum Lehrerhandbuch beschrieben.

Lösungen & Tipps

Ergänzt.
… zu *verbessern*.
Felix *engagiert* sich … und kämpft für neue *Gesetze*.
… etwas für die Umwelt *tun*.

Macht Sätze mit *entweder … oder …*
Entweder wir gehen in die Stadt oder wir bleiben zu Hause.
Entweder du rufst mich an oder du schreibst mir eine SMS.
Entweder Murat fährt mit uns oder er nimmt den Bus.

Sätze mit *könnte*. Warum tut Ronja das?
(Beispiele)
Heute könnte es *regnen*.
Heute *könnte es kalt werden*.
Die Fahrkarte *könnte in der Tasche sein*.

Verbindet sie Sätze mit *um … zu …*
Man trennt den Müll, um ihn zu recyceln.
Man benutzt am besten nur recyceltes Papier, um den Wald zu schützen.

Umwelttipps: Formuliert Aufforderungen.
Man sollte immer mit Deckel kochen.
Mit dem Fahrrad fahren!
Man sollte nicht mit dem Flugzeug fliegen.

4

Das kann ich nach Kapitel 4

Wörter, Sätze, Dialoge	Übt zu zweit
Umweltprobleme der Klimawandel, die Umweltverschmutzung, die Lärmbelästigung, die Abholzung des Regenwaldes, die Dürre, die Überschwemmung, die CO_2-Emissionen, die globale Erwärmung, der Waldbrand die Umwelt belasten, Naturkatastrophen verursachen, CO_2 produzieren, den Regenwald zerstören	**Welche Umweltprobleme fallen euch zu den Begriffen ein?** Venedig, Flughafen, Regenwald, China, Arktis, Industriestädte, Autos
die Umwelt schützen etwas für die Umwelt tun, das Klima verbessern, Bäume pflanzen, auf den Stromverbrauch achten, Öffentlichkeitsarbeit machen, für neue Gesetze kämpfen, sich engagieren	**Ergänzt.** Bäume helfen, das Klima zu ___. Felix ___ sich politisch und kämpft für neue ___. Aber auch zu Hause können wir etwas für die Umwelt ___.
Müll der Müll, die Mülltonne, der Mülleimer, der Restmüll, der Abfall, das Plastik, das Papier, das Glas, produzieren, sammeln, in den Mülleimer werfen, trennen, recyceln	**Ergänzt.** Was macht man alles mit Müll? Müll sammeln, Müll … Wohin kann man den Müll tun? In … Aus welchem Material besteht der Müll? Aus …

Grammatik	Übt zu zweit
Alternativen ausdrücken mit *entweder … oder …* Entweder du (kommst) mit uns oder du (bleibst) hier. Entweder (kommst) du mit uns oder du (bleibst) hier.	**Macht Sätze mit *entweder … oder …*** wir gehen in die Stadt – wir bleiben zu Hause du rufst mich an – du schreibst mir eine SMS Murat fährt mit uns – er nimmt den Bus
Konjunktiv von *können* *könnte* verwendet man, wenn etwas nicht sicher ist: Im Kino könnte es kalt sein. ich könnte – wir könnten du könntest – ihr könntet er/es/sie könnte – sie könnten	**Sätze mit *könnte*. Warum tut Ronja das?** Sie nimmt den Regenschirm mit. – Heute könnte es … Sie zieht eine warme Jacke an. – Heute … Sie sucht ihre Fahrkarte in der Tasche. – Die Fahrkarte … –
Ziele mit *um (…) zu …* ZIEL Max hat Müll gesammelt. → Er untersucht ihn. Max hat Müll gesammelt, → *um* ihn *zu* untersuchen.	**Verbindet die Sätze mit *um … zu …*** Müll trennen – ihn recyceln nur recyceltes Papier benutzen – Wald schützen
Aufforderungen – mit Infinitiv: Energiesparlampen kaufen! – mit sollte: Man sollte weniger heizen!	**Umwelttipps: Formuliert Aufforderungen.** 

Mit Sprache handeln

Ich kann jemanden zu etwas auffordern.
- ● Was kann man für die Umwelt tun?
- ○ Nicht allein mit dem Auto fahren!
- ● Und was noch?
- ○ Man sollte …

Lerntipp: Thesen finden ist leicht – einfach jeden Abschnitt in einem Satz zusammenfassen!

Ich kann über Umweltprobleme sprechen.
- ● Warum wird es auf der Erde immer wärmer?
- ○ Mitverantwortlich ist das CO_2.
- ● Und woher kommt das CO_2?
- ○ Ein Fünftel wird vom Verkehr produziert.

Lerntipp: Eine Textgrafik hilft dir, Texte zusammenzufassen.

38 | achtunddreißig

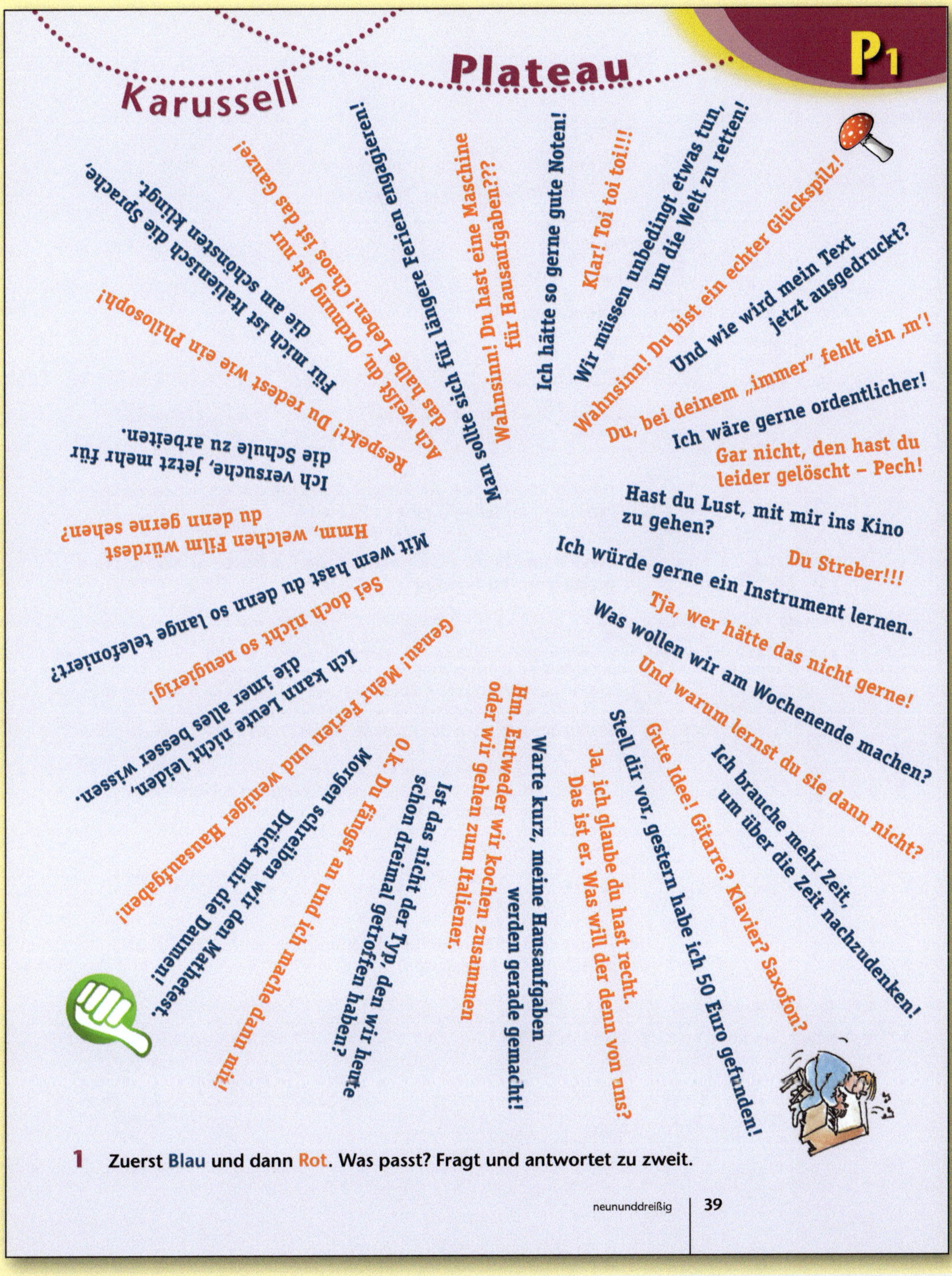

Karussell Plateau P1

Ich hätte so gerne gute Noten!

Klar! Toi toi toi!!!

Wir müssen unbedingt etwas tun, um die Welt zu retten!

Wahnsinn! Du bist ein echter Glückspilz!

Und wie wird mein Text jetzt ausgedruckt?

Du, bei deinem „immer" fehlt ein „m"!

Ich wäre gerne ordentlicher!

Gar nicht, den hast du leider gelöscht – Pech!

Hast du Lust, mit mir ins Kino zu gehen?

Du Streber!!!

Ich würde gerne ein Instrument lernen.

Tja, wer hätte das nicht gerne!

Was wollen wir am Wochenende machen?

Und warum lernst du sie dann nicht?

Ich brauche mehr Zeit, um über die Zeit nachzudenken!

Gute Idee! Gitarre? Klavier? Saxofon?

Stell dir vor, gestern habe ich 50 Euro gefunden!

Ja, ich glaube du hast recht. Das ist er. Was will der denn von uns?

Warte kurz, meine Hausaufgaben werden gerade gemacht!

Hm. Entweder wir kochen zusammen oder wir gehen zum Italiener.

Ist das nicht der Typ, den wir heute schon dreimal getroffen haben?

O.K. Du fängst an und ich mache dann mit!

Morgen schreiben wir den Mathetest. Drück mir die Daumen!

Genau! Mehr Ferien und weniger Hausaufgaben!

Ich kann Leute nicht leiden, die imer alles besser wissen.

Sei doch nicht so neugierig!

Mit wem hast du denn so lange telefoniert?

Hmm, welchen Film würdest du denn gerne sehen?

Ich versuche, jetzt mehr für die Schule zu arbeiten.

Respekt! Du redest wie ein Philosoph!

Für mich ist Italienisch die Sprache, die am schönsten klingt.

Ach weißt du, Ordnung ist nur das halbe Leben! Chaos ist das Ganze!

Man sollte sich für längere Ferien engagieren!

Wahnsinn! Du hast eine Maschine für Hausaufgaben???

1 Zuerst Blau und dann Rot. Was passt? Fragt und antwortet zu zweit.

neununddreißig | 39

Allgemeines

In den sogenannten Plateaus werden die Themen und Strukturen der vorangegangenen Kapitel aufgegriffen und umgewälzt – ohne neue grammatische Strukturen und möglichst ohne neuen Wortschatz. Außerdem enthält jedes Plateau einen Bereich Prüfungstraining sowie Aufgaben, welche sich auf das Begleitvideo beziehen. Zum Abschluss der Plateaus werden die S jeweils angeregt, über ihr Lernverhalten und ihre Lernstrategien nachzudenken.

1 Die Einstiegsaktivität besteht immer aus dem sogenannten „Karussell", bei dem die S sich in PA gegenseitig fragen und antworten. Um die jeweiligen Fragen bzw. Antworten zu lesen, müssen sie dabei ihr Buch drehen. Daher der Name der Aktivität.
Geben Sie den S einige Minuten Zeit, damit sie sich die Minidialoge ansehen und sich orientieren können und die Antworten nicht allzu lange suchen müssen. Danach sollen die S möglichst rasch die unterschiedlichen Impulse und Reaktionen abwechselnd zu zweit durchspielen. Die Beispielsätze enthalten dabei die Grammatik und den Wortschatz sowie die Strukturen der vorhergehenden vier Kapitel.
Lösung: s. unten

Lösung zu 1:
Ich wäre gerne ordentlicher! – Ach weißt du, Ordnung ist nur das halbe Leben! Chaos ist das Ganze!
Hast du Lust, mit mir ins Kino zu gehen? – Hmm, welchen Film würdest du denn gerne sehen?
Ich würde gerne ein Instrument lernen. – Gute Idee! Gitarre? Klavier? Saxofon?
Was wollen wir am Wochenende machen? – Hm. Entweder wir kochen zusammen oder wir gehen zum Italiener.
Ich brauche mehr Zeit, um über die Zeit nachzudenken! – Respekt! Du redest wie ein Philosoph!
Stell dir vor, gestern habe ich 50 Euro gefunden! – Wahnsinn! Du bist ein echter Glückspilz!
Warte kurz, meine Hausaufgaben werden gerade gemacht! – Wahnsinn! Du hast eine Maschine für Hausaufgaben???
Ist das nicht der Typ, den wir heute schon dreimal getroffen haben? – Ja, ich glaube du hast recht. Das ist er. Was will der denn von uns?
Morgen schreiben wir den Mathetest. Drück mir die Daumen! – Klar! Toi toi toi!!!
Ich kann Leute nicht leiden, die imer alles besser wissen. – Du, bei deinem „immer" fehlt ein „m"!
Mit wem hast du denn so lange telefoniert? – Sei doch nicht so neugierig!
Ich versuche, jetzt mehr für die Schule zu arbeiten. – Du Streber!!!
Für mich ist Italienisch die Sprache, die am schönsten klingt. – Und warum lernst du sie dann nicht?
Man sollte sich für längere Ferien engagieren! – Genau! Mehr Ferien und weniger Hausaufgaben.
Ich hätte so gerne gute Noten! – Tja, wer hätte das nicht gerne!
Wir müssen unbedingt etwas tun, um die Welt zu retten! – O.K. Du fängst an und ich mache dann mit!
Und wie wird mein Text jetzt ausgedruckt? – Gar nicht, den hast du leider gelöscht – Pech!

Training

Auf dieser Seite wird das monologische Sprechen und das Präsentieren in Form einer kleinen Rede vorgestellt und geübt: in der 5-Satz-Rede.

2a Lesen Sie zusammen mit den S die Anleitung. Alles verstanden? Lassen Sie einen S die fünf Sätze im Kontext vortragen. Wie war es?

2b Die S hören die Rede und achten auf die Merkmale (deutlich gesprochen, usw.).

2c Bevor die S eigene Reden entwickeln, hier eine Zwischenstufe. Sie sollen zunächst die beiden ungeordneten Reden ordnen und dann möglichst „echt" vortragen.
Die ersten Sätze der jeweiligen Rede sind angegeben. Die Reihenfolge der Sätze 2, 3, 4 ist relativ, aber der letzte Satz sollte auf alle Fälle eine Konsequenz ausdrücken (hier mit *daher* und *deshalb*).

2d Hier werden drei Themen angeboten und motivierend illustriert. (Das Musikinstrument ist übrigens eine Triangel, das wahrscheinlich unbeliebteste Instrument in einem Schulorchester.) Die S wählen ein Thema aus – natürlich können/sollen sie auch eigene Themen wählen oder die vorgegebenen Themen kreativ verändern: *Man sollte KEIN Musikinstrument lernen*, usw.

Training

2 Eine Kurzrede zu einem Thema halten – die 5-Satz-Rede

a Lest die Anleitung zum Trainieren von kurzen Reden mit fünf Sätzen.

Satz 1: Ein Problem oder eine These oder eine Meinung ..., zum Beispiel:
1. Die vielen Autos auf der Welt sind ein Problem für die Umwelt.

Sätze 2 bis 4: Drei konkrete Beispiele für das Thema ...
2. Autos machen viel Lärm.
3. Sie produzieren zu viel CO_2.
4. Sie verbrauchen viel Energie.

Satz 5: Der Satz am Schluss ist eine Forderung / ein Vorschlag / eine Konsequenz ...
5. Deshalb sollten wir mehr mit dem Fahrrad, mit dem Bus oder mit der Bahn fahren.

1.23 **b Hört jetzt die Rede. Achtet auf die Präsentation: Ist sie deutlich, nicht zu schnell, gibt es Pausen?**

c Zwei 5-Satz-Reden: Ordnet die Reden, schreibt sie ins Heft und präsentiert das Ergebnis.

- Wer oft raucht wird abhängig und krank.
- Man bewegt sich nicht genug.
- Man sollte keine Zigaretten rauchen!
- Die Arbeit am Bildschirm ist schlecht für die Augen.
- Man verliert mit Surfen viel zu viel Zeit.
- Die Krankheiten durch Rauchen kosten viel Geld.
- Deshalb sollte man den Computer immer mal wieder ausschalten und Freunde besuchen.
- Man stinkt und die Kleider stinken auch.
- Daher sollte man gar nicht anfangen oder sofort aufhören.
- Man sollte weniger am Computer sitzen.

Rede 1
1. Man sollte keine Zigaretten rauchen!

Rede 2
1. Man sollte weniger am Computer sitzen

d Findet selbst Themen oder wählt ein Beispiel. Schreibt und präsentiert 5-Satz-Reden.

Wir brauchen keine Hausaufgaben.

Sport ist gefährlich.

Jeder sollte ein Musikinstrument lernen.

3 Erwachsene und Jugendliche: „Meckern" und „Protestieren"

a Lest die Beispiele und klärt den Wortschatz. Was würdet ihr im ersten Beispiel antworten? Erfindet einen „Protest".

Erwachsene (Meckern)	Jugendliche (Protest)
1. Jugendliche, die sitzen den ganzen Tag vor dem Computer und spielen nur oder surfen herum.	???
2. Die wissen doch gar nicht, was Kochen heißt. Die gehen jeden Tag ins Fastfood-Restaurant.	Da lache ich aber! Bei uns kocht doch auch nur unsere Mutter und mein Vater kocht höchstens mal Kaffee!
3. Einmal im Monat gibt es richtig Krach! Da muss er einfach sein Zimmer aufräumen.	Ach ja? Dann geh mal in den Keller und guck, wie dein Partyraum aussieht.
4. Die denken doch alle nur an sich selbst und interessieren sich nicht für den Rest der Welt.	Das stimmt überhaupt nicht! Alle bei uns in der Klasse engagieren sich für die Umwelt und machen Projekte!
5. Ja, Party machen, das geht immer. Jedes Wochenende, die ganze Nacht! Und dann schlafen bis zum Mittagessen.	Und ihr? Was macht ihr? Ihr sitzt jeden Abend vor dem Fernseher und esst Chips!
6. Meinen Sie, da steht mal jemand in der Straßenbahn auf, wenn ich mich setzen will?	Wenn man höflich fragt, dann machen wir das auch, aber viele ältere Leute sind oft ziemlich aggressiv!
7. Ich frag' mich manchmal, wann meine Tochter etwas für die Schule macht. Ich sehe nie, dass sie am Schreibtisch sitzt.	Das kann ich dir sagen: Ich kann mit meinem Laptop überall arbeiten und am liebsten im Bett!!
8. Am Ende muss ich immer die Handyrechnungen bezahlen.	Ach ja, und wer ruft mich immer auf dem Handy an, wenn er Probleme mit dem Computer hat?

1.24 **b Vergleicht eure Proteste in der Klasse. Hört dann das Beispiel auf der CD.**

c Bildet zwei Gruppen: Erwachsene und Jugendliche. Übt und inszeniert nun das ‚Meckern' und ‚Protestieren' aus a. Achtet auf „echtes" Sprechen mit Emotion!

d Fallen euch noch mehr Beispiele oder Situationen ein? Wie wäre es zum Beispiel, wenn die Jugendlichen meckern und die Erwachsenen protestieren? ☺

4 Der Tag des Baumes

a Versucht, das Gedicht „schön" zu lesen.

1.25 **b Hört nun die CD und sprecht nach. Übt die Intonation.**

Zu fällen einen schönen Baum,
braucht's eine halbe Stunde kaum.
Zu wachsen, bis man ihn bewundert,
braucht er, bedenk' es, ein Jahrhundert.
Eugen Roth

c Das Gedicht ist in Reimen geschrieben. Könnt ihr erzählen, was gesagt wird? Schreibt und vergleicht eure Ergebnisse.

Das Gedicht meint, dass ...

Hier wird zunächst ein Thema aus Kapitel 2 aufgegriffen und variiert: das Verhältnis von Erwachsenen zu Jugendlichen und umgekehrt. In einer zweiten Aufgabe wird ein Bezug zum Thema Umwelt in Kapitel 4 hergestellt.

3a Die S sollen sich zunächst die Äußerungen durchlesen und unbekannte Begriffe klären. Lassen Sie dann zum ersten Beispiel (das mit den drei ???) in EA eine Antwort finden.

3b Lassen Sie die Antworten zu Äußerung 1 (**3a**) im PL vergleichen. Das Beispiel auf der CD demonstriert, wie die S später mit den Äußerungen spielen sollen, und betont ein weiteres Mal die affektive Seite der Spracharbeit.

3c Die S können sich nun in zwei Gruppen entweder der Perspektive der Erwachsenen oder der Jugendlichen zuordnen und dann das Streitgespräch spielen. Die S können dabei natürlich die Aussagen leicht verändern.

3d Perspektivenwechsel. Jugendliche meckern ... Diese Aufgabe spricht kreative Lerngruppen an, die solche Aufgaben mögen.

4a–b Die S hören das Gedicht und üben das sinngebende Vortragen.

4c Die S formulieren die Aussagen des Gedichts in Prosa. ***Beispiellösung:*** Das Gedicht meint, dass es einfach ist, einen Baum zu fällen, und dass das sehr schnell geht. Aber man vergisst dabei, dass es oft mehrere Jahrzehnte dauert, bis ein Baum gewachsen und groß ist.

Prüfungstraining

Die beiden folgenden Seiten bieten Aktivitäten an, mit denen sich die S auf echte Abschlussprüfungen vorbereiten können.
Im ersten Plateau geht es um den mündlichen Teil: „Sich vorstellen und auf Fragen antworten“. Dieses Prüfungstraining wird in Plateau 2 und 3 weitergeführt.

5a Die S können in PA zunächst Themen sammeln (Land, Hobbys, usw.) und dann dazu Fragen formulieren. Sie können diese Phase aber auch gemeinsam im PL durchführen und von einem S an der Tafel festhalten lassen. Die S schreiben dann die Fragen auf Zettel ab.

5b Nachdem die S Zettel gezogen haben, fragen und antworten sie in PA abwechselnd. Helfen Sie bei sprachlichen Problemen.

5c Sammeln Sie mit den S Begründungen für ihren Wunsch, eine Sprachprüfung abzulegen.

5d Prüfungssimulation. Achten Sie darauf, dass die S ernsthaft bleiben, deutlich sprechen und Blickkontakt halten, wie in einer echten Prüfung.
Der Lerntipp gibt weitere Hilfen.

P1 Plateau

Training: Sich vorstellen – auf Fragen antworten

5 Ihr seid in einem Feriensprachkurs in Deutschland

a Ihr wollt die anderen Schüler kennenlernen. Was wollt ihr von ihnen wissen? Sammelt Themen und schreibt auf Zettel Fragen dazu.

PRÜFUNGSTHEMA

Land? – *Woher kommst du?*
Familie? –
Alter? –
...

b Arbeitet in Kleingruppen: Legt die Zettel in die Mitte und zieht einen. Fragt und antwortet abwechselnd.

Hast du Geschwister?

Ja, ich habe zwei Brüder. Und du?

c In manchen Prüfungen werdet ihr gefragt, warum ihr die Prüfung macht. Welche Antwort passt für euch am besten? Oder habt ihr noch andere Gründe?

Ich mache die Prüfung, weil ich mich in der Deutschschweiz bewerben will.

Ich brauche das Zertifikat für mein Studium.

Ich will wissen, wie gut ich Deutsch kann.

Wenn ich die Prüfung bestehe, schenkt mir meine Oma was.

Tipps für die Prüfung: Sich vorstellen und auf Fragen antworten
Wenn du sehr nervös bist: Vergiss das Atmen nicht! Langsam ausatmen hilft!
Kleine Pausen sind erlaubt! So bekommst du Zeit zum Nachdenken.
Frag die Prüfer, wenn du eine Aufgabe nicht verstehst.

d Eine Prüfung simulieren. Arbeitet zu zweit. A spielt Prüfer, B antwortet auf die Fragen. Dann Wechsel.

A:	B:
Was hast du in den letzten Ferien gemacht? Warum lernst du Deutsch? Was machst du am Computer? Erzähle mir etwas über deinen besten Freund oder über deine beste Freundin.	Was machst du oft am Wochenende? Warum machst du eigentlich die Prüfung? Welche Musik magst du? Erzähle mir etwas über deine Schule.

42 zweiundvierzig

AB zu KB Aufg. 5

Testtraining – Sprechen

Auf der AB-S. 44 finden die S eine, den Test vorbereitende Aufgabe, bei der sie anhand einer Vorgabe interaktiv Fragen und Antworten trainieren können.

6 Allgemeine Vorbereitung auf die Prüfung

a So – oder so? Wie geht es euch in Prüfungen? Sprecht zu zweit.

b Placemat „Gut vorbereiten – Prüfungsangst vermeiden". Welche Tipps und Strategien zum Lernen lernen und zur Prüfungsvorbereitung kennt ihr? Was findet ihr wichtig? Arbeitet zu viert.

Placemat – So geht's:
Zuerst schreibt jeder für sich Ideen in ein Feld. Diskutiert dann und einigt euch auf die vier wichtigsten Punkte. Schreibt sie in die Mitte. Tauscht euch dann mit den anderen Gruppen aus.

1.26 **c Tipps für Prüfungen. Hört zu und notiert drei Tipps.**

d Diskutiert in der Klasse: Was aus b und c macht ihr schon? Welche Tipps und Strategien wollt ihr noch ausprobieren?

Ich mache mir immer einen Lernplan. Das hilft wirklich.

Am Abend vor der Prüfung gehe ich immer früh schlafen, damit ich dann auch ausgeruht bin.

6 Die S werden dazu angeregt, über Prüfungsangst und gute Vorbereitungsstrategien zu reflektieren.

6a Die S sollen sich zuordnen: Sind sie eher ein Prüfungstyp oder nicht?

6b Hier wird eine Methode vorgeschlagen, wie mehrere S ihre individuellen Ideen zusammenführen können. Danach können die S die Plakate aufhängen oder austauschen.
Tipp: Wenn die Räumlichkeiten beengter sind, kann man die Aufgabe auch mit einem Wandplakat durchführen.

6c Die S hören gute Tipps für die Vorbereitung von Prüfungen und machen dazu Notizen.
Lösung: Die sechs Tipps sind:
Fang rechtzeitig mit der Vorbereitung an!
Mach dir einen Lernplan!
Informiere dich, wie der Test funktioniert!
Übe mit einem Modelltest!
Frag die Prüfer, wenn du ein Wort nicht weißt!
Frag, ob du kurz nachdenken darfst!

6d Abschließende Diskussion und Bewertung der Ideen zum Thema.

Video (Teil 1)

7 Der Videoclip zeigt den Alltag eines Jugendlichen, der als professioneller Stuntman und Parkour-Sportler aktiv ist. Die Szenen zeigen, wie gefährlich der Sport sein kann.

7a Sprachliche Vorbereitung zur Diskussion in **7b**.
Lösung: Es ist absolut wichtig, viel zu trainieren und fit zu sein. Parkour ist eine Sportart, die mich schon lange fasziniert. Ich finde es viel zu gefährlich, solche Sprünge zu machen Parkour sollte man verbieten, weil es extrem gefährlich ist. Die machen das doch nur, um aufzufallen.

7b Freie Diskussion. Am besten in KG und dann im PL.

Lernen lernen

In dieser Rubrik erhalten die S Hinweise auf Strategien oder Tipps, wie sie ihren Sprachlernprozess optimieren können.

8a Diesmal arbeiten die S zum Thema Kommunikationsstrategien und Kompensationsstrategien. Was kann ich tun, wenn mir ein Wort in der Zielsprache nicht einfällt? Sie ordnen die Beispiele (a–j) den Strategien (1–10) zu und erweitern damit ihre Strategien.
Lösung: 1j – 2a – 3i – 4g – 5e – 6b – 7c – 8h – 9d – 10f

8b Die S ergänzen um eigene Strategien oder Tipps.

8c Die S hören die CD und benennen den Gegenstand.
Lösung: Es ist ein Sieb.

8d Die S lesen noch einmal die Strategien in **8a** und hören dann die CD noch einmal, um herauszufinden, welche Strategie die Frau benutzt.
Lösung: Sie benutzt fast alle Strategien, zuerst Nr. 1–6 und am Ende Nr. 8.

8e Hier wenden die S das Gelernte anhand von Beispielen an. Die Illustrationen zeigen einen Kompass, eine Gießkanne und eine Wärmflasche.

P1 Plateau

Video (Teil 1)

7 Mit viel Training ans Ziel

a Seht das Video an. Formuliert Kommentare dazu.

Es ist absolut wichtig, ...
Parkour ist eine Sportart, ...
Ich finde es viel zu gefährlich, ...
Parkour sollte man verbieten, ...
Die machen das doch nur, ...

weil es extrem gefährlich ist.
solche Sprünge zu machen.
um aufzufallen.
viel zu trainieren und fit zu sein.
die mich schon lange fasziniert.

b Diskutiert in der Klasse: Was spricht für, was gegen Parkour?

Beim Parkour kann man sich verletzen. Das muss doch nicht sein.

Lernen lernen

8 Wenn ihr ein Wort nicht wisst ...

a Welche Aussagen rechts entsprechen welcher Strategie links? Ordnet zu.

1. Das unbekannte Wort durch „Dingsda" oder „Dingsbums" ersetzen
2. Das Material beschreiben
3. Das Aussehen beschreiben
4. Sagen, wozu man es braucht
5. Sagen, wann man es benutzt
6. Sagen, wo man es findet
7. Ein Wort erfinden
8. Ein Wort aus einer anderen Sprache benutzen
9. Um Hilfe bitten
10. Das Thema wechseln

a. Es ist meistens aus Metall oder Plastik.
b. Es ist meistens im Badezimmer.
c. Vielleicht heißt es Haarluft, oder so?
d. Wie sagt man das? Weißt du, was ich meine?
e. Ich brauche es fast immer am Morgen.
f. Naja, ist nicht so wichtig. Hast du mal 'nen Kaugummi?
g. Man braucht es, um die Haare zu trocknen.
h. Auf Englisch sagt man „hairdryer".
i. Es sieht aus wie ein „L", ist in der Mitte breiter und an den Enden schmaler.
j. Wie heißt das Dingsda für die Haare?

b Was macht ihr, wenn ihr ein Wort nicht wisst? Kennt ihr weitere Strategien?

1.27 **c Hört zu. Über welchen Gegenstand spricht die junge Frau?**

d Hört noch einmal. Welche Strategien aus a benutzt sie?

e Erklärt euren Mitschülern einen der drei Gegenstände. Sucht dann selbst ein Wort und erklärt es. Die anderen raten.

KV 7 nach Aufg. 8
Fragen zu Kapitel 1–4 und Plateau1
Partnerarbeit: Immer zwei S erhalten ein Blatt und bearbeiten die Aufgaben. Sie schreiben die Seite, auf der sie die Lösung gefunden haben, und Stichworte zu der Antwort. Wer hat alles am schnellsten gelöst? Ist alles richtig? Unterschiedliche S lesen jeweils EINE Aufgabe und die Lösung vor.
An der Stelle kann man dann auch noch die eine oder andere zusätzliche Frage oder Information besprechen.
Wenn nötig, können Sie bei Problemen unterstützend die richtige Seitenzahl nennen.
Lösung: s. **KV 19**

Ich kann ...
• über Vorurteile sprechen • ein Lied interpretieren
• Vermutungen äußern • Ratschläge geben
• sagen, seit wann ich etwas mache

5

A

B

C

Menschen wie du und ich

D

E

Es ist gar nicht so einfach, Menschen oder Situationen nur zu beobachten und zu beschreiben. Wenn wir etwas sehen, kommen schnell Emotionen ins Spiel. Dann interpretieren wir und sind nicht mehr objektiv.

F

1 Guck mal!

a Zu welchem Foto passen die Kommentare? Auf welche Ebene gehören sie: Beschreibung (objektiv) oder Interpretation (subjektiv)?

1. Der Mann ist viel zu alt für die Frau – das kann nicht gut gehen.
2. Da sind ein alter Mann und eine junge Frau.

1.28 **b Hört zu und ordnet die Kommentare den Bildern zu.**

c Formuliert eigene Kommentare zu den Fotos.

d Diskutiert: Waren eure Kommentare subjektiv oder objektiv?

fünfundvierzig | 45

Allgemeines

Kapitel 5 ist ein besonders „buntes" Kapitel, in dem es um unterschiedliche Menschentypen und Situationen geht, um Jugendszenen, um Vorurteile und um unterschiedliche Wahrnehmung.

1 Einstieg: Die S betrachten zunächst die aussagekräftigen Fotos. Wahrscheinlich werden sie schon jetzt Bemerkungen dazu machen. Fokussieren Sie dann auf das Textfeld zwischen den Fotos und lassen Sie die S kurz darüber reflektieren.

1a Foto B hat beim Einstieg vermutlich sofort subjektive Reaktionen hervorgerufen. Durch das Reflektieren der beiden Aussagen werden die S für die weitere Kommentierung der Menschen und Situationen sensibilisiert.

1b Die S hören die Kommentare, welche sowohl objektiv formuliert sind als auch subjektive Urteile beinhalten, und ordnen sie jeweils den Fotos zu. Stoppen Sie nach jedem Kommentar.
mögliche Lösung:
1E – 2F/2C – 3B – 4B/4E – 5D – 6A – 7D – 8E – 9F – 10C

1c–d Die S formulieren selbst Kommentare.
Tipp: Sie können **1c–d** auch ganz an den Anfang der Sequenz stellen, sodass die S bei **1a** noch nicht für die Problematik sensibilisiert sind und dadurch vermutlich eher subjektive Kommentare abgeben. Die Diskussion in **1d** würde dann die anfänglichen Äußerungen im Licht der anderen Aufgaben und Informationen relativieren.

AB zu KB Aufg. 1

1d Die S diskutieren, was für sie bei der Einschätzung der vier Fotos wichtig war.

Im Zentrum der Sequenz steht ein Lied, welches das Ablehnen von andersartigem Verhalten thematisiert und zum Schluss einen positiven Ausweg anbietet.

2a Die S hören das Lied und bewerten es mit den angegebenen (oder eigenen) Adjektiven.

2b Die Entscheidung für eines der beiden Graffitis führt zu einem genauen Lesen des Liedtextes. Letzten Endes ist es egal, welches Graffiti die S wählen – wichtig ist, dass sie ihre Wahl begründen können.

2c Die S sollen ihre Textteile mit Emotion lesen. Wenn die S einzelne Abschnitte teilen, können sie den Text im Prinzip auf vier bis sechs Sprecher verteilen.

2d Kurze Textauswertung unter Einbeziehung von Begründungen mit *weil* (bekannt) und *denn* (neu).
Lösung: Julius: Zeile 7–8;
Claire: Zeile 10 sowie 14–15;
Sharon: Zeile 19–20;
Ralf: Zeile 17

2e Gesteuerte bis freie Produktion der S unter Verwendung von *weil* und *denn.*
An dieser Stelle könnte man das Lied noch einmal vorspielen.
Lösung: 1. denn, 2. weil, …

2f Diskussion in der Klasse. Lassen Sie die S am besten in KG diskutieren und erst danach die eine oder andere besonders interessante oder typische Situation im PL präsentieren.

5

Ich bin (nicht) wie du

2 Lied „Er ist anders"

1.29 **a Hört das Lied. Wie findet ihr die Musik?**

ruhig • aggressiv • traurig • harmonisch • emotional • langweilig • leise • modern • dynamisch • …

b Was meint ihr? Welches Graffiti passt zu dem Lied? Warum?

Er ist anders

He, guck mal, der!
Der? Warum der?
Der ist anders!
Anders als wer?
Anders als ich,
jetzt schaut er her.

Er spricht nicht mit uns,
er hört uns nicht zu,
ist immer allein,
gehört nicht dazu.

Dreh dich doch um,
glotz nicht so dumm!
Was willst du von uns?
Geh endlich weg!
Eh du, hau doch ab,
hast du's gecheckt?

Nicht dieselbe Sprache,
nicht dieselbe Sache,
andere Interessen,
den kannst du vergessen!

He, das ist mein Kumpel,
was wollt ihr von ihm?
Hört ihm doch mal zu,
nehmt ihn auf ins Team!
Geht doch auf ihn zu,
reicht ihm mal die Hand,
gebt ihm eine Chance,
zeigt ihm euer Land …

c Lest den Liedtext mit verteilten Rollen.

d Warum lehnen die Jugendlichen den Fremden ab? Wo im Liedtext stehen die Gründe?

Das steht in Zeile …

Julius: Er ist arrogant, weil er sich nicht mit uns unterhält.
Claire: Er soll abhauen. Er gehört nicht zur Clique.
Sharon: Mein Freund wird er nie, denn er hat nicht dieselben Interessen.
Ralf: Er gehört nicht zu uns, denn er spricht eine andere Sprache.

⊃2 G

Konjunktionen *denn* und *weil*

Mein Freund wird er nie, **denn** er hat nicht dieselben Interessen.
Mein Freund wird er nie, **weil** er nicht dieselben Interessen hat.

e Weitere Gründe für das Verhalten der Jugendlichen: Ergänzt.

1. Die Jugendlichen fühlen sich stark, ▭ sie sind in der Gruppe.
2. Vielleicht haben sie Angst vor dem jungen Mann, ▭ er so anders ist.
3. Sie werden aggressiv, …
4. Sie können den jungen Mann nicht verstehen, …

f Kennt ihr ähnliche Situationen? Erzählt.

3 **„Er hat nicht dieselben Interessen" – Wie ist das bei euch?**

1.30 **a Hört die Dialoge und lest mit. Was ist neu?**

1
- ● Wer ist dein Lieblingslehrer?
- ○ Herr Schubert. Den finde ich total sympathisch.
- ● Wirklich? Dann haben wir denselben Lieblingslehrer.

2
- ● Hast du ein Haustier?
- ○ Ja, ein Zwergschwein. Das nehme ich manchmal mit in den Park.
- ● Das gibt's doch nicht. Wir haben dasselbe Haustier!

3
- ● Welche Schuhgröße hast du?
- ○ 47. Die hat sonst keiner, den ich kenne.
- ● Doch, ich habe dieselbe Schuhgröße!

4
- ● Was sind deine Eltern von Beruf?
- ○ Mein Vater ist Krankenpfleger und meine Mutter Schriftstellerin.
- ● Komisch, das hat Stefan auch gesagt!
- ○ Klar, wir haben ja auch dieselben Eltern.

b Habt ihr verstanden, wie's geht? Ergänzt.

1. Mein Lehrer und mein Vater haben *dieselbe* Frisur.
2. Sven und Emma haben ___ Geschmack.
3. Wir haben ___ Problem.
4. Karin und Tina haben ___ Eltern.

Tilo und ich haben dieselbe Lieblingssängerin: Adele.

c Interviewt euch zu verschiedenen Themen. Findet Gemeinsamkeiten und berichtet.

Geburtsmonat | Lieblingsfarbe | Lieblingsfach | Arzt | Handy (Marke) | Lieblingskleidung | Lieblingsessen | Frisör | Lieblingssänger

11 **G**

denselben, dasselbe, dieselbe; dieselben (Pl.)
– maskulin im Akk. } + „n"
– Plural

4 **Projekt: Ein Lied interpretieren – ein Lied inszenieren**

a Plant die Inszenierung des Lieds „Er ist anders". Der Projektplan und das Playback helfen.

1.31

Projektplan
1. Wer arbeitet zusammen?
2. Wer macht was? (SängerInnen, Regisseur, Choreograf, ...)
3. Wie, wo und wem wollen wir unsere Inszenierung später präsentieren? (Aufführung, Video, Podcast ...)
4. Was brauchen wir? (technische Geräte, Kostüme, ...)
5. Worauf müssen wir achten? (Gestik, Mimik, Blickkontakt, Aussprache, Intonation, Bewegungen, ...)
6. Wie viel Zeit haben wir für die Vorbereitung? Wann wollen wir präsentieren?
7. Worauf wollen wir achten, wenn die anderen präsentieren? Was wollen wir mit unseren Beobachtungen machen? (Diskussion, Evaluationsbogen, ...)

b Inszeniert und spielt nun das Lied.

c Was hat bei der Inszenierung gut geklappt, was nicht? Was würdet ihr das nächste Mal anders machen? Diskutiert.

Auf dieser Seite wird unter Fortführung des Liedes der Demonstrativartikel *derselbe* usw. eingeführt. Anschließend wird in einem Projekt die Inszenierung des Lieds erarbeitet.

3 Die Aufgabe greift aus dem Lied „Er ist anders" die Aussage „hat nicht dieselben Interessen" auf und verbindet den Demonstrativartikel *derselbe* usw. mit weiteren Aussagen. Die S sollen anhand der Beispiele die „Regel" entdecken.

3a Vorgehen wie beschrieben. ***Lösung:*** Neu ist die Form *derselbe* usw.

3b Die S zeigen, dass sie die Form richtig gebrauchen können. Hilfen finden sie auf dem Grammatikzettel. Lassen Sie die Aufgabe in PA lösen. ***Lösung:*** 2. denselben, 3. dasselbe, 4. dieselben

3c Personalisierung: In PA oder KG finden die S heraus, bei welchen Themen sie identische Interessen usw. haben. Fragen Sie am besten im PL danach, z. B. *Wer ist im selben Monat geboren? Wer hat denselben Frisör?* usw.

4 In dieser Sequenz inszenieren die S das Lied, das sie in **2a–f** gehört und analysierend besprochen haben. Dazu steht eine Playback-Version des Liedes auf der CD zur Verfügung, die die S in ihre Überlegungen und Vorbereitung einbeziehen können.

4a Der Projektplan leitet die S an, die Inszenierung nicht planlos zu beginnen, und gibt ihnen Ideen für die Verteilung von „Rollen".

4b–c Da das Ganze wahrscheinlich ein wenig Zeit in Anspruch nimmt, ist es sinnvoll, wenn sich die Gruppen außerhalb des Unterrichts oder im Rahmen einer Projektwoche mit der Aufführung beschäftigen. Helfen Sie mit, die Aktivitäten zu organisieren. Wenn sie es für sinnvoll halten, können die S natürlich auch mit Videos und Computeranimationen arbeiten.

AB zu KB Aufg. 4

4a–b Die S bewerten die Aufführung der Inszenierung des Lieds „Er ist anders" und vergleichen dann in KG ihre Einschätzungen.

Auf dieser Seite nähern sich die S dem Thema Vorurteile.

5a Das Foto suggeriert einen Beruf oder eine Tätigkeit im Bereich Mode oder Kosmetik. Die S bilden dazu Hypothesen.

5b Die S hören das Interview und erfahren, dass Gisèle als Dachdeckerin arbeitet.
Lösung: Dachdeckerin

5c Im zweiten Teil des Interviews werden auch die Fragen aus **5a** beantwortet. Die S sollen dazu Notizen machen.
Lösung: (Antworten zu den Fragen aus **5a**)
Gisèle ist 19.
Sie klettert auf Dächer und repariert sie.
Sie macht sich gerne schick und geht gerne in die Disco.
Ihr Beruf ist Dachdeckerin.

5d Auswertung des Hörtextes aus **5c**. Achten Sie darauf, dass die S nicht nur „richtig" oder „falsch" sagen, sondern falsche Aussagen auch entsprechend korrigieren.
Lösung: 1r – 2f – 3f – 4f – 5r – 6r

6 Anwendung von Temporalsätzen mit *seit* und *seitdem*, die in **5d** und im Hörtext zu Aufgabe **5** verwendet wurden.

6a Gesteuerte Aufgabe. Die S ordnen die passenden Ergänzungen zu und lesen ihre (vermutlich lustigen) Kombinationen vor.

6b Offene Aufgabe. Die S ergänzen mit ihren eigenen Aussagen. Weisen Sie die S auf den Grammatikzettel und vor allem auf Folgendes hin: Vor und nach dem Komma steht ein Verb. Vorsicht: Thematisieren Sie hier bitte nicht die präpositionale Form von *seit: seit dem Abitur …*

5

Jungen sind …, Mädchen sind …

5 Wie sieht die denn aus?

a Seht das Foto an. Was denkt ihr über die junge Frau? Beantwortet die vier Fragen. Die Redemittel helfen.

Wie alt ist sie?
Was macht sie?
Was mag sie?
Was ist ihr Beruf? …

Sie ist bestimmt ….
Wahrscheinlich …
Es könnte sein, dass …
Ich vermute, dass …
Sie interessiert sich vielleicht für …
…

1.32 **b Hört Teil 1 des Interviews. Was ist Gisèle wirklich von Beruf?**

1.33 **c Hört jetzt Teil 2 und notiert Informationen zu den Fragen aus a.**

d Hört Teil 2 noch einmal. Sind die Aussagen richtig oder falsch? Korrigiert die falschen Aussagen.

1. Seitdem Gisèle mit der Lehre fertig ist, arbeitet sie bei Gerber.
2. Das Klima bei Gerber ist schlecht.
3. Am Anfang musste Gisèle alles für ihre Kollegen tragen.
4. Seit sie Dachdeckerin ist, muss Gisèle zu Hause nichts mehr tun.
5. Gisèle macht sich am Wochenende gerne schön.
6. Seitdem Gisèle einen festen Job hat, kann sie sich teure Kosmetik kaufen.

6 Lustige Sätze mit *seit(dem)*

a Findet mögliche Zuordnungen.

1. Seitdem unser Nachbar einen Hund hat,
2. Seit mein Bruder eine Freundin hat,
3. Seitdem Paula eine neue Frisur hat,
4. Seit meine Mutter einen Kochkurs macht,
5. Seit unser Opa Auto fährt,
6. Seitdem meine Schwester eine Diät macht,

a. spielen die Nachbarskinder nur noch im Haus.
b. haben wir keine Katze mehr.
c. zieht er jeden Tag frische Socken an.
d. werde ich beim Abendessen endlich satt.
e. essen wir am liebsten im Restaurant.
f. sagen alle Paul zu ihr.

Nebensätze mit *seit(dem)*
Seit(dem) Gisèle 18 (ist), (arbeitet) sie bei Gerber.
G 1

b Ergänzt die Aussagen.

1. Seit wir Frau/Herrn … in Mathe haben, …
2. Seitdem ich ein Handy habe, …
3. Seit ich 14 bin, …
4. Seitdem ich Deutsch lerne, …

7 **„Jungen können nicht kochen" – „Mädchen sind feige"**

a Wie sind Jungen, wie sind Mädchen? Was können sie (nicht)? Sammelt Beispiele an der Tafel.

Jungen können nicht kochen.
...

b Stimmen eure Beispiele aus a? Macht Dialoge wie im Beispiel.

● Jungen können nicht kochen.
○ Wie bitte?
● Ja, das soll mit der Evolution zu tun haben. Jungen sollen nicht kochen können.
○ So ein Quatsch! Denk doch mal an das super Abendessen bei Rainer.

c Wie sagt man das in eurer oder einer anderen Sprache?

Jungen sollen nicht kochen können.
Boys are said to be unable to cook.
On dit que les garçons ne sont pas en mesure de cuisiner.

8 **Gib Vorurteilen keine Chance!**

a Was kann man gegen Vorurteile tun? Sammelt Ideen.

b Lest den Text aus dem Web-Portal. Ordnet die Tipps gegen Vorurteile den Abschnitten 1–6 zu. Welche Ideen hattet ihr auch?

a. Leute einladen. • b. nicht gleich bewerten. • c. viel lesen. • d. andere Sprachen lernen. • e. miteinander reden. • f. etwas zusammen machen

Vorurteile abbauen
Mit Vorurteilen machen wir uns ein Bild. Es entsteht, wenn man von Menschen oder Dingen nicht viel weiß oder versteht. Dieses Bild ist oft falsch und verhindert, dass wir den anderen wirklich kennenlernen.

www.ihrundwir-genial.de/Tipps-gegen-Vorurteile

Hey Leute, hier haben wir ein paar Tipps gegen Vorurteile:

1. Ein Vorurteil kann man nur abbauen, wenn man sich Mühe gibt und Fragen stellt. Informier dich, da du dir dann ein objektiveres Bild machen kannst. In der Bibliothek findest du bestimmt viele interessante Bücher und DVDs.
2. In der Freizeit kommen Menschen schneller zusammen. Im Sport, beim gemeinsamen Theaterbesuch oder auch im Jugendclub kannst du einiges über den anderen erfahren.
3. Trefft euch ruhig einmal bei dir zu Hause, da dort die Atmosphäre persönlicher ist. So kannst du besser zeigen, wer du wirklich bist, und auch den anderen besser kennenlernen.
4. Zeig ehrliches Interesse am anderen, dann erzählt er sicher gerne was von sich und ihr könnt euch besser verstehen.
5. Am besten lernst du viele Sprachen. Dadurch wirst du offener und die Kommunikation wird leichter.
6. Wenn du dann wirklich einmal eine negative Erfahrung gemacht hast, denke nicht, dass es immer so sein muss und fälle nicht zu schnell ein Urteil.

⊃2 G
Konjunktion *da*
– bei Begründungen in schriftlichen Texten
– funktioniert wie *weil*

c Wie könnt ihr das auch anders sagen? Sucht im Text.

urteilen: ... • erfahren: ... • fragen: ... • sich bemühen: ... • sich interessieren für: ...

d Wie findet ihr die Tipps? Berichtet von eigenen Erfahrungen.

⊃22 G
Nomen-Verb-Verbindungen
Man kann sie oft durch ein Verb ersetzen:
eine Frage stellen – fragen
einen Rat geben – raten

Das Thema Vorurteile wird hier weiter fortgeführt.

7a Die S nennen Vorurteile zu Mädchen bzw. Jungen und sammeln diese an der Tafel.

7b Die S lesen den Dialog mit verteilten Rollen und mit Emotion laut vor. Vielleicht können sie auch zu ihren gesammelten Vorurteilen aus **7a** ähnlich differenzierende Dialoge erfinden.

7c Die „subjektive" Verwendung des Modalverbs *sollen* trifft man häufig beim Thema Vorurteile an. Darauf werden die S in einem Sprachvergleich kurz aufmerksam gemacht.

8 Der Fokus liegt auf dem Nachdenken über Vorurteile. Zudem gibt es Tipps, wie man Vorurteile vermeiden oder abbauen kann.

8a Zunächst sollen die S in PA oder KG Ideen sammeln.

8b Die Ideen werden mit den Ideen aus einem Internetportal abgeglichen. Dabei ordnen die S die komplexeren Äußerungen aus dem Portal sprachlichen Vereinfachungen zu.
Lösung: c1 – f2 – a3 – e4 – d5 – b6

8c Spracharbeit: Nomen-Verb-Verbindungen
Lösung:
urteilen: ein Urteil fällen;
erfahren: eine Erfahrung machen;
fragen: eine Frage stellen;
sich bemühen: sich Mühe geben;
sich interessieren für: Interesse zeigen an

8d Hier können die S von Situationen berichten, bei denen sich die erwähnten Tipps als hilfreich erwiesen haben.

Die zwei Aufgabensequenzen auf dieser Seite beschäftigen sich inhaltlich mit Jugendszenen und deren Eigenschaften und Merkmalen. Sprachlich und methodisch geht es v. a. um das Präsentieren in der Klasse.

9a Zuordnen von Szenebezeichnungen und Beispielfotos.
Lösung: (von links nach rechts) Cosplayer, Nerd, Emo, Punk, Hippies, Gothic

9b Die S ergänzen weitere aktuelle Szenenbezeichnungen und -beschreibungen, die sie kennen.

9c Die S sollen die Szenemerkmale, die auf der CD genannt werden, in das Assoziogramm einordnen. Das Assoziogramm und die Kurzbeschreibung fungieren als Modell für das, was die S in Aufgabe **10** selbst entwickeln sollen.
Lösung: 1 Rituale – 2 Musik – 3 Aktivitäten – 4 Kleidung – 5 Herkunft – 6 Treffpunkte

10a Die S wählen eine Szene und bereiten eine Präsentation vor. Die Recherche der notwendigen Informationen kann zu Hause erfolgen.

10b Für die weiteren Schritte, wie z. B. das Aufbereiten von Informationen für ein Assoziogramm, finden die S im Buch zahlreiche Modelle, an denen sie sich orientieren können. Auch der Lerntipp hilft.

10c Die S stellen ihre recherchierte Szenengruppe vor. Die Redemittel helfen.
Die S sollten sich an dem Modell aus **9c** orientieren und deutlich akzentuieren sowie die wesentlichen Informationen betonen. Die Mitschüler machen sich Notizen.

Vorschlag: Geben Sie den S als zusätzliche Hilfe eine Kopie des Hörtextes zur Präsentation in **9c**.

10d Die S präsentieren nun die Szenen ihrer Mitschüler, die diese in **10c** vorgestellt haben.

5

Ganz schön schräg

9 Szenetypen

a Seht die Fotos an. Zu welcher Jugendszene gehören die Jugendlichen?

b Kennt ihr noch andere Jugendszenen? Wie heißen sie?

1.34 **c Eine Präsentation: Welche Szenemerkmale beschreibt der Jugendliche? Wo im Assoziogramm passen sie?**

Musik • Sprache • Aktivitäten • Treffpunkte • Rituale • Alter • Aussehen • Kleidung • Symbole • Herkunft • …

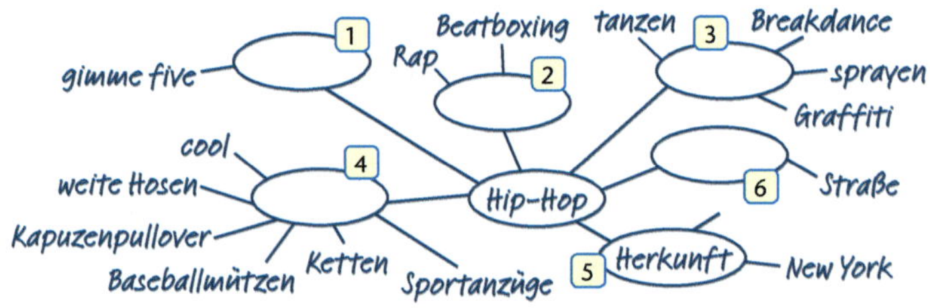

10 Eine Jugendszene präsentieren

a Wählt eine Szene. Was wisst ihr schon darüber? Sucht weitere Informationen. Das Internet hilft.

b Schreibt die Informationen in ein Assoziogramm. Welche passen thematisch zusammen? Ordnet.

c Wählt Redemittel für eure Präsentation und stellt eure Szene vor. Die anderen notieren Merkmale zu den Szenen.

Wir stellen euch … vor.	Sie tragen …
Sie sind …	Am liebsten hören sie …
Sie sehen … aus	Sie treffen sich …
Sie haben …	Sie machen …

d Präsentiert mithilfe eurer Notizen eine Szene von euren Mitschülern.

Lerntipp: Eine Präsentation vorbereiten
Sammeln: Was wisst ihr über das Thema? Notiert Stichwörter.
Ordnen/Assoziogramm: Welche Begriffe gehören zusammen?
Präsentieren: Welche Redemittel braucht ihr für die Präsentation?

50 fünfzig

Video zu KB Aufg. 9

Im Clip zu Szene 4 (Szenen: mal Gothic, mal Metal) ist interessant, dass Sophia auf den ersten Blick nicht so aussieht, als ob sie sich sehr ernsthaft mit ihrem Leben beschäftigt. Umso erstaunlicher ist es, dass sie schon ihr Abitur hat, Germanistik studieren will und dass Haruki Murakami ihr Lieblingsautor ist, ein japanischer Autor von Romanen und Erzählungen. Sein Stil zeichnet sich durch surrealistische Elemente und Anspielungen auf die Popkultur aus und die Lektüre ist durchaus anspruchsvoll.
Dies ist ein gutes Beispiel, wie Klischees zu Fehleinschätzungen führen können. Sophia analysiert klug und sprachlich anspruchsvoll das Thema Szene und Vorurteile usw. Es lohnt sich, immer wieder zu stoppen und auch die idiomatische Sprachverwendung näher zu analysieren. Entweder Sie verteilen Kopien des Transkripts oder Sie lassen die Untertitel mitlaufen und stoppen bei Aussagen, die die S interessieren.
Auch die Aufgaben im Videotrainer **5a** bis **5c** eignen sich für die Verwendung im Rahmen von Kapitel 5.

11 Hilfe, meine Mutter ist dagegen!!

a Würdet ihr euch ein Piercing stechen lassen? Sammelt Argumente pro und contra.

pro	*contra*
sieht gut aus	*Stechen tut weh*

b Lest das Forum. Sucht weitere Argumente für eure Liste in a.

Frage von Frieda17 / vor drei Tagen: Seitdem ich 12 bin, möchte ich mir ein Lippenpiercing stechen lassen. Piercings sehen richtig toll aus. Außerdem fühle ich mich mit einem Piercing einfach besser, weil das nicht alle haben und es mich irgendwie besonders macht. Und ich kann ich es ja ohne Probleme wieder rausnehmen. Meine Mutter ist aber total dagegen. Sie sagt: „Du kannst dir ein Henna-Tattoo machen lassen, aber lass dich bloß nicht piercen." Sie findet Piercings hässlich und meint, dass ich mich dann mein ganzes Leben lang ärgere, weil ich ein Loch in der Lippe habe. Außerdem glaubt sie, dass Piercings Allergien verursachen können. So war das bei meiner Cousine Dana. Die hatte monatelang eine dicke Lippe und konnte kaum sprechen. Aber solche Probleme gibt es doch nur ganz selten. Und ich frage mich auch, warum meine Mutter immer alles entscheiden muss. Was soll ich nur machen?

clou77 / gestern: Piercings sehen doch wirklich eklig aus! Du solltest dir das noch einmal gut überlegen.

suppenkaspar / vor 8 Stunden: Eltern haben doch ständig etwas zu meckern. Hör einfach nicht mehr zu. Und wenn es gar nicht geht, dann zieh' doch aus. Das Piercing würde ich mir auf keinen Fall verbieten lassen.

Jule1996 / 10:58: Sucht doch einen Kompromiss. Es gibt ja Fake-Piercings, die man nicht stechen muss. Die sehen so aus wie die echten. Man hat dann aber kein Loch in der Lippe, wenn man sie rausnimmt.

c Was schreibt Frieda im Forum? Ergänzt die Sätze.

1. Ich hätte gern ___.
2. Wenn man will, kann man das Piercing auch ___.
3. ___ ist absolut nicht einverstanden.
4. Sie erlaubt nur, dass ich mir ein ___ machen lasse.
5. ___ hatte lange Probleme mit ihrem Piercing.

➲21 G

Passiversatz
lassen + Infinitiv

d Wer schreibt das?

a. Du solltest eine Lösung finden, die für beide Seiten in Ordnung ist.
b. Ich schlage vor, dass du noch einmal über das Thema nachdenkst.
c. Mach', was du willst.

e Schreibt eine eigene Antwort an Frieda. Die Redemittel und d helfen.

Ich würde …
… kannst doch …
Wenn …, dann ….
… musst/ darfst nicht …

12 Konflikte

a Welche Antwort passt?

1. Immer lässt du dich bedienen.
   a. Ja, klar, ich will Kellnerin werden.
   b. Wieso nicht?
2. Warum lässt du dich nicht untersuchen?
   a. Von wem denn?
   b. Ich bin doch kein Arzt.
3. Lass dich bloß nicht tätowieren.
   a. Ich hätte aber gern so ein Herz auf dem Arm.
   b. Ich kann das aber gut.
4. Lass dir endlich die Haare schneiden.
   a. Ich habe aber nicht die richtige Schere.
   b. Ich bin doch gerade erst beim Frisör gewesen.

1.35 **b Hört die Minidialoge aus a, vergleicht und sprecht nach.**

KV 8 zu Aufg. 11

Die S lesen die Rollen, klären WS und entwickeln evtl. noch eine weitere Rolle. (Wenn die S entsprechend viele Ideen haben, können sie auch noch mehr Rollen erfinden.) Am besten schneiden die S die Rollenkarten aus und verteilen sie in ihrer Gruppe.
Die S sollen sich in Ruhe in die Rollen hineinversetzen, sich Notizen zu ihrer Rolle machen und dann das Gespräch spielen. Es spricht nichts dagegen, wenn einzelne Rollen auch doppelt besetzt sind. So können sich die S besser unterstützen.
Das Vorgehen ist flexibel angelegt: Es ist auch möglich, Charlotte und NUR ihre Eltern zu wählen usw. Das erleichtert z. B. die Vorbereitung und Inszenierung in ganz unterschiedlichen Gruppenstärken.

Vorschlag: Stellen Sie einer Gruppe die Aufgabe, ein positives Ende zu finden, und einer anderen Gruppe, ein Ende zu finden, bei der das Gespräch nicht gut ausgeht.

Auf dieser Seite geht es um Konflikte zwischen Eltern und ihren Kindern. In diesem Zusammenhang wird der Passiversatz eingeführt.

11a In PA sammeln die S Argumente pro und kontra Piercing.

11b Frieda, eine Jugendliche, stellt sich mit einem aktuellen Problem vor: Sie möchte ein Piercing und es gibt einen Konflikt mit ihrer Mutter. In einem Forum bekommt sie Tipps.
Die S lesen den Beitrag von Frieda im Forum und die Antworten. Daraus lassen sich weitere Argumente für und gegen Piercing finden.

11c Textauswertung: Die S ergänzen die Aussagen und lesen sie vor. Hier wird die Verwendung der neuen Struktur *lassen* + Infinitiv eingeführt.
Lösung:
1. ein Lippenpiercing
2. rausnehmen
3. Meine Mutter
4. ein Henna-Tattoo
5. Meine Cousine

11d Die S lesen die drei Antworten im Forum noch einmal und ordnen sie den Aussagen a, b und c. zu.
Lösung: a. Jule1996 – b. clou77 – c. suppenkaspar

11e Personalisierung: Die S überlegen sich eine eigene Antwort.

12a Minidialoge mit *lassen* + Infinitiv. Hier unterscheiden die Varianten (a./b.) zwischen der Möglichkeit, selbst etwas zu machen, und der Möglichkeit, dass andere etwas mit einem machen. Die S müssen die korrekte Variante herausfinden.
Lösung: 1b – 2a – 3a – 4b

12b Die S üben eine möglichst „echte" und emotionale Aussprache. Sie spielen die Minidialoge zu zweit vor.

Das kann ich nach …

Die S bearbeiten die „Das kann ich"-Seite im KB und die Selbstevaluation im AB wie in der Einleitung zum Lehrerhandbuch beschrieben.

Lösungen & Tipps

Welche Szene ist das?
Schwarze Kleidung: Gothics
Manga-Figuren: Cosplayer
Blumenkinder: Hippies

Wie kannst du das noch sagen?
raten: einen Rat geben
sich bemühen: sich Mühe geben
fragen: eine Frage stellen
erfahren: eine Erfahrung machen
urteilen: ein Urteil fällen
sich interessieren für: Interesse zeigen an

Ergänzt.
(Beispiele)
Die Chinesen sollen oft Nudeln essen.
Unsere Klassenlehrerin soll ein Pferd haben.

Verbindet die Sätze mit *da*.
Ich ziehe eine dicke Jacke an, da es kalt ist.
Wir kochen selbst, da unsere Eltern im Kino sind.

Tina und Lina: Was ist gleich?
Sie haben denselben Arzt, dieselbe Telefonnummer und dasselbe Hobby. Und sie gehen in dieselbe Klasse.

Sätze mit *seit(dem)*. Was hat sich für Kurt geändert?
Seitdem Kurt abends weniger isst, kann er besser schlafen. / schläft er besser.
Seitdem er einen Hund hat, geht er mehr spazieren.
Seit Kurt keine Cola mehr trinkt, ist er ruhiger.

Was macht ihr wo?
(Beispiele)
Im Tattoostudio lasse ich mir ein Tattoo stechen.
Beim Mechatroniker lasse ich mein Moped reparieren.

5

Das kann ich nach Kapitel 5

Wörter, Sätze, Dialoge	**Übt zu zweit**
Jugendszenen Punks, Gothics, Emos, Hippies, Cosplayer, Nerds, Hip-Hopper	**Welche Szene ist das?** Sie tragen schwarze Kleidung. Sie sehen aus wie Manga-Figuren. Man nennt sie auch „Blumenkinder".
Nomen-Verb-Verbindungen ein Urteil fällen • sich Mühe geben • eine Erfahrung machen • einen Rat(schlag) geben • Interesse zeigen an • eine Frage stellen	**Wie kannst du das noch sagen?** raten — erfahren sich bemühen — urteilen fragen — sich interessieren für
Mit *sollen* (die Meinung Dritter wiedergeben) Die Deutschen sollen viel Kartoffeln essen.	**Ergänzt.** Die Chinesen … Unsere Klassenlehrerin …
Grammatik	**Übt zu zweit**
Begründungen: Nebensatz mit *da* Tim fährt mit dem Bus, da sein Fahrrad kaputt ist.	**Verbindet die Sätze mit *da*.** Ich ziehe eine dicke Jacke an. Es ist kalt. Wir kochen selbst. Unsere Eltern sind im Kino.
Begründungen: Hauptsatz mit *denn* Ich muss heute absolut pünktlich sein, denn wir schreiben einen Test.	**Ergänzt.** Loris hat morgen keinen Unterricht, denn … Martina fährt ins Krankenhaus, denn … Wir gehen ins Bett, …
derselbe, dasselbe, dieselbe Singular: Nom — Akk derselbe Mann — denselben Mann dasselbe Kind — dasselbe Kind dieselbe Frau — dieselbe Frau Plural: dieselben Leute — dieselben Leute	**Tina und Lina: Was ist gleich?** Arzt Telefonnummer Klasse Hobby
***seit(dem)* in Nebensätzen** Seit(dem) wir in Rheda wohnen, habe ich viel mehr Freunde.	**Sätze mit *seit(dem)*. Was hat sich für Kurt geändert?** abends weniger essen – besser schlafen einen Hund haben – mehr spazieren gehen keine Cola mehr trinken – ruhiger sein
Passiversatz: *lassen* + Infinitiv Ich lasse mir die Haare schneiden. Steffi lässt ihren Computer reparieren.	**Was macht ihr wo?** Im Tattoostudio lasse ich mir … Beim Mechatroniker …
Mit Sprache handeln	
Ich kann Vermutungen äußern. Sie ist bestimmt … — Es könnte sein, dass … Wahrscheinlich … — Ich vermute, dass …	**Ich kann Ratschläge geben.** Ich würde … Ich schlage vor, dass … Du solltest besser (nicht) … … kannst doch … Wenn …, dann …. … musst/darfst nicht …

Seitdem Kurt …

Lerntipp: Eine Präsentation vorbereiten
Sammeln: Was wisst ihr über das Thema?
Ordnen/Assoziogramm: Welche Begriffe gehören zusammen?
Präsentieren: Welche Redemittel braucht ihr?

52 | zweiundfünfzig

Ich kann …
• über Gefühle sprechen • Freude ausdrücken
• Widerspruch ausdrücken • irreale Wünsche äußern

6

Ich hätte gern …

1 **Wünschen, kaufen, verzichten…**

a **Lest den Spruch des Philosophen. Zu welchem der drei Jugendlichen passt er? Was könnt ihr zu den beiden anderen Jugendlichen sagen?**

> Ein Philosoph hat einmal gesagt: „Nicht wer wenig hat, sondern wer viel wünscht, ist arm."

b **Was kommt in eure „Wunschblase"? Sprecht in Gruppen.**

1.36 **c** **Hört zu. Um welches der drei Themen geht es? Um Wünschen, Kaufen oder Verzichten?**

Die erste Jugendliche sagt etwas zum Thema …

d **Hört noch einmal. Was wünschen sich die Jugendlichen, was kaufen sie, worauf verzichten sie? Warum? Macht Notizen und tauscht euch aus.**

dreiundfünfzig | 53

Allgemeines

In diesem Kapitel setzen sich die S vor allem mit dem Thema Konsum auseinander. Es geht um Kaufen, darum, was man wirklich braucht, sowie um das Thema Schenken. Grammatisch geht es um Nomen und Pronomen in Akkusativ- und Dativergänzungen. Und um den Konjunktiv II.

1a Die Illustrationen zeigen drei unterschiedliche Typen und deren Haltung in Bezug auf Wünsche und Konsumverhalten.
Lösung: Der philosophische Spruch passt zu Illustration B.

1b In KG sammeln die S Dinge oder andere Werte, die sie sich wünschen. An dieser Stelle sollen sie sie erst einmal nur aufzählen, da sie noch nicht über die sprachlichen Strukturen (Konjunktiv II) verfügen, die sie zur Ausformulierung der Wünsche bräuchten. Diese werden erst ab Aufgabe **9** eingeführt.

1c Die Aussagen auf der CD müssen nicht frei zugeordnet werden – sie beziehen sich vielmehr auf die Illustrationen.
Lösung: 1 = Verzichten, 2 = Wünschen, 3 = Kaufen

1d Erneutes Hören mit detaillierteren Fragen. Die S vergleichen ihre Notizen in PA oder KG.
Lösung:
1. Was? Hat nicht viele Schuhe.
Warum? Braucht nicht mehr.
2. Was? Wünscht sich eine Freundin.
Warum? Die meisten Jungs in seiner Klasse haben schon eine.
3. Was? Hat schon viel und kauft gerne, z. B. Schuhe.
Warum? Weil ihr so viele Sachen gefallen.

AB zu KB Aufg. 1

1e Die S reden über ihre Gründe für die Auswahl ihrer Wörter, die sie in dem Wortgedicht verwendet habe.

Die Aufgaben auf dieser Seite sensibilisieren zunächst für interkulturelle Aspekte des Schenkens. Andererseits geht es um das tollste, beste (...) Geschenk, also um das Grammatikthema „Superlativ vor Nomen".

2a Die S lesen die Berichte und einigen sich in PA auf jeweils fünf Wörter, die sie für eine spätere Nacherzählung der Berichte gut brauchen können. Sollten die S Probleme haben, sich zu begrenzen, können es auch sechs oder sieben Wörter sein.
Beispiellösung:
1. Japan, Schuhe, ausziehen, Geschenk, auspacken
2. Türkei, Hochzeit, Geldscheine, unangenehm, kein Problem

2b In Zusammenhang mit den erzählten Situationen finden die S einige Ausdrücke zum Beschreiben von positiven oder eher negativen Gefühlen und lesen diese vor. Regen Sie die S dazu an, die Beispiele mit entsprechender Mimik und Intonation vorzulesen.
Lösung:
positiv: ich war stolz; sie lächelte freundlich; das war das tollste Erlebnis.
negativ: das war mir peinlich; ich war total irritiert; ich war beleidigt; das war ganz unangenehm; er war verletzt.

2c Die S erzählen die Berichte nach. Hierbei können die S entscheiden, ob sie die Ich-Perspektive beibehalten oder das Ganze in der dritten Person erzählen *(Jemand hat ... erlebt ...).*

3a Die S äußern sich zu den drei Geschenken.

3b Durch die Forumsbeiträge erhalten die S Modelle, wie sie über eigene Geschenke und die Situationen dazu sprechen können. Die Beiträge werden den Geschenken/Fotos in **3a** zugeordnet.
Lösung:
lenamobil97: Geld für Führerschein
mr. pepper: Überraschungsparty
meeeedina: Bungeesprung

6

Schenken und leihen – gar nicht so einfach!?

2 Geschenke im Ausland

a Lest die Berichte. Notiert pro Bericht fünf wichtige Wörter.

Mit meinem Chor war ich an Ostern in Japan. Wir waren da in Gastfamilien untergebracht. Ich bin einfach mit meinen Schuhen in ihre Wohnung reingegangen, aber sie haben mir dann höflich signalisiert, dass ich die ausziehen soll. Oh, das war mir peinlich. Am ersten Abend habe ich meinen Gasteltern ganz stolz mein Mitbringsel überreicht. ... Aber meine Gastmutter lächelte nur freundlich und legte es weg. Da war ich total irritiert und auch ein bisschen beleidigt. Später erst habe ich erfahren, dass es in Asien unhöflich ist, Geschenke gleich auszupacken. 1

Letzten Sommer haben deutsch-türkische Freunde uns in der Türkei zu einer Hochzeit mitgenommen. Das war das tollste Erlebnis in unserem ganzen Urlaub! Alle waren so fröhlich. Nur haben irgendwann die Gäste dem Bräutigam Geldscheine an den Anzug gesteckt – und wir hatten nur ganz kleine Scheine dabei ... Das war meinen Eltern total unangenehm. Aber unsere Freunde haben nur gelacht und dem Bräutigam einfach noch mal einen großen Schein angesteckt, und somit war niemand verletzt und dieses Problem war gelöst. 2

b Gefühle. Welche Begriffe sind positiv, welche negativ? Ergänzt andere Wörter, mit denen man Gefühle ausdrücken kann.

das war mir peinlich • ich war stolz • sie lächelte freundlich • ich war total irritiert • ich war beleidigt • das war das tollste Erlebnis • das war ganz unangenehm • er war verletzt

c Erzählt die Berichte mithilfe von b und eurer Notizen aus a nach.

3 Mein schönstes Geschenk

a Wie würdet ihr auf diese Geschenke reagieren? Warum?

ein Bungeesprung

Geld für den Führerschein

eine Überraschungsparty

G 15

Superlative vor Nomen
Die Endung ist wie beim normalen Adjektiv:
das aufregende Geschenk →
das aufregendste Geschenk

b Lest die Forumsbeiträge. Um welche Geschenke geht es?

lenamobil97: Auto fahren lernen finde ich wichtig, aber es ist echt teuer ... Zum Glück war meine Oma sehr großzügig! Ich habe mich unglaublich gefreut. Und ihr, was habt ihr bekommen? Freue mich auf Antworten ☺!

mr. pepper: Ich kam an meinem 18. Geburtstag abends vom Training nach Hause, und da waren auf einmal 30 Leute, die alle „Happy Birthday" brüllten! Das war super!

meeeedina: Ich wollte immer schon mal was Extremes machen. Und dann habe ich zu meinem letzten Geburtstag das aufregendste Geschenk meines Lebens bekommen ...

Wann hast du es bekommen?
Mein schönstes Geschenk war ...
Von wem hast du das?

c Was war euer tollstes, peinlichstes, aufregendstes Geschenk? Erzählt. Die anderen fragen nach.

3c In KG zu jeweils vier S erzählen sich die S ihre Geschenkgeschichten. Die beste Geschichte aus jeder Gruppe kann dann im PL präsentiert werden. Die anderen S stellen dazu weitere Fragen.

4 Hast du es ihm schon …?

a Lest den Dialog. Worum geht es?

- ● Sag mal Tom, hast du deinem Onkel das Geschenk schon gebracht?
- ○ Was?
- ● Das Geschenk! Hast du es deinem Onkel schon gebracht?
- ○ Ach, das Geschenk. Äh, wem?
- ● Deinem Onkel Theo! Hast du ihm das Geschenk schon gebracht?
- ○ Ach so, Onkel Theo! Ja klar, ich habe es ihm schon lange gebracht!

b Dativ- und Akkusativergänzungen, Nomen und Pronomen. Wo steht was? Seht den Dialog in a noch einmal an und vergleicht. Ergänzt dann den Dialog mit Angela und schreibt ihn auf.

- ● Angelaaa! Hast du deinem Freund sein Handy zurückgegeben?
- ○ Was?
- ● Das Handy! Hast du (a) es deinem Freund / (b) deinem Freund es zurückgegeben?
- ○ Ach so, das Handy! Äh, wem?
- ● Deinem Freund! Hast du (a) das Handy ihm / (b) ihm das Handy zurückgegeben?
- ○ Aber er hat (a) es mir / (b) mir es doch geschenkt!

1.37 **c Kontrolliert mit der CD.**

d Seht euch den Dialog noch einmal genau an und ergänzt dann die Regel.

1.38 **e Hört die Dialoge und sprecht nach.**

1
- ● Leihst du Mario mal deinen Laptop?
- ○ Ich habe ihn ihm schon so oft geliehen! Warum kauft er sich nicht selbst einen?

2
- ● Bringst du Oma und Opa endlich mal ihr Geschenk?
- ○ Ich habe es ihnen doch schon letzte Woche gebracht!

3
- ● Gibst du mir mal deine Gitarre?
- ○ Nein, ich gebe sie dir nicht. Bei dir weiß man doch nie, was passiert …

Nomen und Pronomen in Ergänzungen

bei zwei Nomen:
Dativ vor Akkusativ
deinem Freund das Handy

bei Pronomen + Nomen:
___ vor ___
es deinem Freund
ihm das Handy

bei zwei Pronomen:
___ vor ___
es ihm

G ⇒6

Die Sequenz auf dieser Seite bleibt im Thema Schenken/Geschenke und führt ein neues Grammatikthema ein: Nomen und Pronomen bei Dativ- und Akkusativergänzungen.

4 Die Aufgabe führt in den nicht ganz einfachen Gebrauch von Nomen und Pronomen bei Dativ- und Akkusativergänzungen ein. Bitte lassen Sie den S Zeit, die neuen Strukturen in Ruhe zu verstehen. Sie können ja letztendlich auch immer die Pronomen durch Nomen ersetzen und die Sprache damit etwas „leichter" machen.

4a Die S lesen den Dialog sinngebend und mit echter Intonation. Lenken Sie dann die Aufmerksamkeit der S auf die beiden Pronomen *es* und *ihm* und lassen Sie die S herausfinden, wo sie positioniert sind.
Lösung: Die Mutter will wissen, ob Tom seinem Onkel das Geschenk schon gebracht hat.

4b–c Regelfindung: Durch den Vergleich mit dem Dialog in **4a** wählen die S die richtigen Formen aus und tragen den Dialog im Zusammenhang vor. Anschließend kontrollieren die S ihr Ergebnis mit der CD.
Lösung:
(a) es deinem Freund
(b) ihm das Handy
(a) es mir

4d Die S erarbeiten in PA die Regel zu dem Grammatikkasten, stellen ihr Ergebnis vor und halten es am besten im Heft fest.
Regel:
bei zwei Nomen: Dativ vor Akkusativ
bei Pronomen + Nomen: Pronomen vor Nomen
bei zwei Pronomen: Akkusativ vor Dativ

4e Zunächst hören die S die drei kleinen Dialoge. Dann sollen sie die Dialoge mit Unterstützung des Textes möglichst flüssig nachsprechen, damit sie sich an die ungewohnte Strukturenfolge gewöhnen.

Die Sequenz erarbeitet das Thema Kaufsucht. Neue grammatische Struktur ist der Nebensatz mit *obwohl*.

5a Die S äußern sich zu dem Foto mit den zahlreichen Einkaufstüten.

5b Die S sollen den Text schnell lesen und dabei feststellen, wer von den drei genannten Jugendlichen „kaufsüchtig" sein könnte. Eigentlich geben schon die ersten Sätze jedes Abschnitts sehr viele hilfreiche Informationen, sodass die Lösung auch beim schnellen Lesen gefunden werden kann.
Lösung: Maria

5c Die S suchen im Text von Maria nach Kriterien für Kaufsucht.
Beispiellösung:
geht sehr gerne einkaufen; kauft ziemlich viel; kauft, obwohl sie schon alles hat; hat Schulden; versteckt die Einkäufe; hat ein schlechtes Gewissen

5d Die S lesen die Aussagen mit dem passenden Namen vor.
Lösung: 1. Rike – 2. Oliver – 3. Rike – 4. Maria – 5. Maria – 6. Oliver

5e Hinführung zu den Nebensätzen mit *obwohl*. Beispiele finden die S sowohl im Text, wie auch in **5d**. An dieser Stelle werden die S bewusst mit der neuen Struktur konfrontiert. Das Verb steht, wie bei Nebensätzen mit *weil*, am Ende. Wichtig für die S ist zu verstehen, dass der Gegensatz / das „Unerwartete" mit *obwohl* ausgedrückt wird.

6

(Zu viel) Lust auf Shoppen?

5 Kaufsucht

a Seht das Foto an. Was fällt euch dazu ein?

b Überfliegt den Text. Wer von den drei Jugendlichen ist kaufsüchtig?

SHOPPING – WANN IST ES ZU VIEL?

Besonders bei Mädchen (aber nicht nur) ist Shoppen eine beliebte Freizeitbeschäftigung. Für immer mehr Jugendliche wird diese Beschäftigung allerdings zur täglichen Gewohnheit oder sogar zur Sucht: Sie können nicht mehr ins Internet oder ins Einkaufszentrum gehen, ohne etwas zu kaufen. Hier berichten drei Jugendliche über ihr Kaufverhalten.

Oliver: „Ich mag Einkaufszentren oder Kaufhäuser gar nicht. Zu viele Menschen! Ich kaufe lieber online – da kann man gute Schnäppchen machen. Außerdem kaufe ich oft etwas, wenn ich Stress in der Schule oder mit meinen Eltern habe. Irgendwie geht es mir dann besser, obwohl die Sachen manchmal gar nicht so toll sind."

Rike: „Ich gehe gern mit Freundinnen in der Fußgängerzone bummeln. Dann schaue ich mir in den Schaufenstern alles an. Obwohl mir das gefällt, bleibe ich aber meistens draußen und kaufe nichts. Das können meine Freundinnen natürlich nicht verstehen. Aber was soll ich machen? Ich bekomme leider nicht so viel Taschengeld. Mein Geld tue ich auf mein Konto, weil ich mir ein Auto kaufen will. Ich werde bald 18 und mache gerade meinen Führerschein."

Maria: „Ich gehe total gerne einkaufen. Ich kaufe schon ziemlich viel, das stimmt. Zum Beispiel kaufe ich immer wieder Tops, obwohl ich schon mehr als 20 habe. Tja, ich finde Tops einfach toll. Das Problem ist, dass ich schon Schulden habe, aber zum Glück gibt mir meine Oma ab und zu Geld. Meine Einkäufe verstecke ich dann oft, weil meine Eltern sie nicht finden sollen. Die meckern nämlich immer, wenn sie die vielen Tops sehen. Manchmal habe ich aber auch ein schlechtes Gewissen, wenn ich dann die vielen Klamotten in meinem Schrank sehe, die ich noch nie angezogen habe."

c Welche Kriterien für Kaufsucht findet ihr im Text?

d Zu wem passen die Aussagen – Oliver, Rike oder Maria?

1. … geht gerne in die Stadt, obwohl er/sie meistens nichts kauft.
2. … kauft ein, weil er/sie sich dann besser fühlt.
3. … spart sein/ihr Geld.
4. … kauft Sachen, obwohl er/sie sie nicht braucht.
5. … zeigt seinen/ihren Eltern die Einkäufe nicht.
6. … stören die vielen Leute beim Einkaufen.

Widerspruch mit *obwohl*
Maria kauft Tops, obwohl sie sie nicht brauchT.
Obwohl Maria keine Tops brauchT, kauft sie sie.
G ⇒2

e Seht euch die Sätze mit *obwohl* an. Wo steht das Verb?

Maria kauft viele Klamotten, …
obwohl sie schon genug hat.
obwohl ihre Eltern dagegen sind.
obwohl sie Schulden hat.
obwohl sie sie nicht anzieht.

56 sechsundfünfzig

6 Kaufverhalten: Was ist Jugendlichen wichtig?

a Was glaubt ihr? Ordnet die Prozentzahlen den Sätzen a–e zu.

8 % • 19 % • 27 % • 31 % • 43 %

a. ... möchten immer die neusten Versionen bzw. Modelle eines Produkts haben.
b. ... wollen, dass die Einkäufe auch von den Freunden positiv bewertet werden.
c. ... kaufen gerne Markenprodukte.
d. ... der Jugendlichen kaufen Dinge, um bei Freunden Eindruck zu machen.
e. ... möchten über die gekauften Produkte etwas über sich selbst sagen.

1.39 **b Hört zu und vergleicht. Überrascht euch das Ergebnis? Diskutiert.**

c Zu welchen Umfrageergebnissen passen die Aussagen?

1. Wenn ein neues Smartphone rauskommt, kaufe ich mir das sofort.
2. Ich trage immer nur Sportschuhe von Dassida.
3. Ich habe jetzt die Xbox One. Die hat noch keiner aus der Clique. Da bin ich der Champion.
4. Das kaputte Herz? Die Kette trage ich, damit alle sehen, dass die Sache mit Kilian zu Ende ist.
5. Ich habe mir ein neues Kleid gekauft. Hoffentlich gefällt es Mark auch.

7 *obwohl* oder *weil*? – gar nicht so einfach

a Ergänzt die Sätze mit *obwohl* oder *weil*.

1. Wir freuen uns, ___ es regnet.
2. Ich brauche meinen Schal, ___ die Sonne so stark scheint.
3. Ich bleibe zu Hause, ___ ich heute Schule habe.

b Wie würden die Personen auf den Fotos die Sätze ergänzen?

1.40 **c Was sagen die Personen? Vergleicht mit euren Vermutungen.**

8 Schreibt Satzanfänge auf Karten. Tauscht sie aus und ergänzt sie.

Mandy hat schon wieder neue Schuhe, obwohl ... / weil ...

Obwohl / Weil Michael gut rechnen kann, ...

Alle mögen Frau Homann, obwohl ... / weil ...

Das Thema Kaufen und Kaufsucht wird durch den Aspekt Kaufverhalten erweitert. Das Thema Nebensatz mit *obwohl* durch den Nebensatz mit *weil* erweitert und verglichen.

6a–b Hier finden die S Aufgaben zu einer Statistik zum Kaufverhalten von Jugendlichen.
Am besten, Sie machen eine Tabelle an der Tafel, während die S in PA ihre Vermutungen notieren. Klären Sie die Bedeutung der Aussagen a–e.
Anschließend hören die S die Statistik in Form einer Radionachricht und vergleichen mit ihren eigenen Vermutungen.
Lösung: a. 31 % – b. 19 % – c. 43 % – d. 8 % – e. 27 %

6c Die Beispiele illustrieren noch einmal deutlich die allgemeinen Aussagen in **6a**. Die S ordnen die konkreten Beispiele den Kategorien in **6a** zu.
Lösung: 1a – 2c – 3d – 4e – 5b

7 Die Aufgabe thematisiert noch einmal die Bedeutung und den Gebrauch von *obwohl* und *weil*. Dazu werden Beispiele angeboten, bei denen die S genauer nachdenken müssen, da die Perspektive die Wahl der Konjunktion entscheidend beeinflusst.

7a Zunächst ergänzen die S schnell die drei Sätze.

7b Die S reflektieren mit den drei Situationen die Aussagen aus **7a** noch einmal neu und versuchen, abweichende Lösungen zu begründen.
Beispiellösung: s. unten

7c Die S hören die CD und es wird ihnen bewusst, dass es für bestimmte Situationen durchaus sehr unterschiedliche Deutungsmöglichkeiten gibt, vor allem, wenn interkulturelle Dimensionen beteiligt sind.

8 Die S ergänzen die drei Beispiele aus dem Buch und schreiben weitere für andere S. Hier wird deutlich, dass der unterschiedliche Gebrauch von Konjunktionen die Bedeutung der Aussage erheblich beeinflusst.

Erweiterung: s. unten

Beispiellösung zu 7b:
Wir freuen uns, *weil* es regnet.
Ich brauche meinen Schal, *weil* die Sonne so stark scheint.
Ich bleibe zu Hause, *weil* ich heute Schule habe.

Erweiterung zu 8: Ähnliche Übungen könnte man mit den Modalverben anbieten: *Ich muss/darf/will/soll/kann morgen zum Zahnarzt.* Je nach Begründung passen alle Modalverben (mögliche Begründungen: Ich warte schon einen Monat. / Er fährt danach in Urlaub ...).

Die Seite bietet inhaltlich das Thema „Wünsche"/„Träume" an und verbindet dies formal mit dem Konjunktiv II und „irrealen" *wenn*-Sätzen.

9a Auf der CD erzählen Jugendliche, was sie machen würden, wenn sie viel Geld hätten. Die S notieren sich die Wünsche und lesen die Sätze im Kontext vor.
Lösung: Mia: ein Pferd
Daniel: den Führerschein
Jenny: Klamotten
Lukas: eine große Reise

9b Personalisierung: Die S nennen eigene Wünsche und Träume. An dieser Stelle sollten die S zunächst nur Aussagen im Infinitiv machen, da sie noch nicht über die vollständige Struktur verfügen.

10a Weitere Beispiele für „irreale" Situationen. Die S ordnen zu und lesen vor. Bei ungewöhnlichen Konstellationen sollten die S ihre Wahl begründen.

10b Entwickeln Sie zusammen mit den S ein Lernplakat an der Tafel. Wichtig ist, dass immer direkt vor und nach dem Komma ein Konjunktiv steht.

11a Ein Teufelskreis von *wenn* und Konjunktiv. Die S finden hier Hilfen in Form der Anfangsbuchstaben.

Vorschlag: Die S lesen das Ergebnis in einer Reihe von sechs S vor. Wenn die S im Kreis sitzen, kann man den Kreislauf sehr schön wahrnehmen. Lassen Sie den Kreislauf ruhig ein paarmal lesen, bis alles flüssig und fehlerfrei funktioniert.

Lösung: Wenn ich mehr Geld hätte, *würde* ich öfter ins Kino gehen. Wenn ich öfter ins Kino gehen *würde*, hätte ich weniger Zeit zum Jobben. Wenn ich weniger Zeit zum Jobben *hätte*, hätte ich weniger Geld. Wenn ich weniger Geld *hätte*, könnte ich nicht so oft ins Kino gehen. Wenn ich nicht so oft ins Kino gehen *könnte*, *hätte* ich mehr Zeit zum Jobben. Wenn ich mehr Zeit zum Jobben *hätte*, *hätte* ich mehr Geld.

6

Das kennt ihr schon:
würde, hätte, wäre

Träume träumen, Träume leben

9 Wenn ich viel Geld hätte, würde ich …

1.41 **a Hört die Umfrage. Was sagen die Jugendlichen über ihre Träume? Ergänzt die Sätze.**

Mia: Wenn ich viel Geld hätte, würde ich mir ___ kaufen.
Daniel: Wenn ich viel Geld hätte, würde ich ___ machen.
Jenny: Wenn ich viel Geld hätte, würde ich mir die neuesten ___ kaufen.
Lukas: Wenn ich viel Geld hätte, würde ich ___ machen.

b Was würdet ihr machen, wenn ihr viel Geld hättet?

10 Geld ist nicht alles … – noch mehr Träume.

a Irreale *wenn*-Sätze. Ordnet zu. Es gibt mehrere Möglichkeiten.

1. Wenn ich abends lange wegbleiben dürfte, …
2. Wenn ich nie Mathe üben würde, …
3. Wenn ich mehr Zeit hätte, …
4. Wenn ich ganz toll singen könnte, …
5. Wenn ich nicht in die Schule müsste, …

a. wäre ich total glücklich.
b. dürfte ich meine Freunde öfter besuchen.
c. würde ich öfter rausgehen.
d. hätte ich schlechte Noten.
e. hätte ich mehr Freundinnen.

Modalverben im Konjunktiv
Endungen wie bei *hätte* …

ich müsste	wir müssten
du müsstest	ihr müsstet
er/es/sie müsste	sie müssten

können und *dürfen* funktionieren genauso.

G ➲25

b Macht ein Lernplakat und schreibt zu jedem Muster einen Satz. a hilft.

Irreale wenn-Sätze
Wenn … wäre, könnte … spielen
Wenn … hätte, würde … rausgehen.
Wenn … machen würde, hätte …
Wenn … wegbleiben dürfte, wäre …

G ➲26

Wenn ich mehr Zeit hätte, würde ich öfter mit dem Hund …

11 Noch mehr irreale *wenn*-Sätze …

a Ergänzt die Sätze mit den passenden Verben im Konjunktiv.

Wenn ich mehr Geld hätte, *würde* ich öfter ins Kino gehen. Wenn ich öfter ins Kino gehen w___, hätte ich weniger Zeit zum Jobben. Wenn ich weniger Zeit zum Jobben h___, hätte ich weniger Geld. Wenn ich weniger Geld h___, könnte ich nicht so oft ins Kino gehen. Wenn ich nicht so oft ins Kino gehen k___, h___ ich mehr Zeit zum Jobben. Wenn ich mehr Zeit zum Jobben h___, h___ ich mehr Geld.

Wenn ich mehr lernen würde, …
Wenn ich Lehrer wäre …
Wenn ich super Deutsch könnte, …
Wenn ich jetzt Ferien hätte, …

b Teamarbeit: Wählt einen Satzanfang aus und ergänzt. Welches Team findet die meisten Kettensätze?

Wenn ich mehr lernen würde, hätte ich bessere Noten. Wenn ich bessere Noten hätte, würden meine Eltern mir mehr Taschengeld geben. Wenn meine Eltern …

11b Kreative Aufgabe. Die S variieren **11a** mit den Satzanfängen auf dem Zettel und erweitern mit eigenen Ideen.

AB zu KB Aufg. 10
10b Die S diskutieren im Sinne der Mehrsprachigkeit über die Form und Funktion von „irrealen" Äußerungen in ihrer Muttersprache.

12 Ist weniger mehr?

a Seht euch die Ausdrücke an. Welche passen zu dem Thema „Ist weniger mehr"?

verschenken • immer das neueste Modell • gebrauchte Sachen • sich immer mehr wünschen • auf Luxus verzichten • Shoppen als Hobby • nur das Nötigste • keinen Platz haben • bewusst einkaufen • Schnäppchenjäger • zwanzig Kleider

b Seht euch die Fotos an. Was wollt ihr von Jens und Meike wissen? Sammelt Fragen.

Der Besitz von Jens G. passt in einen Koffer …

Meike W. trägt ein Jahr lang immer dasselbe Kleid …

1.42 **c Hört die Interviews. Was findet ihr interessant? Habt ihr Antworten auf eure Fragen bekommen?**

d Hört die Interviews noch einmal. Was stimmt: a, b oder c?

1. Irgendwann hat Jens
   a. mehr Platz gebraucht.
   b. immer mehr Dinge verschenkt.
   c. seine Sachen verkauft.
2. Wenn Jens etwas Neues braucht,
   a. gibt er zuerst etwas anderes weg.
   b. wartet er einen Monat.
   c. geht er sofort in einen Laden und kauft es.
3. Meike Winnemuth
   a. hat das Kleid jeden Tag gewaschen.
   b. ist Modedesignerin.
   c. hatte dreimal dasselbe Kleid.
4. Nach dem Jahr
   a. hat sie viele Kleider verschenkt.
   b. wusste sie morgens sofort, was sie anziehen wollte.
   c. hat sie sich viele neue Kleider gekauft.

e Mit wenig leben? Könnt ihr euch vorstellen, so zu leben wie Jens und Meike? Sprecht in Gruppen.

13 Projekt „Günstige Einkaufsmöglichkeiten in eurer Stadt". Recherchiert im Internet und schreibt einen Flyer oder ein Plakat mit den besten Tipps.

P

Flohmärkte
Secondhand-Läden
Umsonstläden, …

neunundfünfzig | 59

Anhand von zwei Lebensentwürfen wird hier ein Aspekt aus der Einstiegsseite wieder aufgenommen: Verzicht statt Konsum.

12a Kurze Wortschatzübung. Die S sammeln und ordnen die Begriffe und Strukturen als Vorbereitung auf das Thema.
Lösung: verschenken – gebrauchte Sachen – auf Luxus verzichten – nur das Nötigste – bewusst einkaufen

12b Die S stellen in PA zwei bis drei Fragen zu den beiden Personen.

12c Die S hören jetzt die Interviews und notieren relevante Informationen zu ihren Fragen.

12d Auswertung Hörverstehen.
Lösung: 1b – 2a – 3c – 4a

12e Die S diskutieren in KG über die Frage, ob sie so leben könnten wie Jens und/oder Meike. Danach fassen sie die Gruppenmeinung zusammen.

13 Das Projekt nimmt das Thema „Shoppen" wieder auf, diesmal jedoch im Hinblick auf Preisbewusstheit. Die S recherchieren günstige Einkaufsmöglichkeiten, von Flohmarktterminen bis zu besonders günstigen Supermärkten in ihrem Wohnort.

AB zu KB Aufg. 12

12a–c Die S füllen ein Raster zum Thema Verzichten aus und vergleichen ihre Ergebnisse mit ihrem Lernpartner.

Das kann ich nach …

Die S bearbeiten die „Das kann ich"-Seite im KB und die Selbstevaluation im AB wie in der Einleitung zum Lehrerhandbuch beschrieben.

Lösungen & Tipps

Was passt?
… Da war ich wirklich *verletzt/beleidigt/irritiert.*
… das war so *peinlich/unangenehm.*

Ergänzt das passende Wort.
In der *Fußgängerzone …*
Das ist aber ein *Schnäppchen*!
… hast du bald *Schulden.*

Ergänzt die Superlative.
Mein *interessantestes* Geschenk war ein Krimi.
Die *verrückteste* Party war die bei Claudia.
Die *beste* Torte hat meine Oma gebacken.

Was macht Jasper?
(Beispiele)
Jasper macht *eine Party*, obwohl …
Jasper lädt Cosima ein, *obwohl …*

Was wäre, wenn … Bildet drei Sätze.
(Beispiellösung)
1. Wenn ich reich wäre, würde ich mir einen Privatlehrer kaufen.
2. Wenn die Sonne scheinen würde, würde ich baden gehen.
3. Wenn ich einen Hund hätte, dürfte er immer in meinem Bett schlafen ;-))

Schon gemacht?
Aber ich habe *es ihr / ihr das Geschenk* doch schon gestern gezeigt!
Aber ich habe *sie ihm / ihm die CD* doch schon zurückgegeben!
Ich habe *ihn dir / dir den Pullover* doch schon zurückgebracht!

6

Das kann ich nach Kapitel 6

Wörter, Sätze, Dialoge	Übt zu zweit
Gefühle stolz, irritiert, verletzt, fröhlich, beleidigt Die Situation war … peinlich/unangenehm.	**Was passt? Es gibt mehrere Möglichkeiten.** Meine beste Freundin hat mich nicht zu ihrer Party eingeladen. Da war ich wirklich ___ . Ich hatte kein Geschenk dabei – das war so ___ .
Einkaufen die Kaufsucht, das Einkaufszentrum, die Fußgängerzone, der Schnäppchenjäger, die Schulden (Pl.), das Schaufenster, die Markenprodukte, der Luxus	**Ergänzt das passende Wort:** In der ___ gibt es viele tolle Läden. Du hast nur 100 EURO für das neueste Smartphone bezahlt? Das ist aber ein ___ ! Du kaufst zu viel! Wenn du so weitermachst, hast du bald ___ !

Grammatik	Übt zu zweit
Adjektive im Superlativ vor Nomen Die Endung ist wie beim normalen Adjektiv: das aufregend**e** Geschenk → das aufregend**ste** Geschenk.	**Ergänzt die Superlative.** Mein ___ Geschenk war ein Krimi. (interessant) Die ___ Party war die bei Claudia. (verrückt) Die ___ Torte hat meine Oma gebacken. (gut)
Nebensätze mit *obwohl* – Widerspruch Ich kaufe lieber im Geschäft, obwohl es im Internet oft billiger ist.	**Was macht Jasper?** Jasper macht ___ , obwohl seine Eltern es verboten haben. Jasper lädt Cosima ein, ___ er sie nicht mag.
Irreale *wenn*-Sätze – Wünsche Wenn ich mehr lernen würde, hätte ich bessere Noten. Wenn ich mehr Geld hätte, könnte ich öfter ins Kino gehen.	**Was wäre, wenn … Bildet drei Sätze.** 1.  2.  3. 
Akkusativ- und Dativergänzungen **Zwei Nomen: Dativ vor Akkusativ** Bringst du deinem Onkel das Geschenk? **Pronomen + Nomen: Pronomen vor Nomen** Bringst du es deinem Onkel? Bringst du ihm das Geschenk? **Zwei Pronomen: Akkusativ vor Dativ** Bringst du es ihm?	**Schon gemacht? Antwortet mit verschiedenen Kombinationen.** Zeigst du Oma dein Geschenk? – Aber ich habe ___ ___ doch schon gestern gezeigt! Gibst du Tilo die CD zurück? – Aber ich habe ___ ___ doch schon zurückgegeben! Bringst du mir mal meinen Pullover zurück? – Ich habe ___ ___ doch schon zurückgebracht!

Mit Sprache handeln

Ich kann über Gefühle sprechen.
Mein Geschenk machte die alte Frau wütend. Das war mir sehr unangenehm.
Dass ich vergessen habe, meine dreckigen Schuhe auszuziehen, war mir peinlich.
Niemand sah sich mein Geschenk an. Da war ich beleidigt.

Ich kann Freude ausdrücken.
Das war das tollste Geschenk!
Das war eine wunderbare Überraschung!
Ich habe mich unglaublich gefreut!

Ich kann irreale Wünsche äußern.
Wenn ich viel Geld hätte, würde ich Urlaub machen.
Wenn ich schon 18 wäre, würde ich den Führerschein machen.
Wenn ich abends weggehen dürfte, wäre ich …

60 | sechzig

Ich kann …
• ein Bild beschreiben und interpretieren
• mit Argumenten und Gegenargumenten „spielen“
• über Kunst sprechen • Gegenstände genauer beschreiben

7

A

B

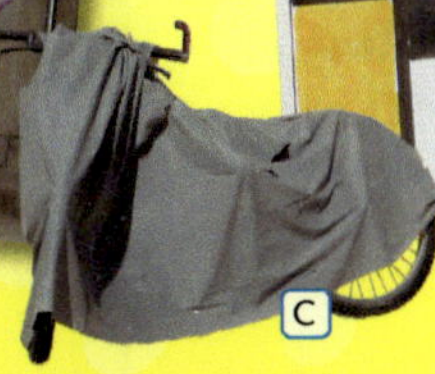
C

D

Kunst und Können

E

F

So wirst du ein Künstler
Lerne, Schnecken zu beobachten.
Lade einen gefährlichen Menschen zum Tee ein.
Freue dich auf Träume.
Weine bei Kinofilmen.
Glaube an Zauberei.
Lache viel.
Lies jeden Tag.
Kichere mit Kindern.
Höre alten Leuten zu.
Spiele mit allem.
Schreibe Liebesbriefe.

G

1 Kunst

a Ordnet die Äußerungen den Fotos zu. Was würdet ihr dazu sagen?

a. Schöne Idee! Sieht echt witzig aus, wie ein Stier – ob das Zufall ist?
b. Das kann mein fünfjähriger Sohn auch!
c. So etwas hängt auch bei meiner Oma.
d. Nicht schlecht, aber meistens sind das nur Schmierereien.
e. Tolles Instrument!
f. Mutiger Typ – das könnte ich nicht!
g. Die vier sind echt gut!

Also ich finde die Idee mit den Schnecken gut. Heute ist alles viel zu hektisch. Keiner hat Zeit. Wir müssen langsamer leben …

1.43 **b Hört die Aussagen zu den Fotos und reagiert auf die Fragen.**

c Lest das Gedicht „So wirst du ein Künstler“. Was glaubt ihr, warum sollte man sich so verhalten? Wählt in Kleingruppen 2–3 Aussagen aus, diskutiert und stellt euer Ergebnis vor.

einundsechzig | 61

Allgemeines

In dem Kapitel geht um das Nachdenken über Kunst, um die Textsorte Bildbeschreibung, um die Einstellung gegenüber Graffiti, um Kunstprojekte mit Kaugummi sowie um das Beschreiben von (Kunst-)Gegenständen, Materialien und Eigenschaften von Materialien.

1a Zum Einstieg findet sich ein kleines Kaleidoskop von Aspekten, die mit dem Thema Kunst zu tun haben könnten.
Die S entscheiden, welche Äußerung zu welcher Abbildung passt oder passen könnte.
Lösung: a/C – b/D – c/E – d/G – e/A – f/B – g/F

1b Die S hören die CD. Dort werden die Abbildungen aus einer persönlichen Perspektive genauer beschrieben und verortet. Jede Beschreibung endet mit einer Frage. Stoppen Sie nach jeder Frage und lassen Sie die S auf die Frage reagieren.

1c Die S lesen den Ausschnitt eines Gedichts – erst still und dann laut. Dann wählen sie eine oder zwei der Aussagen aus, die ihnen besonders wichtig erscheinen, und begründen ihre Wahl.

Idee: Vielleicht haben einige S Lust, das Gedicht weiterzuschreiben oder zu verändern?

AB zu KB Aufg. 1

1c Die S diskutieren die Aussagen von unterschiedlichen Personen zu einer Reihe von Kunstwerken. Sie verwenden und wiederholen dabei Redemittel zur Meinungsäußerung.

Die Seite beginnt mit dem Klassiker eines Kunstkapitels, der Bildbeschreibung. Das moderne Gemälde lässt Raum für Interpretation. Zudem bietet es eine mögliche Interaktion der abgebildeten Personen an.

2a Eine Bildbeschreibung ist nicht einfach. Daher findet sich hier – analog zum Gemälde – ein „Wortschatzbild", auf dem die wichtigsten Wortschatzhilfen angeboten werden. Auch die Redemittel auf dem gelben Zettel helfen.
Die S vergleichen Gemälde und Wortschatzbild und klären unbekannte Vokabeln und Redemittel.

2b–c In einem ersten, eher rezeptiven Schritt, hören die S Teil 1 der Beschreibung, verfolgen die Aussagen auf dem Wortschatzbild und beginnen dann in **2c**, einen Teil des Gemäldes mithilfe der Vorgaben aktiv zu ergänzen bzw. zu beschreiben.
Lösung:
Man schaut durch ein Fenster in ein Zimmer, das hell erleuchtet ist.
Die Hauswand im Vordergrund ist dunkel.
Die Wände des Zimmers im Hintergrund sind leuchtend gelb gestrichen.
Links und rechts neben einer hohen braunen Holztür hängen Bilder an der Wand.
In der Mitte des Zimmers steht ein runder brauner Holztisch.
Auf dem Tisch liegt ein rundes weißes Deckchen.
Links neben dem Tisch sitzt ein junger Mann in einem Sessel.
Er liest eine Zeitung.
Der Mann trägt ein weißes Hemd, eine schwarze Weste, eine schwarze Hose und eine dunkle Krawatte.
Er hat kurze Haare.

2d–e Die S versuchen sich nun an der rechten Seite des Bildes, die noch nicht beschrieben ist, und hören anschließend die Lösung von CD. Sollte dies zu schwierig sein, so können Sie auch zuerst die Lösung von der CD vorspielen und dann die S die Bildbeschreibung nachempfinden lassen.

7

Ein Bild beschreiben – und interpretieren

2 Ein Gemälde – von Edward Hopper

a Seht das Gemälde an und vergleicht mit dem Wortschatzbild.

Maler: Edward Hopper (1882–1967)
Bildtitel: „Room in New York", 1932
Öl auf Leinwand, 72,7 x 90 cm

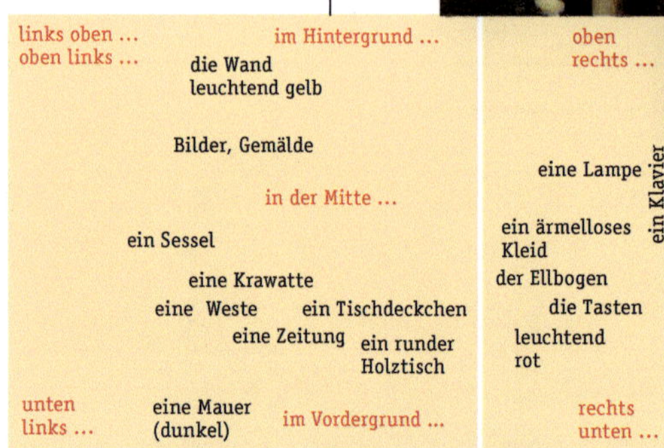

Redemittel: ein Bild beschreiben
... kann man ... sehen
... befindet sich...
... sitzt/steht/hängt ...
... ist ein/eine ...
links/rechts neben
im Vorder-/Hintergrund
über, unter, zwischen ...

1.44 **b Hört den ersten Teil der Beschreibung. Folgt ihr auf dem Bild.**

c Ergänzt nun die Beschreibung mit dem Wortschatzbild und mit dem, was ihr verstanden habt. Die Redemittel in a helfen.

Man schaut durch ein Fenster in ein Zimmer, das hell erleuchtet ist.
Die Hauswand im Vordergrund ist ...
Die Wände des Zimmers im Hintergrund sind ...
Links und rechts neben einer hohen braunen Holztür hängen ...
In der Mitte des Zimmers steht ...
Auf dem Tisch liegt ...
Links neben dem Tisch sitzt ...
Er liest ...
Der Mann trägt ein weißes ...
Er hat kurze ...

d Beschreibt jetzt die rechte Seite des Bildes. *Rechts neben dem Tisch sitzt eine ...*

1.45 **e Hört jetzt das Beispiel auf der CD.**

62 zweiundsechzig

Lösung: Rechts neben dem Tisch sitzt eine junge Frau. Sie hat den rechten Ellenbogen auf den Tisch gelegt. Sie sitzt auf einem Klavierstuhl, mit dem Rücken zu dem Mann. Sie drückt mit einem Finger auf die Tasten von einem alten schwarzen Klavier, das ganz rechts im Bild zu sehen ist. Hinter dem Klavier sieht man einen Teil von einer roten Lampe.
Die Frau trägt ein sommerliches langes Kleid ohne Ärmel. Es ist rot, wie der Sessel und auch die kleine Lampe. Sie hat die Haare im Nacken zusammengebunden und sie trägt keinen Schmuck. Man kann das Gesicht des Mannes und der Frau nicht genau erkennen.

AB zu KB Aufg. 2

3a–b Die S beschreiben mithilfe von Vorgaben eine kreative Zeichnung des Tessiner Zeichners Dimitri und vergleichen danach ihre Ergebnisse.

3 **Ein Bild interpretieren**

a **Stellt Fragen zu dem Bild von Edward Hopper.**
Wer? Wo? Warum? Was? Wohin?

Wo ist das? Zu Hause im Wohnzimmer? In einem Hotel? …?

b **Wie ist die Stimmung auf dem Bild? Was fühlt ihr? Die Wörter auf dem Zettel helfen.**

Man hat ein Gefühl von …

Ich denke, die Frau / der Mann ist …

Einsamkeit, Melancholie, Freude, Ruhe, Aggression, Offenheit, Zwang, Zufriedenheit
frei, gefangen, glücklich, frustriert, gelangweilt, traurig, enttäuscht …

4 **Jemand hat einmal gesagt, dass die Gemälde von Edward Hopper wirken wie ein Standbild aus einem Film.**

a **Wenn der „Film" jetzt weiterlaufen würde, was würde eurer Meinung nach passieren? Schreibt ein kleines Szenario der folgenden zehn Minuten (harmonisch? lustig? Konflikt?) Gebt den Personen Namen, …**

b **Die beiden Personen fangen plötzlich an, miteinander zu sprechen. Schreibt den Dialog und spielt die Szene.**

5 **Ratende Schüler**

a **Interpretiert die drei Zeichnungen. Was seht ihr?**

Eine Frau schreit, weil es brennt.

Jemand hat im Lotto gewonnen und jubelt.

b **Bildtitel: Gebt jeder Zeichnung einen Titel. Passt ein Titel zu euren Interpretationen aus a?**

ein liegender Mann (probiert Betten aus) – eine jubelnde Frau – tanzende Lehrer und Lehrerinnen in der Disco – ein schlafender Mann am Strand – ein schreiendes Mädchen (hat Angst vor einem Hund) – wartende Schüler an der Haltestelle

c ***schlafend, weinend*, … Wie wird das Partizip I gebildet? Ergänzt die Regel.**

Partizip I
Das Partizip I wird gebildet: Infinitiv + ___
Das Partizip I wird gebraucht wie ein A___ .

G ➲17

d **Ergänzt die Aussagen mit *schlafen, rauchen, weinen*.**

In Deutschland gibt es immer weniger ___ Menschen in den Restaurants.
Viele sagen, dass ein ___ Mann schwach ist – aber das stimmt nicht, oder?
Im Unterricht wird eine ___ Schülerin Ärger mit dem Lehrer bekommen,
ein ___ Schüler aber auch!

Nach der reinen Bildbeschreibung folgt nun eine kreative Interpretation des Gemäldes. In einer zweiten Aufgabe wird das Partizip I eingeführt.

3a Die S sollen selbst Fragen zu dem Bild von Edward Hopper stellen und ihre Meinung dazu äußern – ähnlich wie in der Sprechblase. Lassen Sie die S frei assoziieren und begründen. Es gibt keine richtige Deutung.

3b Die S erhalten einen Input an Wortschatz zum Thema Gefühle/Stimmung, den sie zunächst in PA oder KG klären und dann auf das Bild anwenden sollen.

4a–b Freie Aufgabe. Wenn Sie S haben, die Spaß am Erfinden von Texten und Dialogen haben, eignen sich die beiden Aufgaben sehr gut. Anschließend spielen die S ihre Ergebnisse in der Klasse vor. **Tipp:** Da die Aufgabe zeitaufwändig ist, geben Sie die Textproduktion am besten als Hausaufgabe.

5 Die folgende Sequenz thematisiert anhand von Zeichnungen das Partizip I. Das Partizip I ist häufig bei Bildtiteln zu finden: „Die Liebenden" von Picasso, „Die betenden Hände" von Dürer, usw.
In der Aufgabe wird erneut mit der kreativen Fantasie der S gespielt.

5a Die S interpretieren drei einfache Zeichnungen mit Strichmännchen und versprachlichen, was sie sehen.

5b–c Die S entscheiden sich für Titel zu den Zeichnungen, die sie aus Vorgaben auswählen. In den Vorgaben steckt schon das Partizip I. Gleichzeitig entdecken die S in **5c** die Grammatikregel.

Regel: Das Partizip I wird gebildet: Infinitiv + *d*. Das Partizip I wird gebraucht wie ein *Adjektiv.*

5d Lückentext, in dem die S die Regel zum Partizip I anwenden.
Lösung: immer weniger *rauchende* Menschen – ein *weinender* Mann – eine *schlafende* Schülerin – ein *schlafender* Schüler

Hier werden Graffiti thematisiert, die für Jugendliche eine wichtige Ausdrucksform sind.

6a Graffiti umfasst heutzutage die Spanne von Banalität bis hin zu echter Kunst und ist praktisch an (fast) jedem Ort der Welt präsent.
Zunächst sollen die S versuchen, die Abbildungen einzuschätzen. Die Frage ist, was für die S am ehesten Kunst und was Schmiererei sein könnte. Stellen Sie Fragen wie: *Welches ist für euch das „kunstvollste" Graffiti? Und welches das am wenigsten künstlerische?* Das Ergebnis darf ruhig kontrovers diskutiert werden.

6b Hier wird in einem Forum die Frage gestellt: Ist Graffiti Kunst? Die Frage kann von den S individuell beantwortet werden.

6c Die Antworten aus dem Forum zeigen die Bandbreite der Meinungen. Es ist bestimmt interessant zu sehen, wo sich die S zuordnen.

Graffiti: Kunst oder Schmiererei?

6 **Kunst oder nicht?**

a **Bringt die Graffiti in eine Reihenfolge: von Schmiererei bis Kunst. Kommentiert die Fotos. Kennt ihr so etwas auch bei euch?**

1

2

3

4

5

b **Im Graffiti-Forum. Lest die Bitte von adeleF89. Was würdet ihr antworten? Ja oder Nein? Stimmt kurz in der Klasse ab.**

> **Umfrage von adeleF89 27. März**
> Ich muss nächste Woche in der Schule ein Referat zum Thema „Ist Graffiti Kunst?" halten. Nun will ich das Referat mit Meinungen aus dem Internet vervollständigen. Könnt ihr euch ein wenig Zeit für mich nehmen? Es wäre auch toll, wenn ihr eure Antwort noch begründen würdet. Danke schon mal im Voraus!

c **Lest die Antworten aus dem Forum vor. Diskutiert: Wo stimmt ihr zu? Wo seid ihr nicht einverstanden? Gibt es bei den Aussagen eine Beziehung zu den Fotos?**

> Ich kann mir die Stadt ohne Graffitis gar nicht mehr vorstellen. Da wäre alles so leer.

> Ich finde, dass Graffiti definitiv Kunst ist. Ich finde zwar auch nicht alles schön, aber die Maler (zumindest die meisten) investieren viel Zeit und Arbeit in ihre Bilder.

> Ja und Nein. Graffiti kann Kunst sein. Wenn die Sprayer wirklich schöne Gemälde erschaffen und nicht nur mit Schablonen arbeiten.

> Wir müssen uns ja auch die Werbung im Fernsehen, in den Zeitschriften und die Werbeplakate in der Stadt anschauen. Das ist ja oft auch primitiv und langweilig.

> Ich würde schreiben, dass man Kunst nicht definieren kann.

> Man darf die Sprayer nicht bestrafen. Sie wollen nur ihre Meinung äußern.

> Ich denke, dass primitive Symbole oder Zeichen hässlich sind und dass die Sprayer dafür bestraft werden müssen.

> In unserer Stadt findet man überall Graffiti. Ich denke, dass Graffiti wunderbar sind, sie sind bunt und kreativ. Die Leute, die das machen, sind echte Künstler.

Das Thema Graffiti wird hier weitergeführt – diesmal wird die Frage gestellt, ob Graffiti ein Schulfach werden könnte. Anschließend geht es um den Nebensatz mit *bevor*.

7a Es gibt tatsächlich Überlegungen, Graffiti als Schulfach einzuführen. Dazu gibt es Experimente an einer Berliner Schule. Die S sollen sich zu der gestellten Frage kurz äußern.

7b Hier finden sich eine Reihe von Aussagen, die von kritischen Erwachsenen oder besorgten Eltern stammen könnten. Die S sollen die Aussagen lesen, hören und dann – als Vorbereitung für eine Diskussion – mit Betonung und Emotion sprechen.

7c–d Die S lesen den Text und achten auf Passagen, die etwas mit den kritischen Aussagen in **7b** zu tun haben. Im Prinzip gibt es für jede der Aussagen in **7b** im Text ein Gegenargument.
Die S suchen und ergänzen die Argumente und Gegenargumente und spielen die Diskussion möglichst „echt" und mit Emotion.
Lösungsbeispiele: s. unten

8 Die Aufgabe behandelt im thematischen Kontext die Zeitenfolge (Nebensätze mit *bevor*).

8a S ergänzen die beiden Sätze mithilfe des Textes und lesen sie vor.
Lösung:
..., müssen sie viel darüber lernen.
..., schreiben sie eine Klausur.

8b Die Sätze sind (mit Ausnahme von Satz 5 so angelegt), dass die S ohne Probleme die zeitliche Abfolge erkennen können.
Lösung:
1. Bevor ich ein Motiv sprayе, suche ich eine legale Wand.
2. Bevor ich mich anziehe, dusche ich mich.
3. Bevor ich ein Bild male, kaufe ich die Farben.
4. Bevor die Musiker spielen, stimmen sie die Instrumente.
5. Bevor ich am Computer spiele, mache ich die Hausaufgaben. / Bevor ich die Hausaufgaben mache, spiele ich am Computer.

7

7 Schulfach Graffiti???

a Könnt ihr euch Graffiti als Schulfach vorstellen? Was ist eure Meinung?

1.46 **b Hört zu und lest die kritischen Fragen und Kommentare zum Thema. Sprecht sie mit Emotionen wie im Beispiel auf der CD.**

a. Schulfach Graffiti? Um Gottes willen, dann beschmieren die Schüler noch mehr Häuser!
b. Das sind doch noch Jugendliche, die wissen doch gar nicht, was passiert, wenn sie Graffiti sprayen!
c. Die Lehrer haben doch gar keine Ahnung von Graffiti! Wer soll denn das unterrichten?
d. Und wie wird das Ganze dann bewertet??
e. Ich glaube nicht, dass das den Schülern Spaß macht!
f. Wo sollen die Schüler denn Graffiti üben???
g. Und was bringt das Ganze für das Lernen?

c Lest den Text. Gibt es für die kritischen Fragen und Kommentare in b Gegenargumente oder Antworten?

GRAFFITI ALS SCHULFACH?

Bald soll an allen Schulen Berlins Graffiti ein Schulfach werden. Das ist das Ergebnis eines erfolgreichen Experiments am Dathe-Gymnasium in Friedrichshain: „Wir müssen Graffiti-Sprühen in den Schulalltag integrieren", sagen Politiker und Lehrer. Ein wichtiges Ziel ist, durch den Unterricht das illegale Sprühen zu minimieren. Zum Beispiel soll es in Zukunft mehr ‚legale' Flächen für die Graffiti-Künstler geben.
Der Graffiti-Lehrer ist ein professioneller Sprayer. Bevor die Schüler sprayen dürfen, lernen die 14- bis 16-Jährigen alles über Graffiti-Sprache und Graffiti-Techniken, die Arbeit mit Spraydosen, die Geschichte der Straßenkunst usw. Außerdem bekommen sie wichtige Informationen, zum Beispiel über die Konsequenzen für illegales Sprayen, das kann nämlich sehr teuer werden. „Das Feedback zum Graffiti-Unterricht ist schon jetzt sehr gut, meint die Schulleiterin, „ich habe meine Schülerinnen und Schüler noch nie so engagiert gesehen wie in diesem Unterricht. Sie bleiben sogar freiwillig länger in der Schule."
Am Ende des Schuljahres gibt es aber auch in diesem Fach eine ganz normale Klausur mit Noten.
Und als Abschlussarbeit dekorieren die Schüler ihren Schulhof mit Graffiti.
Die Schulleiterin glaubt, dass sich die Schüler durch das neue Unterrichtsfach in ihrer Schule besser fühlen und dadurch auch besser lernen.

d Arbeitet zu zweit. Sucht in dem Zeitungsartikel Gegenargumente zu den Kommentaren in b und spielt die Diskussion.

Schulfach Graffiti? Um Gottes willen, dann beschmieren die Schüler noch mehr Häuser!

Nein, das Ziel ist, dass es sogar weniger illegale Graffiti gibt.

8 Graffiti, gar nicht so leicht

a Ergänzt die Sätze. Der Text in 7c hilft.

Bevor die Schüler sprayen dürfen, müssen sie viel ...
Bevor die Schüler eine Note bekommen, schreiben sie ...

b *bevor*: Was kommt zuerst, was kommt danach? Lest die Sätze vor.

1. Ich spraye ein Motiv. / Ich suche eine legale Wand.
2. Ich ziehe mich an. / Ich dusche mich.
3. Ich kaufe die Farben. / Ich male ein Bild.
4. Die Musiker spielen. / Sie stimmen die Instrumente.
5. Ich mache die Hausaufgaben. / Ich spiele am Computer ☺.

Bevor ich ein Motiv spraye, suche ...

G 1
Nebensätze mit *bevor*
Bevor ... (Verb), (Verb) ...

Lösungsbeispiele zu 7c–d:
(Gegenargumente zu den Argumenten aus **7b**)
a. Das Ziel ist, dass es weniger illegale Graffiti gibt.
b. Die Jugendlichen bekommen Informationen über die Konsequenzen für illegales Sprayen.
c. Der Lehrer ist ein professioneller Sprayer.
d. Die Schüler schreiben eine Klausur.
e. Erfahrungen zeigen, dass die Schüler sehr engagiert sind.
f. Sie können im Schulhof üben und diesen schöner machen.
g. Die Schüler sind motiviert und lernen dadurch auch andere Sachen besser.

Die Seite beschäftigt sich thematisch mit Kunstausstellungen.

9 Die Aufgabe stellt Prozess und Produkt einer Kunstausstellung zum Thema Kaugummi vor. Nennen Sie bitte jetzt noch nicht den Begriff „Kaugummi", da die S erst erraten sollen, um was für ein Material es sich handelt.

9a Als Einstieg stellen die S Vermutungen über das Foto an. Regen Sie die S an, die Redemittel auf der linken Seite (Zettel) zu benutzen.

9b Die grünen und gelben Kügelchen sind die Werktage (Montag bis Freitag), die roten die Sonn- und Feiertage.

9c Im Text geht es um den „Kaugummi". Zusammen mit dem Titel der Ausstellung, der unten auf dem Kopf steht, und den vielen Hinweisen im Text sollten die S dies erraten können.
Lösung: „ihn" ist der Kaugummi.

9d Kurze Textauswertung: Die S sollen zu den angegebenen Stichworten kurz je eine Aussage formulieren. Die Informationen sind teilweise beeindruckend, aber es kann sein, dass dies im Land der S völlig anders ist. Sprechen Sie mit den S darüber.
Lösungsbeispiele:
Die meisten Kaugummis schmecken nach Pfefferminze.
Die Amerikaner haben den Kaugummi nach Europa gebracht.
Jeder Deutsche kaut pro Jahr ca. 111 Kaugummis.
Es gibt die Leute, die ihre gekauten Kaugummis überall hinkleben oder auf den Boden werfen, und die, die ihren Kaugummi korrekt „entsorgen" und in den Müll werfen.
Auf zentralen Plätzen gibt es oft bis zu 80 Kaugummiflecken pro Quadratmeter.
Die Beseitigung der Kaugummiflecken kostet in Deutschland ca. 900 000 Euro im Jahr!

9e Die S lesen die Fragen und hören die CD, auf der das Kunstprojekt beschrieben wird. Anschließend fassen die S die Antworten zu den Fragen kurz zusammen.

7

Ganz schön kreativ

9 Zwei Werke aus einer Ausstellung

Redemittel:
Ich denke, es handelt sich um …
Vielleicht ist/sind es…
Das könnte/könnten … sein
Für mich sieht das aus wie …
Das sind vielleicht …
Ich glaube, das ist …
Keine Ahnung, mir fällt nichts ein.

a Was bedeuten wohl die Fußmatten auf dem Platz? Verwendet die Redemittel.

b Seht das zweite Objekt an. Warum heißt es wohl „Kalender …"?

(Projekt: Ute Mescher/Jürgen O. Olbrich)

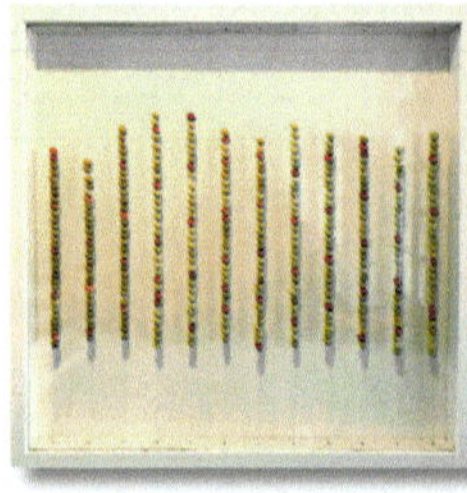

„Kalender des Jahres 2011"

Im Text geht es um …

c Lest den Text und den Titel der Ausstellung. Was ist „ihn" …???

Jeder auf der ganzen Welt kennt ihn, viele mögen ihn, manche hassen ihn. Es gibt ihn in vielen Formen, vielen Farben und vielen Aromen, von Erdbeere bis Pfefferminze. Die Amerikaner haben ihn nach dem Krieg nach Europa gebracht. Jeder deutsche Bürger verbraucht im Jahr durchschnittlich 111 Stück. Die Frage ist, was passiert, wenn man ihn benutzt hat. Es gibt zwei Typen von Menschen: Der „korrekte", „umweltbewusste" packt ihn wieder ins Papier und wirft ihn in den Abfall. Die Unkorrekten kleben ihn an einen Tisch oder unter einen Stuhl, und viele spucken ihn einfach auf den Boden, auf die Straße, und alle treten darauf herum. So findet man zum Beispiel an zentralen Plätzen oder an Bahnhöfen bis 80(!) Stück pro Quadratmeter. Das ist ein Problem und die Reinigung kostet bundesweit im Jahr ca. 900 000(!) Euro.

Die Kunstaktion hat den Titel:
Mit dem Mund geformt, mit den Füßen getreten.

Die meisten … schmecken nach Pfefferminze.

d Was könnt ihr zu den folgenden Stichpunkten sagen?

Pfefferminze, Amerikaner, 111, zwei Typen von Benutzern, 80 Stück, 900 000

1.47 **e Hört die Beschreibung der Kunstwerke von Ute Mescher und Jürgen O. Olbrich. Beantwortet dann die drei Fragen.**

Wie ist das Foto oben entstanden? Wie ist der Kalender gemacht worden? Was ist das Besondere am Material?

10 Projekt „Kunst in eurer Stadt". Recherchiert Ausstellungen. Besucht sie in Gruppen und dokumentiert sie mithilfe von Fotos oder Filmen. Stellt dann die Ausstellung in der Klasse vor.

66 sechsundsechzig

Lösung:
Wie ist das Foto entstanden? → Die beiden Künstler haben viele Kaugummiflecken fotografiert, diese dann vergrößert und farbig auf große Fußmatten gedruckt. Die Fußmatten haben sie dann an die Orte gelegt, wo die Kaugummiflecken waren.
Wie ist der Kalender gemacht worden? → Für den Kalender hat die Künstlerin viele hundert Kaugummis gekaut und aus den Kügelchen dann einen Kalender gemacht: Die roten Kügelchen sind die Feiertage.
Was ist das Besondere am Material? → Das Besondere an dem Material ist, dass man es erst sieht, wenn es gekaut wurde. Vorher ist es eingepackt.

10 Das Projekt soll die S anregen, sich über aktuelle Ausstellungen in der Stadt zu informieren und die Informationen in der Klasse zu präsentieren. Dies kann in Form einer kurzen mündlichen Vorstellung erfolgen, als Poster, als Kurzvideo oder indem die S in KG Broschüren zu unterschiedlichen Kunstrichtungen erstellen.

7

Gegenstände beschreiben – so geht's

11 Material beschreiben

a Ordnet den Gegenständen Materialien zu.

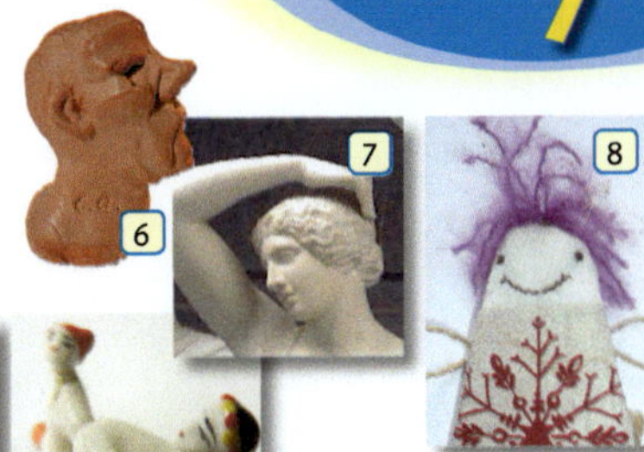

Nr. 1 ist aus Holz.

Nr. 8 besteht aus Stoff.

(der): Marmor, Gips, Stein, Ton, Karton, Stoff
(das): Gummi, Plastik, Porzellan, Holz, Eisen, Gold, Silber, Papier, Glas, Metall
(die): Bronze, Wolle, Baumwolle, Seide

ist aus …
besteht aus …
sieht aus wie …

Achtung: Materialien stehen meistens **ohne Artikel**.

b Findet noch jeweils ein Beispiel für die Materialien, die ihr beim Zuordnen in a noch nicht genannt habt.

Meine Jeans ist aus Baumwolle.

c Lest die Beispiele. Die Adjektive zeigen den Artikel der Nomen. Könnt ihr die „Regel" erklären?

Nr. 1 ist bemaltes Holz. Nr. 3 sieht aus wie rotes Gummi. Nr. ... ist aus weißem Marmor. Nr. … ist brauner Ton. Nr. … sieht aus wie farbiger Stoff.

⊃14 **G**

Steht vor dem Nomen kein Artikel, haben die Adjektive die Endungen der Artikel:

Nom	Akk	Dat
der	den	dem
das	das	dem
die	die	der

12 Eigenschaften und Formen beschreiben

a Lest die Eigenschaften. Was kennt ihr schon, was ist neu?

hart, grob, fest, warm, rau, zerbrechlich, undurchsichtig, glatt, trocken, kalt, durchsichtig, flüssig, weich, unzerbrechlich, feucht, fein

b Ordnet die Eigenschaften in Gegensatzpaaren. Schreibt Lernkärtchen oder macht eine Lernziehharmonika.

Lerntipp
Lernt Wortschatz mit der Lernziehharmonika!!

c Zeigt die Form mit Mimik und Gestik. Die anderen raten.

Es ist quadratisch ■, gerade —, krumm ◡, rund, oval, rechteckig ▬, dreieckig, spitz, flach, herzförmig, sternförmig …

Sieht aus wie ein Kreuz, ein Herz, eine Schlange, ein …

Möchtest du mich anfassen? Ich bin ganz weich.

13 Beschreiben üben

a Blättert im Buch. Wählt und beschreibt einen Gegenstand so genau wie möglich mit Farben, Material etc. Die anderen raten.

Der Mann trägt einen schwarzen Hut und eine braune Lederjacke.

b Denkt an einen Gegenstand. Beschreibt ihn. Die anderen raten.

Es ist glatt, sehr kalt, durchsichtig, zerbrechlich, hart, ein bisschen feucht …?

Hm, Das ist …??

Hier geht es vorwiegend um Wortschatzarbeit: um Materialien und deren Eigenschaften. Da Beschreibungen von Gegenständen meist in der Form *Der Tisch ist aus braunem Holz* usw. erfolgen, spielen hier auch die Adjektive ohne Artikel eine Rolle.

11a Die S ordnen die Materialien den Abbildungen zu und benennen dies (ohne Adjektiv) wie im Beispiel in den Sprechblasen. ***Lösung:*** s. unten

11b Nicht alle in **11a** genannten Materialien sind dort abgebildet. Darum sollen die S nun dazu eigene Beispiele nennen.

11c Hier werden die Adjektive mit dem sog. „Nullartikel" angesprochen. Zusammen mit dem Grammatikkasten rechts finden die S die Regel.

Regel: Die Adjektive erhalten die Endung wie die letzten Buchstaben der bestimmten Artikel bei Nominativ, Akkusativ, Dativ. Meistens wird noch ein *e* eingefügt, z. B. hart**es** Holz; hart**er** Stein, hart**e** Nuss.

12a Hier wird die Benennung von Eigenschaften eingeführt und geübt. Versuchen Sie zusammen mit den S, Alltagsbeispiele für die Eigenschaften zu finden, um das Verstehen zu unterstützen.

12b Die Lernziehharmonika, die meterlang werden kann, ist eine gute Methode, Adjektivpaare oder Partizipformen usw. zu lernen. ***Lösung:*** s. unten

12c Die S können in PA abwechselnd mimisch und gestisch die Formen zeigen und benennen.

13 Hier geht es um zwei Möglichkeiten, das Beschreiben zu üben.

13a Die S suchen ein Beispiel auf einer Seite im Buch und beschreiben es genau – die anderen raten.

13b Die S denken an einen Gegenstand, beschreiben ihn und die anderen raten.

Lösung zu 11a:
1. aus Holz
2. aus Bronze
3. aus Gummi
4. aus Papier
5. aus Porzellan
6. aus Ton
7. aus Marmor
8. aus Stoff

Lösung zu 12b:
hart – weich
grob – fein
fest – flüssig
warm – kalt
rau – glatt
zerbrechlich – unzerbrechlich
durchsichtig – undurchsichtig
trocken – feucht

Das kann ich nach …

Die S bearbeiten die „Das kann ich"-Seite im KB und die Selbstevaluation im AB wie in der Einleitung zum Lehrerhandbuch beschrieben.

Lösungen & Tipps

Wählt ein Material …
ein Teller – eine Vase – ein Tisch

Bildet das Partizip I.
ein singender Junge – ein weinendes Mädchen – bellende Hunde

Was zuerst, was danach?
Bevor ich den Computer ausschalte, speichere ich den Text.
Ich denke nach, bevor ich eine Antwort gebe. / Bevor ich eine Antwort gebe, denke ich nach.
Bevor ich esse, wasche ich meine Hände.

Ergänzt mit den Adjektiven.
heißer Tee – glatte Straßen – echtes Gold – deutsche Grammatik – aus chinesischer Seide

---

7

Das kann ich nach Kapitel 7

Wörter, Sätze, Dialoge

Materialien
(der): Marmor, Gips, Stein, Ton, Karton, Stoff
(das): Gummi, Glas, Plastik, Porzellan, Holz, Eisen, Gold, Silber, Papier
(die): Bronze, Wolle, Seide, Baumwolle
es ist aus …, es besteht aus …

Eigenschaften
hart, grob, fest, warm, rau, zerbrechlich, undurchsichtig, glatt, trocken, kalt, durchsichtig, flüssig, weich, unzerbrechlich, feucht, fein, flach

Formen
quadratisch, gerade, krumm, rund, oval, spitz, rechteckig, dreieckig, herzförmig, sternförmig

Übt zu zweit

Wählt ein Material, eine Eigenschaft, eine Form – und der andere muss raten.
Beispiele:
Es ist aus Porzellan, es ist rund und flach und man braucht es beim Essen. (ein T_ _ _ _ _)
Es ist durchsichtig, hart, glatt, rund und aus Glas. Man braucht es für Blumen.
Es ist rechteckig, aus Holz und hat vier Beine.
…

Grammatik

Partizip I
Das Partizip I wird gebildet: Infinitiv + *-d*
Das Partizip I wird gebraucht wie ein Adjektiv.

Ein schlafender Mann (= ein Mann, der schläft)
Eine schreiende Frau (= eine Frau, die schreit)
Tanzende Lehrer (= Lehrer, die tanzen)

Nebensätze mit *bevor*
Ich dusche mich, bevor ich mich anziehe.
Bevor ich am Computer spiele, mache ich die Hausaufgaben.

Adjektive mit Nullartikel
Die Adjektive haben die Endungen wie die Artikel:

Nom	Akk	Dat
der	den	dem
das	das	dem
die	die	der

Echter, weißer Marmor ist teuer.
Altes Silber ist oft schwarz.
Feuchte Wolle riecht oft komisch.
Ich liebe romantische Lieder.
Ringe aus echtem Gold sind wertvoll.
Der Pullover ist aus feiner Wolle.

Übt zu zweit

Bildet das Partizip I.
Ein Junge, der singt, ist ein ___ ___.
Ein Mädchen, das weint, ist ein ___ ___.
Hunde, die bellen, sind ___ ___.

Was zuerst, was danach? Verbindet die Sätze mit *bevor.*
einen Text speichern / den Computer ausschalten
eine Antwort geben / nachdenken
die Hände waschen / essen

Ergänzt mit den Adjektiven.
echt • heiß • chinesisch • deutsch • glatt

Wenn es kalt ist, schmeckt ___ Tee am besten.
___ Straßen sind gefährlich.
___ Gold ist sehr teuer.
___ Grammatik ist nicht leicht.
Das Kleid ist aus ___ Seide.

Mit Sprache handeln

Ich kann Gegenstände genauer beschreiben.
Auf dem Bild kann man eine Frau sehen.
Rechts oben sieht man eine Lampe.
In der Mitte gibt es …
Im Vordergrund / Im Hintergrund/ …

Ich kann Meinungen ausdrücken.
Ich denke, dass das Kunst ist.
Ich finde das schön!

Lerntipp:
Wortschatz lernen mit der Lernziehharmonika

68 | achtundsechzig

Ich kann ...
• einen Reisebericht verstehen • Probleme auf Reisen lösen • höflich um etwas bitten
• mich auf Reisen verständigen • von den Ferien erzählen

8

Auf in die Welt!

1 Was darf in deinem Gepäck auf keinen Fall fehlen?
a Mein Tagebuch.
b Meine Lieblingsmusik.
c Mein schickes neues T-Shirt.

5 Was schreibst du deinen Freunden aus dem Urlaub?
a „Lest mal meinen Reiseblog – super, was ich hier alles erlebe!"
b Schreiben? Das muss ich nach den Ferien in der Schule noch genug ...
c „Geht mal auf meine Facebookseite, da sind super Fotos von der Party gestern Abend!"

Was für ein Reisetyp bist du?

2 Wo fühlst du dich im Urlaub am wohlsten?
a In einem Jugendhotel.
b Im Zelt oder unter freiem Himmel.
c In einer gemütlichen Ferienwohnung.

6 Was machst du am liebsten im Urlaub?
a

b

c

3 Wer muss in deinem Urlaub unbedingt dabei sein?
a Meine Familie.
b Meine Freunde.
c Ich bin auch gerne allein unterwegs.

4 Was bringst du von deiner Reise mit?
a Ganz viele Fotos und Videos. Und die E-Mail-Adressen meiner neuen Freunde.
b Nichts. Mein Koffer war schon auf der Hinfahrt zu voll.
c Ein typisches Souvenir aus dem Land, in dem ich war.

7 Was ist dir im Urlaub am wichtigsten?
a Abenteuer erleben und Neues sehen
b Mal wieder so richtig chillen.
c Shoppen und in die Disco gehen.

1 Ein Reisetypen-Test

a Macht den Test zu zweit: Jeder notiert zuerst seine eigenen Antworten. Überlegt dann, welcher Reisetyp euer Partner / eure Partnerin sein könnte, und notiert die Antworten. Vergleicht anschließend, wie viele Antworten ihr richtig erraten habt.

b Lest die Beschreibungen der Reisetypen auf Seite 143. Stimmt die Auswertung für euch?

2.2 **c** Hört die Nachricht. Was für ein Reisetyp ist Tobias?

d Sprecht in der Klasse: Welchen Reisetyp gibt es am häufigsten? Was wäre ein gutes Reiseziel für eine Klassenfahrt?

neunundsechzig | 69

Allgemeines

Kapitel 8 führt die S mit dem Fahrrad und mit Interrail in die weite Welt. Es geht um das Thema Reisen.

1 Zum Einstieg reagieren die S auf einen Test, mit dem festgestellt wird, wer welcher Reisetyp ist.

1a Vorgehen wie beschrieben. Die S vergleichen ihre Vermutungen über den Partner.

1b Die S vergleichen ihre Antworten mit den Typvorschlägen auf Seite 143 und kommentieren das Ergebnis mündlich.

1c Die S hören und achten auf entsprechende Hinweise aus **1a**. ***Lösung:*** Tobias ist der Spaßsucher-Typ.

1d Aus den Ergebnissen der S lässt sich leicht eine Statistik über die Verteilung von Reisetypen in der Klasse erstellen. Bei großen Unterschieden könnte die Diskussion um ein mögliches Reiseziel interessant und kontrovers werden.

In der Sequenz auf dieser Seite arbeiten die S an einem Lesetext über eine abenteuerliche Fahrradreise nach Afrika.

2a Die S berichten über ihre Erfahrungen mit Fahrradtouren. Am besten arbeiten die S in KG zu viert und erzählen anschließend nur die interessantesten Erlebnisse im PL.

2b Die S lesen den Text und versuchen eine Gliederung. Anbieten würde sich eine Einteilung in „Vor der Reise“, „Während der Reise“ und „Nach der Reise“.
Lösung:
Abschnitt 1 (VOR der Reise): Anfang bis „… um sehr viele Visa“;
Abschnitt 2 (WÄHREND …): „Dann war es endlich so weit …“ bis „… nicht weiterfahren konnten …“;
Abschnitt 3 (NACH …): „Zurück in Deutschland …“ bis Ende.

2c Aufgabe zur Textauswertung: In EA sollten die S ihre Antworten kurz mit Wortschatz aus dem Text belegen.
Wenn die S Lust dazu haben, könnten sie auch in Gruppen weitere Fragen zum Text stellen und von den anderen beantworten lassen.
Lösung: 1. richtig, 2. richtig, 3. falsch, 4. falsch, 5. richtig

2d Offene Diskussion in der Klasse: In PA notieren die S je zwei Argumente für und zwei gegen die Aussage. Dann tauschen die S in zwei Gruppen – eine pro, eine kontra – ihre Argumente aus. Nach drei Argumenten dann Wechsel der Gruppen – das bringt Abwechslung.

8

Traumreisen – Reiseträume

2 Tim und Fabian unterwegs in Afrika

a Habt ihr schon einmal eine Fahrradtour gemacht? Wohin? Was habt ihr erlebt?

b Lest den Text über die Radtour durch Afrika und teilt ihn in drei Absätze ein. Vergleicht mit eurem Nachbarn.

Lerntipp
Texte in Absätze gliedern hilft beim Verstehen.

MIT DEM FAHRRAD VON KAPSTADT NACH KAIRO

12 000 km in 7 Monaten, 35 platte Reifen, 3 gerissene Ketten, 3 Verhaftungen, 1 Stopp am Äquator, über 30 neue Stempel im Reisepass und unzählige Begegnungen mit wunderbaren Menschen – das ist die Bilanz der Afrikatour von Tim Starck und Fabian Nawrath.

Schon seit der 7. Klasse träumte Tim von einer Fahrradtour quer über einen ganzen Kontinent. Fabian interessierte sich auch schon immer für Afrika. Und beide hatten Lust auf eine richtig große Tour. Aber bevor es losgehen konnte, mussten sie erst mal jobben, um sich das nötige Geld zu verdienen. Und natürlich mussten sie sich auch gut auf die Reise vorbereiten: Sie informierten sich gründlich über die politische Situation in den einzelnen Ländern und kümmerten sich vor ihrer Abreise um sehr viele Visa. Dann war es endlich so weit: Sie flogen nach Kapstadt und starteten dann mit ihren Fahrrädern – quer über den ganzen Kontinent. Unterwegs passierte sehr viel, ab und zu war die Reise richtig dramatisch: Dreimal hat man sie sogar verhaftet. Da ärgerten sie sich natürlich sehr über die unfreundlichen Polizisten. Aber sonst machten sie vor allem gute Erfahrungen und freuten sich oft über die Hilfsbereitschaft der Menschen in Afrika: In Uganda übernachteten sie bei Bauern, und in einem Restaurant in Äthiopien luden fremde Leute sie an ihren Tisch zum Essen ein. Und einmal verlor Fabian sein GPS-Gerät, aber 30 lachende Kinder brachten es ihm zurück. Überall kamen sie mit Einheimischen in Kontakt, weil sie um Wasser bitten mussten, und überall bekamen sie problemlos welches, sogar in der Wüste. Nach sieben Monaten erreichten sie endlich Kairo und waren erschöpft – und traurig, dass sie nicht einfach immer weiterfahren konnten … Zurück in Deutschland berichteten die beiden in vielen Veranstaltungen von ihrer Reise. Fabian will einen Film machen, Tim schreibt ein Buch über die Reise. Übrigens haben sie für ihr Afrikaprojekt den Preis „Globetrotter des Jahres“ gewonnen. Und natürlich freuen sie sich schon auf ihre nächste Reise …

c Lest den Text nochmal: richtig oder falsch?

1. Vor der Reise mussten Tim und Fabian sich um viele Dokumente kümmern.
2. Sie haben sich über die Hilfe der Menschen in Afrika gefreut.
3. Manchmal war es schwierig, Wasser zu bekommen.
4. In Kairo waren sie froh, dass die Reise zu Ende war.
5. Jetzt informieren sie andere über Afrika.

d „So eine Tour sollte jeder mal machen!“ Diskutiert diese Aussage: pro und contra.

70 siebzig

3 Verben mit festen Präpositionen

a Ergänzt die beiden Sätze. Sucht in 2b weitere Verben. Schreibt Lernkarten wie im Beispiel.

1. Tim träumte schon lange ___ einer großen Fahrradtour.
2. Fabian und Tim freuen sich schon ___ ihre nächste Reise.

träumen … | … von + Dativ
Ich träume von einer großen Fahrradtour.

sich freuen | … auf + Akkusativ
Ich freue mich auf die Reise.

b Ordnet zu. Sprecht dann zu zweit. ⊃29 G

Wovon träumst du?	– Ich freue mich	für Fußball.
Worauf freust du dich?	– Ich ärgere mich	auf die Ferien.
Wofür interessierst du dich?	– Ich interessiere mich	über das tolle Geschenk.
Worüber ärgerst du dich?	– Ich freue mich	von meinem Lieblingsstar.
Worüber freust du dich?	– Ich träume	über die 5 in Physik.

c Und ihr? Ergänzt die Sätze und sprecht in Gruppen.

Ich träume von … Gestern habe ich mich über … geärgert. Ich freue mich auf …

d Dialoge: nachfragen und antworten. Welche Wörter fehlen?

1. ● Ich träume von ___.
   ○ Wovon träumst du?
   ● Von ___.
   ○ Oh ja, davon träume ich auch. Ich würde so gerne mal Kängurus sehen.
2. ● Ich träume von ___.
   ○ Von wem träumst du?
   ● Von ___.
   ○ Ich träume schon lange nicht mehr von ihm – seine neuen Songs gefallen mir gar nicht.
3. ● Ich freue mich schon so auf unsere ___!
   ○ Worauf freust du dich?
   ● Auf unsere ___! Frankreich ist doch toll!
   ○ Ja, darauf freue ich mich auch!
4. ● Ich freue mich so auf meine ___!
   ○ Auf wen freust du dich?
   ● Auf meine ___! Sie besucht uns endlich wieder.
   ○ Ich würde mich auch auf sie freuen. 70 Jahre alt und so nett!

2.3 **e Kontrolliert mit der CD.**

f Was passt? Lest die Dialoge. Person oder Sache?

1 ● Hast du schon gehört? Jakob träumt von Beyoncé!
○ Und du? Träumst du auch von ihr / davon?

2 ● Weißt du was? Mein kleiner Bruder freut sich schon auf die Schule.
○ Was? Meine kleine Schwester freut sich gar nicht auf sie / darauf.

Frage nach Sachen	Personen
Wovon …? – Davon …	Von wem …? – Von ihm/ihm/ihr – ihnen (Pl.) …
Worauf …? – Darauf …	Auf wen …? – Auf ihn/es/sie – sie (Pl.)
Wofür …? – Dafür …	Für wen …? – …
Wo(r) …? – Da(r) …	

⊃8 G

2.4 **g Kontrolliert mit der CD. Sprecht dann zu zweit.**

Diese Seite ist der neuen Grammatik gewidmet: den Verben mit festen Präpositionen und den Pronominaladverbien.

3a Eine gute Strategie, solche Strukturen zu üben, ist, Lernkärtchen zu schreiben und diese in PA gegenseitig abzufragen. Man kann die Kärtchen wie im Beispiel mit relativ ausführlichen Beispielen versehen oder aber auch nur verkürzt mit: *Ich freue mich … auf/über* + Akk.
Lösung: 1. Tim träumte schon lange von einer großen Fahrradtour.
2. Fabian und Tim freuen sich schon auf ihre nächste Reise.

3b Die S bearbeiten die Aufgabe in PA. Achten Sie bitte auf ein „echtes" Sprechen der Minidialoge.
Lösung: s. unten

3c Freiere Produktion.

3d Übung zur Vorbereitung der Pronominaladverbien. In den Dialogen gibt es Hinweise auf die mögliche Lösung (z. B. Känguru, Songs, Frankreich, 70 Jahre) – die S können die Lücken aber auch mit eigenen Ideen kreativ ausfüllen.
Beispiellösung:
1. Australien – 2. (Männername) – 3. Reise – 4. Oma

3e Die S hören die CD, auf der die nahe liegendsten Lösungen genannt sind. Es sind jedoch auch andere Lösungen möglich, Hauptsache, sie sind mit dem angebotenen Kontext kongruent.

3f Weitere Übung zu den Pronominaladverbien. Achten Sie bitte auch bei den formorientierten Übungen immer darauf, dass die S sinngebend sprechen und die Akzentsetzung und die Satzmelodie usw. berücksichtigen. Geben Sie den S Zeit, damit sie sich die Grammatiktabelle in Ruhe ansehen. Lassen Sie am besten in PA jeweils vier Beispiele für „Sachen" und „Personen" schreiben.
Lösung: 1. von ihr – 2. darauf

3g Kontrolle mit der CD.

Lösung zu 3b:
Wovon träumst du? – Ich träume von meinem Lieblingsstar.
Worauf freust du dich? – Ich freue mich auf die Ferien.
Wofür interessierst du dich? – Ich interessiere mich für Fußball.
Worüber ärgerst du dich? – Ich ärgere mich über die 5 in Physik.
Worüber freust du dich? – Ich freue mich über das tolle Geschenk.

AB zu KB Aufg. 3

4c Im AB werden die S nach einigen Übungen zu den Präpositionen dazu angeregt, über Präpositionen in ihrer Muttersprache oder anderen Sprachen nachzudenken. Dies sollten sie in der Klasse tun.

KV 9 zu Aufg. 3

Die Kärtchen werden ausgeschnitten und verdeckt auf den Tisch gelegt. Die S arbeiten in PA oder KG und ziehen abwechselnd ein Kärtchen mit einer Frage und produzieren die Antwort darauf.

Auf dieser Seite geht es um zwei Themen: eine günstige Reisemöglichkeit für Jugendliche in Form von Interrail und um die Möglichkeit, in einem Workcamp zu arbeiten.

4a Die S arbeiten zu zweit. Sie suchen in den Texten die entsprechenden Informationen zu den Stichwörtern auf dem Zettel und stellen abwechselnd die wichtigsten Details zu den Angeboten vor.

4b Die S hören zwei Berichte und finden die entsprechenden Fotos dazu.
Lösung: 1c (Interrail), 2a (Workcamp)

4c Die S notieren die positiven und negativen Urlaubserinnerungen der beiden Jugendlichen.
Lösung:
Interrail: gefallen: hat viele Städte gesehen, Tickets waren günstig.
nicht gefallen: Campingplätze sehr voll.
Workcamp: gefallen: Teilnehmer aus der ganzen Welt, zusammen Spielplatz gebaut, waren stolz, Kinder haben sich gefreut.
nicht gefallen: Arbeit war hart.

4d–e Die S diskutieren über mögliche Vor- und Nachteile der Reiseformen und ergänzen um weitere eigene Erfahrungen.

8

Urlaub international

Preis
Dauer
Unterkunft
Mindestalter
...

4 Günstig ins Ausland reisen

a Lest die Angebote und sammelt wichtige Informationen.

www.reisefreak22.de

** MIT INTERRAIL KREUZ UND QUER DURCH EUROPA **

Entdecke mit der Bahn Europa – entspannt, bequem, umweltfreundlich und sicher! Und das alles mit einem einzigen Ticket! Wie lange, wohin und wann du fährst, entscheidest du selbst. Du kannst dich für nur ein Land entscheiden oder mit dem Global-Pass durch ganz Europa fahren. Es gibt viele flexible Angebote. Du kannst zum Beispiel für 175 € fünf Tage in einem Zeitraum von 10 Tagen fahren oder für 422 € einen ganzen Monat unterwegs sein.* Informiere dich unter www.bahn.de. Hier kannst du dein Ticket auch buchen.

(*aktuelle Preise siehe www.bahn.de)

Home | Workcamps | Programm

SINNVOLL URLAUB MACHEN IN WORKCAMPS

- Du hast Lust, freiwillig zwei oder drei Wochen lang gemeinsam mit anderen jungen Leuten aus der ganzen Welt an einem sinnvollen Projekt zu arbeiten?
- Du möchtest zum Beispiel etwas für den Umweltschutz oder für Projekte im sozialen oder künstlerischen Bereich tun?

Dann mach doch bei einem Workcamp mit!
Da arbeitest du normalerweise 30 Stunden pro Woche und bekommst freie Unterkunft und Verpflegung. Deine Reise musst du selbst organisieren und bezahlen. Viele Workcamps bieten für ihre Teilnehmer auch ein Freizeitprogramm an.
Die Campsprache ist oft Englisch, manchmal auch eine andere Landessprache. Das Mindestalter ist normalerweise 18 Jahre, aber in einigen Ländern gibt es Camps auch schon für Teilnehmer ab 15.

2.5 **b** Hört zwei Urlaubsberichte. Welche Fotos passen?

c Hört noch einmal und notiert: Was hat den Jugendlichen gefallen, was nicht?

d Sammelt weitere Vorteile und Nachteile von Workcamp und Interrail. Diskutiert sie dann in kleinen Gruppen.

e Kennt ihr andere Möglichkeiten, günstig zu verreisen? Sprecht in der Klasse.

72 zweiundsiebzig

Video zu KB Aufg. 4

Die Video-Szene 5 (Mit Interrail auf Tour) macht Lust auf Reisen. In der Klasse können die S die acht Stationen der Mädchen auf einer Karte festhalten. Unbekannte Orte können die S in KG oder PA die Stationen aufteilen, etwas mehr zu den Orten recherchieren und diese dann präsentieren, wie in Aufgabe 10 (Beispiel Dresden). Die Untertitel erleichtern ein Notieren der (Orts-)Namen im Clip.

Deutsch für die Reise

5 Abenteuer Bahnfahren

a Was passiert zuerst, was dann? Überlegt euch eine Reihenfolge.

D

A

B

C

2.6 **b Hört zu und vergleicht mit eurer Lösung.**

c Welcher Satz passt zu welchem Bild? Ordnet zu.

1. Entschuldigung, könnten Sie mir vielleicht helfen?
2. Wären Sie so nett, uns zu sagen, von welchem Gleis der Zug nach Hannover fährt?
3. Ich hätte gern zwei Fahrkarten nach Hannover.
4. Hätten Sie einen Tipp? Wie kommen wir jetzt nach Hannover?

Freundlich bitten
Verwendet den Konjunktiv II und Wörter wie „Entschuldigung", „bitte", „vielleicht", „gern" und „mal"

d Wie heißen die Sätze in c in eurer Sprache?

e Und jetzt ihr! Formuliert höfliche Bitten und reagiert.

Aber natürlich, gerne, Ada!

Tim, würdest du mir bitte mal deinen Stift leihen?

6 Sätze für unterwegs

a Lest die Sätze. Welche findet ihr wichtig?
Macht in Gruppen Plakate mit den acht wichtigsten Sätzen und Fragen. Ihr könnt auch eigene aufschreiben. Stellt euer Ergebnis den anderen vor und begründet eure Auswahl.

Wo ist hier bitte eine Disco? • Wo kann man hier denn Geld wechseln? • Hilfe, ich brauche sofort einen Arzt! • Kann ich bei dir übernachten? • Wo ist hier bitte die Toilette? • Schenkst du mir deinen Pullover? • Würden Sie bitte ein Foto von uns machen? • Könnten Sie mir vielleicht sagen, wo die nächste Apotheke ist? • Kann ich mal einen Schluck von deinem Tee probieren? • Könnten Sie mir bitte ein günstiges Hotel empfehlen? • Entschuldigung, wie viel Trinkgeld gibt man hier normalerweise? • Wo gibt es hier den besten Kaffee?

b Überlegt euch Situationen, sammelt Redemittel dazu und schreibt Minidialoge. Die Sätze aus a helfen.

- ● Entschuldigung, könnten Sie mir sagen, wo ich Tickets für das Konzert heute Abend bekomme?
- ○ Welches Konzert meinst du denn?
- ● Das von Seeed.
- ○ Da drüben ist die Touristeninformation, da kannst du die kaufen.

- am Bahnhof/Flughafen
- beim Einkaufen
- unterwegs in der Stadt
- in der Touristeninformation
- im Museum/Kino ...
- beim Arzt / im Krankenhaus

c Spielt den anderen eure Dialoge vor.

Hier geht es um Situationen auf Reisen und sprachliche Probleme, die dabei entstehen können.

5a Die Zeichnungen lassen die Lösung relativ offen. Die S denken sich eine kreative Lösung aus.

5b Der komplexe Hörtext verdeutlicht, was alles schief gehen kann, wenn man eine Reise mit der Bahn machen möchte.
Die S vergleichen mit ihrer Lösung aus **5a**.

Vorschlag: Stoppen Sie die CD kurz vor dem Ende, nach *„Oh nein, das darf doch nicht wahr sein!"*. Die S überlegen sich dann, wie es wohl weitergeht, und vergleichen danach mit der CD.

Hilfestellung: s. unten
Lösung: 1C – 2B – 3A – 4D

5c Die S ordnen die Sätze den Illustrationen zu.
Lösung: 1C – 2D – 3B – 4A

5d Aufgabe zur Mehrsprachigkeit.

5e Die S formulieren eigene höfliche Bitten im Kurs.

6a In PA überlegen die S, welche der Beispielsätze sie am wichtigsten finden, und ergänzen diese um eigene Beispiele. Bestimmt haben viele S schon einmal im fremdsprachigen Ausland ähnliche Situationen erlebt und können sich erinnern, welche Probleme mangelnde Sprachkenntnisse verursacht haben, oder wo ihnen ihre Fremdsprachenkenntnisse helfen konnten.

6b Die S denken sich in PA kleine Dialoge aus, die zu den Situationen in **6a** und auf dem Zettel passen und in denen sie die gesammelten Redemittel anwenden können.

6c Lassen Sie ein paar Dialoge vorspielen. Achten Sie darauf, dass die Dialoge gut situiert sind, z. B. auf der Straße oder im Café, und dass die S die entsprechenden Rollen auch wirklich einnehmen.

Hilfestellung zu 5b:
Die Szene im Zug mit dem Schaffner und das Infoblatt in der Hand der Mädchen (A) deuten darauf hin, dass sich die Mädchen informieren, ob sie im richtigen Zug sind und wie sie weiterkommen.
Das enttäuschte Gesicht der Frau am Fahrkartenautomat (C) gibt einen Hinweis darauf, dass etwas nicht klappt und sie Hilfe braucht.
Die unglücklichen Mienen der Mädchen (D) und die Situation mit der Beamtin am Bahnsteig deuten darauf hin, dass der Zug der Mädchen (heute) nicht fährt.

KV 10 zu Aufg. 6
Die S bekommen die zerschnittenen Dialoge, ordnen sie, vergleichen die Ergebnisse und spielen die Dialoge zu zweit vor.
Lösungsbeispiel: s. KV 10.2

Die Seite bleibt im Thema Reisen und verbindet dies sprachlich mit den Relativsätzen + Präpositionen.

7a Die S notieren die Inhalte, die sie für wichtig erachten.

7b Hinführung zu der neuen Grammatik. Erinnern Sie die S an die Relativsätze aus Kapitel 2. An dieser Stelle sollen die S lediglich die Stellung von Präposition und Relativpronomen wahrnehmen.

Regel: Das Verb steht am Ende. Die Präposition steht vor dem Relativpronomen.

7c Die vier Beispiele führen die S wieder in den Text zurück und verdeutlichen im Vergleich das Bildungsmuster der Relativsätze mit Präpositionen.
Lösung: Sätze im Text:
1. Unser Zug, auf den wir über eine Stunde warten mussten, hatte drei Stunden Verspätung.
2. Wir sind in einem ganz modernen Jugendhotel, in dem fast alles aus Holz ist.
3. Die Zimmer, in denen wir schlafen, sind direkt unter dem Dach.
4. Er ist der Typ, mit dem ich unbedingt in einer Skigruppe sein will.

8a Vorgehen wie beschrieben.
Lösung:
Ich freue mich auf coole Clubs, *in* denen …
Zusammen mit der Person, *mit* der ich mich am besten verstehe.
Schön wäre ein Bett, in *dem* ich gut schlafen kann.
Ich wünsche mir Wetter, bei *dem* man abends gut …

Vorschlag: Sollte der Lückentext für die S noch zu schwierig sein, so lesen Sie ihn am besten mit den Lösungen einmal vor. Die S hören nur zu, schreiben nicht und machen dann im Anschluss die Übung mündlich.

8b Anspruchsvolle Schreibaufgabe: Die S schreiben in EA oder PA nach dem Modell von **8a** kurze Texte.

Hinweis: Sollte dies einigen S Schwierigkeiten machen, reicht es, wenn sie nur einige Sätze über ein Land oder eine Stadt schreiben.

8

Wenn einer eine Reise tut …

7 Beas Blog

a Was schreibt Bea über den Urlaub? Macht Notizen und vergleicht.

Relativsätze kennt ihr schon:
Das ist Jan, der so nett ist.
Jan ist der Typ, den ich so nett finde.

15. Januar

Sorry, sorry, sorry – ich hatte ja versprochen, mich sofort zu melden, wenn ich in den Bergen angekommen bin. Und jetzt bin ich schon seit einer Woche hier … Aber das war eine verrückte Woche, in der unglaublich viel passiert ist! So viel, dass ich einfach noch keine Zeit zum Schreiben hatte!

Schon die Reise hierher war abenteuerlich. Unser Zug, auf den wir über eine Stunde warten mussten, hatte am Ende drei Stunden Verspätung! Die Stimmung war trotzdem super …

Stellt euch vor, wir sind hier in einem ganz modernen Jugendhotel, in dem fast alles aus Holz ist. Eine interessante Mischung aus traditionell und modern – so was habe ich noch nie gesehen! Die Zimmer, in denen wir schlafen, sind direkt unter dem Dach und wir haben einen traumhaften Blick auf die Berge. Und dazu seit fünf Tagen nur Sonnenschein!

Tja, und dann noch was: Schon auf der Fahrt fand ich Jan, der in meine Parallelklasse geht, sehr sympathisch. Da habe ich schon gedacht: Er ist der Typ, mit dem ich unbedingt in einer Skigruppe sein will! Und so war es dann auch ☺. Morgen gehen wir zusammen in die Disco!! Fortsetzung folgt ;-)

⊃7 G

Relativsätze mit Präpositionen
Die Präposition steht ___ dem Relativpronomen.

Relativpronomen
Akkusativ: den/das/die/die
Dativ: dem/dem/der/denen

b Satz A ist aus dem Blog. Vergleicht ihn mit den Sätzen bei B. Wo steht das Verb? Wo steht die Präposition? Ergänzt die Regel.

A Das war eine verrückte Woche, in der unglaublich viel passiert ist.
B Das war eine verrückte Woche. In der Woche ist unglaublich viel passiert.

c Wie stehen die vier Sätze im Blog? Schreibt sie auf ein Plakat.

1. Der Zug hatte drei Stunden Verspätung. Wir mussten über eine Stunde auf den Zug warten.
2. Wir sind in einem ganz modernen Jugendhotel. In dem Jugendhotel ist fast alles aus Holz.
3. Die Zimmer sind direkt unter dem Dach. Wir schlafen in den Zimmern.
4. Er ist der Typ. Mit dem Typ will ich unbedingt in einer Skigruppe sein.

8 Reiseträume

a Lest und ergänzt.

b Schreibt einen ähnlichen Text.

Meine Reiseträume
Argentinien ist das Land, durch das ich unbedingt mal reisen möchte. Ich träume von Stränden, an denen das Meer ganz blau ist. Ich freue mich auf coole Clubs, ___ denen ich viele interessante Leute treffe. Zusammen mit der Person, ___ der ich mich am besten verstehe: ♥. Schön wäre ein Bett, in ___ ich gut schlafen kann. Ich wünsche mir Wetter, bei ___ man abends gut draußen sein kann.

9 Meine Ferien – deine Ferien

a Was möchtet ihr von den anderen wissen? Sammelt Fragen und interviewt euch. Antwortet, ohne die Länder zu sagen.

b Ratet dann, wo euer Partner / eure Partnerin war.

9a Freiere Aufgabe. Sammeln Sie mit den S mögliche Fragen, auf die die Interviewpartner antworten könnten: *Wie gereist? Wie das Wetter? Wo übernachtet? Was gemacht? Mit wem?* usw.

9b Um den Spaß am Raten zu erhalten und kreative Dialoge zu ermöglichen, können die S natürlich auch Länder oder Orte wählen, an denen sie noch nicht waren.

KV 11 zu Aufg. 7
Die S schneiden die Kärtchen aus und legen sie verdeckt auf den Tisch. Arbeit in PA oder KG. Die S ziehen abwechselnd ein Kärtchen und ergänzen den Satzanfang mit den Angaben auf der rechten Kartenhälfte. Alle Sätze sollen im Perfekt und mit den entsprechenden Präpositionen und Relativpronomen gebildet werden.
Ein Kontrolleur hat das Lösungsblatt und kann helfend unterstützen. Am besten liest die Lehrkraft die Lösungen zu Beginn einmal ganz vor, damit die S eine Vorstellung haben.

Meine Stadt als Reiseziel

10 **Komm zu uns nach Dresden!**

a **Lest den Text. Auf welche Fragen antwortet er? Notiert sie.**

Wo liegt Dresden? Welche Sehenswürdigkeiten ...

DRESDEN

DRESDEN LIEGT IM OSTEN VON DEUTSCHLAND AN DER ELBE

Hier kannst du viel Interessantes sehen und erleben.
Unser Wahrzeichen ist die Frauenkirche, die seit dem Zweiten

Weltkrieg eine Ruine war. Nach der Wiedervereinigung haben die Dresdner sie wieder aufgebaut. Aber Dresden hat noch viele andere Sehenswürdigkeiten, zum Beispiel die berühmte Semperoper, das Grüne Gewölbe, ein interessantes Museum, oder die Elbterrassen. Für Jugendliche gibt es viele attraktive Freizeitangebote. Besonders beliebt ist der Skatepark in der Lingnerallee.
Und natürlich kann man hier auch sehr lecker essen und trinken. Eine

Spezialität von Dresden ist der Christstollen.
Wie du siehst, ist unsere Stadt ein traumhaftes Reiseziel – wir freuen uns auf dich!!!

b **Dresden: Was? Wo? Sucht im Text und notiert die Antworten.**

1. Das ist Dresdens Wahrzeichen: *die Frauenkirche*
2. Hier kann man direkt am Fluss spazieren gehen: ...
3. Hier kann man Skater bei ihren Kunststücken bewundern: ...
4. Hier kann man sich Sachen von früher ansehen: ...
5. Hier kann man klassische Musik hören: ...

c **Sprecht zu zweit über Dresden. Fragt und antwortet abwechselnd. Die Stichpunkte unten und eure Fragen aus a helfen.**

Lage: im Osten von Deutschland, an der Elbe
Wahrzeichen: die Frauenkirche
Sehenswürdigkeiten: die Semperoper, das Grüne Gewölbe, die Elbterrassen
Freizeitangebot für Jugendliche: der Skatepark in der Lingnerallee
Spezialität: Christstollen

11 **Projekt „Werbung für unsere Stadt"**

P a **Sammelt und diskutiert, was wichtig ist. Die Stichpunkte in Aufgabe 10c helfen. Macht Notizen und schreibt einen Entwurf für einen kurzen Flyer über eure Stadt.**

b **Überarbeitet dann gemeinsam euren Entwurf und präsentiert ihn in der Klasse.**

fünfundsiebzig | 75

AB zu KB Aufg. 10, 11

10a /11a Die S erhalten in **10a** und **11a** zwei weitere Beispiele für die Beschreibung einer Stadt. Gleichzeitig ist in die jeweilige Aufgabe eine Fehlersuche eingebaut. Das ist neu für die S und die Korrektur sollte in der Klasse verglichen werden.

In der letzten Sequenz des Kapitels erhalten die S die Beschreibung der Stadt Dresden als touristisches Ziel und entwerfen eine Werbung für die Stadt, in der sie selbst leben.

10a Die S üben, Fragen an den Text zu stellen, die dieser auch beantwortet. Die Fragen und Antworten können natürlich dann auch in PA durchgespielt werden.
Beispiellösung:
Wo liegt Dresden?
Was ist das Wahrzeichen von Dresden?
Welche Sehenswürdigkeiten hat Dresden?
Gibt es Freizeitangebote für Jugendliche? Welche?
Gibt es etwas Besonderes zum Essen?

10b Die Aufgabe **10a** hat die möglichen Lösungen vorbereitet. Die S sollen dazu sinnvolle Aussagesätze bilden, z. B. *Dresdens Wahrzeichen ist die Frauenkirche.* usw.
Lösung: 2. an den Elbterrassen, 3. im Skatepark in der Lingnerallee, 4. im Grünen Gewölbe, 5. in der Semperoper

10c Die Stichpunkte mit Lexikoncharakter sind bei einem Gespräch über Dresden oder auch über die eigene Stadt hilfreich.

11a–b In dem folgenden Projekt sollen die S in KG eine subjektive Sicht auf ihre Stadt (oder eine Stadt, auf die sie sich einigen) sprachlich in eine Art Werbung bringen: in ein Plakat, einen Flyer oder eine computergestützte Präsentation. Die Stichpunkte in **10c** helfen. Die Gruppen können sich in der Planung auch auf unterschiedliche Schwerpunkte (Kultur/Sport/Geschichte/Essen/usw.) einigen und so ihre Präsentationen differenzieren. Anschließend wird der Entwurf überarbeitet.

Das kann ich nach …

Die S bearbeiten die „Das kann ich"-Seite im KB und die Selbstevaluation im AB wie in der Einleitung zum Lehrerhandbuch beschrieben.

Lösungen & Tipps

Und du?
Ich *freue* mich auf die Ferien.
Ich *ärgere/freue* mich über meine Noten.
Ich *interessiere* mich für Musik.
Ich *träume* von spannenden Computerspielen.

Ergänzt.
- ● *Worüber* ärgerst du dich?
- ○ Über das schlechte Wetter.
- ● *Darüber* ärgere ich mich auch dauernd.

- ● *Über wen* ärgerst du dich?
- ○ Über meine Eltern.
- ● Warum ärgerst du dich *über sie*?

Ergänzt.
Das Hotel, in *dem* wir übernachtet haben, …
Der Reiseführer, über *den* wir uns geärgert haben, …
Die Leute, *mit* denen wir unterwegs waren, …

8

Das kann ich nach Kapitel 8

Wörter, Sätze, Dialoge	Übt zu zweit
Reisen das Gepäck, das Visum, das Dokument, das Ticket, der Kontinent, die Wüste, Interrail, das Workcamp, die Unterkunft, die Verpflegung, die Touristeninformation, das Wahrzeichen, die Sehenswürdigkeit, die Kirche	**Sammelt Wörter.** Das brauche ich unterwegs: … Das ist interessant in der Stadt: …

Grammatik	Übt zu zweit
Verben mit Präpositionen sich interessieren für …, träumen von …, sich freuen über (+A) …, sich freuen auf (+A) …, sich vorbereiten auf (+A) …, sich informierten über (+A) …, sich kümmern um …, sich ärgern über (+A) …, bitten um …, berichten von …, schreiben über (+A) … Ich freue mich auf das Konzert. Ich ärgere mich über unsere Sportlehrerin.	**Und du?** Ich ___ mich auf die Ferien. Ich ___ mich über meine Noten. Ich ___ mich für Musik. Ich ___ von spannenden Computerspielen.
Nachfragen nach … **… Sachen**: Wovon …? – Davon … / Wofür …? – Dafür … / Worüber …? – … **… Personen**: Von wem …? – Von ihm/ihm/ihr / Für wen …? – Für ihn/es/sie… / Über wen …? – …	**Ergänzt.** ● ___ ärgerst du dich? ○ Über das schlechte Wetter. ● ___ ärgere ich mich auch dauernd. ● ___ ärgerst du dich? ○ Über meine Eltern. ● Warum ärgerst du dich ___ ___?
Relativsätze mit Präpositionen Die Präposition steht vor dem Relativpronomen. Sie ist die Frau, mit der ich Urlaub machen will! Die Discos, in denen wir waren, waren super! Der Polizist, über den wir uns geärgert haben, war total unfreundlich.	**Ergänzt.** Das Hotel, in ___ wir übernachtet haben, war ganz modern. Der Reiseführer, über ___ wir uns geärgert haben, hat viel zu schnell gesprochen. Die Leute, ___ denen wir unterwegs waren, waren wirklich nett.

Mit Sprache handeln

Ich kann höflich um etwas bitten.
- ● Entschuldigung, könnten Sie mir vielleicht helfen?
- ○ Ja, gerne.

- ● Wären Sie so nett, uns zu sagen, wo …
- ○ Natürlich! …

- ● Würden Sie uns bitte einen Tipp geben?
- ○ Am besten …

Ich kann von den Ferien erzählen.
In den Ferien war ich mit Freunden in den Ferien.
Wir haben in einem Jugendhotel übernachtet.
Ich bin zu Hause geblieben.

Ich kann mich auf Reisen verständigen.
Wo ist hier bitte …?
Ich suche …
Könnten Sie mir bitte … empfehlen?

Lerntipp:
Texte in Absätze gliedern hilft beim Verstehen.

76 | sechsundsiebzig

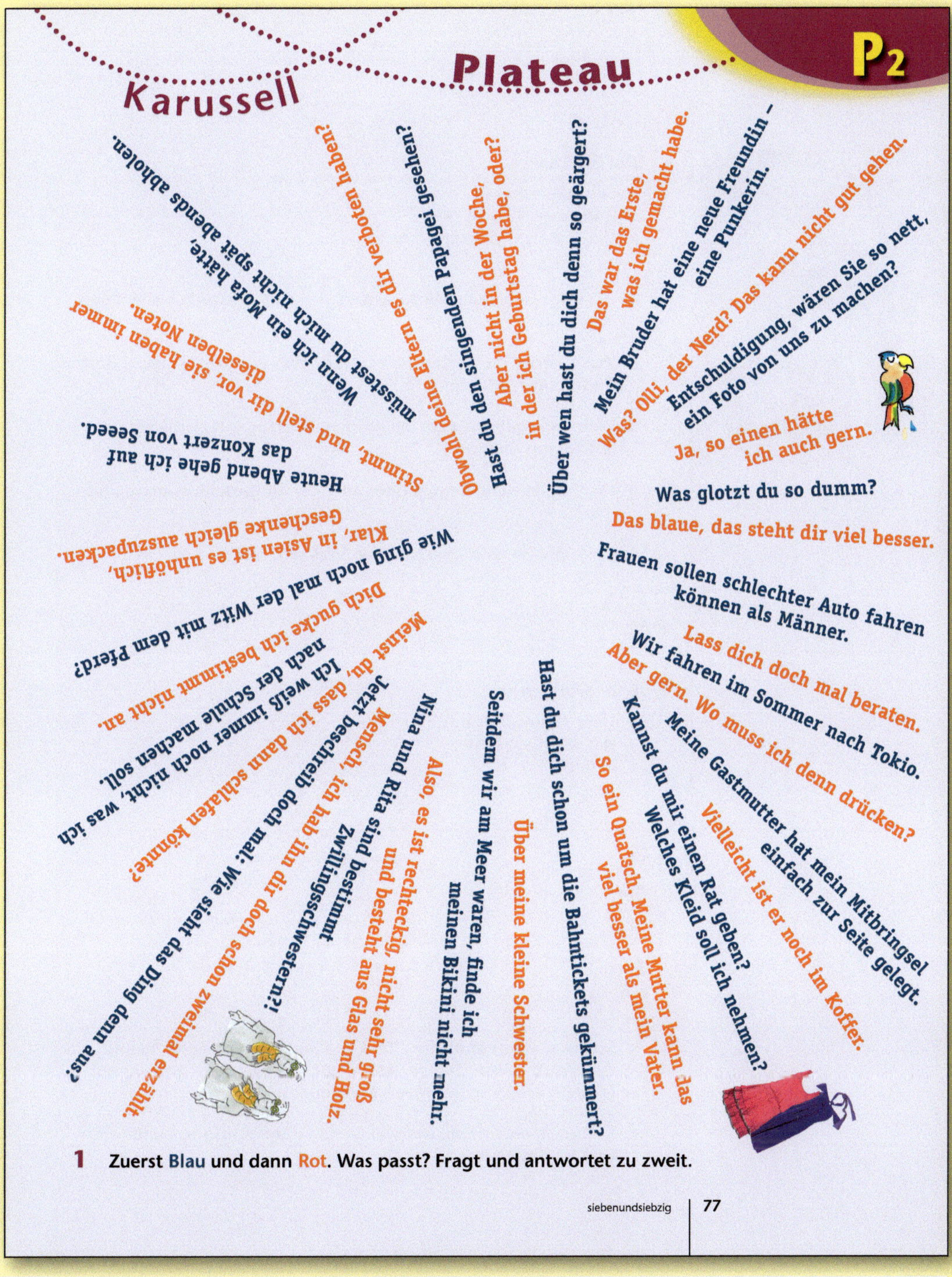

Allgemeines

Ausführliche Anmerkungen zur Arbeit mit den Plateaus: s. hier im Lehrerhandbuch Seite 51 bei Plateau 1.

1 Einstiegsseite: Karussell
Die S sollen in PA abwechselnd die Impulse (blau) geben und darauf reagieren (rot).

Lösung:
Mein Bruder hat eine neue Freundin – eine Punkerin. – Was? Olli, der Nerd? Das kann nicht gut gehen.
Entschuldigung, wären Sie so nett, ein Foto von uns zu machen? – Aber gern. Wo muss ich denn drücken?
Was glotzt du so dumm? – Dich gucke ich bestimmt nicht an.
Frauen sollen schlechter Auto fahren können als Männer. – So ein Quatsch. Meine Mutter kann das viel besser als mein Vater.
Wir fahren im Sommer nach Tokio. – Aber nicht in der Woche, in der ich Geburtstag habe, oder?
Meine Gastmutter hat mein Mitbringsel einfach zur Seite gelegt. – Klar, in Asien ist es unhöflich, Geschenke gleich auszupacken.
Kannst du mir einen Rat geben? Welches Kleid soll ich nehmen? – Das blaue, das steht dir viel besser.
Hast du dich schon um die Bahntickets gekümmert? – Das war das Erste, was ich gemacht habe.
Seitdem wir am Meer waren, finde ich meinen Bikini nicht mehr. – Vielleicht ist er noch im Koffer.
Nina und Rita sind bestimmt Zwillingsschwestern?! – Stimmt, und stell dir vor, sie haben immer dieselben Noten.
Jetzt beschreib doch mal: Wie sieht das Ding denn aus? – Also, es ist rechteckig, nicht sehr groß und besteht aus Glas und Holz.
Ich weiß immer noch nicht, was ich nach der Schule machen soll. – Lass dich doch mal beraten.
Wie ging noch mal der Witz mit dem Pferd? – Mensch, ich hab ihn dir doch schon zweimal erzählt.
Heute Abend gehe ich auf das Konzert von Seeed. – Obwohl deine Eltern es dir verboten haben?
Wenn ich ein Mofa hätte, müsstest du mich nicht spät abends abholen. – Meinst du, dass ich dann schlafen könnte?

Fortsetzung der Lösung: s. unten

Fortsetzung der Lösung zu 1:
Hast du den singenden Papagei gesehen? – Ja, so einen hätte ich auch gern.
Über wen hast du dich denn so geärgert? – Über meine kleine Schwester.

AB zu S. 77

1a–c Die S bearbeiten jeder seinen Teil des Kreuzworträtsels und fragen sich dann gegenseitig nach den fehlenden Definitionen.

Training

Hier geht es um einen Trend, den man zunehmend auch in Deutschland beobachten kann.

2 An bestimmten Orten in der Stadt werden einfache Räumlichkeiten zur Verfügung gestellt, manchmal alte Telefonzellen oder Bretterbuden. Dort kann man Bücher abgeben oder auch andere Sachen, die man nicht mehr braucht, und kann auch die Dinge, die dort deponiert sind, kostenlos mitnehmen. Im Internet finden sich zahlreiche Beispiele dafür.

2a Die S bilden Hypothesen.

2b Auflösung von der CD. Die S sollten kurz die Funktion der Givebox zusammenfassen.
Lösung: Man kann hinbringen, was man nicht mehr braucht, und (kostenlos) mitnehmen, was man braucht.

2c Die S überlegen sich EINE Sache, die sie abgeben würden. Achten Sie ein wenig auf die sprachliche Formulierung: *Ich würde …*

2d In PA schreiben die S jeweils drei Regeln auf. Im PL einigen sich die S zusammen auf fünf gemeinsame Regeln.

2e Die S vergleichen ihre Ideen mit den Regeln, die sie im Gespräch hören.
Lösung: Was keiner mitnimmt, muss nach zwei Wochen wieder abgeholt werden. Die Sachen müssen sauber sein. Man darf die Sachen nicht weiterverkaufen.

2f Kreative Sprechübung. Auch hier sollten die S den Konjunktiv anwenden. Die S schreiben Beispiele und lesen sie vor.
Beispiellösungen:
Wären Sie so nett, den Pullover oben ins Regal zu legen?
Würden Sie die T-Shirts bitte wieder mitnehmen?
Entschuldigung, könnten Sie die Hose vielleicht noch waschen?
Hätten Sie vielleicht eine CD mit Hörspielen für den kleinen Jungen aus dem ersten Stock?

P2 Plateau

Training

2 Die Givebox

a Seht das Foto an und ratet. Was ist das? Wo steht es? Warum steht es da?

Das könnte vor einem Möbelhaus sein. Vielleicht haben sie das für die Kunden aufgestellt, damit die sehen, was alles in das Regal passt …

Das kann ich mir nicht vorstellen. Ich glaube eher, dass …

2.7 b Hört das Gespräch. Wozu wird die Givebox benutzt? Wie findet ihr die Idee?

c Was würdet ihr in die Givebox tun? Was würdet ihr gerne dort finden und mitnehmen?

d Welche Regeln würdet ihr für den Umgang mit der Givebox aufstellen? Sammelt.

2.8 e Hört zu: Welche Regeln habt auch ihr aufgestellt, welche sind neu?

f Gebt der Givebox eine Stimme. Was sagt sie?

Hätten Sie vielleicht noch eine warme Jacke für den alten Herrn von gegenüber?

Wären Sie so nett, …?

Würden Sie …?

Entschuldigung, könnten Sie …?

3 Erinnerungen an …

2.9 a Hört zu und lest mit. Wo war Cleo in den Ferien?

alte Männer und Frauen auf dem Platz
frischer Fisch
hupende Autos
starker Kaffee an der Bar
romantische Liebeslieder
heiße Gemüsesuppe
fantastisches Eis
laut redende Leute überall
brennende Füße auf heißem Sand
soooo lecker schmeckende Spaghetti

b Schreibt einen ähnlichen Text zu einem Thema eurer Wahl: Ferien, zu Hause, Schule, Besuch bei Verwandten, ein Tag im Freizeitpark, Schwimmbad, Museum, …

c Lest euch eure Texte mit viel Gefühl gegenseitig vor und ratet: Was ist das Thema?

78 achtundsiebzig

3a Kreative Aufgabe. Im Modell, welches die S hören und lesen können, werden viele Adjektive und Partizip-I-Formen gebraucht. Wiederholen Sie am besten kurz die wesentlichen Merkmale dieser Strukturen.
Lösung: Cleo war in Italien.

3b Die S beschreiben in Stichworten wie im Beispiel, wo sie waren (oder an welchen Ort sie denken). Lassen Sie die Aufgabe am besten in PA machen.

Vorschlag: Damit alle zu Wort kommen, kann man die Übung auch auf ungefähr sechs Angaben beschränken.

3c Die S lesen ihre Texte vor. Die anderen raten.
Falls Sie **3b** auf sechs Angaben beschränkt haben, können die S ihre „Kurzformen" vorlesen: drei der eine, drei der andere Partner.

4 Wer macht den längsten Satz?

Ich liebe Äpfel.
Ich liebe rote Äpfel.
Ich liebe frische, rote Äpfel.
Ich liebe frische, rote, gesunde Äpfel.
Ich liebe frische, rote, gesunde, süße Äpfel.
Ich liebe frische, rote, gesunde, süße, lecker schmeckende Äpfel.

Ich liebe/hasse ... Autos/ Hunde/Getränke/Bücher/ Pullover/Musik/Kinder ...

5 Warum passen die Domino-Steine zusammen? Wer findet die meisten Gründe? Fangt beim ersten Stein an. Pro richtige Antwort gibt es einen Punkt. Dann ist der nächste dran.

Der Prinz und das Pferd passen zusammen, weil der Prinz auf einem Pferd reitet.

Das Pferd und das Schwein passen zusammen, weil beide Tiere sind.

6 Ich träume

2.10 **a Hört das Gedicht und sprecht es zu zweit nach. Achtet auf die richtige Intonation.**

Wenn ich eine Farbe wäre, wäre ich ganz blau.
Wenn ich das entscheiden könnte, wär' ich eine Frau.
Wenn ich lange Haare hätte, würd' mir das nicht passen.
Wenn Mareike lügen würde, würde ich sie hassen.
Wenn ich Portugiesisch könnte, wäre ich in Lissabon.
Wenn ich nichts verdienen würde, hätte ich kein Telefon.
Wenn ich „wenn" nicht sagen könnte, wäre alles, wie es ist.
Wenn das Wörtchen „wenn" nicht wäre, wär' ich sicher Realist.

b Und jetzt ihr: Ergänzt.

Wenn ich eine Farbe wäre, ...
Wenn ich ein Land wäre, ...
Wenn ich ein Tier wäre, ...
Wenn ich eine Speise wäre, ...
Wenn ich ein Instrument wäre, ...
Wenn ich ein Getränk wäre, ...
Wenn ich ein Auto wäre, ...

Wenn ich eine Speise wäre, ...

Wenn du eine Speise wärst, dann wärst du eine Bratwurst und ich hätte dich zum Fressen gern.

c Schreibt ein Gedicht wie in b aus der Perspektive eurer Partner. Was kann er/sie geschrieben haben? Vergleicht dann eure Texte. Was stimmt überein?

Wenn sie eine Farbe wäre, ...

neunundsiebzig 79

Die Seite bietet vor allem kreative Sprechübungen an, bei denen gleichzeitig bestimmte grammatische Strukturen aktiviert werden.

4 Die Idee dieser Aufgabe ist, dass die S jeweils ein weiteres Adjektiv hinzufügen. Wer den Satz beenden will, tut dies wie im Beispiel mit einem Partizip I. Sollte dies zu schwierig sein, so können die S natürlich auch einfach mit einem Adjektiv enden.

5 Übung zur Begründung von Sachverhalten. Die S sollen in PA oder KG die „Logik" hinter den Dominosteinen erklären.

Varianten:
Leichtere Variante: Die Zusammenhänge auf den Dominosteinen selbst erklären.
Schwerere Variante: Die Zusammenhänge an den Grenzen von zwei Dominosteinen erklären.

6a Die S hören das Gedicht und üben das Nachsprechen mit Rhythmus und Betonung.

Varianten:
In PA: Jeder S liest abwechselnd nur eine Zeile.
In KG: Vier S teilen sich das Gedicht auf. Ein S liest den Anfang der Zeile, ein anderer das Ende, usw.

6b Kreative Variante: Die S ergänzen in EA.

Hinweis: Es ist nicht nötig, dass sich die Aussagen reimen, das wäre für die meisten S zu anspruchsvoll.

6c Identitätstausch: Die S überlegen, was der Partner schreiben würde, tragen das ein und vergleichen am Ende ihre Ergebnisse.

Prüfungstraining
Bei diesem Teil der Prüfung geht es darum, dass zwei Kandidaten zusammen etwas planen, Vorschläge machen, Vorschläge unterstützen oder widersprechen.

7a Die S haben ein paar Minuten, in denen sie sich Notizen für ihr Gespräch machen können.

7b Die S hören und lesen ein Modell für eine gemeinsame Planung und vergleichen mit ihren Notizen bzw. ergänzen diese.

7c Spracharbeit: Mit den markierten Redemitteln im Text und den Angeboten in **7c** haben die S ausreichend Redemittel, die sie in der konkreten Prüfungssituation aktivieren können. Lassen Sie ab und zu kurz Beispiele zu gemeinsamen Planungen von den S durchspielen.
Lösung:
überlegen wir mal: c
Ich schlage vor, dass wir: e
Das finde ich nicht gut: a
Wir könnten doch auch: g
Okay, von mir aus: b
Woran müssen wir noch denken?: f
Super, dann haben wir alles!: d

P2 Plateau

Training: Gemeinsam etwas planen

PRÜFUNGSTHEMA

Party:
– Musik
– …

7 Eine Überraschungsparty für Hanna.

a Hanna hat Geburtstag. Ihr wollt eine Party für sie organisieren. Was braucht ihr? Macht Notizen.

2.11 **b Hört und lest das Planungsgespräch für die Party. Ergänzt eventuell eure Notizzettel aus a.**

● Du, Hanna hat doch am Samstag Geburtstag …
○ Machen wir eine Überraschungsparty für sie?
● Das ist eine super Idee! Okay, überlegen wir mal – was brauchen wir?
○ Also: Essen und Getränke, Musik, …
○ Ich schlage vor, dass wir ein Picknick machen. Wir kaufen einfach im Supermarkt Essen und Getränke.
● Das finde ich nicht gut. Wir könnten doch auch alle bitten, etwas mitzubringen.
○ Meinst du wirklich? Okay, von mir aus.
● Und die Musik?
○ Hm … ich weiß auch nicht. Hast du eine Idee?
● Ich bringe einfach meinen Ghettoblaster mit.
○ Wunderbar.
● Wann fangen wir an? Um sechs?
○ Ja, gut. Und wo sollen wir feiern?
● Am besten im Stadtpark.
○ Okay, dann treffen wir uns im Park. Und wen laden wir ein?
● Ich frage einfach ein paar Leute aus unserer Klasse.
○ Gut. Woran müssen wir noch denken?
● An ein Geschenk!
○ Nehmen wir die neue CD von Seeed? Ich glaube die hat sie noch nicht.
● Ja. Super, dann haben wir alles!

c Welche der folgenden Redemittel können die markierten aus dem Gespräch ersetzen? Ordnet zu.

a. Die Idee gefällt mir nicht so gut.
b. Na gut, ich bin einverstanden.
c. Denken wir zuerst mal nach.
d. Gut, dann sind wir fertig!
e. Ich finde wir sollten …
f. Was müssen wir noch organisieren?
g. Ich habe einen anderen Vorschlag:

80 achtzig

AB zu KB Aufg. 7

Testtraining – Sprechen
Auf der AB-S. 82 erhalten die S die Gelegenheit, zwei weitere Situationen für den Prüfungsteil „Gemeinsam etwas planen“ zu üben. Dies sollte in der Klasse geschehen, um Stärken und Schwächen sichtbar zu machen und zu diskutieren.

8 **Wortschatzkarussell: Wortschatz und Redemittel für Planungsgespräche wiederholen und erweitern**

So geht's
- Schreibt Themen auf große Zettel. Zum Beispiel: Ausflüge / Feste / Essen & Getränke …
  Ein Thema pro Zettel!
- Schreibt alle Fragen, Wörter und Redemittel, die euch zu eurem Thema einfallen, in eine Mindmap.
- Dann geht das Karussell los: Gebt euren Zettel der nächsten Gruppe. Ihr bekommt auch einen neuen Zettel. Ergänzt weitere Wörter. Dann dreht sich das Karussell wieder und wieder, bis jede Gruppe ihren ersten Zettel wieder in der Hand hat.

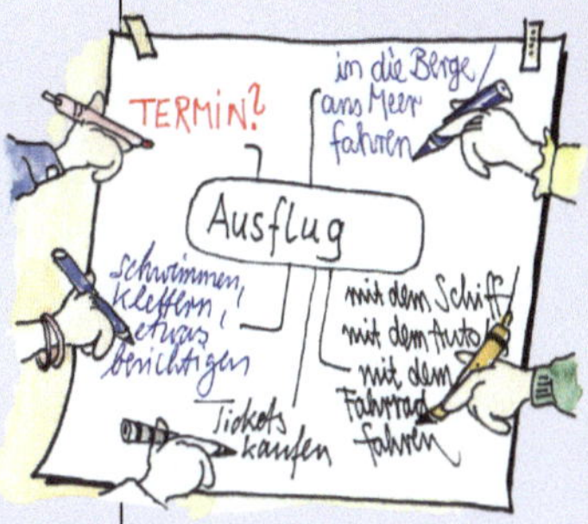

9 **Eine Prüfung simulieren: Spielt ein Planungsgespräch. Wählt ein Thema und plant zu zweit einen Ausflug, ein Geburtstagsgeschenk oder etwas anderes.**

einen Ausflug planen
Termin?
Ziel?
Verkehrsmittel?
Programm?
Essen / Getränke?
… ?

ein Geburtstagsgeschenk für einen Freund organisieren
Was? Selbst gemacht oder gekauft?
Wie teuer maximal?
Wer macht mit?
Wo besorgen?
Glückwunschkarte?
… ?

Tipps für die Prüfung: Gemeinsam etwas planen
Wichtig: Die Situation ist fiktiv, also arbeitet mit Fantasie.
Schaut euch an! Fragt nach, wenn ihr etwas nicht versteht. Macht eigene Vorschläge, aber reagiert auch auf die Vorschläge des anderen. Helft euch gegenseitig.

Und: Keine Angst vor Fehlern! Auf dem Niveau B1 müsst ihr noch nicht perfekt sein. Auch mit Fehlern könnt ihr eine sehr gute Note bekommen.

10 **So wird eine Prüfung bewertet**

a **Lest die Bewertungskriterien und besprecht sie in der Klasse.**

1. Erreichen die Schüler ihr kommunikatives Ziel? Erfüllen sie die Aufgabe gut? Sprechen Sie über möglichst viele Punkte?
2. Helfen sie sich gegenseitig? Reagieren sie aufeinander? Arbeiten sie zusammen?
3. Kennen die Schüler viele verschiedene Wörter?
4. Ist die Sprache abwechslungsreich? Verwenden sie zum Beispiel Nebensätze, Konjunktiv, …?
5. Machen sie viele Fehler?
6. Ist die Aussprache gut?

2.12 **b** **Hört zu. Erfüllen die Jugendlichen in den Gesprächen die Kriterien? Entscheidet für jedes Kriterium: ja oder nein?**

8 Wortschatzübung. Vorgehen wie auf dem Zettel beschrieben. Die interaktive Übung dient dazu, den themenbezogenen Wortschatz der S zu aktivieren und zu erweitern. Auf ein Zeichen hin geben die S ihre Zettel im Uhrzeigersinn weiter. Lassen Sie die S nicht zu lange an einem Zettel schreiben, damit die Übung nicht die Dynamik verliert.

9 Zusammen mit den Redemitteln aus **7b** und **7c** können die S jetzt eine Prüfungssituation simulieren.
Nicht vergessen: In der echten Prüfung sind für diesen Teil nur ca. 3 Minuten Zeit vorgesehen.

Hinweis: Sie können das Vorspielen auch erst nach **10a** und **10b** vorsehen, da dann die S ihre Rollenspiele auch bewerten können.

10a Die S erhalten Einblick in die Bewertungskriterien. Die S lesen die Kriterien in Ruhe und klären gemeinsam mit Ihnen Verstehensfragen.

10b Anhand von zwei Planungsgesprächen können die S jetzt die Bewertungskriterien selbst anwenden. Sie erkennen, worauf es ankommt und was mit den Kriterien konkret gemeint ist.
Lösung:
Gespräch 1: Die Jugendlichen bleiben in allen Bereichen hinter den Erwartungen/Kriterien zurück.
Gespräch 2: Dieses Gespräch könnte man als Modell für die Vorbereitung benutzen. Es erfüllt alle Kriterien optimal.

Video (Teil 2)

11 Das Video beschreibt ausführlich die Stationen von drei Freundinnen auf ihrer Interrailreise durch Europa.
Mögliche Fragen an die S: *Schaut euch das Video an, wer war schon einmal wo? Was war schön, was war schwierig?*

11a Die S sammeln Wörter zu den Fotos.
Vorschlag: Hierzu können Sie den S ggf. eine Kopie des Video-Transkripts geben.

11b ***Lösung:*** Die Fluggeräte sind Fallschirme. Darin steckt sprachlich: *fallen* und *der Schirm*. Man bezeichnet die speziellen Fallschirme auf dem Foto auch als Gleitschirme (von *gleiten* und *Schirm*).

11c–d Vorgehen wie beschrieben.

Lernen lernen

12 Hier finden sich Vorschläge, wie man die Sprachbewusstheit und Gedächtnisstrategien fördern kann. Die S können sich auch in KG zu ihren Wortschatz-Lernstrategien austauschen und die besten dann im PL für alle festhalten.

12a Kleiner Dialog zum Nachdenken über Worterschließungsstrategien.
Lösung: international – Englisch – schreibt/spricht – Englisch – Deutsch

12b–c Lernen mit Assoziationen. Vorgehen wie beschrieben.

P2 Plateau

Video (Teil 2)

11 Blick ins Fotoalbum

a Seht euch die Fotos an und sammelt zu jedem Bild Wörter, die dazu passen (es können auch Wörter sein, die nicht auf dem Foto zu sehen sind).

b Seht euch das Video an. Wie heißen die bunten Fluggeräte auf Foto 4? Welche Wörter stecken in dem Begriff?

c Ergänzt, wenn möglich, weitere Wörter.

d Seht das Video noch einmal und schreibt jetzt zu einem Foto eurer Wahl einen Kommentar fürs Fotoalbum: Wer? Wo? Was? Wie?

Lernen lernen

12 Kevin aus Manchester und der Wortschatz

a Welches Wort muss Kevin lernen? Piercing? Projekt? Art? Was sagen seine Lernpartner?

● Piercing? ○ Nein, das musst du nicht lernen, denn das ist ___.

● Projekt? ○ Das verstehst du doch, weil es auf ___ auch so heißt.
△ Aber da ___ man es anders. Du musst also aufpassen.

● Art? ○ Das ist einfach, das heißt ja auch auf Englisch so.
△ Das stimmt nicht – das sind „falsche Freunde". *Die Art* bedeutet auf ___ *way, sort, kind. The Art* (engl.) hingegen heißt auf ___ Kunst.

b Kevin lernt schwierige Wörter mithilfe von Assoziationen. Macht es wie er!

So geht's:
1. Sucht in den Kapiteln 5–8 zehn Wörter, die ihr euch schlecht oder gar nicht merken konntet.
2. Nehmt einen Zettel und faltet ihn in der Mitte. Schreibt links die zehn Wörter und nummeriert sie.
3. Schreibt dann rechts zehn Wörter, die euch an die Wörter links erinnern.

c Gebt euer Blatt einem Mitschüler. Er liest euch die Assoziationen auf der rechten Seite des Blatts vor. Wie viele Wörter wisst ihr noch?

82 | zweiundachtzig

KV 12 zu Aufg. 12

Lernstrategie Lernkärtchen.
In der **KV 12** werden Beispiele zu aus A1/A2 bekannten und ganz neuen Strukturen gemischt angeboten. Die S müssen die Doppelkärtchen ausschneiden, falten und dann als Lernkärtchen mit Vorder- und Rückseite bearbeiten.
Diese Strategie kann an mehreren Stellen im Verlauf des Unterrichts eingesetzt werden. Eigentlich immer dann, wenn eine neue Struktur geübt werden muss. Die S sollen jeweils einige Lernkärtchen zu den Strukturen anfertigen und diese austauschen, um zu sehen, ob „es klappt".

KV 13 nach Aufg. 12

Fragen zu Kapitel 5–8 und Plateau 2. Zum Vorgehen s. Plateau S. 56.
Lösung: s. **KV 19**

Ich kann ...
• über Vergangenes sprechen
• einen Text über ein geschichtliches Ereignis verstehen
• einen literarischen Text verstehen
• ein Ereignis präsentieren

9

A

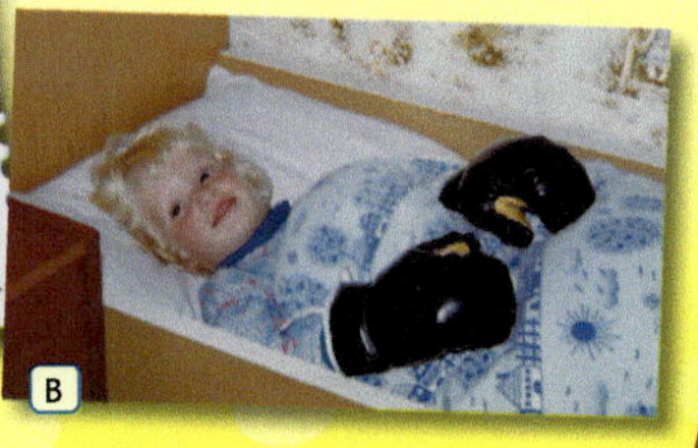

B

C

So war es – so ist es jetzt

D

E

F

1 Erinnerungen

a Beschreibt die Fotos. Um welche Themen geht es?

Bild B zeigt einen kleinen Jungen. Vielleicht ist das Thema Kindheit.

2.13 **b Hört zu. Über welche Fotos sprechen die Personen?**

c Lest die Texte. Zu welchen Fotos aus a passen sie? Was ist heute anders?

Am 27. Mai 1994 hat man mit dem Wiederaufbau begonnen und im Herbst 2005 wurde das Projekt mit einer großen Feier beendet. Es gab unzählige Spenden aus aller Welt. Deshalb konnte man die Kirche schneller als geplant wieder aufbauen. Heute ist sie eine der wichtigsten Sehenswürdigkeiten der Stadt Dresden. 1

Preishit!
Unser **neustes Modell** mit **erstklassiger Bildqualität**. Es kann mehr als nur das normale Programm. Holen Sie sich **Internet, Apps, Online-Videotheken** und immer die aktuellsten Informationen **jetzt** in Ihr Wohnzimmer. 2

Wo genau sie einmal gestanden hat, kann man heute fast nicht mehr sehen. Auf dem Boden markieren Pflastersteine, wo sie früher einmal stand. Wenn man nicht genau hinschaut, läuft man heute über die ehemalige Grenze und merkt es gar nicht. 3

dreiundachtzig | 83

Allgemeines

In diesem Kapitel geht es um Erinnerungen sowohl historischer Natur (wie z. B. die Zeit vom Mauerbau zum Mauerfall) als auch sehr persönlicher Erlebnisse.

1a Die S beschreiben die Fotos und ordnen sie einem Thema zu, das ihrer Meinung nach zu dem jeweiligen Foto passt.

1b Die S hören die Bildbeschreibungen auf der CD und ordnen die gehörten Aussagen den Bildern zu. Stoppen Sie die CD am besten nach jedem einzelnen Beitrag und fragen Sie die S, was ihnen beim Zuordnen geholfen hat.
Lösung: 1A – 2E – 3B – 4D – 5C – 6F.

1c Nun sollen aktuelle Texte den Bildern zugeordnet werden.

Hinweis: Die Texte beziehen sich auf die drei unteren Bilder der Einstiegsseite (D, E, F).

Lösung:
1F: Die Frauenkirche ist wieder aufgebaut und eine der wichtigsten Sehenswürdigkeiten von Dresden.
2E: Heute kann man mit dem Fernseher ins Internet, es gibt viele Programme und man muss nicht aufstehen, wenn man ein anderes Programm sehen will.
3D: Die Mauer ist fast verschwunden, es gibt keine Grenze und keine Soldaten mehr. Man merkt oft nicht, dass man über die ehemalige Grenze geht.

AB zu KB Aufg. 1

2a–b Die S erfinden die Biografie einer Person und vergleichen sie mit dem Partner in der Klasse.

Auf dieser Seite erinnern sich die S an ihre persönliche Vergangenheit, ihre Wünsche und Befindlichkeiten.

2a Die sechs Jugendlichen sprechen über unterschiedliche Aspekte ihres früheren Lebens.
Lösung: Florian und Hanna: TV-Serien
Lena und Marc: Gefühle
Vanessa und Christoph: Beruf

2b Personalisierung: Die S berichten über ähnliche Themen aus ihrer eigenen Vergangenheit.

2c Hier werden einige Präteritumformen produktiv angewendet. Zwar ist das Präteritum auf der Stufe B1 für den produktiven Gebrauch nicht vorgesehen, doch wie bei den Modalverben gibt es auch beim Präteritum einige Verben, die im Alltag und in der mündlichen Kommunikation häufig gebraucht werden. Aus Kapitel 3 sind sie bereits rezeptiv bekannt.
Lösung: gab – geben; fand – finden; dachte – denken; wusste – wissen

2d Die S sprechen über die Themen aus der Themenleiste in **2a** und benutzen die neuen Verbformen.

3a–b Kurze Sequenz zur Übung wichtiger Präteritumformen.
Beispiellösungen:
1. … braucht man nur ein Navigationsgerät oder ein Smartphone mit Internet.
2. … gibt es mehr als hundert verschiedene. Über Satellit kann man Programme aus verschiedenen Ländern empfangen.
3. … kann man zum Beispiel SMS, E-Mails oder Twitternachrichten schicken.
4. … dürfen die Mädchen alles tragen.
5. … hat jeder ein Handy und kann überall telefonieren.

9

Früher und heute

2 Wie hast du dich verändert?

a Lest die Texte. Über welche Themen sprechen die Jugendlichen?

Vorbilder | Beruf | Klamotten | TV-Serien | Gefühle | Mein größter Wunsch | Essen

Wir verändern uns schneller, als wir denken. Gut, wenn wir mal zurückschauen. Wir haben Jugendliche zu drei Themen befragt.

Florian, 19 Jahre
Früher fand ich die „Simpsons" toll und habe keine Folge verpasst. Heute sind es eher Serien wie „Big Bang Theory" oder „Alles was zählt". Das hab ich wegen meiner Freundin angefangen.

Lena, 16 Jahre
Früher hatte ich Angst einzuschlafen. Ich dachte, es gibt Monster unter meinem Bett. Heute habe ich Angst, dass ich meinen Abschluss nicht schaffe.

Vanessa, 17 Jahre
Früher wusste ich nicht, was ich werden will. Heute wäre ich gern Flugbegleiterin.

Hanna, 17 Jahre
Früher gab es Serien wie „Pippi Langstrumpf" und „Pumuckl". Hab ich mir alles angesehen. Heute sehe ich eher Videos im Internet.

Marc, 15 Jahre
Früher war ich total glücklich, wenn mein großer Bruder mit mir LEGO® gespielt hat. Heute bin ich glücklich, dass er nicht mehr zu Hause wohnt. Er ist so arrogant.

Christoph, 18 Jahre
Früher wollte ich unbedingt berühmt werden. Heute denke ich, dass mir das zu anstrengend ist. Lieber würde ich etwas mit meinen Händen machen. Tischler oder so.

Früher fand ich die Simpsons auch super.

b Habt ihr etwas mit einer Person aus a gemeinsam?

c Über die Vergangenheit sprechen. Wichtige Verben im Präteritum: *gab, fand, dachte, wusste*. Sucht die Verben im Text. Wie heißen die Infinitive?

Früher gab es bei uns nie Fisch, heute essen wir alle am liebsten Lachs.

d Wie ist das bei euch? Sprecht zu zweit zu den Themen aus a.

3 Früher war das so – und heute?

a Ergänzt die Sätze.

1. Früher musste man dicke Straßenkarten und Stadtpläne mit auf Reisen nehmen, aber heute …
2. Früher gab es im Fernsehen nur drei Programme. Heute …
3. Früher konnte man nur Briefe und Faxe schicken, aber heute …
4. Früher mussten die Mädchen in der Schule Röcke tragen. Heute …
5. Früher musste man zum Telefonieren in eine Telefonzelle gehen. Heute …

b Fallen euch weitere Sätze ein? Schreibt zu zweit, wie es früher war. Tauscht eure Sätze mit einem anderen Paar und ergänzt, wie es heute ist.

4 Als ich …

2.14 **a Wichtige Ereignisse. Hört Rasmus zu und ergänzt den Zeitstrahl im Heft.**

3 – 8 – 12 – 15 – 17 →

Deutschland nicht mehr geteilt

Hund Struppi • Hauptrolle • erste Freundin • erster Urlaub allein • Oma zu Besuch

b Schreibt 5–6 Ereignisse aus eurem Leben auf einen Zeitstrahl. Wählt zwei Ereignisse aus und sprecht zu zweit darüber.

c Lest das Gedicht und schreibt ein ähnliches Gedicht mit den wichtigsten Ereignissen aus eurem Leben.

Als ich 3 war,
habe ich eine Schwester bekommen.
Als ich 6 war,
haben wir unseren ersten Urlaub im Ausland gemacht.
Als ich 13 war,
habe ich mich das erste Mal verliebt.
Als ich 15 war,
habe ich mir mein erstes Mofa gekauft.
Als ich 16 war,
bin ich als Austauschschülerin nach Australien gegangen.
Und heute
freue ich mich auf morgen!

1 **G**

Nebensätze mit *als* stehen immer in der Vergangenheit. Das konjugierte Verb steht am ___ .

d Rückblick ins Buch: Wie war das? Ordnet zu.

1. Als mr. pepper an seinem 18. Geburtstag nach Hause kam,
2. Als Lena ihr Handy nicht fand,
3. Als Nessie Abitur gemacht hat,
4. Als Frieda ein Lippenpiercing wollte,
5. Als Rasmus an der Ostsee war,

a. haben ihre Freunde ihr ein Poster gemacht.
b. war ihre Mutter dagegen.
c. bekam sie Panik.
d. waren ganz viele Freunde da.
e. hat er ganz viel Party gemacht.

5 Ein besonderer Stein

a Warum ist dieser Stein wohl für Marius so besonders?

2.15 **b Hört die Aussage von Marius und vergleicht mit euren Vermutungen.**

c Hört noch einmal und macht euch Notizen zu den Fragen.

1. Was für ein Stein ist das?
2. Wann hat Marius ihn bekommen?
3. Von wem hat Marius ihn bekommen?
4. Warum ist er so wichtig für Marius?

Lösung zu 4a:
3: Deutschland nicht mehr geteilt, Oma zu Besuch
8: Hund Struppi
12: Hauptrolle im Schultheater
15: erster Urlaub allein
17: erste Freundin

Lösung zu 5c:
1. Ein Stück von der Berliner Mauer.
2. Am 9. November 1989.
3. Von seinem Vater.
4. Erinnerung an seine Kindheit.

Diese Seite führt das Thema Erinnerung und Vergangenheit fort und fokussiert auf bestimmte Zeitabschnitte oder Ereignisse. Als neue Struktur werden die Nebensätze mit *als* eingeführt.

4a S hören die CD. In dem Gespräch benennt Rasmus wichtige zeitliche Momente seines Lebens. Es handelt sich um gesellschaftspolitische und sehr persönliche Augenblicke. Seine Ausführungen können als Modell für die eigenen Berichte in **4b** gelten.
Lösung: s. unten

4b Die S zeichnen selbst einen Zeitstrahl und markieren einige Daten mit Stichworten. In PA können sie sich dann nach zwei oder drei Ereignissen fragen und diese dann detaillierter erzählen. Je nach Klasse, können Sie auch schon hier auf die Nebensätze mit *als* eingehen, damit die S sie hier schon anwenden können.

4c Kreative Textarbeit: Die S schreiben selbst einen kleinen Text.

4d Das Thema Erinnerungen wird hier mit einem Rückblick in die Kapitel, die die S schon bearbeitet haben, variiert.
Lösung: 1d – 2c – 3a – 4b – 5e

Hinweis: mr. pepper (bei der Illustration mit Mieze und Bello) bezieht sich auf **K6 3b**, einen Beitrag in einem Forum.

5 Sequenz und Überleitung zum Thema BRD und DDR.

5a Freie Hypothesen. Die S stellen Vermutungen an: *… könnte … sein, vielleicht …, wahrscheinlich …*

5b Erstes Hören und globale Verständnissicherung: S hören den Hörtext und vergleichen mit ihren Hypothesen.

5c Zweites Hören: Die S machen Notizen zu den angegebenen Leitfragen und berichten.
Lösung: s. unten

Hier wird ein wichtiges Kapitel deutscher Nachkriegsgeschichte angesprochen: von der Gründung der DDR bis zum Mauerfall.

6a Die S sammeln kurz in KG, woran sie sich (z. B. aus ihrem Geschichtsunterricht) zu dem Thema erinnern.

6b Die S lesen den Text und ordnen die Fotos den passenden Abschnitten zu.
Lösung: 1E – 2B – 3C – 4D – 5A

6c Wortschatzarbeit: Die S wandeln Nominalisierungen aus dem Text in Verbalisierungen um und umgekehrt.
Lösung: fliehen – die Flucht; demokratisch – die Demokratie; frei – die Freiheit; die Demonstration – demonstrieren; gefährlich – die Gefahr; reisen – die Reise

6d Gelenkte Textauswertung und kurze zeitliche Vorstellung einer historischen Entwicklung.
Lösung: 1f – 2d – 3a – 4c – 5e – 6b

Erweiterung: Die S stellen die Ereignisse, die sie soeben zugeordnet haben, chronologisch vor. Damit üben sie schon ein wenig das Präsentieren, das Inhalt der Sequenz auf der nächsten Seite sein wird.

6e Beim Nachsprechen wiederholen die S die doch etwas komplexen Jahreszahlen sowie die Aussagen mit dem Passiv Präteritum.

9

A B C D

E

Die BRD und die DDR

6 Der Fall der Mauer und die Wiedervereinigung

a Was wisst ihr schon über die Zeit von 1945 bis 1990 in Deutschland? Sammelt in Kleingruppen.

b Lest den Text. Welches Foto passt zu welchem Textabschnitt?

1 Der Zweite Weltkrieg endete am 8. Mai 1945. Deutschland wurde besiegt und aufgeteilt. Im Jahr 1949 wurden im Westen die Bundesrepublik Deutschland (BRD) und im Osten die Deutsche Demokratische Republik (DDR) gegründet.

2 In der DDR gab es in Wirklichkeit keine Demokratie, denn die Menschen konnten nicht frei wählen. Viele DDR-Bürger verließen die DDR in den ersten Jahren. Deshalb begann die DDR-Regierung am 13. August 1961 mit dem Bau einer Mauer mitten durch Berlin und machte auch die Grenze nach Westdeutschland zu. Für die DDR-Bürger waren Reisen nach Westberlin, in die BRD oder andere westeuropäische Staaten nicht mehr möglich.

3 Trotzdem versuchten viele Menschen, aus der DDR zu fliehen. Die Gefahr war sehr groß. Die meisten schafften es nicht und viele starben sogar auf der Flucht. Am 4. September 1989 fand die erste Montagsdemonstration für mehr Freiheit und Demokratie in Leipzig statt. Jeden Montag gingen immer mehr Menschen auf die Straße. Dann wurde auch in anderen Städten in der DDR demonstriert.

4 Am 9. November 1989 fiel die Mauer und die Leute kletterten rauf und feierten auf ihr. Seit diesem Tag konnten DDR-Bürger in den Westen gehen.

5 Fast ein Jahr später, am 3. Oktober 1990, wurden die beiden deutschen Staaten wiedervereinigt und in Berlin wurde groß gefeiert, denn es wurde wieder die Hauptstadt von Deutschland. Der 3. Oktober, der Tag der deutschen Einheit, ist seitdem der Nationalfeiertag Deutschlands.

c Diese Wörter kennt ihr schon. Sucht die passenden Nomen und Verben in b. Wie heißen sie?

fliehen • demokratisch • frei • die Demonstration • gefährlich • reisen

fliehen – die Flucht

d Was passierte an diesen Tagen? Ordnet zu.

1. Am 8. Mai 1945
2. Im Jahr 1949
3. Am 13. August 1961
4. Am 4. September 1989
5. Am 9. November 1989
6. Am 3. Oktober 1990

a. wurde die Berliner Mauer gebaut.
b. wurden die beiden deutschen Staaten wiedervereinigt.
c. gab es die erste Montagsdemonstration in Leipzig.
d. wurden zwei deutsche Staaten gegründet.
e. ist die Mauer gefallen.
f. wurde Deutschland besiegt und der Zweite Weltkrieg wurde beendet.

2.16 **e Hört zur Kontrolle und sprecht nach.**

Lerntipp
Wortbildung hilft beim Verstehen

Jahreszahlen spricht man so:
bis 1999: 1989 – neunzehnhundertneunundachtzig
ab 2000: 2013 – zweitausenddreizehn

27 G

Passiv Präteritum
Präteritum von *werden* + Partizip Perfekt
Deutschland wurde besiegt.

86 sechsundachtzig

KV 14 zu Aufg. 12

Die S können mit der leeren Grafik (**KV 14.1**) beginnen. Sie ergänzen die Lücken in PA und vergleichen mit anderen Paaren. Dann ergänzen sie die teilweise ausgefüllte Grafik (**KV 14.2**). Die Grafik ist wie der Ausgangstext in fünf Abschnitte gegliedert. Wenn die S ihre Angaben eingetragen und verglichen haben, können sie nacheinander die einzelnen Abschnitte versprachlichen. Rufen Sie also fünf S auf und lassen Sie sie zu einer Grafik sprechen.

In **KV 14.3** finden Sie die Grafik komplett ausgefüllt.

Auf dieser Seite geht es um das Präsentieren, und zwar zu dem Thema, mit dem sie sich gerade beschäftigt haben: vom Mauerbau und Mauerfall.

7a Die S tragen zusammen, woran sie sich aus anderen Aufgaben, die auch eine Präsentation enthalten haben, erinnern.

7b Die S lesen die Tipps und äußern sich zu deren Wichtigkeit. Zudem ergänzen sie, wenn sie noch weitere Hinweise haben.

7c Die S hören die Präsentationen und achten darauf, was noch verbessert werden könnte.
Lösung: 1. besser absprechen, wer wann dran ist; langsamer sprechen; die Präsentation besser strukturieren; Redemittel benutzen; keine Zettel, sondern Kärtchen benutzen
2. Medien vor der Präsentation prüfen; langsamer sprechen

7d Die S übernehmen das vorgeschlagene Thema – oder sie wählen ein anderes Thema, das aber möglichst im historischen Bereich liegen sollte, da ein wichtiges Lernziel das Berichten über Vergangenes ist.

7e Wenn die S ihre Präsentation vorstellen, sollten die anderen S ein Feedback zu den in **7b** angegebenen Tipps und deren Umsetzung geben.

7 **Eine Präsentation: „Vom Mauerbau zum Mauerfall"**

a **Eine Präsentation vorbereiten und halten. Was ist wichtig? Sammelt.**

b **Tipps für eine Präsentation. Was findet ihr am wichtigsten?**

Vor der Präsentation

A Sammelt Informationen:
- Internet
- Lexikon
- andere Menschen fragen …

B Strukturiert die Informationen:
- Textgrafik
- Mindmap
- Notizen auf Karteikarten …

C Überlegt, wie ihr präsentieren wollt:
- an der Tafel
- Flipchart, Plakat
- Beamer …

D Überlegt, wer mit der Präsentation anfängt, wer weitermacht und wer aufhört.

Während der Präsentation

E Schaut die Zuhörer an.

F Lest nicht alles ab.

G Benutzt nur Wörter und Sätze, die alle Zuhörer verstehen.

H Sprecht langsam und deutlich.

Das gibt Sicherheit für die Präsentation

I Übt die Präsentation mehrmals:
- vor dem Spiegel
- vor einer anderen Person
- Nehmt eure Präsentation auf.

J Sagt euch: „Ich schaffe das!"

K Legt euch Sätze zurecht wie:
„Entschuldigung. Ich habe den Faden verloren."

L Zieht euch etwas an, das ihr gerne mögt. Wenn ihr euch wohlfühlt, seid ihr entspannter.

2.17 c **Hört die zwei Präsentationen. Achtet auf die Tipps in b. Was könnten die Personen noch besser machen?**

d **Bereitet eine Präsentation zum Thema „Vom Mauerbau zum Mauerfall" vor oder überlegt euch ein eigenes Thema. Die Tipps in b und die Redemittel helfen.**

A Einleitung:
Ich möchte euch … vorstellen / über … sprechen. / Mein Thema lautet …
Meine Präsentation hat … Teile.
Zuerst spreche ich über …, dann … und zum Schluss …

B Mittelteil:
Als Nächstes möchte ich über … sprechen.
Ich habe euch ein interessantes Foto/Video … mitgebracht.
Hier könnt ihr sehen, …
Jetzt zeige ich euch …

C Schluss:
Vielen Dank fürs Zuhören.
Habt ihr noch Fragen?

Das fand ich sehr gut!

Du konntest vielleicht etwas lauter sprechen.

Es war super, dass du …

e **Präsentiert euer Thema. Die anderen geben euch Feedback.**

siebenundachtzig 87

AB zu KB Aufg. 7

11a–d Hier denken die S noch einmal über die Aspekte guter Präsentationen nach und tauschen sich aus.

Video zu KB Aufg. 7

In Szene 6 (Die Präsentation) erhalten die S auf eine sehr anschauliche Weise ein Modell, wie sie mit ihrer eigenen Präsentation umgehen können: von der Planung bis zum kritisch-konstruktiven Feedback.
Die Untertitel liefern notwendige Redemittel.

Auf dieser Seite wird an einem literarischen Text gearbeitet, der in der Vergangenheit steht.

8 Das Thema DDR und der Fall der Mauer ist immer wieder Thema literarischer Arbeiten. Die S arbeiten von **8a** bis **9d** an zwei Ausschnitten aus einem Roman von Holly-Jane Rahlens und lernen dabei ausschnittweise Aspekte des Alltags in der DDR kennen.

Hinweis: „Mauerblümchen" ist ein Wortspiel. Damit wird im übertragenen Sinne eine (vom jeweils anderen Geschlecht) nur wenig beachtete Person bezeichnet.

8a Die S beantworten die Frage.
Lösung: Mick ist mit dem Fahrrad über die offene Grenze nach Neukölln gefahren.
Molly hat geschlafen und das Ganze nicht mitbekommen.

8b Die S lesen den Text noch einmal und beantworten die konkreten Leitfragen.
Lösung:
1. Durch das Fernsehen. (Z. 1)
2. Die Grenze war offen. (Z. 4–7)
3. Sie haben gejubelt (Z. 11–12) und getanzt. (Z. 19–20)
4. Ein alter Mann. Sie kennen sich nicht. (Z. 12–14)

8c Die S lesen den Text noch einmal und suchen die entsprechenden Stellen im Text.
Lösung:
Sie/Wir staunten. (Z. 1)
Wir konnten es nicht glauben. (Z. 2)
Keiner hatte das erwartet. (Z. 3)
Und eine Sekunde später waren wir im Westen! Wahnsinn! (Z. 7–8)
... einfach abgefahren. (Z. 12)
Ein alter Neuköllner mit Schiffermütze umarmte mich, (...) und hatte Tränen im Gesicht. (Z. 12–14)
Wir waren die Geschichte. Wir alle. Gemeinsam. Das war ein irres Gefühl! (Z. 16–17)

8d Die S recherchieren, wie ihre Familie, Verwandten usw. die Öffnung der deutsch-deutschen Grenze erlebt haben.
Vielleicht ergeben sich ja über die Informationen im Buch hinaus interessante Erkenntnisse, die dann vorgetragen werden könnten.

9

Eine Ost-West-Geschichte

8 Mauerblümchen (Teil 1)

a Lest den Textausschnitt aus dem Buch „Mauerblümchen". Was haben Mick und Molly am Abend des 9. Novembers gemacht?

November 1989. Molly, eine jüdische Deutsch-Amerikanerin, lebt mit ihrem Vater ein Jahr in Westberlin. Bald fliegt sie zurück nach New York. Vorher möchte sie noch nach Ostberlin zu dem Haus fahren, in dem ihre Mutter früher gelebt hat. Denn nun ist die Grenze zwischen Ost- und Westberlin offen, das macht die Sache leichter. Auf dem Weg nach Ostberlin lernt sie Mick kennen, einen Ostberliner Schauspielstudenten. Es ist Liebe auf den ersten Blick.

Schlagbaum

Grenzposten: Personen, oft Soldaten, die an der Grenze stehen und aufpassen

abgefahren: toll, super, fantastisch

abgefüllt: wenn man viel Alkohol getrunken hat

„ ... Wir haben den Fernseher angemacht. Und staunten. Da war's in jedem Programm! Die Mauer ist offen! Wir konnten es nicht glauben. Keiner hatte das erwartet. Wir haben uns schnell unsere Räder geschnappt, wir wollten sehen, ob die Sonnenallee offen ist. Als wir dann zur Grenze kamen, war der Schlagbaum tatsächlich offen! Die Grenzposten standen nur noch rum, guckten verwirrt und ließen uns einfach vorbeiradeln. Und eine Sekunde später waren wir im Westen! Wahnsinn! Wie in der Serie „Star Trek". Scotty hat uns direkt in den Westen gebeamt. Pff! – und schon waren wir da!"
„Irre! Und was war da los?"
„Da standen schon die Neuköllner und haben uns mit Sektflaschen bejubelt. Aber auch ohne Sekt war es einfach abgefahren. Ein alter Neuköllner mit Schiffermütze umarmte mich, hat nur ‚Junge, Junge', rausgekriegt und hatte Tränen im Gesicht, als er mich endlich losließ. Da wusste ich, wir waren ein Teil der Geschichte. Nee, wir waren mehr als ein Teil. Wir waren die Geschichte. Wir alle. Gemeinsam. Das war ein irres Gefühl!"
„(...) am nächsten Tag sind wir dann alle zum Brandenburger Tor, da war echt was los, haben uns auf die Mauer gestellt, rumgetanzt und waren total abgefüllt." (...)
„Aber wann immer ich gefragt werde: ‚Wo warst du am 9. November?', werde ich sagen: ‚Ich bin nach Neukölln geradelt. Und es war schön.' Und das war's auch." Er holt tief Luft. „Und du? Was hast du gemacht?"
„Ich hab's verschlafen. Mehr oder weniger."
„Im Ernst?"
Ich zucke mit den Schultern. „Ich habe einen tiefen Schlaf." Und zum ersten Mal in meinem Leben wünsche ich mir, es wäre nicht so.

verwirrt: überrascht, man weiß/versteht nicht, was los ist

irre: unglaublich, fantastisch, wahnsinnig

Neukölln: Stadtteil in Westberlin

b Lest noch einmal und beantwortet die Fragen. Wo steht das im Text?

1. Wie hat Mick erfahren, dass die Mauer offen ist?
2. Wie war die Situation an der Grenze?
3. Was haben viele Berliner am 9.11. und am 10.11.1989 gemacht?
4. Wer umarmt Mick in Neukölln und weint? Kennen sich die beiden?

Das steht in Zeile ...

c Für die Berliner war der Mauerfall ein großer Moment. Wie wird das im Text ausgedrückt?

Sie staunten. (Zeile 1) *Sie konnten es ...* *...*

d Was können eure Eltern oder Verwandten über den 9.11.1989 erzählen?

9 Mauerblümchen (Teil 2)

a **Was war früher euer Lieblingsspielzeug? Warum? Von wem habt ihr es bekommen?**

b **Lest den zweiten Ausschnitt aus „Mauerblümchen". Was war Thomas und Micks Lieblingsspielzeug?**

„Als ich klein war", erzählt Mick, „gab es in unserer Straße einen Jungen. Thomas. Er hatte eine Großmutter in Hamburg, die ihm ständig Pakete mit Sachen aus dem Westen schickte. Kinderschokolade, Haribo-Gummibärchen, Nutella, Dosenananas, Pfefferminz-Kaugummi." Er zeigt auf seinen Mund.
„Und Legos."
„Gibt's so was bei euch nicht?"
„DDR-Fabrikate. Aber das ist nicht dasselbe. Westkaugummi, Westschokolade, Westgummibärchen, alles aus dem Westen war einfach besser. Ist besser. Und dann die Legos! Einfach unglaublich! Thomas bekam sie zum Geburtstag. Zu Weihnachten. Für ein gutes Zeugnis, für ein schlechtes Zeugnis. Egal, zu welchem Anlass. Das Problem war nur, dass er uns nie damit spielen ließ. Wir durften sein Lego nur angucken. Er hatte diese Weltraumstation mit Kommandozentrale, Lunar-Taxi, intergalaktischer Raumbasis, Astronauten – nicht etwa sowjetische Kosmonauten, wohlgemerkt, sondern NASA-Astronauten. Und das stand alles auf seiner Kommode, aufgebaut wie ein Altar."
„In der DDR gibt es kein Lego?"
„So was Ähnliches. Pebe. Aber überhaupt nicht zu vergleichen, viel primitiver." Er denkt einen Moment nach. „Leider hatten wir keine Verwandten im Westen, die uns Pakete geschickt haben. Mir ging's gar nicht um die Süßigkeiten. Aber die Legos! Das wäre echt ein Traum gewesen." (...)

c **Lest den Text noch einmal und korrigiert die falschen Aussagen.**

1. Thomas Großmutter wohnte in der DDR und konnte nicht reisen.
2. In der DDR konnte jeder Produkte aus Westdeutschland kaufen.
3. In der DDR gab es Schokolade und Kaugummi.
4. Mick konnte nicht mit LEGO® spielen, weil er selbst kein LEGO® hatte.

d **Mick nennt viele Markenprodukte aus dem Westen. Welche? Kennt ihr diese Marken? Welche deutschen Marken kennt ihr noch?**

10 Ⓟ **Was möchtet ihr noch über das Leben der Jugendlichen in der DDR wissen? Wählt ein Thema oder denkt euch ein eigenes aus und recherchiert in Gruppen. Vielleicht wissen eure Eltern oder Verwandten auch etwas darüber.**

Schule (Polytechnische Oberschule (POS), EOS ...)
Kleidung (Heinz Bormann, Wisent und Boxer-Jeans ...)
Musik (Phudys, Karat ...)
Jugendorganisationen (Junge Pioniere, FDJ)
Urlaub und Ferien (Datsche, FKK, ...)
Wohnen (Plattenbau, ...)
...

Fortführung der Arbeit an dem literarischen Text „Mauerblümchen".

9a Die S versetzen sich zurück in ihre Kindheit und überlegen, womit sie am liebsten gespielt haben und was sie alles zum Spielen hatten.

9b In dem Textausschnitt geht es darum, dass viele Kinder in der DDR nicht alles hatten und nur einige aus dem Westen Pakete mit den begehrten Westprodukten bekamen.
Die S finden heraus, dass das Lieblingsspielzeug von Mick die LEGO®-Sachen aus dem Westen waren, die er aber nur bei einem Nachbarsjungen bewundern durfte.

9c Textarbeit: Überprüfung des Textverstehens.
Lösung: 1f (in der BRD, in Hamburg) – 2f (nicht jeder) – 3r – 4r

9d Offene Sammlung: Welche Markennamen aus Deutschland werden im Text genannt? Welche sind den S außerdem bekannt?
Lösung: Lego®, Kinderschokolade, Haribo-Gummibärchen, Nutella

10 Das Kapitel schließt mit einem Projekt. Die S recherchieren in PA/KG zu den angebotenen Themen.

Das kann ich nach …

Die S bearbeiten die „Das kann ich“-Seite im KB und die Selbstevaluation im AB wie in der Einleitung zum Lehrerhandbuch beschrieben.

Lösungen & Tipps

Ordnet die Wörter …
die DDR: die Montagsdemonstration, der Osten, der Mauerbau
3. Oktober 1990: die Wiedervereinigung, die deutsche Einheit, der Nationalfeiertag

Lest die Jahreszahlen laut.
(Beispiel)
„siebzehnhundertsechsundfünfzig“; „zweitausendeins“ …

Wie heißen die Adjektive und Nomen?
demokratisch, gefährlich, der Fall, die Reise

Ergänzt die Sätze mit folgenden Wörtern.
1945 wurde Deutschland besiegt.
1961 wurde die Mauer gebaut.
1990 wurden die beiden deutschen Staaten wiedervereinigt.

9

Das kann ich nach Kapitel 9

Wörter, Sätze, Dialoge | **Übt zu zweit**

Deutsche Geschichte
der Zweite Weltkrieg, die BRD, die DDR, der Westen, der Osten, der Mauerbau, der Mauerfall, die Mauer, die Flucht, die Grenze, die Montagsdemonstration, die Wiedervereinigung, die deutsche Einheit, die Demokratie, die Freiheit, der Nationalfeiertag, der Staat, die Regierung, wiedervereinigt

besiegen, verlieren, fliehen, demonstrieren, aufteilen, gründen, wählen

Ordnet die Wörter zu den Mindmaps.
die Montagsdemonstration, der Nationalfeiertag, der Osten, die Wiedervereinigung, die deutsche Einheit, der Mauerbau, besiegen, verlieren

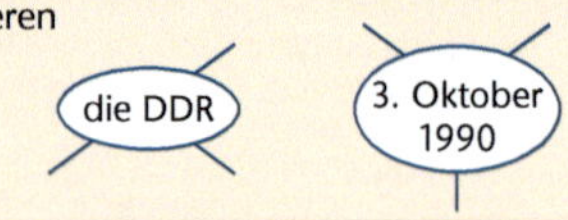

Jahreszahlen
1989 – neunzehnhundertneunundachtzig
2014 – zweitausendvierzehn

Lest die Jahreszahlen laut.
1756, 1879, 1939, 1945, 1961, 2001, 2011, 2021

Wortbildung
fliehen – die Flucht
wiedervereinigt – die Wiedervereinigung
die Freiheit – frei

Wie heißen die Adjektive und Nomen?
die Demokratie – …
die Gefahr – …
fallen – …
reisen – …

Grammatik | **Übt zu zweit**

Nebensätze mit *als* in der Vergangenheit
Als ich 13 war, habe ich mich das erste Mal verliebt.
Als ich Urlaub an der Ostsee gemacht habe, habe ich viel Party gemacht.

Ergänzt die Sätze.
Als ich zehn Jahre alt war, …
Als du mich angerufen hast, …
Als …, bin ich in die Schule gekommen.
Als …, habe ich mich sehr gefreut.

Passiv Präteritum
Am 8. Mai 1945 wurde der Zweite Weltkrieg beendet.
Im Jahr 1949 wurden zwei deutsche Staaten gegründet.

Ergänzt die Sätze mit folgenden Wörtern.
die Mauer • die beiden deutschen Staaten • Deutschland

1945 wurde … besiegt.
1961 wurde … gebaut.
1990 wurden … wiedervereinigt.

Mit Sprache handeln

Ich kann über Vergangenes sprechen.
Früher gab es …
Früher fand ich …
Früher wusste man nicht, dass …
Früher dachte ich, dass …
Als ich vier Jahre alt war, …
Als wir mit der Klasse weggefahren sind, …

Ich kann eine Präsentation halten.
Ich möchte euch … vorstellen / über … sprechen. / Mein Thema lautet …
Zuerst spreche ich über …, dann … und zum Schluss …
Als Nächstes möchte ich über … sprechen.
Hier könnt ihr sehen, …
Vielen Dank fürs Zuhören.
Habt ihr noch Fragen?

Lerntipp:
Wortbildung hilft beim Verstehen.

90 | neunzig

Ich kann ...
- sagen, wofür ich mich engagieren möchte
- über Probleme an meiner Schule sprechen
- mich in einer Konfliktsituation äußern
- Unbestimmtes ausdrücken

10

Wir tun was!

1

>>>>>>>>>>>>>>>>>> **Petition starten**

Fabiola muss bleiben!
Fabiola bereitete sich gerade auf ihr Abitur vor, da kam ein Brief von der Ausländerbehörde: Fabiola sollte Deutschland sofort verlassen. Da haben die Schülerinnen und Schüler aus Fabiolas Klasse Demonstrationen organisiert und eine Petition gestartet. Mit Erfolg! Fabiola kann mit ihrer Familie in Deutschland bleiben.

2

youngagement

Tu etwas für andere – lern etwas für dich!
Bei youngagement kannst du ein Jahr lang mit Kindern, alten Menschen oder Behinderten arbeiten und so praktische Erfahrungen sammeln und soziale Kompetenzen erwerben.

3

Indienhilfe-Jugendteam
Du möchtest dich für die Menschen in Indien engagieren, vor allem für die Kinder? Dann komm zu uns! Wir führen gemeinsame Aktionen durch, um Spenden für die Projekte der Indienhilfe zu sammeln und haben dabei natürlich auch jede Menge Spaß!

1 Dafür engagieren wir uns!

a Zu welchen der vier Themen passen die Artikel? Ein Thema bleibt übrig.
soziales Engagement • Hilfe bei Konflikten • Rechte für Ausländerinnen • Unterstützung für andere Länder

b Lest die Aussagen. Zu welchem Thema in a passen sie?
1. Ich finde interessant, was Frau Rosenberg von früher erzählt.
2. Wir haben doch hier in Deutschland alles. Da kann man ruhig auch mal was für andere tun.
3. Wir fanden das total ungerecht. Sie lebt jetzt doch schon so lange hier.

2.18 **c Zwei Interviews. Hört zu und macht Notizen. Wer macht wo mit? Was machen Johanna und Lukas?**

d Wofür kann man sich noch engagieren? Was findet ihr wichtig? Sammelt Themen und diskutiert.

Ich finde es wichtig, sich gegen Kinderarbeit zu engagieren. In vielen Ländern müssen Kinder schwer arbeiten und können nicht in die Schule gehen, das ist nicht fair.

einundneunzig 91

Allgemeines
In diesem Kapitel geht es um Engagement – in der Schule und in der Gesellschaft. Zudem geht es um Konflikte und wie man dabei vermittelt.

1a Die S überfliegen die drei kurzen Texte und ordnen drei der angegebenen Themen zu.
Lösung: 1 Rechte für Ausländerinnen – 2 soziales Engagement – 3 Unterstützung für andere Länder

1b Die S ordnen die Aussagen, die aus der Perspektive engagierter Jugendlicher geschrieben sind, den Themen aus **1a** zu.
Lösung: 1. soziales Engagement – 2. Unterstützung für andere Länder – 3. Rechte für Ausländerinnen

1c Die S hören die beiden Beiträge aus dem „Stadtradio" und machen dazu Notizen.
Am besten stoppen Sie die CD nach dem ersten Beitrag und klären, was Johanna macht. Erst dann hören die S den zweiten Beitrag.
Lösung:
Johanna: Indienhilfe; Aktionen zum Spenden sammeln, z. B. typisch indische Spiele auf dem Schulfest; indisch kochen; indische Filmabende
Lukas: youngagement; bei den Hausaufgaben helfen; Fußball spielen.

1d Offene Meinungsäußerung: Die S sammeln in PA noch weitere ihnen bekannte Möglichkeiten, sich zu engagieren.

AB zu KB Aufg. 1
1d Die S diskutieren darüber, bei welcher der im AB vorgestellten Aktionen sie am liebsten mitmachen würden, und begründen ihre Entscheidung.

Die Doppelseite beschreibt Möglichkeiten, wie man sich im Kontext Schule engagieren kann. Eine konkrete Möglichkeit ist die Mitarbeit in der Schülervertretung.

2a Die S lesen den Text und machen sich Notizen zu den Aufgaben eines Klassensprechers. Diese Aufgaben unterscheiden sich selbstverständlich je nach Schule und Umfeld. So hat z. B. nicht jede Schule eine Kantine usw.

Lösungsbeispiele:
in Konflikten vermitteln: Vermittlung zwischen Schülern und Lehrerinnen
die Interessen der Schüler vertreten: Die SMV kämpft für eine Verbesserung des Kantinenessens.
sich an Projekten beteiligen / Beispiele für Projekte: Schule als Staat, „Die grüne Woche", Unterstufenparty, Sportnacht, Garten-AG

2b Textarbeit: Die S ergänzen die Aussagen mithilfe des Textes und lesen die Sätze mit den passenden Indefinita vor. Der Grammatikkasten hilft bei der Systematisierung.
Lösung: 1. Die meisten – 2. ein paar – 3. wenige – 4. viele – 5. einige – 6. manche

2c Die S vergleichen die Situation im Text mit ihrer eigenen Schule und benennen Gemeinsamkeiten oder Unterschiede.

Schüler übernehmen Verantwortung

2 **So läuft es am Max-Planck-Gymnasium in Lahr!**

a **Die Aufgaben von Klassensprechern. Lest den Text und notiert Beispiele.**

EURE KLASSENSPRECHER ENGAGIEREN SICH FÜR EUCH!

Die Schülervertreter und die Vertrauenslehrerin vom Max-Planck-Gymnasium in Lahr

„Das ist so gemein!" Julia hat schon wieder eine 5 in Deutsch und findet das unfair. Ein Fall für Jakob, ihren Klassensprecher. Gemeinsam mit Julia geht er zur Deutschlehrerin. Sie verspricht, die Arbeit noch mal mit der einer anderen Schülerin, die eine 4 hat, zu vergleichen und gibt Julia schließlich auch eine 4. Julia freut sich, und Jakob ist froh, dass er etwas für sie tun konnte.
Die meisten Konflikte zwischen Lehrern und Schülern seiner Klasse wurden bisher gut gelöst, weil Jakob erfolgreich vermittelt hat. Manchmal hat ihm dabei auch eine Vertrauenslehrerin geholfen. Aber er hat auch noch ein paar andere Aufgaben: Er soll auch dafür sorgen, dass das Klassenklima stimmt, sich also zum Beispiel darum kümmern, dass niemand zum Außenseiter wird. Außerdem bildet er gemeinsam mit den anderen Klassensprechern die Schülermitverantwortung (SMV).
Die SMV wählt unter anderem die Schulsprecher. Sie leiten die SMV. Aber die wichtigste Aufgabe der SMV ist es, die Interessen der Schüler gegenüber den Lehrern und der Schulleitung zu vertreten. Die SMV kämpft deshalb zum Beispiel für faire Noten und für eine Verbesserung des Kantinenessens, denn nur wenige Schüler sind damit zufrieden. Die SMV soll auch viele Projekte vorschlagen und daran mitarbeiten. So organisieren einige Klassensprecher Projekte wie „Die grüne Woche" für mehr Umweltbewusstsein, die Unterstufenparty, die Sportnacht und die Garten-AG. Manche Schüler denken, dass die SMV nicht wichtig ist, aber das stimmt nicht: Die SMV betrifft alle Schülerinnen und Schüler. Alle können und sollen mit Fragen, Problemen, Ideen und Kritik zu den Klassensprechern gehen. Denn jeder Einzelne kann etwas dafür tun, dass sich alle in der Schule wohlfühlen!

b **Lest den Text noch einmal und ergänzt die Sätze.**

1. Die *meisten* Konflikte zwischen Lehrern und Schülern wurden gut gelöst?
2. Jakob hat auch noch ___ andere Aufgaben.
3. Nur ___ Schüler sind mit dem Kantinenessen zufrieden.
4. Die SMV soll ___ Projekte vorschlagen.
5. ___ Klassensprecher organisieren Projekte.
6. Nur ___ Schüler denken, dass die SMV nicht so wichtig ist.

⊃10 G

Indefinita

die meisten – viele – einige – manche – ein paar – wenige

c **Und wie ist es mit der Schülervertretung an eurer Schule? Diskutiert.**

10

3 **Klassensprecher und ihre Erfolge**

a **Lest die Homepage der SMV. Was haben die Klassensprecher erreicht? Notiert Schlüsselwörter und sprecht dann in der Klasse.**

www.Sybille-Merian-Schule.de/smv

Eure Klassensprecher: Das haben sie für euch erreicht!

In unserer Klasse gab es schon lange zwei verfeindete Gruppen. Diese Gruppen haben gar nicht mehr miteinander geredet. Deshalb habe ich die Schulsozialarbeiterin darauf angesprochen. Sie hat dann einen Nachmittag mit der ganzen Klasse gearbeitet – und seit diesem Nachmittag ist die Stimmung bei uns besser! *Fabian, 10a*

Wir hatten Probleme mit unserer Chemielehrerin. Sie hat immer alles so schnell erklärt, dass fast niemand es verstanden hat, und außerdem furchtbar schwere Tests geschrieben. Wir haben dann mal eine Stunde mit ihr darüber gesprochen. Unser Klassenlehrer war auch dabei, und ich habe dieses Gespräch moderiert. Seitdem ist es schon viel besser geworden! *Merle, 10b*

Wir hatten im letzten Halbjahr öfters vier Klassenarbeiten in einer Woche. Diesen Stress wollten wir nicht mehr! Da habe ich alle Lehrer unserer Klasse gebeten, die Termine für die Arbeiten besser zu verteilen, und das haben sie dann auch gemacht. *Lilly, 10c*

Wir fanden die graue Wand von der Sporthalle so hässlich. Gemeinsam mit anderen Klassensprechern habe ich erreicht, dass wir diese Wand in der Projektwoche bemalen durften – und jetzt sieht sie doch super aus, oder? *Mario, 10d*

b **Wie stehen die folgenden Sätze auf der Homepage? Vergleicht und ergänzt die Regel.**

1. Die Gruppen haben gar nicht mehr miteinander geredet.
2. Seit dem Nachmittag ist die Stimmung bei uns viel besser.
3. Ich habe das Gespräch moderiert.
4. Den Stress wollten wir nicht mehr.
5. Ich habe erreicht, dass wir die Wand in der Projektwoche bemalen durften.

11 **G**

Demonstrativartikel:
dieser dieses diese
Die Endungen sind wie bei ___ ___ ___.
Mit dem Demonstrativartikel wird etwas betont: **Diesen** Stress wollten wir nicht mehr!

c **Welche Probleme gibt es in eurer Klasse oder in eurer Schule? Wie könntet ihr oder eure Klassensprecher sie lösen?**

In der Pause ist es immer so langweilig. Ich hätte gerne eine Tischtennisplatte für den Pausenhof.

Vielleicht können wir auf dem Schulfest Kuchen verkaufen und Spenden dafür sammeln?

Die Sportlehrerin kommt immer zu spät, und wir müssen draußen in der Kälte warten.

Ja, stimmt. Unsere Klassensprecherin könnte doch …

dreiundneunzig | 93

Hier finden sich Beispiele einer erfolgreichen Arbeit von Klassensprechern.

3a Die S notieren Stichwörter zu den berichteten Erfolgen und versuchen, die Aktivitäten mit eigenen Worten zu beschreiben.
Lösung: Fabian: besseres Klima in der Klasse.
Merle: Chemielehrerin erklärt besser, schreibt leichtere Tests, benotet nicht mehr so streng.
Lilly: Termine für die Klassenarbeiten werden besser verteilt.
Mario: Schüler durften in der Projektwoche eine Wand bemalen.

Hinweis (Rudi und Lara): Der Witz oben auf der Seite ist, dass der vierte Tag der Woche Donnerstag ist.

3b Regelfindung zu den Demonstrativartikeln. Im Vergleich der angebotenen fünf Sätze mit den inhaltlich gleichen Sätzen im Text werden die formalen und funktionalen Eigenschaften deutlich. Der Grammatikkasten hilft bei der Formulierung.
Lösung: (im Text)
1. Diese Gruppen …
2. Seit diesem Nachmittag …
3. Ich habe dieses Gespräch …
4. Diesen Stress …
5. … diese Wand …

Regel: Die Endungen sind wie bei *der das die.*

3c Die S reaktivieren ihre Stichwörter aus **3a** und überlegen in KG, was an ihrer eigenen Schule noch zu tun wäre.

Die Sequenz beschreibt einen Konflikt in der Klasse und wie sich dieser von „aggressiv“ zu „vernünftig“ entwickelt. Im Vordergrund steht dabei die sprachliche Performanz der beiden Kontrahenten.

4a Die S vermuten, was hier passiert sein könnte.

4b Die S machen sich Gedanken zu dem Konflikt: wie er entsteht und wie er gelöst wird. Die Arbeit mit dem Streitgespräch hat zwei Ebenen: Einmal die allmähliche Deeskalation der Situation, indem die beiden S sich zunehmend ruhiger verhalten, und andererseits das theatralische Potenzial, das in dem Dialog steckt und das die S später als szenisches Spiel inszenieren könnten.
Lösung: Auslöser des Konflikts: Karl hat Hannas Füller kaputt gemacht.
Lösung des Konflikts: Karl fragt seine Eltern, ob die Versicherung das bezahlt.

4c Nachsprechübung als Vorbereitung auf das Theaterspielen: Die S sprechen die Sätze mit Emotion und Betonung.

4d Die S überlegen in KG, wie sie das Gespräch „aufführen“ wollen.

Vorschlag: Verteilen Sie die im KB schon rot und grün markierten Dialogteile an die S und lassen Sie die Rollen in PA üben und vorbereiten.

10

Sag mal, geht's noch?

4 Hast du keine Augen im Kopf??

a Seht das Foto an. Wie kann das passiert sein?

2.19 **b Hört den Dialog. Wodurch entsteht der Konflikt? Wie wird er gelöst?**

- ● Sag mal, geht's noch? Hast du keine Augen im Kopf?
- ○ Was willst du denn schon wieder von mir? Chill doch mal!
- ● Oh Mann, du Idiot hast nicht mal gemerkt, dass du meinen Füller runtergeschmissen hast! Aaah, und jetzt trittst du auch noch drauf! Wie kann man nur so blöd sein! Jetzt ist er kaputt!
- ○ Mann, jetzt stell dich mal nicht so an, ist doch nur ein Füller!
- ● Von wegen nur ein Füller! Den hat mir meine Oma geschenkt! Und sie fragt mich dauernd, wie der schreibt!
- ○ Das ist mir doch egal!
- ● Dir doch egal? Den musst du mir bezahlen, das sag ich dir!
- ○ Wie jetzt? Ich soll dir den Füller bezahlen? Das ist doch nicht dein Ernst, oder?
- ● Aber ja doch!
- ○ Komm, jetzt lass uns da mal in Ruhe drüber reden. Ich bin doch nicht extra ...
- ● Okay. Also, es macht mich total wütend, dass ...
- ○ Jetzt lass mich doch mal ausreden!
- ● Hör mir bitte mal zu!
- ○ Du zuerst!
- ● Also, für mich ist es schlimm, dass der Füller kaputt ist und ich möchte, dass du mir einen neuen kaufst.
- ○ Tut mir leid, dass ich da draufgetreten bin. Aber das war wirklich ein Versehen.
- ● Ja, ich weiß ja. Und Entschuldigung, dass ich gleich so losgemotzt habe. Aber ich brauche wirklich einen neuen Füller.
- ○ Hm. Das Problem ist nur, ich habe gerade absolut kein Geld.
- ● Weißt du was? Vielleicht zahlt das ja die Versicherung. Frag mal deine Eltern.
- ○ Okay, mach ich. Danke, Hanna.
- ● Alles klar, Karl.

2.20 **c Hört die Sätze und sprecht nach.**

d Übt die Dialogteile zu zweit und spielt sie vor – ihr könnt ruhig übertreiben!

AB zu KB Aufg. 4

7c Die S sollen mit verteilten Rollen ein weiteres Streitgespräch „spielen“ und dabei besonders auf eine emotionale Sprachverwendung achten.
Auf dieser Seite wird das Thema Konflikt wieder aufgegriffen und die Rolle des sogenannten Streitschlichters vorgestellt.

KV 15 zu Aufg. 4

Die S lesen den Dialog, klären den Wortschatz und schreiben ein kreatives Ende. Danach markieren sie mit Ihrer Hilfe Wort- und Satzakzente usw. und üben die Aussprache. Am Ende spielen die S den Dialog mit verteilten Rollen vor.

5 Streitschlichter gesucht

a Lest den Text. Ordnet die Überschriften den Absätzen zu.

a. Der Schlichtungsvertrag
b. Aufgaben eines Streitschlichters
c. Ausbildung zum Streitschlichter
d. Die drei Prinzipien beim Streitschlichten
e. Ein Beispiel für einen Konflikt

Lerntipp
Einen Text mit Überschriften gliedern hilft beim Verstehen.

Wir brauchen Verstärkung – werde Streitschlichter!

1 Solche Situationen kennt ihr sicher auch: Kurz vor dem Ende der großen Pause – Tanja hat schon ewig in der Schlange vor dem Getränkeautomaten gewartet. Sie hat großen Durst und will sich schnell noch was zu trinken holen. Da kommt Marc, schubst sie weg und holt sich eine Limo. Tanja brüllt: „Sag mal, geht's noch? Immer drängelst du dich vor!", und geht auf ihn los.

2 Irgendwo gibt es immer Ärger – man streitet oft wegen Kleinigkeiten, aber manchmal geht es auch um mehr. Und hier helfen wir Streitschlichter. Ihr erkennt uns immer an unseren roten Schals. Wir sind für euch da, denn manchmal schafft man es nicht so einfach, sich wieder zu vertragen. Schließlich geht es darum, den Konflikt nicht nur irgendwie zu beenden, sondern ihn so zu lösen, dass am Ende beide zufrieden sind.

3 Und so funktioniert das Streitschlichten: Es gibt drei Regeln: Erstens ist es wichtig, dass alle sich Zeit nehmen und in Ruhe miteinander sprechen. Man darf keine Schimpfwörter benutzen und muss sich immer ausreden lassen. Zweitens bleiben die Streitschlichter neutral. Sie helfen den Streitenden, ihre Gefühle zu reflektieren und eine Lösung zu finden, aber sie urteilen nicht und mischen sich auch nicht ein. Und drittens ist ganz klar, dass keiner irgendjemand etwas von dem Gespräch erzählt. Es bleibt also geheim.

4 Ein wichtiger Teil der Konfliktlösung ist der sogenannte Schlichtungsvertrag zwischen den Streitenden. Er wird von allen zusammen ausgefüllt. Darin steht, was passiert ist und worauf sie sich geeinigt haben. Er wird von allen unterschrieben, und irgendwann wird auch geprüft, ob alle sich daran gehalten haben.

5 Vielleicht hast du ja Lust, bei uns mitzumachen? Streitschlichter wirst du allerdings nicht einfach so – du musst es richtig lernen. Dafür gibt es eine extra Ausbildung in einem Team. Dabei reflektierst du dein Konfliktverhalten und übst in vielen Rollenspielen, Konflikte zu schlichten.
Uns macht diese Arbeit großen Spaß und wir freuen uns, wenn du bei uns mitmachst!

b Welche Definitionen passen zu den grünen Wörtern im Text?

1. über … nachzudenken • 2. du gehst an den Anfang, obwohl du noch nicht dran bist • 3. gemacht haben, was man ausgemacht hat • 4. in einer Auseinandersetzung zu vermitteln • 5. sie sagen nicht, ob sie etwas gut oder schlecht finden • 6. wieder gut miteinander umzugehen • 7. er schiebt sie zur Seite • 8. welche Lösung sie gefunden haben

c Sagt mithilfe der Überschriften aus a etwas über den Text.

d Ergänzt die Sätze mit *irgend…* Es gibt mehrere Möglichkeiten.

1. In der Schule gibt es immer ___ Konflikte.
2. Wir brauchen ___ der uns hilft, diesen Streit zu lösen.
3. Wir müssen ___ mal in Ruhe über dieses Problem reden.
4. Das finde ich ___ komisch. Warum redet ihr nicht mal zusammen?

Unbestimmtes ausdrücken: *irgend…*
irgendwo, irgendwie, irgendjemand, irgendwann …
G 10

e Wer aus eurer Klasse wäre am besten als Streitschlichter geeignet? Warum?

5a Die S ordnen die Abschnitte den Überschriften zu.
Lösung: s. unten

5b Wortschatzarbeit mit Verstehenshilfen. Die Äußerungen sind so gestaltet, dass sie probeweise von den S auch an der betreffenden Stelle eingesetzt und formuliert werden können, z. B. *Da kommt Marc und schiebt sie zur Seite und holt sich …*
Lösung:
1. über … nachzudenken – zu reflektieren
2. du gehst an den Anfang, obwohl du noch nicht dran bist – du drängelst dich vor
3. gemacht haben, was man ausgemacht hat – sich daran gehalten haben
4. in einer Auseinandersetzung zu vermitteln – Konflikte zu schlichten
5. sie sagen nicht, ob sie etwas gut oder schlecht finden – urteilen nicht
6. wieder gut miteinander umzugehen – sich zu vertragen
7. er schiebt sie zur Seite – er schubst sie weg
8. welche Lösung sie gefunden haben – worauf sie sich geeinigt haben

5c Die S geben den Text kurz in seinem Aufbau wieder, z. B.: *Der Text beginnt mit einem Beispiel für einen Konflikt. Danach werden die Aufgaben eines Streitschlichters genannt und im dritten Absatz geht es um die drei wichtigsten Prinzipien beim Streitschlichten …* Hier können die S auch Fragen zum Text stellen und andere beantworten diese.

5d Spracharbeit Indefinitpronomen: Die S ergänzen die Aussagen mit den entsprechenden „Pronomen der Unbestimmtheit".
Lösung: 1. irgendwo, 2. irgendjemand, 3. irgendwann, 4. irgendwie

5e Personalisierung.

Vorschlag: Veranstalten Sie an dieser Stelle eine kleine Wahl. Jeder S schreibt einen Namen auf einen Zettel und ergänzt ihn mit einem POSITIVEN *weil-Satz*, z. B. *Claudine, weil sie immer sehr ruhig ist.*

Lösung zu 5a:
1e Ein Beispiel für einen Konflikt
2b Aufgaben eines Streitschlichters
3d Die drei Prinzipien beim Streitschlichten
4a Der Schlichtungsvertrag
5c Ausbildung zum Streitschlichter

Video zu KB Aufg. 5

Die Szene 7 (Suchst du Streit?) zeigt einen Zusammenstoß von Carolin mit Mario, ein Streitgespräch, das sich daraus entwickelt, und einen Streitschlichter in Aktion. Interessant ist, dass ein wesentlich jüngerer S die beiden Streitenden zur Ruhe bringt und dass er zunächst den Sachverhalt schriftlich notieren lässt, um Ruhe in die Sache zu bringen. Fragen Sie die S, ob sie sich so etwas in der Art auch für die eigene Schule vorstellen könnten.

Interessant ist auch die Kritzelei, die Carolin an das Ende ihres Blattes gezeichnet hat. Lassen Sie die S die Zeichnung interpretieren (Böser Teufel und heiliger Engel), die Carolin ans Ende ihres Blatts gezeichnet hat.

Die Sequenz knüpft an die Einstiegsseite an und thematisiert wieder Situationen außerhalb des Klassenzimmers unter dem Motto „Helfen macht Spaß“.

6a Die S sprechen in KG darüber, was und wer ihnen zu dieser Frage einfällt. Danach Austausch im PL.

6b Die S fassen kurz zusammen, was die einzelnen Jugendlichen tun.
Lösung:
Laura (A): hilft Kindern bei den Hausaufgaben.
Miriam (B): spielt mit einem Mädchen.
Jan (C): spielt mit einem alten Mann Schach.
Hajo (D): hilft einer Frau, die operiert wurde.

6c Die S hören die CD und ordnen die Texte den Fotos/Texten in **6b** zu.
Lösung: 1C – 2A – 3D – 4B

6d Die S sprechen über die gestellte Frage. Diese Frage führt sicher zu einer angeregten Diskussion, denn alle Jugendlichen profitieren von der Situation, wenn auch in unterschiedlicher Weise. Und dies, obwohl sie eigentlich nur helfen wollten.
Lösung:
Jan: Der alte Mann hat ihm gute Tricks beim Schachspielen gezeigt und ihm bei einem Geschichtsreferat geholfen.
Laura: Die Kinder bringen ihr Türkisch bei, da sie bald in die Türkei fahren möchte.
Hajo: Die Frau, der er hilft, hat ihm sehr gut Physik erklärt.
Miriam: Sie hat viel Spaß mit Olivia und der Vater von Olivia hat den Computer von Miriam repariert.

6e Offene Frage. Auch wenn sich vielleicht noch nicht alle S für andere Menschen engagiert haben, gibt es sicher den einen oder die andere, die etwas dazu beitragen können. Achten Sie darauf, dass die Diskussion nicht zu sehr ins Moralische geht, sondern eher zum Nachdenken anregt.

6f Grammatikübung im Kontext des Themas.

10

Gemeinsam sind wir stark!

Ich habe einen Nachbarn, der im Rollstuhl sitzt. Er würde sich sicher freuen, wenn mal jemand mit ihm in den Park geht.

6 Helfen macht Spaß!

a **Welche Menschen brauchen Hilfe? Was kann man für sie tun? Sprecht in der Klasse.**

b **Lest die Texte. Wie helfen Miriam, Hajo, Jan und Laura den Menschen auf den Fotos?**

A Laura hilft uns immer bei den Hausaufgaben. Ich mag meinen Lehrer, Herrn Geisen, total gern, aber ich verstehe vieles nicht. Laura erklärt uns dann immer alles ganz langsam, das ist super! Ich bin jetzt schon viel besser in der Schule.

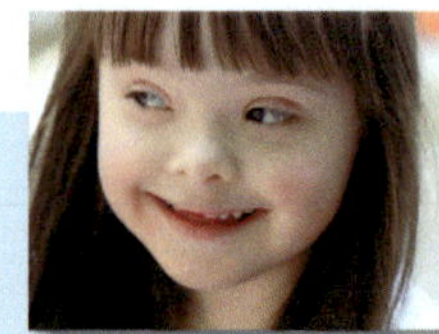

B Miriam kommt immer und spielt mit mir. Gestern waren wir im Zoo! Der Affe war so süß! Und sie kann so schön malen – heute hat sie mir einen Affen gemalt!

C Früher war es immer so langweilig hier, aber jetzt kommt einmal die Woche Jan hier vorbei. Ich freue mich immer, wenn ich ihn sehe! Ab und zu spiele ich mit dem Jungen Schach – letztes Mal hat er sogar gewonnen!

D Ich wohne im vierten Stock und bin alleinerziehend mit zwei kleinen Kindern. Als ich operiert wurde, wusste ich nicht, wie ich das alles schaffen soll. Jetzt hilft mir zum Glück Hajo, der Sohn eines Kollegen. Er holt die Kinder vom Kindergarten ab und bringt mir aus den Läden mit, was ich so brauche.

c **Hört zu. Zu welchen Texten und Fotos passen die Aussagen?** 2.21

d **Hört noch einmal. Wie profitieren auch die vier Jugendlichen von ihrer Hilfe für die Menschen? Sammelt und sprecht in Gruppen darüber.**

e **Und wen unterstützt ihr? Erzählt.**

f **Vergleicht die vier Sätze mit den Sätzen in den Texten. Was fehlt hier?**

Sie hat einen Affe gemalt.
Der Sohn eines Kollege hilft mir.
Ich spiele mit dem Junge Schach.
Ich mag Herr Geisen total gern.

⊃13 G

n-Deklination
Einige maskuline Nomen haben im Akkusativ, Dativ und Genitiv ein *-(e)n*: Nachbar, Herr, Kollege, Junge, Jugendliche, Student, Polizist, Praktikant, Präsident, Name, Bär, Affe, Elefant, …

Lösung:
Sie hat einen Affe*n* gemalt.
Der Sohn eines Kollege*n* hilft mir.
Ich spiele mit dem Junge*n* Schach.
Ich mag Herr*n* Geisen total gern.

Was fehlt? Es fehlt das *-(e)n*.

10

7 Zusammen schaffen wir das!

a Lest die Zeitungsartikel. Was haben die Jugendlichen gemacht?

Jugendzentrum gerettet!
Wochenlang hatte die Initiative „Rettet unser Jugendzentrum" Unterschriften gesammelt. Viele Jugendliche waren von Tür zu Tür gegangen und hatten mit den Leuten geredet, um sie von ihrem Anliegen zu überzeugen. Nachdem Lorenz Bär, Sprecher der Initiative, letzte Woche dem Bürgermeister 5000 Unterschriften übergeben hatte, hat der Gemeinderat gestern beschlossen: Das Jugendzentrum im alten Schloss kann bleiben! 1

Abiturienten reinigen Park nach Abiturparty
Die diesjährigen Abiturienten haben nun wirklich bewiesen, dass sie erwachsen sind: Nachdem sie die ganze Nacht im Park geblieben waren, um dort zu feiern, räumten sie am Samstagmorgen alles komplett auf. „Der Park sieht jetzt sogar besser aus als vorher!", sagte eine begeisterte Spaziergängerin. 2

b Was passiert zuerst, was später? Lest Artikel 2 noch einmal und bringt die Bilder in die richtige Reihenfolge.

A

B

c Seht euch die Bilder noch einmal an und beschreibt, was auf ihnen nacheinander passiert. Artikel 2 hilft.

Nachdem die Jugendlichen die ganze Nacht im Park gefeiert hatten, räumten sie am nächsten Morgen alles auf.

Nebensatz mit *nachdem*
Das konjugierte Verb steht immer ___.
G ⊃1

d Plusquamperfekt und Nebensätze mit *nachdem*: Seht euch den Satz in c genau an und ergänzt die Regeln.

Plusquamperfekt
Partizip Perfekt + ___ von *sein/haben*
G ⊃24

e Schreibt eine kurze Zeitungsnachricht.

1. die Abiturienten bestehen die Prüfungen / sie machen eine große Party im Park
2. sie organisieren Musik, Essen und Getränke / die Party kann losgehen
3. sie bleiben die ganze Nacht / der Park ist voll Müll
4. die Abiturienten räumen auf / die Leute sind zufrieden

Nachdem die Abiturienten die Prüfungen bestanden hatten, machten sie eine große Party im Park. Und nachdem ...

8 P Projekt: Engagement in eurer Stadt. Was könnt ihr tun? Recherchiert und stellt die Ergebnisse in der Klasse vor. Die Fragen helfen.

Wofür wollt ihr euch engagieren?
In welchem Bereich? Schule, sozialer Bereich, Umweltschutz, Tierschutz, Politik, …

Wo könnt ihr das tun?
Mit wem?
Was wollt ihr erreichen?

siebenundneunzig 97

KV 16 zu Aufg. 7
Es gibt für die Durchführung mehrere Möglichkeiten.
1. Die S falten die KV in der Mitte und Gruppe A sieht nur die linke Seite, Gruppe B nur die rechte Seite. Ein S aus Gruppe A liest einen Satz aus seinen Beispielen vor. Gruppe B muss jetzt schnell suchen, was dazu passen könnte. Nach 7 Sätzen Wechsel. Das Gleiche lässt sich natürlich auch in PA organisieren.
2. Wenn die S spielerische Arrangements lieben, dann kann man auch alle Satzteile als einzelne Kärtchen ausschneiden, mischen und von den S wieder zusammensetzen lassen.
Lösung zu KV 16: 1l – 2a – 3k – 4b – 5i – 6h – 7j – 8f – 9g – 10d – 11e – 12c

Das Kapitel endet mit Berichten von Jugendlichen, die sich gemeinsam für eine Idee oder eine Aktion einsetzen.

7a In den Zeitungsartikeln wird etwas ausführlicher beschrieben, wie Abiturienten nach einer Party alles wieder aufgeräumt haben. Die neue zeitliche Struktur *nachdem* … (Plusquamperfekt) ist hier integriert.
Die S fassen die beiden Texte kurz zusammen, verwenden dabei jedoch noch nicht das Plusquamperfekt.
Lösung:
1. Sie haben das Jugendzentrum gerettet.
2. Sie haben nach der Abiturparty im Park den Park gereinigt.

7b Vorgehen wie beschrieben.
Lösung: B – A

7c–d Regelfindung: Die S vergleichen den Zeitungsartikel 2 und die Beispielsätze in **7c** und ergänzen die Regelvorgabe im Grammatikkasten.

Regel: Nebensatz mit *nachdem*: Das konjugierte Verb steht immer *am Ende.*
Plusquamperfekt: Partizip Perfekt + *Präteritum* von *sein/haben.*

7e Im Kontext von Artikel 2 wenden die S das Plusquamperfekt an.
Lösung:
(1) Nachdem die Abiturienten die Prüfungen bestanden hatten, machten sie eine große Party im Park.
(2) Und nachdem sie Musik, Essen und Getränke organisiert hatten, konnte die Party losgehen.
(3) Nachdem sie die ganze Nacht dort geblieben waren, war der Park voll Müll.
(4) Nachdem die Abiturienten aufgeräumt hatten, waren die Leute zufrieden.

8 Anspruchsvolles Projekt. Vorgehen wie beschrieben.

Hinweis: Je nachdem, wie die S reagieren und wie ihr Interesse und ihre Möglichkeiten gelagert sind, kann das Projekt zu konkreten Aktionen führen.

Das kann ich nach …

Die S bearbeiten die „Das kann ich"-Seite im KB und die Selbstevaluation im AB wie in der Einleitung zum Lehrerhandbuch beschrieben.

Lösungen & Tipps

Welche Verben passen?
… Unterschriften für den Zoo *sammeln*.
… eine Demonstration *organisieren*.

Ergänzt das passende Nomen.
…, ist das *Klassenklima* bei uns …
… es gibt gar keinen *Streit* mehr, …
… kann aber auch wirklich gut bei *Konflikten* vermitteln.

Ergänzt. (Indefinita)
(individuelle Lösung)

Ergänzt. *(irgend…)*
irgendwie/irgendwann
irgendjemand

Ergänzt die Sätze.
Dieses *Fach* …
Diesen *Lehrer* …
In dieser *Stadt* …

Mit *-n* oder nicht?
Mit diesem Junge*n* …
Herr Schwab ist …
Meinen Nachbar*n* finde ich …
Unser Präsident heißt …

Bildet Sätze mit *nachdem* und Plusquamperfekt.
Nachdem die Schüler die Zeugnisse bekommen hatten, waren alle froh.
Nachdem Lisa ihren Abschluss gemacht hatte, ging sie ein Jahr ins Ausland.

10

Das kann ich nach Kapitel 10

Wörter, Sätze, Dialoge	Übt zu zweit
Engagement die Petition starten, eine Demonstration organisieren/durchführen, Unterschriften sammeln	**Welche Verben passen?** Wir müssen Unterschriften für den Zoo ___ . Ich finde, wir sollten eine Demonstration ___ .
Verantwortung in der Schule die Schülermitverantwortung, der Schulsprecher, der Klassensprecher, der Streitschlichter, das Klassenklima, der Außenseiter bei Konflikten vermitteln, die Interessen von … vertreten, einen Streit schlichten, für die Verbesserung des/der … kämpfen	**Ergänzt das passende Nomen.** Streit • Konflikten • Klassenklima ● Seit wir auf Klassenfahrt waren, ist das ___ bei uns viel besser. ○ Ja, es gibt jetzt gar keinen ___ mehr, alle verstehen sich gut. ● Unsere Klassensprecherin kann aber auch wirklich gut bei ___ vermitteln.
Grammatik	**Übt zu zweit**
Indefinita die meisten, viele, einige, manche, ein paar, wenige	**Ergänzt.** ___ Lehrer sind ganz nett. ___ Schüler haben nicht viel Geld. In ___ Klassen ist die Stimmung gut.
irgend… irgendwann, irgendwo, irgendwie, irgendjemand	**Ergänzt.** Wir schaffen das sicher ___ ! Aber ___ muss uns dabei helfen!
Demonstrativartikel dieser dieses diese; diese (Pl.) Die Endungen sind wie bei *der das die*. Diesen Stress wollten wir nicht mehr!	**Ergänzt die Sätze.** Dieses ___ mag ich am liebsten: Geografie. Diesen ___ finde ich nett: den Biolehrer. In dieser ___ wäre ich gern: in London.
n-Deklination Einige maskuline Nomen bekommen im Akkusativ, Dativ und Genitiv ein *-n*: der Nachbar, den Nachbarn, dem Nachbarn, des Nachbarn weitere Nomen: der Herr, der Kollege, der Junge, der Jugendliche, der Student, der Polizist, der Praktikant, der Präsident, der Name, der Bär, der Affe, der Elefant, …	**Mit *-n* oder nicht? Lest und ergänzt.** Mit diesem Junge___ verstehe ich mich gut. Herr___ Schwab ist der netteste Lehrer. Meinen Nachbar___ finde ich … Unser Präsident___ heißt …
Plusquamperfekt Partizip Perfekt + Präteritum von *sein/haben* **Nebensatz mit *nachdem*** Nachdem die Abiturienten die ganze Nacht gefeiert hatten, räumten sie den Park auf.	**Bildet Sätze mit *nachdem* und Plusquamperfekt.** die Schüler bekommen die Zeugnisse / sie sind alle froh Lisa macht ihren Abschluss / sie geht ein Jahr ins Ausland

Mit Sprache handeln

Ich kann sagen, wofür ich mich engagiere.
Ich mache bei Aktionen für … mit.
Ich demonstriere für/gegen …
Wir sammeln Spenden für …
Ich unterstütze … bei …

Lerntipp:
Einen Text mit Überschriften gliedern hilft beim Verstehen.

Ich kann mich in Konflikten äußern.
Lass uns mal in Ruhe darüber reden!
Das habe ich nicht gewusst.
Das tut mir leid!
Das war ein Versehen.
…

98 achtundneunzig

Ich kann ...
• über meinen Wohnort sprechen • Anzeigen verstehen • eine Bewerbung schreiben
• Interesse an einer Wohnung bekunden • sagen, was in der Zukunft passiert
• Prognosen machen • zustimmen und ablehnen

11

Alles wird anders

1 Zukunftsträume

a Seht die Fotos an. Welche Träume hatte Wilbur früher? Erzählt.

b Was sind eure Träume? Was macht ihr wohl in 20 Jahren?

2.22 **c Klassentreffen nach 20 Jahren. Welche Träume von Wilbur sind wahr geworden? Welche nicht?**

2 Was kommt euch in den Sinn, wenn ihr an eure Zukunft denkt?

Am wichtigsten ist für mich ....
Ich hoffe, dass ...
Ich habe Angst vor ...
Ich möchte wissen, ob ...
Ich freue mich auf...
Ich mache mir Sorgen, weil ...
Ich kann es kaum erwarten, ... zu ...
Ich bin sicher, dass ...

neunundneunzig | 99

Allgemeines

In diesem Kapitel geht es um Veränderungen im Leben von Jugendlichen, z. B. um einen Wechsel des Wohnortes, um das Leben in der Stadt oder auf dem Land, um Bewerbungen für einen Job und um die Wohnungssuche.

1a Einstieg über die Fotos, die die Träume von Wilbur zeigen. Die S versprachlichen individuell, welche Träume Wilbur früher hatte.

1b Personalisierung: Die S sprechen in PA über ihre eigenen Träume und Vorstellungen – natürlich nur, wenn sie schon welche haben sollten.

1c Die S hören von CD, welche Träume von Wilbur wahr geworden sind. Stellen Sie die zusätzliche Frage: *Was glaubt ihr, was macht Wilbur heute?* (Der Traktor gibt einen deutlichen Hinweis). ***Lösung:*** Wilbur hat nicht Design studiert, sondern Agrarwissenschaften. Er lebt nicht in der Stadt, sondern auf dem Land und besitzt vier Pferde. Er hat eine Frau und zwei Kinder. Er kann nicht lange Urlaub machen und ist nicht auf Hawaii gewesen.

2 Die S denken sich für jeden der Satzanfänge eine für sie zutreffende Ergänzung aus und lesen anschließend einige im PL vor. Sie sammeln, wo es Gemeinsamkeiten oder Unterschiede gibt. Bei dieser Aufgabe werden gleichzeitig auch viele Verben mit Präpositionen wieder aktiviert.

AB zu KB Aufg. 1

1b–c Die S schreiben einen eigenen Traum von ihrer Zukunft und vergleichen in KG ihre Träume. Was haben sie gemeinsam? Was ist das häufigste Thema?

Auf dieser Seite geht es um das Thema Stadt und Land – und um einen Umzug nach Frankfurt.

3a Die S sehen sich die Fotos an, schließen die Augen und stellen sich vor, wie es wäre, wenn sie dort leben würden. *Was kann man dort machen? Wie ist es?* usw.

3b Wortschatzarbeit: Die S ordnen die passenden Begriffe den Themen Stadt oder Land zu. Vielleicht können sie auch kurze Aussagen dazu formulieren, wie *In der Stadt ist es immer hektisch …*
Lösung: Stadt: das Hochhaus – hektisch – anonym – der Lärm – die U-Bahn – grau – voll – gefährlich – das Mietshaus – der Asphalt – die Abgase – die Industrie – der Verkehr – die Fabrik
Land: der Wald – das Dorf – die Natur – die Felder – die Landschaft – ruhig – der Bach – öde – die gute Luft – sauber – die Tiere – die Wiese – der Bauernhof

Variante: Die S entwerfen für Stadt und Land ein Assoziogramm, das sie immer wieder erweitern können.

3c Die S berichten über ihre eigene Wohnsituation. Vorbereiten in PA: Die S notieren drei positive und drei negative Aspekte. Dann vergleichen sie im PL.

4 Zwei Jugendliche ziehen vom Land in eine Großstadt. Sie interpretieren dies jedoch sehr unterschiedlich.

4a ***Beispiellösung:*** Dario wohnt auf dem Land. Er findet seinen Wohnort langweilig.

4b Die S fassen den Brief von Fiona zusammen und klären so deren Einstellungen, Ängste und Erwartungen.
Lösung: Fiona schreibt über ihren Umzug. Sie muss ins Internat, weil sie sitzen geblieben ist. Sie möchte nicht nach Frankfurt, denn sie glaubt, dass dort alles anonym ist. Außerdem hat sie Angst, dass sie keine Freunde findet.

4c Präsentation des Futur. Die S lesen noch einmal die Texte in **4a.**
Lösung: Dario: Da *werde* ich mir einen Job *suchen*. Wir *werden* uns da häufiger *sehen*.
Fiona: Da *werde* ich bestimmt keine Freunde *finden*. Und vor allen Dingen *wirst* du (Saskia) dann nicht mehr da *sein*.

4d Zuordnungsübung zum Üben des Futur.
Lösung: 1d – 2c – 3b – 4a

4e Kreative Schreibaufgabe, gut als Hausaufgabe geeignet. Geben Sie ein Beispiel vor, damit die S an die 2. Person von *werden* denken, z. B. *Du wirst bestimmt neue Freunde finden,* …

11

Auf nach Frankfurt

3 **Stadt oder Land?**

a **Seht die Fotos an. Was denkt ihr? Wie ist das Leben dort?**

b **Stadt oder Land: Wozu passen die Wörter besser?**

der Wald • das Dorf • die Natur • die Felder • hektisch • anonym • der Lärm • grau • ruhig • voll • gefährlich • das Mietshaus • sauber • der Asphalt • die Abgase • der Bach • die Industrie • öde • der Verkehr • die Tiere • die Wiese • die Fabrik • der Bauernhof • die Landschaft

c **Erzählt: Wo wohnt ihr? Was findet ihr dort positiv, was negativ?**

4 **Frankfurt!?**

a **Lest die Briefe. Wo wohnt Dario? Wie findet er seinen Wohnort?**

Hi Marvin,
in drei Tagen ziehen wir nach Frankfurt – zum Glück! Hier ist wirklich nichts los: kein Sportplatz, keine Discos, keine Jugendtreffs. Zum Einkaufen müssen wir 11 km fahren. Ich langweile mich den ganzen Tag. Und Freunde habe ich hier auch nicht.
In Frankfurt wird das sicher anders. Da werde ich mir einen Job suchen, damit ich mir endlich den Roller kaufen kann.
Weißt du aber, was das Beste an Frankfurt ist? Wir werden uns da häufiger sehen ☺.
Herzliche Grüße und lass öfter von dir hören
Dario

Liebe Saskia,
noch drei Wochen – dann ist es so weit: Umzug. Ich muss in dieses fürchterliche Internat nach Frankfurt. Und das nur, weil ich sitzen geblieben bin. Die denken wohl, dass die Lehrer in Frankfurt besser wären. Hier ist das Leben doch ideal. Ich habe meinen geliebten Judoclub, kann mit dem Fahrrad überall hinfahren und am Abend ganz ruhig einschlafen, weil es keinen Lärm gibt. Hier kenne ich jeden, aber in Frankfurt ist alles anonym. Da werde ich bestimmt keine Freunde finden. Und du wirst dann nicht mehr da sein. Das kann ich mir gar nicht vorstellen. ☹
Ich umarme dich fest,
deine Fiona

Komparation von Adverbien
oft → öfter → am öftesten
häufig → häufiger → am häufigsten
G 16

b **Fasst Fionas Mail in drei Sätzen zusammen.**

Fiona schreibt über … Sie muss ins Internat, weil …

c **Was denken Dario und Fiona über ihre Zukunft in Frankfurt?**

Ihr könnt es auch anders sagen:
Futur 1 mit *werden*: Nächstes Jahr werde ich nach Peru fliegen.
Präsens + Zeitangabe: Nächstes Jahr fliege ich nach Peru.

Zukunft: morgen oder später
Da werde ich mir einen Job suchen.
…
G 23

d **Was denkt Fiona?**

1. Ich werde keine Freunde — a. sein.
2. In der Nacht werde ich nicht gut — b. bekommen.
3. Ich werde trotzdem schlechte Noten — c. schlafen.
4. Alles wird anonym — d. finden.

e **Schreibt eine Mail an Fiona und tröstet sie.**

Video zu KB Aufg. 3

Die S sehen die Szene 1 (Voll die Action) noch einmal an. Sie illustriert das Landleben. Stoppen Sie ab und zu und lassen sie die S beschreiben, was sie sehen und wie das auf sie wirkt. Was deutlich wird, ist die Ruhe und die Natur, die Tinas Welt ist. Lassen Sie die Tiere benennen und fragen Sie die S, wer jemanden kennt, der so wohnt.
Wenn die S Interesse haben, könnten sie einen kurzen Handyclip ihres eigenen Umfelds erstellen und kommentieren.
Erklären Sie den Zusammenhang zwischen Pferden und den 16 PS (Pferdestärken) des Mopeds von Tina.

5 Die Verwechslung

a Wen oder was seht ihr auf den Fotos? Wo spielen die Szenen? Was passiert?

b Wer sagt/denkt was? Ordnet zu.

Mist, der erste Tag und ich komme zu spät.

Da hab' ich wohl was verwechselt. Aber vielleicht kann ich dir ja hiermit eine Freude machen.

Ist das vielleicht deine Jacke?

Geschafft. Jetzt aber schnell nach Hause.

Warum ist die Jacke denn so eng?

c Deckt nun die Fotos ab und antwortet: richtig oder falsch?

1. Auf dem Weg in ihre Klasse hängt Fiona ihre Jacke links neben Darios Jacke.
2. Dario zieht Fionas Jacke an, weil er die gleiche Jacke hat.
3. Darios Roller ist blau.
4. Dario holt ein Ticket aus Fionas Jacke.

12 G

Genitiv-*s* bei Namen
Fionas Jacke = die Jacke von Fiona

d Überlegt euch zu zweit eine Fortsetzung und stellt „euer" Foto Nr. 6 nach. Eure Mitschüler schlagen eine Sprechblase dazu vor.

e Spielt die Geschichte mit eurer Fortsetzung und übt sie ein.

2.23 **f Hört nun die ganze Geschichte. Vergleicht mit eurer Fortsetzung.**

g Fiona war am Freitagabend eigentlich mit ihrer Freundin Rita zum Pizzaessen verabredet. Jetzt muss sie absagen. Was schreibt sie?

Die Fotostory auf der Seite zeigt eine Verwechslungsgeschichte – und (vielleicht) den Beginn einer Freundschaft.

5a Dario und Fiona tragen die gleichen Jacken. Daraus ergibt sich eine Verwechslung.
Die S bilden Hypothesen über die Szenen auf den Fotos.
Übrigens hat sich Dario offensichtlich seinen Roller kaufen können … ☺

5b Die S versprachlichen mithilfe der Sprechblasen die Fotos.
Lösung:
Foto 1: Mist, der erste Tag und ich komme zu spät.
Foto 2: Geschafft. Jetzt aber schnell nach Hause.
Foto 3: Warum ist die Jacke denn so eng?
Foto 4: Ist das vielleicht deine Jacke?
Foto 5: Da hab' ich wohl was verwechselt. Aber vielleicht kann ich dir ja hiermit eine Freude machen.

5c Kreative Aufgabe: Die S sollen die Fotos zudecken und sich an Einzelheiten erinnern. Was ist richtig?
Achtung, in den Vorgaben ist der Genitiv bei Personennamen integriert. Weisen Sie in dem Zusammenhang auf den Grammatikzettel hin.
Lösung: 1r – 2r – 3f – 4f

5d–e Vorschläge für die szenische Umsetzung der Geschichte: Die S können die Szene mit einem Handy festhalten, das Foto ggf. ausdrucken und mit Sprechblasen versehen. Möglich wäre auch ein kurzes Video.

5f Die S hören die Szene und vergleichen mit ihren Vorstellungen aus **5d**, wie die Geschichte weitergegangen sein könnte.

5g Die S schreiben in PA kreative Nachrichten an Rita. Dies kann eine geschickte Ausrede sein oder aber die Wahrheit.

AB zu KB Aufg. 5

5a–b Die S schreiben ein kreatives „schlechtes" Ende der Verwechslungsgeschichte im KB und vergleichen ihre Versionen in der Klasse.

Die Doppelseite thematisiert Pläne für die Zeit nach der Schule sowie die Bewerbung für einen Job.

6a Als Einstieg in die Seite lesen die S, welche Pläne junge Menschen nach ihrer Schulausbildung haben. Anschließend identifizieren sie sich mit einer der Aussagen und/oder ergänzen diese um eigene Vorstellungen.

6b Zuordnungsübung: Die S lesen die Aussagen aus **6a** zusammen mit den passenden Ergänzungen vor.
Lösung: 1d – 2a – 3f – 4b – 5c – 6e

6c Die S überlegen, wer (aus **6a**) diese Bewerbung geschrieben haben könnte. In dieser Sequenz geht es aber auch bereits um die formalen und inhaltlichen Aspekte einer Bewerbung.
Lösung: Person 5

6d Spracharbeit/Paraphrasieren: Die S finden die entsprechenden Stellen im Text.
Lösung: Interessen: Ich interessiere mich sehr für den Tourismus und fremde Länder.
Kenntnisse: Ich spreche fließend Englisch und habe gute Französischkenntnisse.
Eigenschaften: Außerdem bin ich kontaktfreudig und arbeite gerne im Team.
Fähigkeiten: Ich kann gut organisieren.
Motivation: Das Praktikum als Animateur wäre für mich ideal, da ich in meiner Freizeit viel Sport treibe.

11

Was wird nach der Schule sein?

6 Schule – und dann? Eine Umfrage

a Welche der sechs Aussagen trifft auf euch zu? Welche Pläne habt ihr?

1. Mein Plan? Ein Freiwilligeneinsatz in einem Entwicklungsland.

2. Ich will sofort mit der Ausbildung anfangen.

3. Erst mal hier jobben, damit ich dann eine Weltreise machen kann.

4. Als Au-pair in die Deutschschweiz.

5. Ich möchte verschiedene Berufe kennenlernen.

6. Auf jeden Fall studieren!

b Zu welcher Aussage passen die Sätze?

a. Gleich einen Beruf erlernen, damit ich schnell unabhängig bin.
b. Die kenne ich nur von Postkarten und da sieht alles sooo schön aus.
c. Damit ich besser entscheiden kann, was ich wirklich machen will.
d. Ich will erst einmal etwas für andere tun.
e. Am liebsten Germanistik in Graz.
f. Im Moment habe ich nämlich nicht das Geld dafür.

c Lest die Bewerbung: Wer aus der Umfrage hat sie geschrieben?

Kim Häuser • Leuchterstr. 36 • 52062 Aachen

Summerdreams
Berliner Str. 5
50667 Köln

Bewerbung für ein Praktikum — Aachen, 17.5.2014

Sehr geehrter Herr Delling,

im Internet habe ich Ihre Anzeige gelesen. Hiermit bewerbe ich mich um das Praktikum als Animateur in Nizza. Im Moment besuche ich noch die Gesamtschule in Aachen. Im Juni werde ich voraussichtlich das Abitur machen. Ich interessiere mich sehr für Tourismus und fremde Länder, spreche fließend Englisch und gut Französisch. Außerdem bin ich kontaktfreudig, arbeite gerne im Team und kann gut organisieren. Das Praktikum wäre für mich ideal, da ich in meiner Freizeit viel Sport treibe. Dabei habe ich mich auf Wakeboarding und Bouldern spezialisiert.

In der Anlage sende ich Ihnen meine Bewerbungsunterlagen. Über eine positive Antwort würde ich mich sehr freuen.

Mit freundlichen Grüßen
Kim Häuser

Anlagen: Zeugnis, Lebenslauf

d Wie steht das im Bewerbungsbrief?

aktuelle Situation • Interessen • Kenntnisse • Eigenschaften • Fähigkeiten • Motivation

aktuelle Situation: Im Moment besuche ich …

102 einhundertzwei

Video zu KB Aufg. 6

Die Szene 8 (Vom Hobby zum Beruf) zeigt, wie eine junge Frau, Ines Hollinger, über ihren zukünftigen Beruf spricht. Sie möchte Theaterschauspielerin werden und berichtet über Erfahrungen in diesem Bereich. Gegen Ende betont sie, wie wichtig der Körper für diesen Beruf ist, Sport, usw.
Sie beschreibt auch den magischen Moment, wenn man auf der Bühne für einen Moment alles um sich herum vergisst und wie wunderbar dieser Moment ist. Fragen Sie die S, ob und wann sie auch schon einmal so einen Moment bei einer Beschäftigung erlebt haben und welchen Beruf sie sich für ihr Leben vorstellen.
Eine Möglichkeit wäre auch, dass das Interview von den S mit anderen Inhalten nachgespielt und gefilmt wird. Mögliches Vorgehen: Die S denken sich einen Beruf aus, der für sie wirklich erstrebenswert sein könnte und überlegen sich, was daran toll und vielleicht auch weniger toll ist. In der Klasse erarbeiten die S ca. 8–10 Fragen, die bei allen Interviews gestellt werden müssen. Dann filmen sie ihr Interview, die Fragen und Antworten und stellen die Kurzfilme in der Klasse vor. Wer hat seinen Beruf am besten dargestellt?

7 Ich bewerbe mich

a Sucht eine Anzeige aus und schreibt einen Bewerbungsbrief. 6c hilft.

a
Praktikumsplatz im Tierheim
Du möchtest dich für den Tierschutz engagieren? Wir bieten einen Praktikumsplatz im Tierheim Waldblick an. Bewerbung bitte per E-Mail an: th.waldblick@freesurf.ch

b
Au-pair gesucht
Wir sind eine nette Familie mit 3 Kindern (2–6 Jahre). Ab September suchen wir ein motiviertes, kreatives Au-pair für 1 Jahr. Bewerbung mit Bild bitte an: P. Gold, Rode-Straße 11, 10711 Berlin

c
Aushilfe für Café in Bonn
Wir suchen ab sofort eine Aushilfe im Service auf 450-Euro-Basis. Chiffre: A493575

b Drei Bewerbungsgespräche. Welche Fragen werden wohl gestellt? Sammelt.

2.24 **c Hört die Ausschnitte aus den Bewerbungsgesprächen. Welche Fragen habt auch ihr notiert?**

d Macht Prognosen: Welcher Kandidat wird den Job (nicht) bekommen? Warum?

8 Glaubt ihr's oder glaubt ihr's nicht?

a Lest einem Mitschüler die Prognosen vor. Er reagiert.

Du wirst eine interessante Arbeit finden.
Du wirst viel Geld verdienen.
Du wirst schnell Karriere machen.

Du wirst sehr allein sein.
Du wirst berühmt werden.
Du wirst sehr viel Stress haben.

Das glaub ich nicht.

2.25 **b Prognosen – Reaktionen: Hört zu und sprecht nach.**

c Zustimmung, Ablehnung oder ??? Ordnet die Redemittel zu.

a. Keine Ahnung. • b. Das finde/glaube ich nicht. • c. Das ist gut möglich. • d. Das kann schon sein. • e. Auf keinen Fall! • f. Woher willst du das denn wissen? • g. Das denke ich auch. • h. Da bin ich mir nicht sicher. • i. So ein Quatsch! • j. Bestimmt nicht!

Zustimmung ☺	???	Ablehnung ☹
	Da bin ich mir nicht sicher.	

2.26 **d Hört die Prognosen und reagiert. Die Redemittel helfen.**

e Schreibt eigene Prognosen

Heute Abend … Morgen … Nächste Woche … Nächstes Jahr … In 5 Jahren … In 50 Jahren Im Jahr 3000 …

f Lest der Reihe nach eine Prognose in der Klasse vor und reagiert wie in d.

Fortführung des Themas „Bewerbung für einen Job".

7a Die S schreiben – in Anlehnung an das Modell in **6c** – in PA eine Bewerbung zu einer der Anzeigen.

7b Die S arbeiten in drei Großgruppen – jeweils zu einer Anzeige – und einigen sich auf drei bis fünf mögliche Fragen, welche die „Arbeitgeber" stellen könnten. Danach lesen sie das Ergebnis vor oder notieren es an der Tafel.

7c Die S hören die Ausschnitte und vergleichen mit ihren eigenen Fragen.

7d Die S erkennen das fehlerhafte Verhalten der Kandidaten in den Bewerbungsgesprächen, machen sich Notizen und entscheiden. ***Beispiellösung:*** s. unten

8 Hier üben die S das Futur im Sinne von Prognosen.

8a Die S lesen sich in PA die Prognosen vor und reagieren sprachlich entweder zustimmend oder ablehnend.

8b Hören der CD. Dort gibt es viele unterschiedliche Beispiele für sprachliche Reaktionen auf Aussagen. Die S sollten vor allem die Reaktionen betont und emotional imitieren.

8c Die S legen sich im Heft eine Tabelle mit den Redemitteln an und ordnen sie zu. ***Lösung:*** s. unten

8d Anwendung der Redemittel aus **8c**. Die S hören die Prognosen und entscheiden spontan, wie sie reagieren würden.

8e Kreative Übung: Die S überlegen sich interessante Prognosen und ergänzen jeweils die Vorgaben mit einer Form von *werden* usw. Diese können auch amüsant sein, wie etwa: *Heute Abend werden alle ihre Hausaufgaben machen …*

8f Die S reagieren mit den bekannten Redemitteln, am besten in KG, damit alle S zu Wort kommen. Die besten Prognosen werden im PL vorgestellt.

Beispiellösung zu 7d:
nicht:
Svenja: Sie hat keine Erfahrung und auch keine Ahnung, was man mit Kindern unternehmen kann, ist nur an dem Geld interessiert und will, dass ihr Freund bei ihr übernachtet.
Kandidat 2: Er kommt zu spät, spricht schlecht über seine früheren Chefs, arbeitet nicht gern im Team, ist nicht flexibel.
Ja:
Kandidat 3: Er ist motiviert, will etwas lernen, ist interessiert und flexibel.

Lösung zu 8c:
Zustimmung: c – d – g
???: a – f – h
Ablehnung: b – e – i – j

Die zwei folgenden Seiten des Kapitels drehen sich um das Thema Wohnen bzw. Wohnungssuche.

9a Die S lesen die Anzeigen. Klären Sie unbekannte Begriffe. Die S hören dann die drei Telefonate und ordnen die Anrufer den Wohnungsangeboten zu.
Lösung: 1A (Wohnung in Bern) – 2C (Wohnen für Hilfe) – 3B (WG)

9b Die Lebenssituationen zweier Jugendlicher werden stichwortartig vorgestellt. Die S suchen in **9a** die passende Anzeige/Wohnung für die beiden.
Lösung: Jasmin B – Erwin A

10 Es wird die Frage diskutiert, ob man besser zu Hause wohnen bleiben sollte oder doch lieber ausziehen.

10a In PA oder KG vergleichen und bewerten die S die beiden Wohnformen (die vorgegebenen Komparative helfen) und begründen ihre Aussage. Anschließend Vorstellen im PL: Ein S wählt ein Adjektiv und begründet. Dann ist der nächste dran. Man kann die S auch Zettel mit den Adjektiven ziehen lassen. Bei Problemen hilft die Gruppe oder der Partner.

10b Die S hören das Gespräch und entscheiden.
Lösung: Ron möchte ausziehen, seine Freundin nicht.

10c–d Die S hören das Gespräch noch einmal und notieren Vor- und Nachteile der Wohnformen. Am besten arbeiten die S in KG und je zwei S konzentrieren sich auf „zu Hause" und auf „Ausziehen". Dann tragen sie die Notizen zusammen und ordnen sie. Bei **10d** ergänzen sie ihre Notizen.
Lösung:
Wohnen zu Hause:
+ man muss weniger tun; spart Zeit; bei Problemen kann man mit den Eltern sprechen; Essen steht auf dem Tisch; Gespräche mit der Familie
– manchmal nerven die Eltern
Ausziehen:
– kostet viel; man muss selber die Wäsche waschen; Aufteilung der Aufgaben funktioniert in WG meistens nicht
+ man lernt eine Menge; Eltern können nicht mehr sagen, was man tun soll; man kann selber entscheiden; man lernt neue Leute kennen

10e Mit den gesammelten Argumenten können die S jetzt eine Pro- und Kontra-Debatte führen. Teilen Sie die Klasse in zwei Gruppen: pro und kontra „zu Hause wohnen". Ein S aus Gruppe A nennt ein Argument, ein S aus Gruppe B widerspricht, usw. Dann das Gleiche mit dem Thema „Ausziehen".

10f Klassenstatistik: Wie viele möchten später einmal wo/wie wohnen?

11

Wohnen – jetzt und später

9 Gesucht – gefunden

2.27 **a Lest die Wohnungsanzeigen. Hört dann die Gespräche. Zu welcher Anzeige passen sie?**

A
Möchten Sie eine hübsche Wohnung in Bern mieten?
Wir (Ehepaar mit 2 Kindern) vermieten zum 1.8. eine möblierte Zweizimmerwohnung (32 qm) in der Bümplizstraße 17. Die Wohnung ist ca. 3 km von Stadtzentrum und Uni entfernt. Die monatliche Miete inkl. Nebenkosten beträgt 700,- Franken.
Telefon: 078 382 293 37 (abends)

B
Vermiete Zimmer in 3er-WG
Köln Ehrenfeld, Stammstr., Zimmer 14 m², 160 € Miete monatlich (inklusive Strom, Wasser, Heizung), frei ab 01.09., 390 € Kaution / 0 € Provision

C
WOHNEN FÜR HILFE IN INNSBRUCK, Brunngasse 3
Rentnerin mit Gehbehinderung sucht nette Mieterin.
Gesuchte Hilfe: einkaufen, putzen, Begleitung bei Arztbesuchen
monatliche Arbeitsstunden: 24 (dafür kostenfrei wohnen)
Wohnraum: Zimmer (16 m²) mit separatem WC. Küche und Bad können mitbenutzt werden.

b Jasmin und Erwin suchen eine Unterkunft. Lest die Notizen zu ihrer Situation. Welche Unterkunft aus a empfehlt ihr? Warum?

Jasmin
– in der Ausbildung (Altersheim)
– hat nicht viel Geld
– ist nicht gern allein

Erwin
– beginnt im Herbst sein Studium
– besitzt keine Möbel
– möchte seine Unterkunft nicht mit anderen teilen

Wenn man auszieht, ist es anstrengender als zu Hause, weil man alles selber machen muss.

Zu Hause ist es langweiliger als in einer WG, weil da nur meine Eltern sind.

10 Zu Hause wohnen oder ausziehen?

a Was findet ihr besser? Vergleicht und begründet.

besser • schlechter • teurer • billiger • bequemer • gemütlicher • einfacher • komplizierter • lustiger • langweiliger • spannender • ruhiger • lauter • sauberer • schmutziger • anstrengender • (un)ordentlicher • …

2.28 **b Ein Gespräch. Hört zu. Wer lebt lieber zu Hause, wer möchte ausziehen?**

c Hört noch einmal und notiert: Was sagen die Jugendlichen zum Thema?

Wohnen zu Hause	*Ausziehen*
+ kostet wenig	*– man muss selber kochen*
–	

d Ergänzt dann die Tabelle mit eigenen Argumenten.

e *Ja, aber …* Argumentiert und findet Gegenargumente.

Wenn man zu Hause wohnt, muss man nicht immer selber kochen. – Ja, aber man muss essen, was auf den Tisch kommt.

Ich will studieren. Deshalb würde ich gern …

f Wo und wie möchtet ihr am liebsten wohnen? Warum?

104 einhundertvier

11 Max sucht ein Zimmer – ein Telefongespräch

2.29 **a Hört zu und notiert die Informationen, die in der Anzeige fehlen.**

b Hört noch einmal. Welche Redemittel (siehe rechts) hört ihr?

c Hört das Gespräch noch einmal und lest mit.

	Bartel
Max Volkert	Guten Tag!
Zeitung / Zimmer frei?	☺
Wie viel?	620 Franken
teuer! / Wo genau?	Bahnhofsstraße 14, Stadtzentrum
☺ / frei?	1. März
☺! / besichtigen?	Freitagnachmittag, 17 Uhr
☺ / bis …	☺

d Spielt das Gespräch.

Redemittel:
Guten Tag, hier ist … / Hallo, ich bin …
In der Zeitung steht, dass … / Ich habe in der Zeitung gelesen, dass …
Ist … schon vermietet? / Ist … noch frei?
Wie viel kostet …? / Wie hoch ist …?
Wo ist …? / Wo liegt …?
Das passt gut. / Das ist ideal für mich.
Auf Wiederhören. / Tschüs.

12 Ratgeber: So bekommt ihr die Wohnung

Komplimente machen ist (un)wichtig.

a Lest die Tipps und diskutiert: Was ist wichtig? Was ist unwichtig?

a. pünktlich kommen • b. zuhören • c. sich ordentlich anziehen • d. die Hand geben • e. das Handy ausmachen • f. Komplimente machen • g. Interesse zeigen • h. Blumen mitbringen • i. nicht rauchen

b Findet ihr noch andere Tipps? Notiert sie und macht eure Top 5.

13 Projekt: Nun sucht ihr ein Zimmer

a Bildet WG-Gruppen: Was erwartet ihr von einem neuen Mitbewohner? Was findet ihr inakzeptabel? Sammelt je fünf Kriterien.

+	–
kann gut kochen	*unpünktlich*

b Seht eure Kriterien an. Überlegt Fragen an den neuen Mieter.

Kochst du am Abend? Interessierst du dich für Hip-Hop? …

c Sammelt – jeder für sich – eure positiven und negativen Eigenschaften und Fähigkeiten (je 3–5).

d Spielt „Besichtigungstermin". Interviewt potenzielle Mieter und wählt den besten. Erklärt dann, warum X euer Top-Mieter ist.

Wir haben X gewählt, weil sie/er … ist.

Sie/Er kann … Das ist für uns wichtig.

AB zu KB Aufg. 11
12a–d Sequenz zur Versprachlichung einer Dialoggrafik zum Thema Zimmersuche. Die S üben zunächst mit der Dialoggrafik und lösen sich danach beim Sprechen von den Vorgaben.

Das Kapitel schließt mit einem Telefongespräch, einem Ratgeber und einem Projekt zur Wohnungssuche.

11a Die S ergänzen beim Hören die Lücken in der Anzeige. ***Lösung:*** Ich biete ein WG-Zimmer in Zürich an. Die Wohnung liegt in der Bahnhofsstraße und hat Küche, Diele, Bad, Wohnzimmer und 3 Schlafzimmer.

11b Beim zweiten Hören achten die S auf die verwendeten Redemittel und vergleichen mit dem Redemittelkasten rechts. ***Lösung:*** Guten Tag, hier ist … – In der Zeitung steht, dass … – Ist … noch frei? – Wie viel kostet …? – Wo liegt …? – Das passt gut. – Tschüs.

11c Die S hören zusammen mit der Dialoggrafik das Gespräch noch einmal und sprechen schon leise für sich mit. Sie können auch zu Beginn das Transkript verteilen und die S danach nur mit der Dialoggrafik arbeiten lassen.

11d Die S spielen das Telefongespräch, am besten Rücken an Rücken oder sogar mit echten Handys, falls dies erlaubt ist.

12a–b Die S lesen die Tipps und bewerten ihre Nützlichkeit. Sie ergänzen die Tipps um eigene Ideen und einigen sich auf fünf.

13a **Projekt:** Die S bilden Gruppen zu viert oder fünft und notieren fünf Kriterien, die der neue Bewohner erfüllen sollte, und fünf, die nicht gewünscht werden.

13b Zu diesen Kriterien überlegen sich die S passende Fragen, die sie den Bewerbern stellen wollen.

13c Jeder S überlegt, was er an guten Eigenschaften und Fähigkeiten mitbringt und was evtl. seine Schwächen sein könnten.

13d Jeweils ein S aus jeder Gruppe (WG) wechselt in eine andere WG und ist ein Bewerber. Die KG arbeiten gleichzeitig. Achten Sie darauf, dass die Gruppen sich nicht gegenseitig stören.

Das kann ich nach …

Die S bearbeiten die „Das kann ich"-Seite im KB und die Selbstevaluation im AB wie in der Einleitung zum Lehrerhandbuch beschrieben.

Lösungen & Tipps

Ergänzt die Anzeige.
Ich *vermiete* ab 1.3. ein Zimmer in einer 4er-*WG*. Die Wohnung ist 95 *Quadratmeter* groß. Sie ist ca. 2 km von der Uni *entfernt*. Die *monatliche* Miete beträgt 200 Euro, inkl. *Nebenkosten*.

Was ist das?
Darauf stehen die Noten: das Zeugnis.
Zeigt, was man in seinem Leben gemacht hat: der Lebenslauf.
Muss man schreiben, um eine Stelle zu bekommen: die Bewerbung.
Vorbereitung auf den Beruf: die Ausbildung.

Ergänzt *oft* und *häufig* in der passenden Form.
… regnet es *öfter/häufiger* als …
… die Weltmeisterschaft *am häufigsten* gewonnen.
… genauso *oft/häufig* eingeladen wie du mich.

Morgen mache ich alles anders.
Morgen werde ich mit dem Bus fahren.
Morgen werde ich Fisch essen.
Morgen werde ich einen Brief schreiben.
Morgen werde ich früh ins Bett gehen.

Ersetzt die blauen Stellen durch den Genitiv.
Ich treffe heute *Emils Schwester.*
Wir fahren mit *Kais Vater* in die Schule.

11

Das kann ich nach Kapitel 11

Wörter, Sätze, Dialoge	**Übt zu zweit**
Wohnungsanzeige die Zweizimmerwohnung, die WG, die Miete, die Nebenkosten, die Kaution, die Provision, der Strom, die Heizung, der Quadratmeter (m^2) mieten, vermieten, anbieten, besichtigen, mitbenutzen frei, möbliert, inklusive, separat, entfernt, monatlich	**Ergänzt die Anzeige.** Suchst du ein schönes Zimmer in Freiburg? Ich ___ ab 1.3. ein Zimmer in einer 4-er ___. Die Wohnung ist 95 ___ groß. Sie ist ca. 2 km von der Uni ___. Die ___ Miete beträgt 200 Euro, inkl. ___. Tel: 0177-3818389
Bewerbung die Bewerbung, das Praktikum, die Anzeige, das Zeugnis, die Bewerbungsunterlagen (Pl.), der Lebenslauf, die Kenntnisse (Pl.), die Fähigkeiten (Pl.), die Motivation, die Ausbildung	**Was ist das?** Darauf stehen die Noten. • Zeigt, was man in seinem Leben gemacht hat. • Muss man schreiben, um eine Stelle zu bekommen. • Vorbereitung auf den Beruf
Wohnort das Mietshaus, der Bauernhof, die Fabrik, die Landschaft, der Wald, das Feld, der Bach, die Wiese, die Industrie, der Verkehr, der Asphalt, die Abgase (Pl.), der Lärm hektisch, anonym, gefährlich, ruhig, sauber, öde	**Nennt sechs Wörter zum Thema Stadt und zehn zum Thema Land.**
Grammatik	**Übt zu zweit**
Komparation von Adverbien oft – öfter – am öftesten häufig – häufiger – am häufigsten	**Ergänzt *oft* und *häufig* in der passenden Form.** In London regnet es ___ als in Barcelona. Brasilien hat die Weltmeisterschaft am ___ gewonnen. Ich habe dich genauso ___ eingeladen wie du mich.
Zukunft mit Futur: *werden* + Infinitiv Wir werden morgen einen Test schreiben. mit Präsens und Zeitangabe: Morgen schreiben wir einen Test. ich werde schreiben – wir werden schreiben du wirst schreiben – ihr werdet schreiben er/es/sie wird schreiben – sie/Sie werden schreiben	**Morgen mache ich alles anders.** Heute gehe ich in die Schule. (Bus fahren) Heute esse ich Fleisch. (Fisch) Heute telefoniere ich. (Brief schreiben) Heute gehe ich spät ins Bett. (früh) *Morgen werde ich mit dem Bus fahren.*
Genitiv *-s* Das ist Annas Bruder. Frau Tanners Fahrrad ist kaputt.	**Ersetzt die blauen Stellen durch den Genitiv.** Ich treffe heute die Schwester von Emil. Wir fahren mit dem Vater von Kai in die Schule.
Mit Sprache handeln	
Ich kann Interesse an einer Wohnung zeigen. In der Zeitung steht, dass … Ist … noch frei? Wie viel kostet …? Ab wann ist … frei? **Ich kann zustimmen und ablehnen.** ● Morgen wird es regnen. ○ Das kann schon sein. ■ So ein Quatsch.	**Ich kann eine Bewerbung schreiben.** In der Zeitung habe ich Ihre Anzeige gelesen. Hiermit bewerbe ich mich um … Ich interessiere mich für …

106 | einhundertsechs

Ich kann ...
- Interessantes auf Deutsch verstehen und darüber nachdenken
- Dialekte erkennen und benennen • über Trachten und traditionelle Musik aus DACH sprechen
- eine Sportart beschreiben • deutschen Humor verstehen und darüber lachen

12

geni@les aus DACH – und mehr ...

1 Das Ding kann man wie weit hören? 100–500 Meter? 1000–1500 Meter? 5000–10000 Meter?

2 In Deutschland „haben die Hunde Schwein" – was soll denn das bedeuten?

3 Was meint ihr: Ist das Mode aus Hamburg, München oder Berlin?

Der **Franzl** fragt seine Lehrerin: *„Fräulein, kann i für etwas bestraft wern, des i gar ned gmacht hob?"*
Die **Lehrerin**: *„Naa Franzl, freili ned. Des waar ja no scheener!"*
Der **Franzl** freut sich, klatscht in die Hände und meint: *„Des is guad, i hob nämlich mei Hausaufgab ned gmacht!"*

4 Wer kann den Witz am schnellsten „auf Hochdeutsch" erzählen?

5 Ein süßer Amerikaner für 99 Cent? Möglich oder unmöglich? Begründet!

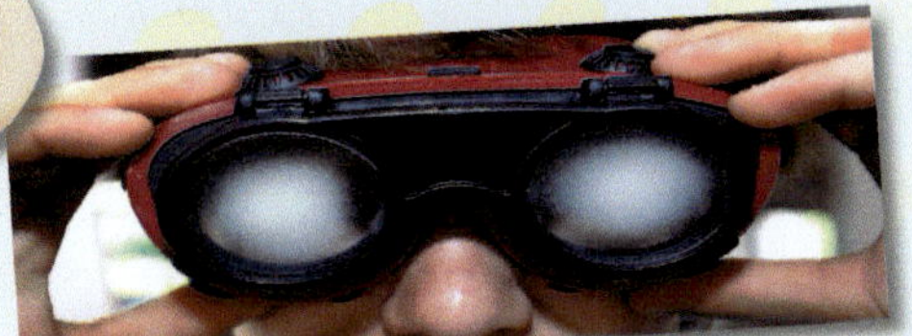

6 Er ist erst 14 Jahre jung und macht die Leute alt. Wie denn das??? Bildet Hypothesen!

7 Hört zu: Woher kommen die beiden? Aus dem Süden, Westen, Osten oder Norden von Deutschland?

1 Sieben Bilder und Texte – sieben Aufgaben: Los geht's!

2.30 **a Versucht, die Aufgaben zu lösen. Überlegt, vermutet, ratet. Hört dazu auch die CD.**

b Vergleicht nach 10 Minuten zu zweit.

c Vergleicht nach 15 Minuten in der Klasse.

Allgemeines

Kapitel 12 ist das letzte Kapitel des Kursbuchs – danach kommt nur noch Plateau 3 – und weicht in Aufbau und Charakter von den anderen Kapiteln ab. Es ähnelt eher einem lockeren „Journal" und präsentiert unterschiedliche Inhalte aus den deutschsprachigen Ländern, wie Traditionen, Musik, Dialekte, Skurriles und Spaßiges – in der Regel ein Thema pro Seite.

1a–c Die Fotos und der Text sind hier ausnahmsweise direkt mit kleinen Aufgaben verbunden, die die S zunächst in EA lösen und dann in PA bzw. im PL vergleichen.

Lösung:
1. Ein Alphorn kann man je nach Landschaft 5–10 km weit hören.
2. „Schwein haben" heißt: „Glück haben".
3. Das ist Mode aus München.
4. Der Franzl fragt seine Lehrerin: „Fräulein, kann ich für etwas bestraft werden, was ich gar nicht gemacht habe?" – Die Lehrerin: „Nein Franzl, freilich nicht. Das wäre ja noch schöner!" – Der Franzl freut sich, klatscht in die Hände und meint: „Das ist gut, ich habe nämlich meine Hausaufgaben nicht gemacht!"
5. „Amerikaner" ist ein süßes Gebäck, das man überall in Deutschland in Bäckereien bekommen kann.
6. Die S sollen Hypothesen bilden. Mehr dazu erfahren sie auf Seite 110.
7. Auf der CD hört man ein Gespräch aus dem Norden von Deutschland.

Auf dieser Journalseite geht es um einen Trend, bei dem junge Menschen immer häufiger traditionelle Aspekte von Musik, Mode usw. mit modernen Varianten bereichern.

2a Die S reagieren mit Äußerungen auf die gezeigten Musikinstrumente.

2b Die S hören das Lied und versprachlichen ihren Eindruck.

2c In KG überlegen die S, ob sie jeweils zwei oder drei Namen von traditionellen und modernen Musikern nennen können. Vergleich im PL und generelles Gespräch über diese Art von Trends.

Traditionelles wiederentdeckt

Andreas Gabalier – Der Alpen-Elvis

Kurze enge Lederhose, Harmonika, Sonnenbrille und Elvis-Frisur, so sieht er aus, der erfolgreichste österreichische Musiker, Andreas Gabalier.

Seine Volkslieder im Pop- und Rock-Stil begeistern Jung und Alt, insbesondere die weiblichen Fans. „I bin a Volks-Rock'n'Roller, a Lederhosen-Jodler ...“ singt Andreas vor 42 000 Fans in Wien. Seine Karriere begann der junge Grazer 2009, als er im Keller ein Lied für ein Mädchen schrieb, in das er verliebt war, und das Lied zum Radio brachte.

Drei Jahre später hat Andreas Gabalier schon mehrere der wichtigsten deutschen und österreichischen Musikauszeichnungen gewonnen und sein erfolgreichster Song „I sing a Liad für di“ (Ich singe ein Lied für dich) war in Österreich länger in den Charts als jedes andere Lied. Andreas singt im Dialekt und er schreibt seine Texte selbst. Dazu spielt er die steierische Harmonika. Bei seinen Konzerten tragen die Fans Lederhose und Dirndl, denn Trachten finden auch Teenies wieder cool, nicht nur in Österreich.

Neue Klänge aus alten Instrumenten

Der Österreicher Andreas Gabalier spielt eins, die Schweizerin Eliana Burki spielt eins, der Österreicher Christof Dienz spielt eins: traditionelle Musikinstrumente.

Zither

„Wieso sollten wir nicht wie jedes andere Land auch stolz auf unsere Nationalinstrumente sein?,“ meint Eliana Burki. Diese werden auch bei der Jugend immer beliebter. Aber die Musik, die Andreas Gabalier mit der steierischen Harmonika, Eliana Burki mit dem Alphorn und Christof Dienz mit der Zither spielen, ist nicht nur klassische Volksmusik, sondern auch moderne Rock- und Popmusik, Jazz, Funk und experimentelle Musik.

Eliana Burki

2 Musik – traditionell oder modern?

a **Kennt ihr die Instrumente auf den Fotos? Wer spielt wohl solche Instrumente normalerweise? Gibt es in eurem Land ähnliche Instrumente?**

2.31 b **Hört das Lied. Wie gefällt euch die Musik? Beschreibt sie.**

Die Musik klingt ein bisschen wie Rock, aber auch ...

c **Welcher Musiker ist in eurem Land mit traditioneller Musik gerade sehr erfolgreich? Welcher Musiker mit moderner Musik?**

Das Comeback der Trachten

Man sieht sie seit einigen Jahren überall auf allen großen Volksfesten in Süddeutschland, Österreich und der Schweiz: Trachten! Wer keine hat, kann sie sich in Geschäften oder im Internet kaufen oder ausleihen. Vor 15 Jahren war es unter jungen Leuten noch peinlich, ein Dirndl oder Lederhosen zu tragen. Heute haben 16-jährige Mädchen großen Spaß dabei, mit ihren Freundinnen auf Dirndl-Shoppingtour zu gehen.

Auch im Norden und Osten Deutschlands gibt es Trachten, aber die werden meist nur von wenigen Menschen getragen, zum Beispiel von Mitgliedern der Trachtenvereine, die bei Trachtenfesten oder anderen Volksfesten traditionelle Tänze vorführen. Diese Trachten kann man auch nicht im Laden oder im Internet kaufen wie Dirndl oder Lederhose. Sie werden von Generation zu Generation weitergegeben oder selber genäht.

Man spricht Dialekt

„I sing a Liad für di!" und „Amoi seng' ma uns wieder" (Irgendwann sehen wir uns wieder). Andreas Gabalier singt im Dialekt und seinen Fans gefällt das. Dabei fanden besonders die jungen Deutschen Dialekt lange uncool. Das stimmt heute nicht mehr. Besonders in der südlichen Hälfte von Deutschland, aber auch in Hamburg und Schleswig-Holstein gibt es viele junge und alte Dialektsprecher. Insgesamt können in Deutschland mehr als die Hälfte einen Dialekt sprechen. So wird zum Beispiel im Norden Plattdeutsch, kurz Platt, gesprochen. In Teilen von Ostdeutschland spricht man Sächsisch, in der Mitte Hessisch und Thüringisch, im Südwesten Pfälzisch, Schwäbisch und Fränkisch und im Südosten Fränkisch und Bayerisch. Und dies sind nur die häufigsten Dialekte. In der Schweiz und in Österreich wird fast nur Dialekt gesprochen.

3 Trachten und Dialekte – wieder in?!!

2.32 **a Seht die Fotos an und hört zu. Wann und wo werden Trachten getragen?**
b Würdet ihr gerne Dirndl oder Lederhose tragen? Warum (nicht)?
2.33 **c Zeigt auf der Karte, wo die im Text genannten Dialekte gesprochen werden. Hört dann zu. Versteht ihr, was die Personen sagen?**
2.34 **d Hört weiter. Welche Dialekte hört ihr? Welchen versteht ihr am besten?**

Die Seite bietet zwei unterschiedliche Themen an: Einmal die Tatsache, dass Trachten auch bei jungen Mädchen und Jungen in deutschsprachigen Ländern wieder auf verstärktes Interesse stoßen, und zweitens einen Einblick in die Dialektlandschaft Deutschlands.

3a Die S hören die Gespräche zu den Trachten und achten auf die Informationen zu der Frage. Natürlich ist es auch hochinteressant zu erfahren, was die S darüber denken und ob es etwas Vergleichbares auch in ihrem Land gibt.

Lösung: 1. Auf der Hochzeit, auch von Jungen und Mädchen.
2. Bei bestimmten Festen tragen fast alle Tracht, heute sogar mehr als früher.
3. Zum Konzert von Andreas Gabalier.

3b Freier Meinungsaustausch.

3c Hier werden die S anhand von Hörbeispielen mit einigen Dialekten bekannt gemacht. Sie suchen zunächst auf der Karte die Regionen und hören dann die Aussagen. Der Satz ist immer derselbe, die Dialekte aber wechseln.

Lösung: Die Personen sagen: *„Ich gehe jetzt nach Hause. Oh, ich freue mich schon auf das Abendessen. Hab' ich Hunger!"*
Die Dialekte sind in folgender Reihenfolge: 1. Plattdeutsch – 2. Bayerisch – 3. Schwyzerdütsch – 4. Pfälzisch – 5. Hochdeutsch

3d Die S versuchen wiederzuerkennen, um welchen Dialekt es sich handelt. Erinnern Sie auch an den kleinen Witz auf der Einstiegsseite. Vielleicht können die S ja den Dialekt jetzt schon imitieren und den Witz vorspielen?
Lösung: Die Personen sagen: *„Wo ist denn bloß meine Brille? Wo hab ich sie gestern nur hingelegt? Mist! Ich komme zu spät zur Arbeit."*
Die Dialekte sind in folgender Reihenfolge: 1. Bayrisch – 2. Pfälzisch – 3. Plattdeutsch – 4. Schwyzerdütsch – 5. Hochdeutsch

Die Seite stellt interessante und ungewöhnliche Aspekte aus der Berufswelt vor.

4 Immer wieder gelingt es relativ jungen Menschen mit einer guten Idee oder mit besonderen Begabungen gesellschaftliche oder wissenschaftliche Aufmerksamkeit zu erhalten, so der 14-Jährige, der sich mit der Wahrnehmung älterer Menschen beschäftigt.
Ein anderer Aspekt sind die jährlichen „Girls' und Boys"-Tage, die schon seit einigen Jahren in Deutschland, Österreich und der Schweiz stattfinden und auf wachsendes Interesse treffen.

4a Die S tauschen ihre Informationen in KG aus und berichten im PL

4b Die S erstellen eine kleine Klassenstatistik (bei gemischten Klassen) oder berichten aus ihrem Umfeld.

4c Die S überlegen sich eine Frage, die sie dem jungen Dozenten bei einem Treffen stellen würden.

4d **Vorschlag:** Die S schreiben ihre Wünsche oder Vorstellungen, womit sie gerne erfolgreich wären, auf einen Zettel. Die Zettel werden eingesammelt. Ein S (oder Lehrer) liest einen Zettel vor, die anderen raten, wer das geschrieben haben könnte. Zusatzfragen oder Informationen sind erlaubt.

Berufsfindung einmal anders ...

„Professor" mit 14

Er sieht aus wie ein ganz normaler 14-jähriger Junge – und unterrichtet doch schon an der Uni.

Lukas Baumann aus Dortmund liebt seinen Opa Klaus. Weil dieser viele Krankheiten hat, die alte Menschen so bekommen können, fing Lukas an, über das Altern zu forschen und hat dann den „Geronto-Koffer" erfunden. In dem sind viele Dinge, mit denen Lukas veranschaulichen kann, wie es sich anfühlt, mit Alterskrankheiten zu leben. Er hat zum Beispiel eine große Brille mit milchigen Gläsern entwickelt. Sie zeigt, wie schlecht man im Alter sieht. Außerdem sind in dem Koffer Handschuhe, die simulieren, wie schwer es ist, mit steifen Fingern feine Arbeiten zu erledigen. Und ein Kopfhörer macht alles um einen herum so leise, dass man so wenig hört wie ein Schwerhöriger. Mit diesen und anderen Gegenständen aus seinem „Geronto-Koffer" demonstriert Lukas an der Uni Essen Studierenden und Professoren ganz einfach, wie sich die typischen Alterskrankheiten anfühlen. Er ist hier der jüngste Dozent – und einer der erfolgreichsten.

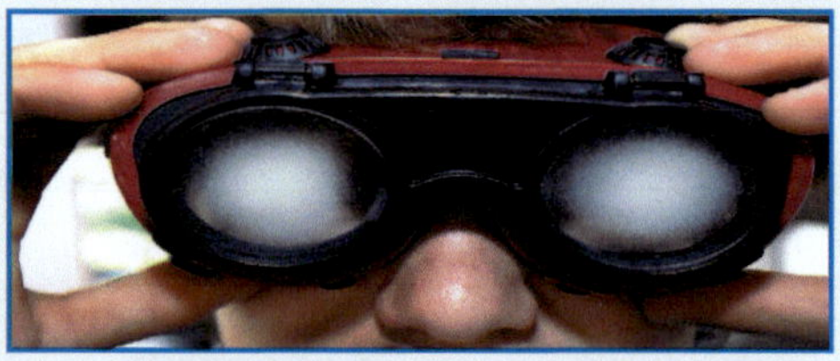

Österreich: Neue Wege für Mädchen und Burschen

Unter dem Motto **„Jung, männlich, cool, Altenpfleger?!"** sollen Burschen motiviert werden, sich für soziale Berufe zu entscheiden – denn dort werden Männer dringend gesucht. Am **Boys' Day** lernen sie Berufswelten kennen, die bisher als typisch weiblich gelten: Kindererziehung, Altenpflege und Sozialarbeit. Und sie treffen dort Männer, die erfolgreich und mit Engagement in diesen Berufen arbeiten und können sie zu ihrem Alltag und ihren Erfahrungen befragen.
Umgekehrt können am **Girls' Day** Mädchen in typische Männerberufe hineinschnuppern – denn Ingenieurinnen und Technikerinnen gibt es immer noch zu wenig. Sie können in der Industrie zum Beispiel als Chemikerinnen Spielzeug testen, in der Produktion an Maschinen arbeiten, eine Ingenieurin in ihrem Arbeitsalltag begleiten und vieles mehr!

4 **Berufe – für Jung und Alt, Frau und Mann**

a **Kennt ihr ähnliche Geschichten oder Initiativen wie in den Artikeln? Wie lernt ihr in eurem Land Berufe kennen? Erzählt.**

b **Was sind in eurem Land typische Männer- und Frauenberufe? Warum ist das so?**

c **Was würdet ihr Lukas, den Professor, gern fragen?**

d **Womit möchtet ihr erfolgreich sein? Sprecht in Gruppen.**

AB zu KB Aufg. 4
4a–b Die S ergänzen Interviewfragen an ein 12-jähriges Zwillingspärchen, vergleichen sie und recherchieren die Antworten im Internet. Jana und Sophia sind zwei Mädchen, die schon in diesem Alter erfolgreiche Schauspielerinnen sind.

12

Ganz schön sportlich!

Jugend entdeckt alte Sportart neu

Der beliebteste Sport in den deutschsprachigen Ländern? Fußball natürlich, zumindest bei Jungen und Männern. Immer beliebter werden allerdings Sportarten, für die man keinen Trainer braucht, keine Sporthalle und möglichst wenig Regeln, wie zum Beispiel Klettern, Parkour, Skaten, Slacklining. Aber in der Schweiz ist seit ein paar Jahren eine alte Sportart wieder ganz angesagt: Schwingen. Immer mehr Leute, insbesondere Kinder und Jugendliche strömen in die Vereine, um diese alte Kampfsportart zu trainieren. In einigen Vereinen müssen sogar schon neue Hallen gebaut werden.

Jost Arens – Das Wunderkind der deutschen Skateboardszene

Er fährt Skateboard, seit er sechs Jahre alt ist. Mit 11 stellte er ein Video von sich beim Skaten ins Internet, durch das er in der Szene bekannt wurde. Schon mit 12 fuhr er bei Wettbewerben mit, und mit 14 war er deutscher Amateurmeister. Das Geheimnis seines Erfolgs? Jost bezeichnet sich selbst als „Motivationskünstler". Sein Lebensmotto fasst er in vier Buchstaben zusammen: yolo – „you only live once". Und dies sind seine Tipps für Wettkämpfe: „Lass dich einfach nicht stressen, wenn es soweit ist!" Außerdem betont er, dass es ganz wichtig ist, sein eigenes Ding zu machen, die Zuschauer zu vergessen und einfach nur ans Skaten zu denken!

5 Ganz schön sportlich!!

2.35 a Was genau ist Schwingen? Hört das Interview, macht Notizen und vergleicht.

b Welchen Sport haben eure Großeltern getrieben? Fragt und berichtet.

c Wunderkinder?? Kennt ihr in eurem Land junge und talentierte Sportler? Was wisst ihr über sie? Erzählt.

d Wie findet ihr das Motto und die Tipps von Jost? Welche Tipps habt ihr?

einhundertelf | 111

Hier werden zwei Sportarten bzw. Sportler vorgestellt: das Schwingen, eine Schweizer Sportart, und ein begabter junger deutscher Skater.

5a Ähnlich wie Trachten und alte Instrumente scheinen auch traditionelle Sportarten wieder in Mode zu kommen, so wie das schweizerische „Schwingen", welches hier vorgestellt wird. Die S hören die CD und schreiben einige Stichpunkte mit. Sie vergleichen und ergänzen diese dann in PA. Lassen Sie einen S kurz zusammenfassen, worum es bei diesem Sport geht.

Vorschlag: Teilen Sie die Klasse in zwei Gruppen. Gruppe A erhält das Transkript des Hörtextes und die andere Gruppe stellt Fragen zum Sport, welche Gruppe A mithilfe des Transkripts beantwortet.

Lösung: Traditionelle Sportart aus der Schweiz, so ähnlich wie Ringen oder Sumo. Die Sportler tragen besondere Hosen. Heute gibt es immer mehr Teilnehmer, vor allem auf dem Land. Sieger ist, wer den Gegner auf den Rücken wirft.

5b Die S recherchieren zu Hause und berichten.

5c In der Regel sind die Menschen in allen Nationen stolz auf „ihre" erfolgreichen Sportler.

5d Die S diskutieren die pragmatische „Lebensweisheit" von Jost.

Video zu KB Aufg. 5

Hier bietet es sich an, nochmals Szene 2 (Stuntman: Mit viel Training ans Ziel) anzusehen. Regen Sie die S dazu an, über ihre Sportinteressen zu sprechen und auch das Risiko, das bei solchen Hobbies mit im Spiel ist, kritisch zu reflektieren. Wer von den S übt Extremsportarten aus wie Klettern, Bungeespringen, Fallschirmspringen, Paragliding, Wildwasserrafting, Motorradrennen, oder sogar extrem gefährliche Aktivitäten wie train surfing, Haitauchen usw.?

Die folgenden zwei Seiten spielen mit unterschiedlichen Ereignissen einer besonderen „Woche“ und bieten mehr oder weniger ernste Themen und Aktivitäten an.

6 Die S äußern sich zu der „Umfrage der Woche“.

Alternative: Die Umfrage der Woche kann natürlich durch andere Fragen ersetzt werden, wie *„Willst du einmal heiraten“* usw., also durch ähnliche Themen, die in der Regel eine angeregte Diskussion ermöglichen.

7a Das Haus steht auf der Insel Sylt und hat ein Dach aus Reet, einem regional üblichen Schilfrohr, das ihm ein besonderes Aussehen verleiht. Die S vergleichen dies mit typischen Hausformen im eigenen Land.

7b Wiederum ein kontroverses Diskussionsthema, da beide das „Kindchenschema“ ansprechen. Bei dem Thema melden sich sicher auch die Vegetarier in der Klasse zu Wort.

7c Nach Lösung der witzigen Sprüche und des Bastelgedichts tragen die S die Texte am besten zu zweit vor.

Lösung:

„Die Ameisen“

In Hamburg lebten zwei Ameisen,
die wollten nach Australien reisen.
Bei Altona, auf der Chaussee,
da taten ihnen die Beine weh
und da verzichteten sie weise
dann auf den letzten Teil der Reise.

Schulsprüche:

Lehrer nennen es abschreiben, doch wir nennen es TEAMWORK!
Schade, dass die Schule nicht wie eine Pizza ist: Heiß, knusprig und in 5 Minuten fertig!
Was haben ein Lehrer und ein Baby gemeinsam? Sie glauben, wenn sie schreien, bekommen sie alles!
Warum spielen Lehrer nie Verstecken? Weil niemand sie suchen will!
Schule ist Lernen. Lernen ist Zeit. Zeit ist Geld. Geld ist Luxus. Und Luxus kann sich ein Schüler nicht leisten!

12

Unsere Woche!! Viel Spaß ☺

Die Umfrage der Woche: „Willst du später Kinder haben?“

Melanie, 17
Ich möchte schon gern mal Kinder haben, wenn ich den richtigen Mann dazu gefunden habe. Also nur dann, wenn die Familie komplett ist. Ich will nämlich nicht alleinerziehende Mutter sein, das ist mir zu viel Stress. Und zwei Kinder reichen mir.

Lena, 16
Ich habe ja noch ein bisschen Zeit. Ich möchte später studieren und Ärztin werden, das ist ziemlich stressig. Vielleicht habe ich da gar keine Zeit für eigene Kinder. Und man kann ja auch ein Kind adoptieren, es gibt so viele Kinder, die keine Eltern mehr haben.

Sven, 17
Nein, ich möchte keine Kinder haben. Auf gar keinen Fall. Die Welt wird immer schlimmer, unsere Umwelt wird zerstört, es gibt überall Konflikte oder sogar Kriege und Arbeitslosigkeit. Das ist keine schöne Welt für Kinder! Also, ich möchte keine Kinder in diese Welt schicken.

Bastian, 16
Ja klar, zwei Stück! Einen Jungen und ein Mädchen, das ist die Bedingung. Einzelkinder finde ich blöd, die sind mir zu verwöhnt. Kinder sind wichtig, denn da hat man später etwas, worauf man stolz sein kann.

Die Fotos der Woche

Das Bastelgedicht der Woche

„Die Ameisen“
und da verzichteten sie weise
die wollten nach Australien reisen.
da taten ihnen die Beine weh
In Hamburg lebten zwei Ameisen,
Bei Altona, auf der Chaussee,
dann auf den letzten Teil der Reise.
Joachim Ringelnatz

Die Schulsprüche der Woche – wie lauten sie?

Lehrer nennen es abschreiben, | Sie glauben, wenn sie schreien, bekommen sie alles!
Schade, dass die Schule nicht wie eine Pizza ist: | Weil sie niemand suchen will!
Was haben ein Lehrer und ein Baby gemeinsam? | Und Luxus kann sich ein Schüler nicht leisten!
Warum spielen Lehrer nie Verstecken? | Heiß, knusprig und in 5 Minuten fertig!
Schule ist Lernen. Lernen ist Zeit. Zeit ist Geld. Geld ist Luxus. | doch wir nennen es TEAMWORK!

6 **Umfrage der Woche: Welche Antwort gefällt euch? Wie würdet ihr in der Klasse antworten?**

7 **Fotos, Gedicht und Sprüche der Woche**
- **a** **Wo steht das Haus mit dem hohen Dach? Ratet. Wie sieht ein typisches Haus bei euch aus?**
- **b** **Wen essen? Wie würdet ihr euch entscheiden? Begründet.**
- **c** **Wie lauten das Bastelgedicht und die Schulsprüche? Tragt sie zu zweit mit Emotion vor.**

112 | einhundertzwölf

AB zu KB Aufg. 7

7a–c Die S schreiben analog zu zwei Vorgaben eigene kleine Gedichte und werden auf Reimwörter aufmerksam. Sollten die S dies gerne und mit Erfolg machen, könnte man die „Werke“ auch sammeln und veröffentlichen (Homepage, Plakate, usw.)

Die „Lautvorlesegeschichte" der Woche: „Barbara"

Das kommt in der Geschichte vor:
Barbara, Rhabarber, Rhabarberkuchen, eine Bar, Barbaren, ein Bart und ein Barbier.

In einem kleinen Dorf wohnte einst ein Mädchen mit dem Namen Barbara. Barbara war in der ganzen Gegend für ihren ausgezeichneten Rhabarberkuchen bekannt. Weil jeder so gerne Barbaras Rhabarberkuchen aß, nannte man sie Rhabarber-Barbara. Rhabarber-Barbara merkte bald, dass sie mit ihrem Rhabarberkuchen Geld verdienen könnte. Daher eröffnete sie eine Bar: Die Rhabarber-Barbara-Bar. Natürlich gab es in der Rhabarber-Barbara-Bar bald Stammkunden. Die bekanntesten unter ihnen, drei Barbaren, kamen so oft in die Rhabarber-Barbara-Bar, um von Rhabarber-Barbaras Rhabarberkuchen zu essen, dass man sie kurz die Rhabarber-Barbara-Bar-Barbaren nannte. Die Rhabarber-Barbara-Bar-Barbaren hatten wunderschöne, dichte Bärte. Wenn die Rhabarber-Barbara-Bar-Barbaren ihren Rhabarber-Barbara-Bar-Barbaren-Bart pflegten, gingen sie zum Barbier. Der einzige Barbier, der einen Rhabarber-Barbara-Bar-Barbaren-Bart bearbeiten konnte, wollte das natürlich betonen und nannte sich Rhabarber-Barbara-Bar-Barbaren-Bart-Barbier.

tief Luft holen, kleine Pause! ... und jetzt Endspurt!!!

Nach dem Schneiden des Rhabarber-Barbara-Bar-Barbaren-Barts geht der Rhabarber-Barbara-Bar-Barbaren-Bart-Barbier meist mit den Rhabarber-Barbara-Bar-Barbaren in die Rhabarber-Barbara-Bar, um mit den Rhabarber-Barbara-Bar-Barbaren von Rhabarber-Barbaras herrlichem Rhabarberkuchen zu essen.

ENDE!!! UFF!!!!!

Die furchtbare Nachricht der Woche: Die Deutschen sind „Kannibalen"!

Sie essen Amerikaner, Berliner, Krakauer und Wiener?

8 Geschichten und Nachrichten der Woche

2.36 a Hört die Lautvorlesegeschichte und übt sie ein. Die Anleitung hilft.

b Wer kann die Geschichte ohne Fehler vorlesen?

c Sind Deutsche Kannibalen? Recherchiert und erklärt das Essen. Was ist was? Wie schmeckt es? Süß, sauer?

d Gibt es bei euch auch Essen mit interessanten Namen?

Geschichte trainieren
Lest zuerst die Wörter und sprecht sie laut aus: Barbara, Rhabarber, Rhabarberkuchen, Bar, Barbaren, Bart, Barbier.
Übt dann das längste Wort: Rhabarber-Barbara-Bar-Barbaren-Bart-Barbier.

Zum Schluss der „Wochengeschichten" müssen die S sich noch einmal richtig konzentrieren. Hier warten ein anspruchsvoller Zungenbrecher und Lebensmittel, die den Namen von Städten oder Ländern tragen, auf die Schüler.

8a–b In der Tradition der Zungenbrecher ist „Barbara" eine etwas längere Geschichte, die nicht ganz einfach vorzutragen ist. Die S hören die Geschichte auf der CD und üben sie stückweise ein, wie auf dem Zettel beschrieben.

8c Vielleicht sind einige der Lebensmittel für die S unbekannt. Die S tragen die Informationen dazu in der Klasse zusammen und stellen die Nahrungsmittel kurz vor.

8d Vergleich mit dem eigenen Land.

Sachinformation:
Wiener und Krakauer sind Wurstsorten, die gekocht werden und mit Senf oder als Salat gegessen werden. Amerikaner und Berliner sind jeweils süße Gebäckstückchen.

Statt eine Rückschauseite zu bearbeiten, werden die S hier noch einmal sprachlich aktiv. Der Text „Die Schwierigkeit aufzuhören" lebt von der richtigen Betonung und der Emotionalität des Vortrags.

9a Die S hören den Text auf der CD, lesen mit und klären Verständnisfragen. Stoppen Sie, wenn die S Nichtverstehen signalisieren, denn es gibt im Text einige idiomatische Redewendungen.

9b–c Die S übernehmen reihum je einen Satz und lesen ihn laut vor, auch schon mit Mimik und entsprechender Betonung. Zum Schluss sollte das Ganze zügig durchgespielt werden und mit einem kollektiven „RUHE!!!" enden.

Vorschlag: Lassen Sie die S den Text für ein Video inszenieren.

12

Die Schwierigkeit aufzuhören

(Mehrere Personen)

Schluss jetzt!
Ich finde auch, es reicht!
Sehr richtig! Einmal muss Schluss sein!
Und zwar endgültig!
Man muss auch mal aufhören können!
Und darum: Schluss jetzt!
Ein für alle Mal!
Jawohl! Denn sonst geht's endlos so weiter.
Und wir kommen nie an ein Ende!
Und reden morgen früh immer noch.
Schrecklicher Gedanke!
Ich schlage vor: jeder hält jetzt einfach seinen Mund!
Sehr gut. Von jetzt an – kein Wort mehr!
Es wird einfach aufgehört.
Und zwar ruck-zuck!
Denn sonst hören wir ja doch nicht auf.
Das fürchte ich auch.
Also, jetzt reicht's aber wirklich!
Herrjeh nochmal, hört doch endlich auf!
Das ist ja nicht auszuhalten!
Man wird ja noch total verrückt dabei!
Aufhören jetzt, und zwar sofort!
Aufhören! Himmeldonnerwetter – aufhören!

(Alle) **Ruhe!**

9 Schluss jetzt!!!

2.37 **a** Hört den „Schluss"-Text und lest leise mit. Klärt unbekannte Begriffe.

b Erste Probe (reihum): Jetzt nimmt jeder von euch einen Satz und liest ihn laut mit Emotion!

c Premiere: Jetzt das Gleiche noch einmal, aber richtig schöööön! Und am Schluss: ALLE! Ihr könnt euch auch mit dem Handy aufnehmen.

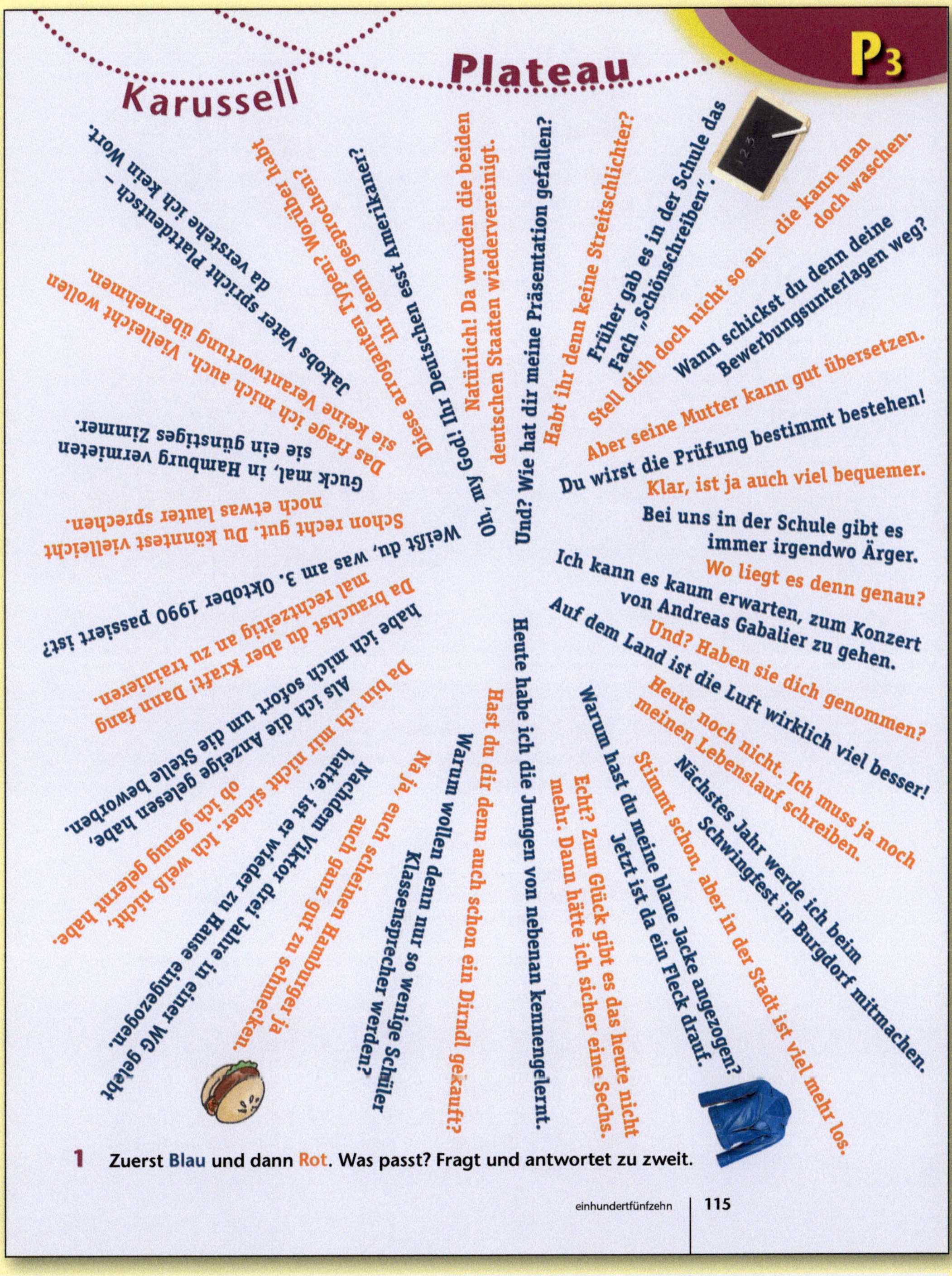

Karussell

Plateau

P3

Früher gab es in der Schule das Fach „Schönschreiben".

Wann schickst du denn deine Bewerbungsunterlagen weg?

Du wirst die Prüfung bestimmt bestehen!

Bei uns in der Schule gibt es immer irgendwo Ärger.

Ich kann es kaum erwarten, zum Konzert von Andreas Gabalier zu gehen.

Auf dem Land ist die Luft wirklich viel besser!

Nächstes Jahr werde ich beim Schwingfest in Burgdorf mitmachen.

Warum hast du meine blaue Jacke angezogen? Jetzt ist da ein Fleck drauf.

Heute habe ich die Jungen von nebenan kennengelernt.

Warum wollen denn nur so wenige Schüler Klassensprecher werden?

Nachdem Viktor drei Jahre in einer WG gelebt hatte, ist er wieder zu Hause eingezogen.

Als ich die Anzeige gelesen habe, habe ich mich sofort um die Stelle beworben.

Weißt du, was am 3. Oktober 1990 passiert ist?

Guck mal, in Hamburg vermieten sie ein günstiges Zimmer.

Jakobs Vater spricht Plattdeutsch – da verstehe ich kein Wort.

Oh, my God! Ihr Deutschen esst Amerikaner?

Und? Wie hat dir meine Präsentation gefallen?

Habt ihr denn keine Streitschlichter?

Stell dich doch nicht so an – die kann man doch waschen.

Aber seine Mutter kann gut übersetzen.

Klar, ist ja auch viel bequemer.

Wo liegt es denn genau?

Und? Haben sie dich genommen?

Heute noch nicht. Ich muss ja noch meinen Lebenslauf schreiben.

Stimmt schon, aber in der Stadt ist viel mehr los.

Echt? Zum Glück gibt es das heute nicht mehr. Dann hätte ich sicher eine Sechs.

Hast du dir denn auch schon ein Dirndl gekauft?

Na ja, euch scheinen Hamburger ja auch ganz gut zu schmecken.

Da bin ich mir nicht sicher. Ich weiß nicht, ob ich genug gelernt habe.

Da brauchst du aber Kraft! Dann fang mal rechtzeitig an zu trainieren.

Schon recht gut. Du könntest vielleicht noch etwas lauter sprechen.

Das frage ich mich auch. Vielleicht wollen sie keine Verantwortung übernehmen.

Diese arroganten Typen? Worüber habt ihr denn gesprochen?

Natürlich! Da wurden die beiden deutschen Staaten wiedervereinigt.

1 Zuerst Blau und dann Rot. Was passt? Fragt und antwortet zu zweit.

einhundertfünfzehn | 115

Allgemeines

Ausführliche Anmerkungen zur Arbeit mit den Plateaus: s. hier im Lehrerhandbuch Seite 51 bei Plateau 1.

1 Einstiegsseite: Karussell
Die S sollen in PA abwechselnd die Impulse (blau) geben und darauf reagieren (rot).

Lösung:
Früher gab es in der Schule das Fach „Schönschreiben". – Echt? Zum Glück gibt es das heute nicht mehr. Dann hätte ich sicher eine Sechs.
Wann schickst du denn deine Bewerbungsunterlagen weg? – Heute noch nicht. Ich muss ja noch meinen Lebenslauf schreiben.
Du wirst die Prüfung bestimmt bestehen! – Da bin ich mir nicht sicher. Ich weiß nicht, ob ich genug gelernt habe.
Bei uns in der Schule gibt es immer irgendwo Ärger. – Habt ihr denn keine Streitschlichter?
Ich kann es kaum erwarten, zum Konzert von Andreas Gabalier zu gehen. – Hast du dir denn auch schon ein Dirndl gekauft?
Auf dem Land ist die Luft wirklich viel besser! – Stimmt schon, aber in der Stadt ist viel mehr los.
Nächstes Jahr werde ich beim Schwingfest in Burgdorf mitmachen. – Da brauchst du aber Kraft! Dann fang mal rechtzeitig an zu trainieren.
Warum hast du meine blaue Jacke angezogen? Jetzt ist da ein Fleck drauf. – Stell dich doch nicht so an – die kann man doch waschen.
Heute habe ich die Jungen von nebenan kennengelernt. – Diese arroganten Typen? Worüber habt ihr denn gesprochen?
Warum wollen denn nur so wenige Schüler Klassensprecher werden? – Das frage ich mich auch. Vielleicht wollen sie keine Verantwortung übernehmen.
Nachdem Viktor drei Jahre in einer WG gelebt hatte, ist er wieder zu Hause eingezogen. – Klar, ist ja auch viel bequemer.
Als ich die Anzeige gelesen habe, habe ich mich sofort um die Stelle beworben. – Und? Haben sie dich genommen?

Fortsetzung der Lösung: s. unten

Fortsetzung der Lösung zu 1:
Weißt du, was am 3. Oktober 1990 passiert ist? – Natürlich! Da wurden die beiden deutschen Staaten wiedervereinigt.
Guck mal, in Hamburg vermieten sie ein günstiges Zimmer. – Wo liegt es denn genau?
Jakobs Vater spricht Plattdeutsch – da verstehe ich kein Wort. – Aber seine Mutter kann gut übersetzen.
Oh, my God! Ihr Deutschen esst Amerikaner? – Na ja, euch scheinen Hamburger ja auch ganz gut zu schmecken.
Und? Wie hat dir meine Präsentation gefallen? – Schon recht gut. Du könntest vielleicht noch etwas lauter sprechen.

AB zu S. 115

1b–d Die S erstellen mithilfe vorgegebener Wörter ein Suchrätsel für einen anderen S, der es dann lösen muss (und umgekehrt). Die S tauschen dazu ihre Arbeitsbücher.

Training

2a Psychotest zur Frage, wie sich die Zeit nach der Schule gestalten könnte.
Die S lesen den Test. Zudem hören sie die Fragen und Auswahlantworten auch von der CD, da es viele nützliche Phrasen und Redewendungen gibt, die die S auch gesprochen wahrnehmen sollen.

2b Die S überprüfen ihre Entscheidungen mit der Auswertung auf der KB-Seite 145 und diskutieren das Ergebnis.

2c Vorgehen wie beschrieben.

3a–c Rollenspiel Bewerbungsgespräch. Erinnern Sie an die Bewerbungsszenarien in Kapitel 11. Die S bereiten ein Rollenspiel vor. In PA wählen die S einen Beruf, z. B. Polizist, und überlegen, welche Eigenschaften usw. für den Beruf wichtig sind. Dann verteilen sie die Rollen „Bewerber" und „Chef", bereiten nach den Modellen ihre rollenspezifischen Fragen vor und spielen das Bewerbungsgespräch.

P3 Plateau

Training

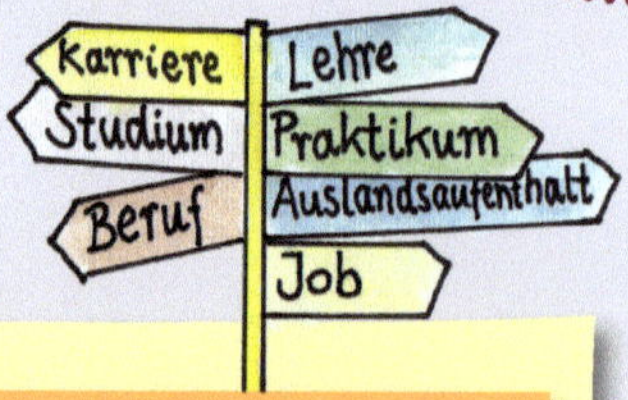

2 Schule – und dann? Ein Test.

2.38 **a** Hört zu und lest mit. Welche Antwort passt zu euch? Notiert.

WIE GEHT ES NACH DER SCHULE WEITER?

Für viele keine einfache Frage. Der Psychotest kann dir helfen, herauszufinden, was für dich das Richtige sein könnte.

A Weißt du schon, welchen Beruf du lernen möchtest?
a Da habe ich mehrere Ideen und möchte jetzt Praktika machen, um mich zu orientieren.
b Nein, keine Ahnung. Das ist wirklich schwierig.
c Ja, das weiß ich ganz genau.

B Was sind deine Interessen?
a Ich habe keine besonderen Interessen. Aber ich möchte unbedingt mal was Neues machen.
b Ich denke gern nach. Je schwieriger ein Problem ist, desto besser.
c Ich muss aktiv sein, am liebsten arbeite ich mit den Händen.

C Nach der Schule? – Was fällt dir dazu ein?
a Ich freue mich darauf, dass ich selber entscheiden kann, was ich lernen will.
b Ich brauch' erst einmal eine Pause. Ich weiß ja noch gar nicht, was ich will.
c Ich würde gern etwas Praktisches machen.

D Welche Berufe würden dich am ehesten interessieren?
a Mechatroniker, Friseur, Dachdecker, Bauer
b Anwalt, Arzt, Ingenieur, Lehrer
c Animateur, Au-pair, Surflehrer

E Wo würdest du gerne leben?
a Fast überall: Ich würde gern viel von der Welt sehen.
b Am liebsten zu Hause.
c Da bin ich flexibel.

F Findest du es wichtig, Karriere zu machen?
a Ja, das ist absolut mein Ziel.
b Nicht so sehr. Wichtiger ist, dass ich tun kann, was mir Spaß macht.
c Darüber habe ich noch überhaupt nicht nachgedacht.

b Lest die Auswertung auf Seite 143? Seid ihr einverstanden? Warum (nicht)? Diskutiert.

c Sucht weitere Berufe oder Aktivitäten, die zu den Profilen auf Seite 143 passen.

3 Rollenspiel „Bewerbungsgespräch"

a Arbeitet zu zweit. Sucht einen Beruf aus, den ihr gut kennt und sammelt Eigenschaften, Fähigkeiten und Kenntnisse, die für den Beruf wichtig sind.

b Bereitet euch mithilfe eurer Rollenkarte auf das Gespräch vor. Wer von euch ist der Chef, wer ist der Bewerber?

Chef
Schreib Fragen an den Bewerber auf (Notizen): Motivation, Schule, Erfahrungen, Ziele, Werte, Stärken/Schwächen, Engagement, Interessen, …

Bewerber
Überlege: Was könnte der Chef fragen? Welche Fragen kannst du stellen? Aufgaben, Anfangstermin, Arbeitszeiten, …? Mach Notizen.

c Los geht's! Begrüßt euch gegenseitig und spielt das Bewerbungsgespräch.

116 einhundertsechzehn

P3

4 Rallye durch geni@l klick Band 3

Jan hätte, wäre, würde gern … 	Ergänze: Ich wünsche mir einen Mantel, d___ schön warm ist, ein Buch, d___ ich in den Ferien lesen kann und einen Rucksack, in d___ viel hineinpasst.	Wie kannst du das anders sagen? Ich will nicht arbeiten. → Ich habe keine L___ . Ich lerne gern. → Es macht mir Sp___ .	Reagiere und entschuldige dich. *Aua, du bist mir auf den Fuß getreten.*
In Zukunft werden die Menschen … Mach drei Prognosen.	Beschreibe das Bild. (Wer, was, wo, warum?) 	Genitiv. Ergänze: Klara___ Lieblingsbuch heißt „Herr ___ Ringe". Es ist auf der Liste ___ Bücher ___ Jahrhunderts.	Nenne zwei Vor- und zwei Nachteile von WGs. 
Verbinde die zwei Sätze zu einem. Ich habe mir eine neue Tasche gekauft. Die Tasche war sehr teuer.	*obwohl* oder *weil*? Ich gehe mit dir ins Kino, ___ mich der Film nicht interessiert. Ich mache eine Pause, ___ ich müde bin.	Was passiert mit einem Baby? (drei Aussagen) Es ___ gefüttert. Es … 	Was würdest du mit in die Berge / auf eine Insel / auf eine Interrailreise nehmen (je zwei Sachen)? Begründe.
Was kannst du zu diesen Tagen sagen? 8. Mai 1945 9. November 1989 3. Oktober 1990	Was sagt man, wenn jemand viel Glück hat? Du bist ein echter Glücks___ . Da hast du aber ___ gehabt. 	Adjektive. Ein Mensch ohne Arbeit ist ___ . Eine Bluse ohne Ärmel ist ___ . Eine App ohne Kosten ist ___ .	Sag es höflich. *Zwei Gläser Cola!* *Wo fährt die Linie 10 ab?*
Was weißt du noch über die DDR? Es gab wenig … Die Leute konnten nicht … …	Ergänze: Von 14 Uhr bis 15 Uhr habe ich meine Hausaufgaben gemacht. Nachdem ich meine Hausaufgaben ___ ___, ___	Wie heißen die passenden Nomen? ehrgeizig, offen, fleißig, selbstbewusst, teamfähig, ausdauernd	 Wie heißt die Kleidung?
Wie heißt das Gegenteil? gerade – ___ zerbrechlich – ___ rau – ___ warm – ___ feucht – ___ grob – ___	 Nenne zehn Wörter zum Thema „Medien und Computer".	Ergänze (irrealer Nebensatz). *Wenn … hätte/wäre …* Geld → Auto Zeit → Urlaub Lehrer → keine Hausaufgaben	Drei Antworten – wie heißen die Fragen? *Das ist für meine Oma.* *Ich freue mich auf den Urlaub.* *Ich habe von einem neuen Mofa geträumt.*
Guter Tipp? Ordne ihn. Man sollte – beim Bewerbungsgespräch – um – einen guten Eindruck zu machen – pünktlich kommen	Wie heißen die Verben im Präteritum? es gibt – es ___ du denkst – du ___ ich finde – ich ___ wir wissen – wir ___	Erzähle einen Witz auf Deutsch.	Gib jeweils ein Beispiel. – ein Schwerhöriger – ein Altenpfleger *Wenn jemand …*

Spielregel: – zwei Spieler, jeder braucht ca. 15 Münzen
– Aufgabe richtig, dann 1 Münze auf das Feld
– Du brauchst 3 Felder in einer Reihe: Wer zuerst eine Reihe hat, bekommt einen Punkt. Dann beginnt ein neues Spiel.

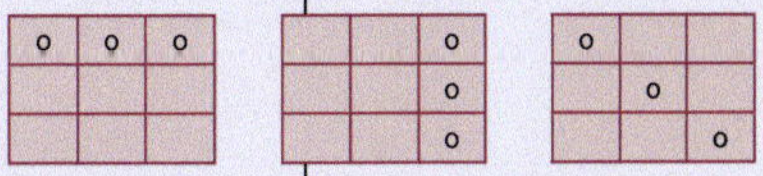

einhundertsiebzehn | 117

4 Mit der Rallye durch das Kursbuch werden fast alle Themen, Wortfelder und Grammatikstrukturen auf spielerische Weise und in Kontexten eingebettet abgefragt.
Die Spielanleitung ist einfach, die S kennen das Verfahren aus *geni@l klick* Band 1 und 2, S. 119.

Lösung der Rallye (v.l.o.n.r.u.):
- z. B. Jan hätte gern ein Motorrad, wäre gern Polizist, würde gern Gitarre spielen (können).
- … einen Mantel, *der* schön warm ist, ein Buch, *das* ich in den Ferien lesen kann, und einen Rucksack, in *den* viel hineinpasst.
- Ich habe keine *Lust zu arbeiten.* Es macht mir *Spaß zu lernen.*
- z. B. Entschuldigung, das war ein Versehen.
- z. B. Am Wochenende wird es bestimmt regnen.
- z. B. Auf dem Bild sieht man einen Mann an einer Bushaltestelle. Im Hintergrund ist eine Bank. Der Mann hat eine Rose in der Hand. Vielleicht wartet er auf seine Freundin.
- Klara*s* Lieblingsbuch heißt „Herr *der* Ringe." Es ist auf der Liste *der* Bücher *des* Jahrhunderts.
- z. B.
  (plus +) Es ist immer was los. Man kann sich die Miete teilen.
  (minus –) Es kann laut sein. Man muss für andere aufräumen.
- Ich habe mir eine neue Tasche gekauft, *die* sehr teuer war.
- …, *obwohl* mich der Film nicht interessiert. – …, *weil* ich müde bin.
- z. B. Es *wird* gefüttert, gewaschen, angezogen, …
- (individuell)
- 8.5.1945: Ende des Zweiten Weltkriegs – 9.11.1989: Mauerfall – 3.10.1990: Wiedervereinigung
- Glückspilz – Schwein
- arbeitslos – ärmellos – kostenlos
- z. B. Ich hätte gern zwei Gläser Cola, bitte. – Entschuldigung, könnten Sie mir sagen, wo die Linie 10 abfährt?
- z. B. Es gab wenig zu kaufen. Die Leute konnten nicht in den Westen reisen. Es gab keine Produkte aus dem Westen.

Fortsetzung der Lösungen: siehe unten

Lösung der Rallye (Fortsetzung):
- Nachdem ich meine Hausaufgaben *gemacht hatte, habe* ich mich mit meiner Freundin getroffen.
- Ehrgeiz – Offenheit – Fleiß – Selbstbewusstsein – Teamfähigkeit – Ausdauer
- die Lederhose – das Dirndl
- gerade – *krumm*; zerbrechlich – *unzerbrechlich*; rau – *glatt*; warm – *kalt*; feucht – *trocken*; grob – *fein*
- z. B. das Internet, der Fernseher, die Datei, das Tablet, das Radio, das Passwort, herunterladen, speichern, löschen, virtuell
- Wenn ich Geld hätte, würde ich ein Auto kaufen. – Wenn ich Zeit hätte, würde ich Urlaub machen. – Wenn ich Lehrer wäre, würde ich keine Hausaufgaben geben.
- Für wen ist das Geschenk? – Worauf freust du dich? – Wovon hast du geträumt?
- Man sollte beim Bewerbungsgespräch pünktlich kommen, um einen guten Eindruck zu machen.
- es gab – du dachtest – ich fand – wir wussten
- (Witz: individuell)
- Wenn jemand nicht hören kann … – Jemand, der im Altersheim arbeitet.

Prüfungstraining

In den aktuellen Sprachprüfungen spielt das Präsentieren von Sachverhalten eine wichtige Rolle. Dazu wurden im KB schon mehrmals Aktivitäten angeboten (K5, K9, P1). Hier soll diese Kompetenz noch einmal systematisch unterstützt und aktiviert werden. Die Sequenz **5a** bis **5e** stellt ein Modell für diese Prüfungsform dar. Nach mehreren Aktivitäten können die S dann die Prüfungsform Präsentation in **6a** und **6b** anhand weiterer Beispiele simulieren und die Ergebnisse bewerten.

5a Die S hören die Beispielpräsentation und machen Notizen.

5b Die S berichten einander in PA.

5c Die S lesen die Präsentation und ergänzen ihre Informationen.

5d Hier achten die S besonders auf die Struktur und die Gliederung der Präsentation.
Lösung:
1. Vorstellung des Themas.
2. Deine persönlichen Erfahrungen.
3. Die Situation in deinem Land.
4. Vor- und Nachteile und deine Meinung.
5. Abschluss und Dank.

5e Vor allem der Redemittelkasten liefert den S die nötige Struktur und die sprachliche Hilfen. Am besten schreiben die S die Redemittel auf ein Plakat für die ganze Klasse oder ins Heft und ergänzen sie um weitere Redemittel.

PRÜFUNGSTHEMA

Training: Eine Präsentation halten

5 Ein Thema präsentieren: Der Karneval in Ivrea

2.39 **a Arbeitet zu zweit. Hört die Präsentation von Luca und macht Notizen: Person A notiert Stichworte vom Anfang bis zu „viel Spaß" – B notiert Stichworte ab „Bei uns in Italien".**

b Erzählt euch mithilfe eurer Notizen, was ihr verstanden habt.

c Lest dann zur Kontrolle und tauscht euch aus: Was ist das Besondere am Karneval in Ivrea?

1 Mein Thema heute ist der Karneval in Ivrea. Ivrea, meine Heimatstadt, liegt in Norditalien. Wir feiern den Karneval auf eine ganz besondere Art, und zwar mit einem Kampf mit Orangen. Das soll an einen Kampf in unserer Geschichte erinnern, als die Leute von Ivrea für ihre Rechte gekämpft haben.

2 Ich habe nur gute Erfahrungen mit dem Karneval in Ivrea gemacht. Ich habe schon oft mitgekämpft und fand es immer sehr lustig. Alle sind ein paar Tage in einer ganz besonderen Stimmung und haben viel Spaß.

3 Bei uns in Italien ist der Karneval sowieso sehr wichtig. Besonders berühmt ist natürlich der Karneval in Venedig, aber auch in vielen anderen Städten wird dieses Fest jedes Jahr gefeiert.

4 Ein Vorteil des Karnevals ist, dass er sehr viele Touristen in unsere kleine Stadt bringt. Ein Nachteil ist allerdings, dass es sehr weh tut, wenn einen eine Orange ins Gesicht trifft. Außerdem riecht die ganze Stadt nach dem Karneval noch tagelang nach kaputten Orangen. Ich finde aber insgesamt, dass unser Karneval ein tolles Fest ist.

5 So, das war meine Präsentation zum Thema „Der Karneval in Ivrea". Ich hoffe, sie hat euch gefallen und bedanke mich fürs Zuhören. Habt ihr noch Fragen?

d Das Thema strukturieren. Lest Lucas Präsentation noch einmal und ordnet den Absätzen 1–5 die Gliederungspunkte zu.

Die Situation in deinem Land • Abschluss und Dank • Vor- und Nachteile und deine Meinung • Vorstellung des Themas • Deine persönlichen Erfahrungen

e Ergänzt die Redemittel aus Lucas Präsentation und weitere Redemittel, die ihr für eure Präsentationen verwenden wollt.

Vorstellung des Themas	deine Erfahrungen	die Situation in deinem Land	Vor-/Nachteile & deine Meinung	Abschluss und Dank
Ich möchte über ... sprechen. Ich möchte ... vorstellen ...	Bei mir ist das so: ... Ich habe selbst noch keine Erfahrungen damit, aber jemand hat mir erzählt, dass	In meinem Land ist das so: ... Die Situation bei uns in ... ist anders als in Deutschland, weil ...	... hat folgende Vor- und Nachteile: Meine Meinung ist, dass	Das ist alles. Damit komme ich zum Schluss meiner Präsentation. Vielen Dank für die Aufmerksamkeit. Danke fürs Zuhören.

AB zu KB Aufg. 5

Testtraining – Sprechen
Auf AB-S. 120 findet sich ein weiteres Beispiel, mit dem die S diesen Prüfungsteil vorbereiten. Sie stellen die Präsentation vor und reagieren auf die Rückmeldungen der Zuhörer.

KV 17 zu Aufg. 5

Hier erhalten die S noch zwei weitere „echte" Beispiele für die mündliche Präsentation. Die Sprache ist absichtlich relativ einfach gehalten und dürfte in etwa den Möglichkeiten der S entsprechen. Die S markieren die Gliederung, notieren sich dann zentrale Stichwörter und sollen damit die beiden Präsentationen nachempfinden und vorstellen.
Die S arbeiten in PA oder in KG und einigen sich darauf, welchen Teil der Präsentation sie übernehmen, damit möglichst viele S zu Wort kommen und das Ganze nicht zu eintönig wird. Lassen Sie max. zu jedem Thema zwei Präsentationen vorstellen – außer die S wollen mehr üben.
Die Lösungen zu den beiden Präsentationen sind auf **KV 17.3** zu finden.

6 Eine Prüfung simulieren

a Sucht euch ein Thema aus und bereitet eine Präsentation dazu vor. Macht Notizen und benutzt dann die Redemittel aus Aufgabe 5e.

„Ich will ein Jahr nach Australien!" – Nach der Schule gleich weiterlernen oder erst mal ins Ausland gehen?

„Busfahren ist viel zu teuer!" – Kostenloser Nahverkehr für Schüler?

„Im Sommer fliege ich ganz weit weg!" – Urlaub in einem fernen Land machen oder lieber im eigenen Land?

„Komm, wir holen uns schnell eine Pizza!" – Fastfood oder selbst kochen?

„Mama, krieg ich eine Katze?" – Brauchen Kinder Haustiere?

„Ich möchte einen Laptop!" – Ab welchem Alter ist ein eigener Computer sinnvoll?

Tipps für die Prüfung: eine Präsentation halten

Schaut die Prüfenden an.
Überlegt euch Fragen, während eure Partnerin / euer Partner präsentiert!
Wenn euch etwas nicht einfällt, sagt ihr einfach: „Entschuldigung, das fällt mir gerade nicht ein." Und macht dann weiter.

b Haltet eure Präsentationen vor der Klasse. Die anderen geben Rückmeldung und stellen Fragen – ihr reagiert. Die Redemittel helfen.

eine Rückmeldung geben
Deine Präsentation hat mir gut/sehr gefallen.
Besonders interessant fand ich, dass …
Ich fand deine Präsentation spannend / ziemlich gut. Für mich war neu, dass …
…

auf eine Rückmeldung reagieren
Vielen Dank!
Danke, das freut mich.
…

Fragen stellen
Ich habe noch eine Frage zu dem Thema: …
Du hast erzählt/berichtet, dass … Kannst du dazu noch etwas mehr sagen?
Ich wollte noch mal nachfragen: …
…

auf Fragen antworten
Also, das ist so: …
Dazu kann ich noch Folgendes ergänzen: …
Zu deiner Frage: …
…

6a Die S suchen sich ein Thema aus, bearbeiten es mit Notizen und den strukturierten Redemitteln aus **5e** und tragen ihr Thema vor.
Nicht vergessen: Die S haben in der realen Prüfungssituation ca.15 Minuten Zeit, sich vorzubereiten, aber nur 3 Minuten, um das Thema zu präsentieren! Die S sollten die Präsentationen unter echten Bedingungen üben.

6b Die S geben ihren Mitschülern Feedback. Der vortragende S reagiert auf die Rückmeldungen.

Video (Teil 3)

7 Die S sehen im Video ein Streitgespräch und bereiten in mehreren Schritten eine eigene Inszenierung vor.

7a–b Vorgehen wie beschrieben.
Lösung: Zunächst ist das Streitgespräch laut und aggressiv, später dann ruhiger.

Alternative: Die S lesen zunächst still und dann laut mit verteilten Rollen das Streitgespräch und vergleichen erst dann mit dem Video.

7c Das Synchronsprechen zu einer Videoszene könnte den S sehr viel Spaß machen. Sie können außerdem den Inhalt der Äußerungen nach Belieben verändern.

7d Die S schreiben einen kreativen Schluss und spielen ihn vor.

Lernen lernen

8 Die Sequenz bietet in Form von kurzen Aktivitäten noch einmal zentrale Überlegungen zum Erstellen schriftlicher Texte an.

8a Die S ordnen zu.
Lösung: 1b – 2d – 3a – 4c

8b Die S lösen die Aufgabe in PA.
Lösung: Reihenfolge: e – b – a – d – c

8c Die S schreiben den Text neu ins Heft und bauen möglichst viele der angegebenen Pronomen und Konjunktionen ein. Jeder Text wird dabei anders sein. Lassen Sie die Aufgabe in PA machen, da sie nicht ganz einfach ist.
Beispiellösung:
Konrad geht noch zur Schule, obwohl er seinen Abschluss schon haben müsste. Er kann sich nicht mehr konzentrieren, weil seine Eltern zu Hause immer streiten. Früher ist Konrad immer pünktlich aufgestanden, doch jetzt bleibt er oft liegen. Meistens kommt er zu spät zur Schule. Deshalb regen die Lehrer sich auf und geben ihm schlechte Noten. Konrad hat einen netten Biolehrer, der ihn unterstützt. Es ist für Konrad wichtig, dass er ihm zuhört. Trotzdem bleiben Konrads Noten schlecht. Aber Konrad hat einen großen Traum, den er schon als Kind gehabt hat. Er will Polizist werden, aber er weiß, dass er mit schlechten Noten keine Stelle bekommen wird.

P3 Plateau

Video (Teil 3)

7 **Mario und Caro streiten**

a **Seht das Video und lest das Gespräch mit. Wie sprechen die beiden? Laut, leise, wütend, aggressiv, ruhig, …?**

Caro	Pass doch auf, du Idiot!
Mario	Pass doch selber auf, du blöde Kuh! Suchst du Streit?
Caro	Ehrlich, was soll das!!!?
Felix	Was ist hier denn los?
Mario	Sie hat angefangen!
Caro	Er hat angefangen!
Felix	Ihr beiden kommt jetzt mal mit! … Was war denn eigentlich los?
Caro	Ja, ich war eh schon so genervt, weil ich schlecht in der Mathe-Ex war … und dann kommt auch noch er daher und rempelt mich dann an, dass auf der Treppe mein ganzes Zeug runterfliegt.
Mario	Das war ganz anders! Sie hat mich angerempelt. Und dann hat sie mich auch noch dumm angeredet.

b **Spielt die Szene zu dritt. Seht euch dabei an und achtet auf die Emotionen.**

c **Seht jetzt das Streitgespräch ohne Ton an und synchronisiert die Sequenz – a hilft.**

d **Schreibt eine Fortsetzung des Dialogs und spielt sie in der Klasse vor.**

Lernen lernen

8 **Das Schreiben planen**

a **Überlegungen vor dem Schreiben. Ordnet zu.**

1. Grund:	a. Welche Eigenschaften muss der Text haben?
2. Adressat:	b. Warum schreibe ich?
3. Textsorte:	c. Was soll in dem Text stehen?
4. Inhalt:	d. Wer soll/wird den Text lesen?

b **Fünf Arbeitsschritte: In welcher Reihenfolge macht ihr das?**

a. den Text logisch aufbauen (was kommt zuerst, was danach?) • b. Ideen sortieren • c. Korrigieren und den Text attraktiver machen • d. einen ersten Entwurf schreiben • e. Ideen notieren

c **Macht den folgenden Text mit Relativpronomen und Konjunktionen attraktiver. Auch *immer, meistens, oft, manchmal, selten, nie* helfen.**

Konrad geht noch zur Schule. Seinen Abschluss müsste er schon haben. Er kann sich nicht mehr konzentrieren. Zu Hause streiten seine Eltern. Früher ist Konrad pünktlich aufgestanden. Jetzt bleibt er morgens liegen. Er kommt zu spät zur Schule. Die Lehrer regen sich auf. Sie geben ihm schlechte Noten. Konrad hat einen netten Biolehrer. Der Biolehrer unterstützt ihn. Er hört ihm zu. Das ist für Konrad wichtig. Konrads Noten bleiben schlecht. Konrad hat einen großen Traum. Den Traum hat er schon als Kind gehabt. Er will Polizist werden. Konrad weiß: Mit schlechten Noten wird er keine Stelle bekommen.

Konjunktionen:
doch, und, aber, dass, denn, weil, da, deshalb, obwohl, trotzdem, …

KV 18 nach Aufg. 8
Fragen zu Kapitel 9–10 und Plateau 3. Zum Vorgehen s. Plateau S. 56.
Lösung: s. **KV 19**

Alphabetische Wortliste

In der Wortliste findest du die Wörter aus den Kapiteln 1–12 von **geni@l klick Kursbuch B1**.
Die blauen Wörter sind besonders wichtig: **Abenteuer**, das, –. Die musst du gut lernen.
Du brauchst sie für den Test.

Diese Informationen findest du in der Liste:

Verben:
bei regelmäßigen Verben: der Infinitiv → **bedienen**
bei Verben mit unregelmäßigen Formen: die 3. Person Singular Präsens, Präteritum und Perfekt → **beschließen**, beschließt, beschloss, hat beschlossen
bei Verben mit *sein* im Perfekt: die 3. Person Singular Präsens, Präteritum und Perfekt → **radeln**, radelt, radelte, ist geradelt

Nomen:
das Wort, der Artikel, die Pluralform → **Abfall**, der, "-e

Adjektive:
das Wort, die unregelmäßigen Steigerungsformen → grob, gröber, am gröbsten

Bei verschiedenen **Bedeutungen** von Wörtern: das Wort und Beispielsätze →
Feld (1), das, -er *(Zieh deine Spielfigur auf ein Feld.)*
Feld (2), das, -er *(Auf dem Feld wachsen Blumen.)*

Wortakzent:
Den Wortakzent erkennst du an . und _.
Ein Punkt unter einem Vokal = Vokal kurz betonen → **Affe**, der, -n
Ein Strich unter einem Vokal = Vokal lang betonen → **aber**

Weitere Listen:
Kontinente, Länder, Städte und Ordinalzahlen sind nicht in der alphabetischen Wortliste.
Eine Liste mit unregelmäßigen Verben findest du auf S. 130.
Eine Liste mit Verben mit Präpositionen findest du auf S. 132.

Und so sieht's aus:

Wort → **Abschluss**
Artikel → der
Plural → "-e

Abschluss, der, "-e 84/2 ← Aufgabennummer

Wortakzent → (Punkt unter A in Abschluss)
Seite im Buch → 84

Abkürzungen und Symbole:

"	Umlaut im Plural (bei Nomen)
Sg.	nur Singular (bei Nomen)
Pl.	nur Plural (bei Nomen)
(+ *A.*)	Präposition mit Akkusativ
(+ *D.*)	Präposition mit Dativ
(+ *G.*)	Präposition mit Genitiv
Abk.	Abkürzung

W

ab und zu 56/5
abbauen 49/8
abdecken 101/5
Abenteuer, das, – 26/5
abenteuerlich 74/7
aber 7/1
Abfall, der, "-e 35/8
Abgas, das, -e 100/3
abgefahren 88/8
abgefüllt 88/8
abhauen, haut ab, haute ab, ist abgehauen 46/2
Abholzung, die *Sg.* 31/1
Abi, das, -s 15/1
Abiturient, der, -en 97/7
Abreise, die, -n 70/2
Abschluss, der, "-e 84/2
Abschlussarbeit, die, -en 65/7
Abschnitt, der, -e 32/2
abstimmen 64/6
abstürzen, stürzt ab, stürzte ab, ist abgestürzt 27/7
adoptieren 112/7
Adverb, das, -ien 100/4
Affe, der, -n 96/6
Aggression, die, -en 63/3
aggressiv 46/2
Aktion, die, -en 33/4
Aktiv, das *Sg.* 25/4
aktiv 33/4
Album, das, Alben 25/3
Alkohol, der *Sg.* 18/7
all (*Was passiert mit all dem Müll?*) 35/9
alleinerziehend 96/6
allerdings 56/5
Allergie, die, -n 51/11
Alltag, der *Sg.* 110/4
Alphorn, das, "-er 108/2
also (*Sie brauchte Hilfe, also rief sie ihre Eltern an.*) 27/8
Altenpflege, die *Sg.* 110/4
Alternative, die, -n 29/10
Alterskrankheit, die, -en 110/4
Amateurmeister, der, – 111/5
Ameise, die, -n 112/7
Amerikaner, der, – (*Ich esse sehr gern Amerikaner.*) 107/1
anfassen 67/11
anfühlen (+ sich) 110/4
angeben, gibt an, gab an, hat angegeben (*Viele geben an, dass sie gut zuhören können.*) 18/7
Angebot, das, -e 72/4
angesagt 111/5
angucken 27/8
anklicken 25/3
Anlage (1), die, -n (*Ich kann keine Musik hören. Meine Anlage ist kaputt.*) 25/4
Anlage (2), die, -n (*In der Anlage schicke ich dir ein Foto.*) 102/6
Anlass, der, "-e 89/9
anlassen, lässt an, ließ an, hat angelassen (*Ich lasse den Computer nachts nie an.*) 29/10
Anleitung, die, -en 113/8
Anliegen, das, – 97/7
annehmen, nimmt an, nahm an, hat angenommen (*einen Job annehmen*) 19/8
anschließend 29/11
ansprechen (+ auf + *A.*), spricht an, sprach an, hat angesprochen 93/3
anstatt 29/10
anstecken (*Sabine steckt eine Blume an ihr Kleid an.*) 54/2
anstellen (+ sich) (*Stell dich nicht so an! Es ist doch nicht so schlimm.*) 94/4
Anzeige, die, -n 102/6
Anzug, der, "-e 54/2
App, die, -s 83/1
Äquator, der *Sg.* 70/2
Arbeitsalltag, der *Sg.* 110/4
Arbeitslosigkeit, die *Sg.* 112/7
Architektur, die *Sg.* 9/4
argumentieren 104/10
Arktis, die *Sg.* 31/1
ärmellos 62/2
Aroma, das, Aromen 66/9
Art, die, -en 36/10
Arztbesuch, der, -e 104/9
Asphalt, der *Sg.* 100/3
Assoziation, die, -en 100/3
Assoziogramm, das, -e 50/9
Astronaut, der, -en 89/9
attraktiv 75/10
auf Wiederhören 105/11
aufbauen 75/10
auffordern 38
Aufforderung, die, -en 32/3
Aufführung, die, -en 47/4
aufgeben, gibt auf, gab auf, hat aufgegeben 15/1
aufheben, hebt auf, hob auf, hat aufgehoben 34/5
aufmerksam 21/13
aufnehmen (1), nimmt auf, nahm auf, hat aufgenommen (*Ich nehme eine CD auf.*) 20/10
aufnehmen (2), nimmt auf, nahm auf, hat aufgenommen (*Nehmt Jakob in euer Team auf!*) 46/2
aufstellen 34/6
aufteilen 86/6
Aufwand, der, "-e 21/13
Au-pair, das, -s 102/6
Ausbildung, die, -en 26/5
Ausdauer, die *Sg.* 15/1
ausdauernd 22
ausdenken (+ sich), denkt sich aus, dachte sich aus, hat sich ausgedacht 34/6
ausdrücken 29/10
Auseinandersetzung, die, -en 95/5
ausflippen, flippt aus, flippte aus, ist ausgeflippt (*Flipp doch nicht immer gleich aus!*) 29/10
ausfüllen 95/5
ausgezeichnet 21/13
aushalten, hält aus, hielt aus, hat ausgehalten 114/9
Aushilfe, die, -n 103/7
Ausland, das *Sg.* 8/3
Ausländerbehörde, die, -n 91/1
Ausländerin, die, -nen 91/1
ausleihen (+ sich), leiht sich aus, lieh sich aus, hat sich ausgeliehen 109/3
ausmachen (*Wir haben einen Termin für Freitag ausgemacht.*) 95/5
ausreden (*Lass mich bitte ausreden.*) 94/4
ausreichend 18/7
ausschalten 29/10
Aussehen, das *Sg.* 50/9
außerdem 25/3
aussetzen 13/11
aussprechen, spricht aus, sprach aus, hat ausgesprochen 7/1
ausstellen (*Stell abends den Computer aus.*) 32/3
Ausstellung, die, -en 66/9
ausstoßen, stößt aus, stieß aus, hat ausgestoßen 32/2
austauschen (+ sich) (+ mit + *D.*) 53/1
Auswahl, die *Sg.* 73/6
Auswertung, die, -en 69/1
ausziehen (1), zieht aus, zog aus, ist ausgezogen (*Wann ziehst du von zu Hause aus?*) 51/11
ausziehen (2), zieht aus, zog aus, hat ausgezogen (*Ich habe meine Schuhe nicht ausgezogen.*) 54/2
Autor, der, -en 26/5
Autoreifen, der, – 35/8

Bach, der, "-e 100/3
Bahn, die, -en 72/4
Bar, die, -s 113/8
Bär, der, -en 96/6
Barbar, der, -en 113/8
Barbier, der, -e 113/8
Bart, der, "-e 17/5
Baseballmütze, die, -n 50/9
Bau, der, -ten 86/6
Bauernhof, der, "-e 100/3
Baumwolle, die *Sg.* 67/11
Baumzähler, der, – 33/4

beamen 88/8
Beamer, der, – 87/7
Beatboxing, das *Sg.* 50/9
bedienen 51/12
Bedingung, die, -en 112/7
bedrohen 31/1
beenden 83/1
befinden (+ sich), befindet sich, befand sich, hat sich befunden 62/2
befragen 84/2
Befragte, der/die, -n 18/7
Begegnung, die, -en 70/2
begeistern 108/2
begeistert 97/7
begleiten 110/4
Begleitung, die, -en 104/9
begründen 64/6
Begründung, die, -en 49/8
Behinderte, der/die, -n 91/1
bejubeln 88/8
belasten 32/2
Belästigung, die, -en 31/1
belegt 13/11
beleidigt 16/2
bellen 63/5
bemalt 67/11
bemühen (+ sich) (+ um + *A.*) 49/8
Benutzer, der, – 66/9
Beobachtung, die, -en 17/6
Bereich, der, -e 18/7
Berufswelt, die *Sg.* 110/4
Beschäftigung, die, -en 56/5
beschließen, beschließt, beschloss, hat beschlossen 97/7
beschmieren 65/7
besichtigen 105/11
Besichtigungstermin, der, -e 105/13
besiegen 86/6
Besitz, der *Sg.* 59/12
besitzen, besitzt, besaß, hat besessen 104/9
bestehen (1) (+ aus + *A.*), besteht, bestand, hat bestanden (*Die Band besteht aus 11 Musikern.*) 25/3
bestehen (2), besteht, bestand, hat bestanden (*Vera hat das Abitur bestanden.*) 97/7
bestrafen 64/6
betonen 93/3
betragen, beträgt, betrug, hat betragen 32/2
betreffen, betrifft, betraf, hat betroffen 92/2
bevor 65/7
beweisen, beweist, bewies, hat bewiesen 97/7
bewerben (+ sich) (+ um + *A.*), bewirbt sich, bewarb sich, hat sich beworben 102/6
Bewerbung, die, -en 102/6
Bewerbungsbrief, der, -e 102/6
Bewerbungsgespräch, das, -e 103/7
Bewerbungsunterlagen, die *Pl.* 102/6
bewerten 49/8
bewundern 17/5
bewusst 59/13
bezeichnen (+ sich) (+ als + *A.*) 111/5
Beziehung, die, -en 64/6
Bilanz, die, -en 70/2
Bildqualität, die *Sg.* 83/1
Biobauer, der, – 36/10
bisher 92/2
bitten (+ um + *A.*), bittet, bat, hat gebeten 27/8
blättern (+ in + *D.*) 67/13
Blickkontakt, der, -e 47/4
Bouldern, das *Sg.* 102/6
Bräutigam, der, -e 54/2
Breakdance *Sg. ohne Artikel* 50/9
brennen, brennt, brannte, hat gebrannt 63/5
bringen (1), bringt, brachte, hat gebracht (*Olaf bringt mich immer zum Lachen.*) 16/2
bringen (2), bringt, brachte, hat gebracht (*Es bringt nichts, faul zu sein.*) 21/13
Bronze, die *Sg.* 67/11
brüllen 54/3
buchen 72/4
Buchstabe, der, -n 111/5
bummeln 56/5
Bundesrepublik, die *Sg.* 86/6
bundesweit 66/9
Bungeesprung, der, ''-e 54/3
Bürger, der, – 31/1
Bürgermeister, der, – 97/7
Bursche, der, -n 110/4
Busfahrt, die, -en 32/2

Camp, das, -s 72/4
Champion, der, -s 57/6
Charts, die *Pl.* 25/3
Chat, der, -s 29/11
Chaussee, die, -n 112/7
Chemikerin, die, -nen 110/4
Chiffre, die, -n 103/7
chillen 69/1
Choreograf, der, -en 47/4
Christstollen, der, – 75/10
Clique, die, -n 57/6
Club, der, -s 74/8
Cocktail, der, -s 71/3
Comeback, das, -s 109/3
Cosplayer, der, – 50/9

da (*Informier dich, da du dir dann ein Bild machen kannst.*) 49/8
da drüben 73/6
dabeihaben, hat dabei, hatte dabei, hat dabeigehabt 8/2
Dach, das, ''-er 74/7
Dachdecker, der, – 48/5
dadurch 49/8
dagegen (1) (*Ich hätte gern ein Tattoo, aber meine Eltern sind dagegen.*) 16/3
dagegen (2) (*Fahrräder sind umweltfreundlich. Autos belasten die Umwelt dagegen viel mehr.*) 32/2
daher 113/8
damit (*Man muss eine Sprache gut können, damit man die Leute wirklich versteht.*) 10/6
daran (1) (*Denk daran, was zuerst zu tun ist.*) 19/8
daran (2) (*Du kannst ein Projekt vorschlagen und daran mitarbeiten.*) 92/2
darauf 66/9
darin 95/5
darüber 50/10
darum 92/2
Datei, die, -en 28/9
Datsche, die, -n 89/10
Dauer, die *Sg.* 72/4
dauernd 24/2
davon 25/3
dazugehören 46/2
Deckel, der, – 32/3
definieren 64/6
definitiv 64/6
Deklination, die, -en 47/3
dekorieren 65/7
Demokratie, die, -n 86/6
demokratisch 33/4
Demonstration, die, -en 33/4
demonstrieren 86/6
denn (*Er wird nicht mein Freund, denn wir sind sehr verschieden.*) 46/2
derselbe, dasselbe, dieselbe 46/2
desto (*Je früher, desto besser.*) 143
deswegen 33/4
Detail, das, -s 8/3
deutlich 18/7
Diät, die, -en 48/6
dicht 113/8
Diele, die, -n 105/11
diesjährig 97/7
Digitalkamera, die, -s 29/11
Diskussion, die, -en 47/4
doch (*Hast du keine Lust? – Doch.*) 47/3
Dokument, das, -e 70/2
dokumentieren 66/10
Dozent, der, -en 110/4
dran 95/5
drauftreten, tritt drauf, trat drauf, ist draufgetreten 94/4
draußen 56/5

W

dreieckig 67/12
dringend 110/4
Drittel, das, – 18/7
drüben 73/6
drüber 94/4
dünn 26/5
durchführen 91/1
durchschnittlich 32/2
durchsichtig 67/12
durchsuchen 27/8
Dürre, die, -n 31/1
DVD-Player, der, – 29/11
dynamisch 46/2

Ebene, die, -n 33/4
egoistisch 18/7
ehemalig 83/1
Ehepaar, das, -e 104/9
Ehrgeiz, der *Sg.* 15/1
ehrgeizig 15/1
Eigentum, das *Sg.* 18/7
Eindruck, der, "-e 57/6
einfallen, fällt ein, fiel ein, ist eingefallen 15/1
Einheimische, der/die, -n 70/2
einigen (+ sich) (+ auf + *A.*) 19/9
Einkauf, der, "-e 56/5
Einkaufszentrum, das, -zentren 56/5
Einleitung, die, -en 87/7
einloggen (+ sich) (+ in + *A.*) 28/9
einmischen (+ sich) (+ in + *A.*) 95/5
Einsamkeit, die *Sg.* 63/3
einschalten 29/10
einst 113/8
Einstellung, die, -en 18/7
einteilen 70/2
eintragen, trägt ein, trug ein, hat eingetragen 7/1
einüben 101/5
einverstanden sein 16/2
Einzelkind, das, -er 112/7
einzeln 12/10
einzige 72/4
Eisbär, der, -en 31/1
Eisen, das *Sg.* 17/5
eklig 51/11
Elektrogerät, das, -e 32/3
Elektromüll, der *Sg.* 35/9
Ellbogen, der, – 62/2
Emo, der, -s 50/9
emotional 46/2
Empfang, der, "-e 27/7
empfehlen, empfiehlt, empfahl, hat empfohlen 28/9
endgültig 114/9
endlos 114/9
Endspurt, der, -s 113/8
Energiesparlampe, die, -n 38
Engagement, das, -s 91/1
engagieren (+ sich) (+ für/gegen + *A.*) 18/7
engagiert 15/1
entspannt 72/4
entstehen, entsteht, entstand, ist entstanden 49/7
entweder ... oder 33/4
entwickeln 110/4
Entwicklung, die, -en 32/2
Entwicklungsland, das, "-er 102/6
Entwurf, der, "-e 75/11
Erdbeere, die, -n 66/9
Erde, die *Sg.* 32/2
Ereignis, das, -se 85/4
erfahren (+ über + *A.*), erfährt, erfuhr, hat erfahren 8/3
Erfolg, der, -e 19/9
erfolgreich 36/10
Erfolgsrezept, das, -e 21/13
Ergänzung, die, -en 55/4
erhalten, erhält, erhielt, hat erhalten 20/12
Erinnerung, die, -en 83/1
Erkenntnis, die, -se 19/8
erlauben 51/11
erleben 26/5
Erlebnis, das, -se 54/2
erledigen 28/9
erlernen 102/6
erleuchtet 62/2
Ernst, der *Sg.* 94/4
eröffnen 113/8
erraten, errät, erriet, hat erraten 26/6
erreichen 21/13
erschöpft 70/2
erst mal 70/2
erstklassig 83/1
erwachsen 97/7
Erwärmung, die *Sg.* 32/2
erwarten 88/8
erwerben, erwirbt, erwarb, hat erworben 91/1
Evaluationsbogen, der, "- 47/4
Evolution, die *Sg.* 49/7
ewig 95/5
Experiment, das, -e 9/5
experimentell 108/2

Fabrik, die, -en 100/3
Fabrikat, das, -e 89/9
Fähigkeit, die, -en 102/6
Fahrt, die, -en 9/5
fair 92/2
Fall, der *Sg.* (*der Fall der Mauer*) 86/6
fallen (1), fällt, fiel, ist gefallen (*Das Blatt fällt auf den Boden.*) 19/8
fallen (2), fällt, fiel, ist gefallen (*Im November 1989 ist die Mauer gefallen.*) 86/6
fällen (*ein Urteil fällen*) 49/8
falls 15/1
Fan, der, -s 25/3
faustgroß 19/8
Fax, das, -e 84/3
Fazit, das, -s 34/5
Feedback, das *Sg.* 20/12
fein 67/12
Feld (1), das, -er (*Zieh deine Spielfigur auf ein Feld.*) 13/11
Feld (2), das, -er (*Auf dem Feld wachsen Blumen.*) 100/3
fertig 28/9
Festland, das *Sg.* 28/9
feucht 67/12
finanziell 18/7
Finger, der, – 8/3
Firma, die, Firmen 10/6
flach 67/12
Fläche, die, -n 65/7
Fleiß, der 15/1
flexibel 22
Flexibilität, die *Sg.* 15/1
Fliegenpilz, der, -e 21/14
fliehen, flieht, floh, ist geflohen 86/6
fließend 102/6
Flipchart, die, -s 87/7
Flucht, die, -en 86/6
Flugbegleiterin, die, -nen 84/2
flüssig 67/12
Flyer, der, – 59/14
Folge, die, -n (*Ich habe noch keine Folge dieser Serie verpasst.*) 84/2
formen 66/9
forschen 110/4
Forscher, der, – 32/2
Forstamt, das, "-er 33/4
Fortsetzung, die, -en 74/7
Fräulein, das, -s 107/1
Freiheit, die, -en 86/6
freiwillig 72/4
Freiwilligeneinsatz, der, "-e 102/6
Freizeitangebot, das, -e 75/10
Freizeitbeschäftigung, die, -en 56/5
fremd 11/9
Fremde, der/die, -n 28/9
Freundlichkeit, die *Sg.* 15/1
Frieden, der *Sg.* 17/5
fröhlich 54/2
Frosch, der, "-e 35/8
Froschkönig, der, -e 35/8
frustriert 63/3
Führerschein, der, -e 18/7
füllen 19/8
Fünftel, das, – 32/2
Funk *Sg. ohne Artikel* (*Meine Lieblingsmusik ist Funk.*) 108/2
fürchten 114/9

fürchterlich 100/4
Fußgängerzone, die, -n 56/5
Fußmatte, die, -n 66/9
Futter, das, – 11/8
Futur, das *Sg.* 100/4

gebraucht 59/13
Geburtsmonat, der, -e 47/3
Gedanke, der, -n 114/9
Geduld, die *Sg.* 29/10
geeignet 95/5
Gefahr, die, -en 31/1
gefährlich 17/5
gefangen 63/3
gefleckt 32/3
gefüllt 19/8
Gegenargument, das, -e 65/7
Gegend, die, -en 113/8
Gehbehinderung, die, -en 104/9
Geheimnis, das, -se 26/6
Geige, die, -n 20/10
gelangweilt 63/3
Geldschein, der, -e 54/2
geliebt 100/4
Gemälde, das, – 62/2
Gemeinderat, der, "-e 97/7
gemeinsam 8/3
Gemeinsamkeit, die, -en 8/3
Generation, die, -en 18/7
Genitiv, der *Sg.* 26/6
Gerät, das, -e 47/4
gerissen 70/2
Germanistik, die *Sg.* 102/6
gesamt 37/10
Gesamtschule, die, -en 102/6
geschafft 101/5
Gesellschaft, die, -en 18/7
Gesetz, das, -e 33/4
Getränkeautomat, der, -en 34/5
getupft 32/3
Gewohnheit, die, -en 56/5
Gewölbe, das, – 75/10
Gift, das, -e 31/1
giftig 37/10
Gips, der *Sg.* 67/11
Gitarrist, der, -en 25/3
Glasflasche, die, -n 37/10
glatt 67/12
gleichzeitig 28/9
gliedern 70/2
global 32/2
Globetrotter, der, – 70/2
glotzen 46/2
Glücksbringer, der, – 21/13
Glückspilz, der, -e 21/14
Gothic, der, -s 50/9
Gott, der, -er 65/7
GPS-Gerät, das, -e 70/2

Graffito, das, Graffiti 46/2
greifen, greift, griff, hat gegriffen 19/8
Grenze, die, -n 10/6
Grenzposten, der, – 88/8
grob, gröber, am gröbsten 67/12
großzügig 54/3
gründen 86/6
gründlich 70/2
Gummi, der, -s 67/11
Gummibärchen, das, – 89/9
günstig 59/14

Halbjahr, das, -e 93/3
Hälfte, die, -n 37/10
halten (+ sich) (+ an + *D.*), hält sich, hielt sich, hat sich gehalten (*Er hält sich an sein Versprechen.*) 95/5
handeln (+ von + *D.*) 26/5
Handschuh, der, -e 110/4
Handtasche, die, -n 27/8
Harmonika, die, -s 108/2
harmonisch 46/2
hassen 16/3
häufig 69/1
Hauptrolle, die, -n 85/4
Hauptsatz, der, "-e 33/4
Hauptthese, die, -n 32/2
Hausmeister, der, – 12/10
Hauswand, die, "-e 62/2
Heavy Metal *Sg. ohne Artikel* 105/13
heilig 27/8
Heimat, die, -en 10/6
heizen 16/3
Heizung, die, -en 104/9
hektisch 61/1
herauskommen, kommt heraus, kam heraus, ist herausgekommen 11/8
Herkunft, die *Sg.* 50/9
herrlich 113/8
herschauen 46/2
herum 32/2
herumtreten (+ auf + *D.*), tritt herum, trat herum, ist herumgetreten 66/9
herunterladen, lädt herunter, lud herunter, hat heruntergeladen 28/9
hervorholen 19/8
Herz, das, -en 26/6
herzförmig 67/12
hierher 74/7
hiermit 101/5
hilfsbereit 22
Hilfsbereitschaft, die *Sg.* 15/1
Himmel, der *Sg.* 69/1
hinauslassen, lässt hinaus, ließ hinaus, hat hinausgelassen 32/2
hineinlassen, lässt hinein, ließ hinein, hat hineingelassen 32/2
hineinschnuppern 110/4

Hinfahrt, die, -en 69/1
hingegen 32/2
hinschauen 83/1
hinschreiben, schreibt hin, schrieb hin, hat hingeschrieben 64/6
Hintergrund, der, "-e 62/2
Hip-Hopper, der, – 9/5
Hippie, der, -s 50/9
Hit, der, -s 24/2
Hochdeutsch 107/1
hochladen, lädt hoch, lud hoch, hat hochgeladen 28/9
höflich 54/2
Holztür, die, -en 62/2
Homepage, die, -s 33/4
hübsch 104/9
Hufeisen, das, – 21/14

Idiot, der, -en 94/4
illegal 65/7
Illustration, die, -en 16/2
impulsiv 15/1
inakzeptabel 105/13
Indefinita, die *Pl.* 92/2
Industrie, die, -n 100/3
informativ 26/5
informieren (+ sich) (+ über + *A.*) 49/8
Initiative, die, -n 33/4
inklusive (*Abk. inkl.*) 104/9
insbesondere 108/2
insgesamt 25/3
inszenieren 47/4
Inszenierung, die, -en 47/4
interaktiv 28/9
interessiert 21/13
intergalaktisch 89/9
Internat, das, -e 100/4
Interpretation, die, -en 16/2
interpretieren 16/2
Interrail *Sg. ohne Artikel* 72/4
interviewen 47/3
investieren (+ in + *A.*) 64/6
irgend- 95/5
irgendwann 54/2
irgendwo 27/8
irre 10/6
irreal 58/10
irritieren 54/2
isolieren 32/3

Jägerin, die, -nen 26/6
Jahreszahl, die, -en 86/6
Jahrhundert, das, -e 32/2
jawohl 114/9
Jazz, der *Sg.* 108/2
Jodler, der, – 108/2
jubeln 63/5
Judoclub, der, -s 100/4

W

Jugendszene, die, -n 50/9
Jugendtreff, der, -s 100/4

Kalender, der, – 8/2
Kälte, die *Sg.* 93/3
Kampagne, die, -n 33/4
kämpfen (+ für/gegen + *A.*) 33/4
Kampfsportart, die, -en 111/5
Kannibale, der, -n 113/8
Kantinenessen, das *Sg.* 92/2
Kapuzenpullover, der, – 50/9
Karriere, die, -n 103/8
Karteikarte, die, -n 87/7
Karton, der, -s 67/11
Kassettenrekorder, der, – 23/1
Katzenmusik, die *Sg.* 24/2
Kaufsucht, die *Sg.* 56/5
kaufsüchtig 56/5
kaum 51/11
Kaution, die, -en 104/9
Kenntnis, die, -se 102/6
Kette, die, -n (*Die Kette am Fahrrad ist gerissen.*) 70/2
kichern 61/1
Kieselstein, der, -e 19/8
Kilometer, der, – 32/2
Kinderarbeit, die *Sg.* 91/1
Kindererziehung, die *Sg.* 110/4
Kindergarten, der, "- 96/6
kinderleicht 107/1
Kindheit, die *Sg.* 83/1
kippen 19/8
klagen (+ gegen + *A.*) (*Bürger klagen gegen Lärmbelästigung.*) 31/1
Klang, der, "-e 108/2
klappen 47/4
Klassenklima, das *Sg.* 92/2
Klassensprecher, der, – 92/2
Klassentreffen, das, – 99/1
klatschen 107/1
klauen 27/7
Klausur, die, -en 65/7
kleben 66/9
Kleeblatt, das, "-er 21/14
Klima, das *Sg.* 33/4
Klimaforscher, der, – 32/2
Klimawandel, der *Sg.* 31/1
klingen, klingt, klang, hat geklungen 17/6
knusprig 112/7
Kohlendioxid, das, -e 32/2
Kombination, die, -en 60
Kommandozentrale, die, -n 89/9
Kommentar, der, -e 24/2
kommentieren 24/2
Kommunikation, die *Sg.* 49/8
Komparation, die *Sg.* 100/4
kompetent 18/7
Kompetenz, die, -en 18/7
Kompromiss, der, -e 51/11
konjugieren 85/4
Konjunktiv, der, -e 16/3
konsumieren 18/7
kontaktfreudig 102/6
kontaktieren 27/8
Kontinent, der, -e 70/2
Konto, das, Konten 56/5
Kontrolle, die, -n 86/6
konzentriert 21/13
Konzertbändchen, das, – 7/1
Kopfhörer, der, – 110/4
Kosmonaut, der, -en 89/9
kostenfrei 104/9
Krakauer, die, – (*Ich esse gern Krakauer.*) 113/8
Krankenpfleger, der, – 47/3
Krankheit, die, -en 110/4
Kreuz, das, -e 67/12
kreuz und quer 72/4
Krieg, der, -e 66/9
Kriterium, das, Kriterien 56/5
Kritik, die, -en 92/2
kritisch 65/7
Krug, der, "-e 19/8
krumm 67/12
kümmern (+ sich) (+ um + *A.*) 70/2
künstlerisch 72/4
Kunststück, das, -e 75/10
Kunstwerk, das, -e 66/9
Kuss, der, "-e 26/6

Lachs, der, -e 84/2
lackieren 17/5
Ladegerät, das, -e 36/10
Lage, die *Sg.* 75/10
Landschaft, die, -en 100/3
Landung, die, -en 27/8
langweilen (+ sich) 20/12
Lärm, der *Sg.* 31/1
lauten 87/7
Lebenslauf, der, "-e 102/6
Lederhose, die, -n 108/2
legal 65/7
Lehre, die, -en 48/5
leiden können 17/5
Leinwand, die, "-e 62/2
leisten (+ sich) 112/7
Leistung, die, -en 19/9
leiten 92/2
Lernbereitschaft, die *Sg.* 15/1
Lernplattform, die, -en 28/9
Leserbrief, der, -e 34/5
leuchtend 62/2
Lexikon, das, Lexika 87/7
Licht, das, -er 25/4
Liebe, die *Sg.* 9/4
Limo, die, -s 95/5
Lippe, die, -n 51/11
Loch, das, "-er 11/8
lohnen (+ sich) 10/6
löschen 28/9
loslassen, lässt los, ließ los, hat losgelassen 88/8
losmotzen 94/4
Luxus, der *Sg.* 59/13

Magie, die *Sg.* 26/6
mailen 28/9
Maler, der, – 62/2
Marienkäfer, der, – 21/14
Marke, die, -n 47/3
Markenprodukt, das, -e 57/6
Marmor, der *Sg.* 67/11
maskulin 47/3
massiv 31/1
Material, das, -ien 66/9
Mauer, die, -n 62/2
Mauerbau, der *Sg.* 87/7
Mauerblümchen, das, – 88/8
Mauerfall, der *Sg.* 87/7
Maus, die, "-e 89/9
maximal 21/13
Mechatroniker, der, – 52
meckern 18/7
Mediennutzung, die *Sg.* 29/11
Mehrheit, die, -en 18/7
meist 109/3
Melancholie, die *Sg.* 63/3
melden (+ sich) 21/13
Membran, die, -en 32/2
mieten 104/9
Mieter, der, – 104/9
Mietshaus, das, "-er 100/3
Mikrofon, das, -e 25/4
milchig 110/4
Mindestalter, das *Sg.* 72/4
minimal 21/13
minimieren 65/7
Mischung, die, -en 74/7
mitarbeiten 21/13
mitbenutzen 104/9
mitbestimmen 18/7
Mitbewohner, der, – 105/13
Mitbringsel, das, – 54/2
miteinander 49/8
Mitglied, das, -er 109/3
mithilfe (+ *G.*) 8/2
Mittelteil, der, -e 87/7
mitverantwortlich 32/2
Mix, der *Sg.* 11/8
möbliert 104/9
Modedesignerin, die, -nen 59/13
Modell, das, -e 57/6
moderieren 93/3

Mofa, das, -s 85/4
möglichst 111/5
monatelang 51/11
monatlich 104/9
Monitor, der, -en 28/9
Monster, das, – 84/2
Motivation, die *Sg.* 102/6
motivieren 110/4
Motto, das, -s 111/6
Mühe, die, -n (*sich Mühe geben*) 49/8
Mülleimer, der, – 34/6
Mülltonne, die, -n 34/6
Muster, das, – 29/10

nachdem 97/7
nacheinander 19/8
Nachfrage, die, -n 71/3
Nachricht, die, -en (*Er schreibt mir oft Nachrichten per SMS.*) 11/8
Nachrichten, die *Pl.* (*Ich sehe die Nachrichten im Fernsehen.*) 31/1
nachschauen 29/10
Nachteil, der, -e 72/4
näherkommen, kommt näher, kam näher, ist nähergekommen 10/6
nämlich 56/5
national 25/3
Naturkatastrophe, die, -n 32/2
Nebenkosten, die *Pl.* 104/9
Nerd, der, -s 50/9
Netzwerk, das, -e 28/9
Neubau, der, -e 31/1
neutral 95/5
Newsticker, der, – 31/1
nötig 59/13
Nullartikel, der, – 68

oben 19/8
obere 18/7
Oberschule, die, -n 89/10
Objekt, das, -e 66/9
objektiv 45/1
obwohl 56/5
öde 100/3
oder so 84/2
Offenheit, die *Sg.* 15/1
öffentlich 18/7
Öffentlichkeitsarbeit, die *Sg.* 33/4
Öffnung, die, -en 19/8
Ohrwurm, der, ″-er 24/2
ökologisch 32/2
Öl, das, -e 62/2
online 28/9
operieren 96/6
Organisation, die, -en 36/10
oval 67/12

Paket, das, -e 89/9
Panik, die *Sg.* 27/8
panisch 29/10
Parallelklasse, die, -n 74/7
Parkour *Sg. ohne Artikel* 111/5
Partnerschaft, die, -en 19/9
Passiv, das *Sg.* 25/4
Passiversatz, der *Sg.* 51/11
Passwort, das, ″-er 27/8
persönlich 49/8
Perspektive, die, -n 18/7
Petition, die, -en 91/1
Pfefferminze, die *Sg.* 66/9
pflanzen 33/4
Pflasterstein, der, -e 83/1
pflegen 113/8
Philosoph, der, -en 53/1
Piercing, das, -s 9/5
Plastikbecher, der, – 34/5
platt (*Nach 30 km war mein Reifen platt.*) 70/2
Platt(deutsch) *Sg. ohne Artikel* 109/3
Platte, die, -n (*Ich höre immer noch Platten, keine CDs.*) 23/1
Plattenbau, der, -ten 89/10
Playback, das *Sg.* 47/4
Plusquamperfekt, das *Sg.* 97/7
politisch 33/4
Popmusik, die *Sg.* 108/2
Portal, das, -e 49/8
Porzellan, das, -e 67/11
potenziell 105/13
Praktikant, der, -en 96/6
Praktikumsplatz, der, ″-e 103/7
Präsens, das *Sg.* 100/4
Präsident, der, -en 96/6
Premiere, die, -n 114/9
primitiv 64/6
Prinzip, das, -ien 28/9
Probe, die, -n 114/9
problemlos 70/2
Produktion, die, -en 110/4
produzieren 9/5
professionell 65/7
Prognose, die, -n 103/7
Prominente, der/die, -n 33/4
Provision, die, -en 104/9
Prozentzahl, die, -en 57/6
prüfen 95/5
Prüfung, die, -en 16/3
Prüfungsangst, die, ″-e 43/6
Punk, der, -s 50/9

quadratisch 67/12
Quadratmeter, der, - (*Abk. qm*) 66/9
quer 70/2

radeln, radelt, radelte, ist geradelt 88/8
Radtour, die, -en 70/2
Rand, der, ″-er 19/8
Ratgeber, der, – 105/12
rau 67/12
rauchen 63/5
rauf (*Ich höre meine Lieblingssongs rauf und runter.*) 24/2
raufklettern 86/6
Raumbasis, die, -basen 89/9
rausgehen, geht raus, ging raus, ist rausgegangen 58/10
rausholen 21/13
rauskommen, kommt raus, kam raus, ist rausgekommen 57/6
rauskriegen 88/8
rausnehmen, nimmt raus, nahm raus, hat rausgenommen 51/11
Recht, das, -e 91/1
rechteckig 67/12
recyceln 38
recycelt 34/5
Recycling, das *Sg.* 9/4
Redensart, die, -en 21/14
Referat, das, -e 33/4
reflektieren 95/5
Regenwald, der, ″-er 31/1
Reggae *Sg. ohne Artikel* 25/3
Regierung, die, -en 86/6
Regisseur, der, -e 47/4
reich 17/5
reichen (1) (*Reich ihm die Hand.*) 46/2
reichen (2) (*Ich finde, es reicht.*) 114/9
Reifen, der, – 70/2
reihum 114/9
reingehen, geht rein, ging rein, ist reingegangen 54/2
reinigen 97/7
Reinigung, die *Sg.* 66/9
Reiseführer, der, – 76
Reisepass, der, ″-e 70/2
relativ 32/2
Relativpronomen, das, – 17/6
Relativsatz, der, ″-e 17/6
Rentnerin, die, -nen 104/9
Republik, die, -en 86/6
respektieren 18/7
Restmüll, der *Sg.* 34/5
retten 97/7
Rhabarber, der *Sg.* 113/8
riechen, riecht, roch, hat gerochen 31/1
rieseln, rieselt, rieselte, ist gerieselt 19/8
Ring, der, -e 68
Rockmusik, die *Sg.* 108/2
Rolle, die, -n 46/2
Rollenspiel, das, -e 95/5
Roller, der, – 100/4
Rollstuhl, der, ″-e 96/6

W

Roman, der, -e 26/5
Rückblick, der *Sg.* 85/4
Rückseite, die, -n 13/11
ruck-zuck 114/9
ruhig 49/8
Ruine, die, -n 75/10
rumstehen, steht rum, stand rum, hat rumgestanden 88/8
rumtanzen 88/8
rund (1) (*Er weiß alles rund um die Umwelt.*) 36/10
rund (2) (*Der Ball ist rund.*) 62/2
runter (*Ich höre den Song rauf und runter.*) 24/2
runterschmeißen, schmeißt runter, schmiss runter, hat runtergeschmissen 94/4

Sachbuch, das, "-er 26/5
Sand, der *Sg.* 19/8
satt 48/6
Schablone, die, -n 64/6
schädlich 32/2
Schallplattensammlung, die, -en 23/1
Schallplattenspieler, der, – 23/1
Schaufenster, das, – 56/5
Schauspielstudent, der, -en 88/8
Schein, der, -e (*Ich gebe dem Verkäufer einen Schein.*) 54/2
schieben, schiebt, schob, hat geschoben (*zur Seite schieben*) 95/5
Schiffermütze, die, -n 88/8
Schimpfwort, das, "-er 95/5
Schlagbaum, der, "-e 88/8
Schlagzeile, die, -n 26/5
schlichten 95/5
Schlichtungsvertrag, der, "-e 95/5
schließlich 92/2
schlimm 31/1
Schmiererei, die, -en 61/1
Schnäppchen, das, – 56/5
Schnäppchenjäger, der, – 59/13
schnappen (+ sich) 88/8
Schnecke, die, -n 61/1
schneiden, schneidet, schnitt, geschnitten 51/12
Schock, der, -s 34/5
Schönheit, die *Sg.* 19/9
Schornsteinfeger, der, – 21/14
schreien, schreit, schrie, geschrien 63/5
schriftlich 49/8
Schriftstellerin, die, -nen 47/3
Schuhgröße, die, -n 47/3
Schulden, die *Pl.* 56/5
Schülermitverantwortung, die *Sg.* (*SMV*) 92/2
Schülervertreter, der, – 92/2
Schulleiterin, die, -nen 65/7

Schulleitung, die, -en 92/2
Schulsprecher, der, – 92/2
schütteln 19/8
schütten 19/8
schützen 19/9
Schutz, der *Sg.* 32/3
schwach, schwächer, am schwächsten 63/5
Schwäche, die, -n 15/1
Schwerhörige, der/die, -n 110/4
Schwingen, das *Sg.* 111/5
schwingen, schwingt, schwang, hat geschwungen 111/5
Sehenswürdigkeit, die, -en 75/10
Seide, die *Sg.* 67/11
Sekt, der, – 88/8
Sektflasche, die, -n 88/8
Sekundarschule, die, -n 28/9
selber 29/10
selbstbewusst 22
Selbstbewusstsein, das *Sg.* 15/1
selbstverständlich 28/9
senden 102/6
Sendung, die, -en 32/3
separat 104/9
Service, der, -s 103/7
Sicherheit, die, -en 87/7
signalisieren 54/2
simulieren 110/4
Sinn, der *Sg.* 99/2
sitzen bleiben, bleibt sitzen, blieb sitzen, ist sitzen geblieben (*Ich bin in der 8. Klasse wegen Latein sitzen geblieben.*) 100/4
Skaten, das *Sg.* 111/5
Skater, der, – 75/10
skeptisch 18/7
Slogan, der, -s 36/10
Smartphone, das, -s 23/1
sodass 19/8
sogenannt 95/5
Soldat, der, -en 88/8
somit 54/2
Song, der, -s 24/2
sonst 19/8
Sorge, die, -n 99/2
sorgen (für + *A.*) 92/2
Soundcheck, der, -s 25/4
sozial (1) (*das soziale Netzwerk*) 28/9
sozial (2) (*Er arbeitet im sozialen Bereich.*) 72/4
Sozialarbeit, die *Sg.* 110/4
Spaziergänger, der, – 97/7
speichern 28/9
Spende, die, -n 83/1
spenden 37/10
spezialisieren (+ sich) (+ auf + *A.*) 102/6
Spickzettel, der, – 21/13
Spieler, der, – 36/10

Spielfeld, das, -er 13/11
Spielfigur, die, -en 36/10
Spielregel, die, -n 13/11
spinnen, spinnt, spann, hat gesponnen (*Du spinnst doch!*) 94/4
spitz 67/12
Sportwagen, der, – 99/1
Spraydose, die, -n 65/7
sprayen 50/9
Sprayer, der, – 64/6
Spruch, der, "-e 53/1
sprühen 65/7
spucken 66/9
Staat, der, -en 86/6
Stadtplan, der, "-e 84/3
Stadtteil, der, -e 88/8
Stadtzentrum, das, -zentren 104/9
Stammkunde, der, -n 113/8
Standbild, das, -er 63/4
Standby-Modus, der, -Modi 36/10
ständig 51/11
Stärke, die, -n 15/1
starten, startet, startete, ist gestartet 70/2
statt 29/10
stattfinden, findet statt, fand statt, hat stattgefunden 86/6
staunen 88/8
stechen, sticht, stach, hat gestochen 51/11
steif 110/4
steigen, steigt, stieg, ist gestiegen 31/1
Stein, der, -e 19/8
Stempel, der, – 70/2
sternförmig 67/12
Stichpunkt, der, -e 75/10
Stier, der, -e 61/1
stimmen (*Sie stimmt ihre Gitarre.*) 25/4
Stoff, der, -e 67/11
stolz 54/2
stören 23/1
Straßenkarte, die, -n 84/3
Streitende, der/die, -n 95/5
Streitschlichter, der, – 95/5
streng 17/6
Stress, der *Sg.* 56/5
stressig 69/1
Strom, der *Sg.* 36/10
strömen, strömt, strömte, ist geströmt 111/5
Stromverbrauch, der *Sg.* 32/3
strukturieren 87/7
Student, der, -en 19/8
Studierende, der/die, -n 110/4
Studium, das, Studien 104/9
subjektiv 45/1
Sucht, die, "-e 56/5
südlich 109/3

Symbol, das, -e 21/14
symbolisch 33/4
Szenario, das, Szenarien 63/4
Szenemerkmal, das, -e 50/9

Tablet, das, -s 23/1
talentiert 111/6
Tanz, der, "-e 109/3
Taschenbuch, das, "-er 35/8
Taste, die, -n 62/2
tätowieren 51/12
Tattoo, das, -s 16/3
tauschen 84/3
teamfähig 22
Teamfähigkeit, die *Sg.* 15/1
Teamwork, der *Sg.* 112/7
Techniker, der, – 110/4
technisch 18/7
Teenie, der, -s 108/2
Teilnehmer, der, – 72/4
Telefonzelle, die, -n 84/3
Temperatur, die, -en 32/2
Temperaturveränderung, die, -en 32/2
Terminkalender, der, – 19/8
thematisch 50/10
These, die, -n 32/2
Thriller, der, – 26/5
Tickertext, der, -e 31/1
Ticket, das, -s 72/4
tief 88/8
Tierheim, das, -e 103/7
Tierschutz, der *Sg.* 97/8
Tinte, die, -n 29/10
tippen 18/7
Tischdeckchen, das, – 62/2
Tischler, der, – 84/2
Tischtennisplatte, die, -n 93/3
Titel, der, – 26/6
Ton, der *Sg.* (*Die Vase ist aus Ton.*) 67/11
Tonne, die, -n 31/1
Tourismus, der *Sg.* 102/6
Trachtenverein, der, -e 109/3
traditionell 74/7
Trainer, der, – 111/5
Training, das, -s 54/3
Traktor, der, Traktoren 99/1
Träne, die, -n 88/8
traumhaft 74/7
Treffpunkt, der, -e 50/9
treiben, treibt, trieb, hat getrieben (*Sport treiben*) 16/3
Treibhausgas, das, -e 32/2
trennen 34/6
treten, tritt, trat, hat getreten 66/9
Trinkgeld, das, -er 73/6
trocken 67/12
trösten 100/4
TV-Serie, die, -n 84/2

überarbeiten 75/11
überfliegen, überfliegt, überflog, hat überflogen 28/9
übergeben, übergibt, übergab, hat übergeben 97/7
überhaupt 17/5
übermäßig 18/7
überraschen 57/6
überrascht 88/8
überreichen 54/2
überschwemmt 31/1
Überschwemmung, die, -en 32/2
übertreiben, übertreibt, übertrieb, hat übertrieben 94/4
überzeugen 97/7
übrig 27/8
übrigens 70/2
Übung, die, -en 7/1
umarmen 88/8
Umfrageergebnis, das 57/6
umgeben, umgibt, umgab, hat umgeben 32/2
umgehen (+ mit + *D.*), geht um, ging um, ist umgegangen 18/7
umgekehrt 110/4
Umriss, der, -e 8/3
Umwelt, die *Sg.* 19/9
umweltbewusst 66/9
Umweltbewusstsein, das *Sg.* 92/2
umweltfreundlich 37/10
Umweltverschmutzung, die, -en 31/1
umweltverträglich 32/2
Umzug, der, "-e 100/4
unabhängig 102/6
unangenehm 54/2
uncool 109/3
und zwar 114/9
undurchsichtig 67/12
unfair 92/2
unfreundlich 70/2
ungerecht 91/1
ungewöhnlich 10/6
Unglück, das, -e 21/14
unhöflich 54/2
Uni, die, -s 10/6
Uniform, die, -en 17/5
unkorrekt 66/9
unten 62/2
unterbringen, bringt unter, brachte unter, hat untergebracht 54/2
unterhalten (+ sich) (+ mit + *D.*), unterhält sich, unterhielt sich, hat sich unterhalten 46/2
Unterkunft, die, "-e 72/4
unternehmen, unternimmt, unternahm, hat unternommen 34/6
unterschreiben, unterschreibt, unterschrieb, hat unterschrieben 95/5

Unterschrift, die, -en 97/7
unterstützen 96/6
Unterstützung, die, -en 91/1
untersuchen 34/6
unterwegs 28/9
unwichtig 105/12
unzählig 70/2
unzerbrechlich 67/12
Urteil, der, -e 49/8
urteilen 49/8

Vampir, der, -e 26/6
Vase, die, -n 19/8
veranschaulichen 110/4
Veranstaltung, die, -en 70/2
Verantwortung, die, -en 92/2
verbessern 33/4
Verbesserung, die, -en 92/2
verbieten, verbietet, verbot, hat verboten 51/11
verbrauchen 33/4
verdoppeln 31/1
Verein, der, -e 111/5
verfeindet 93/3
Vergangenheit, die *Sg.* 84/2
verhaften 70/2
Verhaftung, die, -en 70/2
verhalten (+ sich), verhält sich, verhielt sich, hat sich verhalten 36/10
verhindern 49/8
Verkehr, der *Sg.* 32/2
verletzt 54/2
verlieben (+ sich) (+ in + *A.*) 85/4
vermieten 104/9
vermitteln (1) (*eine Erkenntnis vermitteln*) 19/8
vermitteln (2) (*zwischen Streitenden vermitteln*) 92/2
verpassen 84/2
Verpflegung, die, -en 72/4
verreisen, verreist, verreiste, ist verreist 72/4
verschenken 59/13
verschlafen, verschläft, verschlief, hat verschlafen 88/8
Versehen, das, – 94/4
Versicherung, die, -en 94/4
Version, die, -en 57/6
Verspätung, die, -en 74/7
versprechen, verspricht, versprach, hat versprochen 27/8
verständigen 76
Verstärkung, die *Sg.* 95/5
vertragen (+ sich) (+ mit + *D.*), verträgt sich, vertrug sich, hat sich vertragen 95/5
Vertrauenslehrerin, die, -nen 92/2

W

vertreten, vertritt, vertrat, hat vertreten 92/2
verursachen 32/2
vervollständigen 64/6
verwandeln 35/8
Verwandlung, die, -en 35/8
verwechseln 101/5
Verwechslung, die, -en 101/5
verwirrt 88/8
verwöhnt 112/7
Verzeihung, die *Sg.* 7/1
verzichten (+ auf +*A.*) 53/1
virtuell 28/9
Visum, das, Visa 70/2
Volksfest, das, -e 109/3
Volkslied, das, -er 108/2
Volksmusik, die, -en 108/2
voll 19/8
voller (*ein Eimer voller Sand*) 19/8
völlig 10/6
von jetzt an 114/9
von wegen 94/4
Voraus (*Vielen Dank im Voraus!*) 64/6
voraussichtlich 102/6
vorbeiradeln, radelt vorbei, radelte vorbei, ist vorbeigeradelt 88/8
Vorbereitung, die, -en 21/13
Vorbild, das, -er 84/2
Vordergrund, der, "-e 62/2
vorgehen, geht vor, ging vor, ist vorgegangen (*Geh ein Feld vor.*) 36/10
vorhaben, hat vor, hatte vor, hat vorgehabt 27/8
vorher 12/10
vorkommen, kommt vor, kam vor, ist vorgekommen 33/4
Vorteil, der, -e 72/4
Vortrag, der, "-e 19/8
vortragen, trägt vor, trug vor, hat vorgetragen 112/7
Vorurteil, das, -e 9/5
Votum, das, Voten/Vota 18/7

Wahlrecht, das, -e 18/7
Wahnsinn, der *Sg.* 88/8
wahnsinnig 88/8
während (+ *G.*) 87/7
wahrscheinlich 48/5
Wahrzeichen, das, – 75/10
Wakeboarding, das *Sg.* 102/6
Wald, der, "-er 33/4
Waldbrand, der, "-e 31/1
Wärme, die *Sg.* 32/2
Warteraum, der, "-e 27/8
WC, das, -s 104/9
Webcam, die, -s 28/9
wegbleiben, bleibt weg, blieb weg, ist weggeblieben 58/10
wegen (+ *G.*) 84/2
weggeben, gibt weg, gab weg, hat weggegeben 59/13
weglassen, lässt weg, ließ weg, hat weggelassen 19/8
wegnehmen, nimmt weg, nahm weg, hat weggenommen 27/7
wegschubsen 95/5
wegwerfen, wirft weg, warf weg, hat weggeworfen 37/10
weiblich 108/2
weich 67/11
Weihnachtszeit, die *Sg.* 17/5
Weinflasche, die, -n 35/8
Weise, die, -n 32/2
weise 112/7
weiterfahren, fährt weiter, fuhr weiter, ist weitergefahren 70/2
Weltkrieg, der, -e 75/10
Weltraumstation, die, -en 89/9
Weltreise, die, -n 16/3
weltweit 31/1
Werbung, die, -en 64/6
werfen, wirft, warf, hat geworfen 13/11
Werk, das, -e 66/9
Wert, der, -e 19/9
Weste, die, -n 62/2
WG, die, -s 104/9
Wiederaufbau, der *Sg.* 83/1
wiedergeben, gibt wieder, gab wieder, hat wiedergegeben 28/9
wiederkommen, kommt wieder, kam wieder, ist wiedergekommen 10/6
wiedersehen, sieht wieder, sah wieder, hat wiedergesehen 109/3
wiedervereinigt 86/6
Wiedervereinigung, die *Sg.* 75/10
Wiese, die, -n 17/6
willen (*Um Gottes willen!*) 65/7
Wirbelsturm, der, "-e 32/2
wirken 63/4
Wirklichkeit, die, -en 86/6
Wirtschaft, die, -en 19/8
Wissenschaft, die, -en 17/4
Witz, der, -e 11/8
wochenlang 25/3
wodurch 94/4
wohlgemerkt 89/9
Wohnort, die, -e 100/3
Wohnungsanzeige, die, -n 104/9
Wohnungssuche, die, -n 9/4
Wolle, die *Sg.* 67/11
worauf 47/4
Workcamp, das, -s 72/4
Wörtchen, das, – 20/11
Wortschatz, der, "-e 12/10
worüber 13/11
wovon 71/3
wozu 34/6
Wunderkind, das, -er 111/5
Würfel, der, – 36/10
würfeln 36/10
Wüste, die, -n 70/2

Zauberei, die *Sg.* 61/1
Zeichen, das, – 64/6
Zeitangabe, die, -n 100/4
Zeitstrahl, der, -en 85/4
Zelt, das, -e 69/1
zerbrechlich 67/12
zerstören 31/1
ziehen, zieht, zog, hat gezogen 13/11
Zither, die, -n 108/2
zucken 88/8
Zufriedenheit, die *Sg.* 63/3
zugehen (+ auf + *A.*), geht zu, ging zu, ist zugegangen (*Geh doch auf Emil zu, dann könnt ihr euch wieder vertragen.*) 46/2
zuhalten, hält zu, hielt zu, hat zugehalten 33/4
Zuhörer, der, – 87/7
Zukunft, die *Sg.* 33/4
zumindest 64/6
zunehmen, nimmt zu, nahm zu, hat zugenommen 31/1
zurechtlegen (+ sich) 87/7
zurückbringen, bringt zurück, brachte zurück, hat zurückgebracht 60
zurückfliegen, fliegt zurück, flog zurück, ist zurückgeflogen 88/8
zurückschauen 84/2
zurzeit 24/2
zusammenarbeiten 47/4
zusammenkommen, kommt zusammen, kam zusammen, ist zusammengekommen 49/8
zusammenstellen 49/8
zutreffen (+ auf + *A.*), trifft zu, traf zu, hat zugetroffen 16/3
Zwang, der, "-e 63/3
zwar 18/7
zweisprachig 10/6
Zweizimmerwohnung, die, -en 104/9
Zwergschwein, das, -e 47/3

Anhang

Kopiervorlagen

KV 1	zu Kap. 1: Aufg. 1	Dialoge in der Schule	144
KV 2	zu Kap. 1: Aufg. 6	Fragebogen: Deutsch im Alltag	145
KV 3	zu Kap. 1: Aufg. 9	Regeln finden	146
KV 4	zu Kap. 3: Aufg. 4	Was bin ich?	147
KV 5	zu Kap. 4: Aufg. 5c	Müllprojekt in der Schule	148
KV 6	zu Kap. 4: Aufg. 10	Diskussion pro und kontra „radfahren"	149
KV 7	zu Plateau 1: nach Aufg. 8	Fragen zu Kapitel 1–4 und Plateau 1	150
KV 8	zu Kap. 5: Aufg. 11	Rollenspiel: (K)ein Piercing für Charlotte?	151
KV 9	zu Kap. 8: Aufg. 3	Wovon? Von wem? Worüber? Über wen? Worauf? …	152
KV 10.1	zu Kap. 8: Aufg. 6	3 Dialoge: „Als Tourist unterwegs …"	153
KV 10.2	zu Kap. 8: Aufg. 6	„Als Tourist unterwegs …" – mögliche Lösungen	154
KV 11.1	zu Kap. 8: Aufg. 7–8	Sätze mit Relativpronomen (1)	155
KV 11.2	zu Kap. 8: Aufg. 7–8	Sätze mit Relativpronomen (2)	156
KV 11.3	zu Kap. 8: Aufg. 7–8	Kontrollblatt: Sätze mit Relativpronomen (1) und (2)	157
KV 12	zu Kap. 8: Aufg. 3	Zur Arbeit mit Lernkärtchen	158
KV 13	zu Plateau 2: nach Aufg. 12	Fragen zu Kapitel 5–8 und Plateau 2	159
KV 14.1	zu Kap. 9: Aufg. 6	Die BRD und die DDR (1)	160
KV 14.2	zu Kap. 9: Aufg. 6	Die BRD und die DDR (2)	161
KV 14.3	zu Kap. 9: Aufg. 6	Die BRD und die DDR (3)	162
KV 15	zu Kap. 10: Aufg. 4	Noch ein Streitgespräch	163
KV 16	zu Kap. 10: Aufg. 7	Plusquamperfekt: Was gehört (sinnvoll) zusammen?	164
KV 17.1	zu Plateau 3: Aufg. 5	Präsentation I	165
KV 17.2	zu Plateau 3: Aufg. 5	Präsentation II	166
KV 17.3	zu Plateau 3: Aufg. 5	Lösung zu den Präsentationen I und II	167
KV 18	zu Plateau 3: nach Aufg. 8	Fragen zu Kapitel 9–12 und Plateau 3	168
KV 19	zu Plateau 1–3	Kontrollblatt: Fragen zu den Kopiervorlagen 7, 13 und 18	169

Transkripte der Hörtexte im Kursbuch 170
Transkripte der Hörtexte im Arbeitsbuch 183
Transkripte der Texte im Video 196
Lösungsschlüssel für die Aufgaben des internationalen Arbeitsbuchs 200

Dialoge in der Schule

Arbeitet zu zweit. Sucht euch eine Sprechblase aus und schreibt eine Reaktion darauf. Wer schreibt den lustigsten Dialog?

Beispiel: *So, jetzt fangen wir aber an.* 12

Reaktion: Sie meinen, wir hören auf? / Pauuuuseee! / Dieser Anfang ist das Ende!

Jetzt ihr:

Fragebogen: Deutsch im Alltag

Frage	Unterschrift / Stichworte
1. Siehst du manchmal im Fernsehen deutsche Sendungen? Welche?	
2. Surfst du manchmal im Internet „auf Deutsch"? Berichte.	
3. Liest du manchmal eine deutsche Zeitung oder eine Zeitschrift? Titel? Was liest du da meistens?	
4. Hast du Freunde aus Deutschland, aus Österreich oder aus der deutschsprachigen Schweiz? Stelle eine/n vor.	
5. Mit wem hast du in den letzten Tagen/Wochen außerhalb der Schule Deutsch gesprochen? Mit wem? Wann? Was?	
6. Hast du außer im Unterricht einmal etwas auf Deutsch geschrieben? Was? Warum?	
7. Hast du außerhalb vom Unterricht neue deutsche Wörter gelernt? Welche?	
8. Hast du schon einmal mit jemand auf Deutsch gechattet oder telefoniert? Wie war das?	
9. Hast du in deinem Wohnort Plakate/Werbung auf Deutsch gesehen?	
10. Gibt es deutsche Firmen oder Geschäfte in deinem Wohnort? Nenne eine.	
11. Warst du schon einmal in einem deutschsprachigen Land? Wann, wo genau?	
12. Kennst du ein deutsches Lied, ein deutsches Gedicht, einen deutschen Film oder einen deutschen Roman? Name? Inhalt?	

Regeln finden

Aufgabe I: Wogegen ist Erika allergisch?

Erika ist allergisch gegen Äpfel.

Erika ist allergisch gegen Tomaten.

Erika ist nicht allergisch gegen Bananen.

Erika ist nicht allergisch gegen Orangen.

Erika ist nicht allergisch gegen Clementinen.

Erika ist allergisch gegen Kirschen.

Ganz klar: Erika ist allergisch gegen. ______________________________

Aufgabe II: Übersetze Satz f.

a. Das ist mein Bruder.
b. Das ist ein Mann.
c. Dieser Mann ist mein Bruder.
d. Das ist meine Mutter.
e. Das ist eine Frau.
f. Diese Frau ist meine Mutter.

a. īn barādar-e man ast.
b. īn yek mard ast.
c. īn mard barādar-e man ast.
d. īn mādar-e man ast.
e. īn yek zan ast.
f. ______________________________

Aufgabe III: Übersetze Satz f.

a. Der Mann isst einen Apfel.
b. Der Mann isst einen grünen Apfel.
c. Die Frau isst Brot.
d. Der Mann isst rote Äpfel.
e. Die Frau isst grüne Äpfel.
f. Die Frau isst einen roten Apfel.

a. A férfi egy almát eszik.
b. A férfi zöld almát eszik.
c. A nő kenyeret eszik.
d. A férfi piros almákat eszik.
e. A nő zöld almákat eszik.
f. ______________________________

Aufgabe IV: Übersetze Satz d und e.

a. Txakurra kalean dago.
b. Txakurrak kalean daude.
c. Auzokoa etxartean dago.
d. Auzokoa kalean dago
e. ______________________________

a. Der Hund ist auf der Straße.
b. Die Hunde sind auf der Straße.
c. Der Nachbar ist auf dem Hof.
d. ______________________________
e. Die Nachbarn sind auf der Straße.

Was bin ich?

Ich werde gerne morgens zum Wachwerden getrunken.  Kaffee	Ich werde gerne kalt im Sommer gegessen. Eis	Ich werde von Frauen zum Schwimmen oder Sonnenbaden angezogen. Bikini	Ich werde zum Schreiben, Chatten, Spielen und Surfen benutzt. Computer
Ich werde meistens gehasst, aber ich helfe dabei, dass man pünktlich zur Arbeit oder in die Schule geht. Wecker	Mit mir wird jede Tür leicht aufgemacht. Schlüssel	Ich werde im Bus und Bahn gekauft. 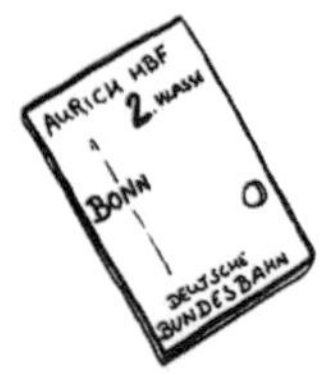 Fahrkarte	Ich werde im Kino sehr gerne gegessen. Popcorn
Ich werde auf der Nase getragen, wenn es draußen sehr hell ist. Sonnenbrille	Ich werde aufgemacht, damit frische Luft ins Zimmer kommt. Fenster	Ich werde mit Kerzen dekoriert und zum Geburtstag geschenkt. Torte	Ich werde aus Milch gemacht und am liebsten von Mäusen gegessen.  Käse
Ich werde aus dem Urlaub mit vielen Grüßen an Freunde geschickt.  Postkarte	Ich werde gerne beim Fußballgucken getrunken (besonders von Männern). Bier	Ich werde in den Mund genommen, um frischen Atem zu haben. Kaugummi	Ich werde besucht, wenn man krank ist. Arzt
Ich werde beim Joggen zum Musikhören benutzt. MP3-Player	Ich werde gerne gemacht, vor allem am Wochenende. Party	Ich werde auf den Körper gemalt und bleibe für immer. Tattoo	Ich werde gebraucht, wenn man bei schlechtem Wetter trocken bleiben will. Regenschirm

Müllprojekt in der Schule

Schock:
__________ kg Müll – pro Person __________

Projektidee:
2 Schüler – Müll sammeln – 1 __________ – nicht __________, sondern aufheben

Ergebnis:
1 Woche: 3 __________ pro Person – __________ Kilo pro Jahr (nur Schule!!!)

Was im Müll?
Plastik und __________ – Grund: Becher und __________ – __________, Zeitschriften, Hefte

Aktion gegen Müll:
__________: recyceltes Papier | Klassenzimmer: 3 __________ (Papier, Plastik, Restmüll) | keine Getränkeautomaten (Schulkiosk: Plastikbecher waschen)

↓

Fazit:
Positiver Anfang, aber auch __________

Diskussion pro und kontra „radfahren“

Arbeitet in zwei Gruppen und notiert eure Argumente zu den Aspekten. Die Ideen im Kasten können helfen. Diskutiert anschließend.

Radfahren ist gesund.

Gruppe „Pro“

Na ja, was ist mit den Abgasen auf der Straße?

Gruppe „Kontra“

Pro	Aspekt	Kontra
	Parkplatzsuche	
	Geschwindigkeit in der Innenstadt	
	Kosten	
	Sicherheit	
	Umwelt	
	Gesundheit	
	Transportmöglichkeit	
	Spaß	
	Verhalten im Verkehr	

Fahrräder oft gestohlen – Winterzeit – aggressiv in Fußgängerzonen – Rucksack oder Gepäckträger – Abgase von Autos – gutes Rad teuer – frische Luft – schneller als Autos – Unfälle, kein Schutz – friedlich – Problem: schwere Sachen – Fahrräder mit Autos transportiert – immer Platz – …

Fragen zu Kapitel 1–4 und Plateau 1

	Frage	Buchseite – Stichworte
1	Wo war Paul schon einmal und wo war Kurt?	
2	Welche Farbe hat der Hut im Koffer?	S. 13 – Aufgabe 7
3	Wer ist schnell beleidigt?	
4	Erwachsene sagen dazu: „Unmöglich!" Was meinen sie?	
5	Wer will nur das Nötigste tun und das Maximum erreichen?	
6	Was soll man nicht im Test benutzen?	
7	Spielt Rudy Gitarre oder Keyboard?	
8	Auf wen wartete Jakob?	
9	Was sucht Mieze im Papierkorb?	
10	„Er ist der Sohn eines …" Wie geht der Satz weiter?	
11	„Es umgibt die Erde." Was ist „es"?	
12	Was kommt in die 3 Mülleimer?	
13	Komischer Name für einen Hausmeister: …	
14	Was wollte Lena Amy zeigen?	
15	Was kann man in 30 Minuten ohne Probleme machen?	
16	Was sollte man verbieten?	

Rollenspiel: (K)ein Piercing für Charlotte?

Du bist der **Vater von Charlotte** und du findest das alles gar nicht so schlimm. Du hast selbst einige Tattoos auf dem Arm und auf dem Rücken und du denkst, dass Charlotte schon wieder besser wird in der Schule. Das war bei dir auch nicht immer toll. Von ihren neuen Freunden weißt du allerdings nichts. Das würde dir wahrscheinlich Sorgen machen, da ein Freund von dir durch schlechten Einfluss kriminell geworden ist und Ärger mit der Polizei bekommen hat.

Du bist **Charlotte** und alle deine Freundinnen haben schon ein Piercing und bis jetzt ist alles immer gut gegangen. Jetzt willst du auch eins an den Augenbrauen. Du musst ständig an das Piercing denken und kannst dich immer weniger auf die Arbeit in der Schule konzentrieren. Außerdem hast du eine neue coole Clique bei der alle schon arbeiten und Geld verdienen und nicht viel von Schule und Lernen halten. Du findest diese Einstellung sehr attraktiv. Es nervt dich, dass deine Eltern dir immer wieder etwas verbieten wollen.

Du bist die **Mutter von Charlotte**. Du bist der Meinung, dass Piercen gefährlich ist und dass alle möglichen Infektionen möglich sind. Du machst dir Sorgen um deine Tochter und willst sie unbedingt davon abbringen. In der letzten Zeit sind auch die Leistungen in der Schule schlechter geworden. Überhaupt ist sie nicht mehr so nett wie früher und du weißt nicht, wieso.

Du bist der **Deutschlehrer von Charlotte**. Sie ist eine deiner Lieblingsschülerinnen, aber in der letzten Zeit sind ihre Leistungen nicht mehr wie früher. Außerdem ist sie viel aggressiver geworden. Du denkst, dass dies etwas mit ihren neuen Freunden zu tun hat, mit denen sie sich immer nach der Schule im Park trifft. Das hast du von dem Freund von Charlotte erfahren.

Du bist der **Freund von Charlotte**. Du findest Charlotte sehr hübsch und du bist der Meinung, dass sie das nicht nötig hat und dass sie wahrscheinlich danach hässlicher aussieht. Du hast auch Angst, dass sie sich von den neuen Freunden beeinflussen lässt und schlechte Ideen bekommt. Die gefallen dir überhaupt nicht.

Du bist die **kleine Schwester von Charlotte** und du verfolgst mit großem Interesse, wie das Ganze ausgeht, da du schon seit langem ein Tattoo, einen Schmetterling, am Hals haben möchtest. Und wenn jetzt deine Schwester ein Piercing bekommt, dann willst du unbedingt auch dein Tattoo und du sagst das dann auch lautstark!

weitere Rolle:

Wovon? Von wem? Worüber? Über wen? Worauf? …

Wofür interessierst du dich besonders?	Wovon träumst du manchmal?	Worüber hast du dich letzte Woche geärgert?
Von wem hast du in deinem Leben am meisten gelernt?	Wofür würdest du dich engagieren?	Worüber kannst du lachen?
Mit wem telefonierst du am meisten?	Vor wem hast du schon einmal Angst gehabt?	Wovon handelt dein Lieblingsfilm?
Wofür lernst du Deutsch?	Über wen hast du in der letzten Woche gelacht?	Wovor hast du Angst?
Worüber sprichst du nicht mit deinen Eltern?	Wovon hast du keine Ahnung?	An wen denkst du, wenn du Hilfe brauchst?
Vor wem hast du Respekt?	Worüber freust du dich im Sommer?	Um wen machst du dir manchmal Sorgen?
Worum geht es in deinem Lieblingsbuch?	Wer kommt an Ostern zu euch? Auf wen freust du dich am meisten?	Mit wem bist du am meisten zusammen?

3 Dialoge: „Als Tourist unterwegs …"

- ● Und wo finde ich den Bus?
- ○ Die Haltestelle ist gleich da drüben, rechts neben der Pizzeria.

- ● Und der Name?
- ○ Ja, warten Sie … Ja, „Gelbe Karotte", ja, so heißt es.

- ● Entschuldigung.
- ○ Ja, bitte?

- ● Herzlichen Dank.
- ○ Gern geschehen!

- ● Ja, ich weiß auch nicht, wie das passiert ist, aber es ist kein Problem. Wir haben noch ein Doppelzimmer frei, unser schönstes … und ganz ruhig.
- ○ Prima, dann bin ich ja beruhigt.

- ● Vielleicht eher vegetarisch.
- ○ Da gibt es ein sehr gutes, ganz in der Nähe. Hier geradeaus und dann die zweite Straße rechts und dann noch ca. 50 Meter. Es ist auf der rechten Seite, ein gelbes Haus.

- ● Verzeihung, wie komme ich zum Bahnhof, bitte?
- ○ Das ist ganz einfach. Sie nehmen den Bus Nr. 7. Nach drei Stationen sind Sie am Bahnhof.

- ● Menzel …, ja, hier: ein Einzelzimmer für drei Nächte mit Frühstück.
- ○ Verzeihung, das muss ein Irrtum sein, ich hatte ein Doppelzimmer reserviert, für zwei Personen … und ohne Frühstück …

- ● Kann ich die Fahrkarte im Bus kaufen?
- ○ Ja, kein Problem.

- ● Vielleicht können Sie mir helfen. Kennen Sie ein gutes Restaurant in der Nähe?
- ○ Hm, das kommt darauf an. Mögen Sie z. B. eher Fleisch oder eher vegetarisch?

- ● Guten Tag, willkommen im Hotel Astoria. Was kann ich für Sie tun?
- ○ Guten Tag. Mein Name ist Menzel, ich hatte ein Zimmer reserviert.

„Als Tourist unterwegs …“ – mögliche Lösungen

Dialog 1

● Verzeihung, wie komme ich zum Bahnhof, bitte?
○ Das ist ganz einfach. Sie nehmen den Bus Nr. 7. Nach drei Stationen sind Sie am Bahnhof.

● Und wo finde ich den Bus?
○ Die Haltestelle ist gleich da drüben, rechts neben der Pizzeria.

● Kann ich die Fahrkarte im Bus kaufen?
○ Ja, kein Problem.

Dialog 2

● Entschuldigung.
○ Ja, bitte?

● Vielleicht können Sie mir helfen. Kennen Sie ein gutes Restaurant in der Nähe?
○ Hm, das kommt darauf an. Mögen Sie z. B. eher Fleisch oder eher vegetarisch?

● Vielleicht eher vegetarisch.
○ Da gibt es ein sehr gutes, ganz in der Nähe. Hier geradeaus und dann die zweite Straße rechts und dann noch ca. 50 Meter. Es ist auf der rechten Seite, ein gelbes Haus.

● Und der Name?
○ Ja, warten Sie … Ja, „Gelbe Karotte“, ja, so heißt es.

● Herzlichen Dank.
○ Gern geschehen!

Dialog 3

● Guten Tag, willkommen im Hotel Astoria. Was kann ich für Sie tun?
○ Guten Tag. Mein Name ist Menzel, ich hatte ein Zimmer reserviert.

● Menzel …, ja, hier: Ein Einzelzimmer für drei Nächte mit Frühstück.
○ Verzeihung, das muss ein Irrtum sein, ich hatte ein Doppelzimmer reserviert, für zwei Personen … und ohne Frühstück …

● Ja, ich weiß auch nicht, wie das passiert ist, aber es ist kein Problem. Wir haben noch ein Doppelzimmer frei, unser schönstes … und ganz ruhig.
○ Prima, dann bin ich ja beruhigt.

Sätze mit Relativpronomen (1)

1 Das ist der **Hund**, … 	beißen ——— meine Freundin	**2** Ist das das **Mädchen**,	Paul ——— Sport ——— kennenlernen?
3 Das ist die **Gitarre**, …	John Lennon ——— spielen.	**4** Das ist das **Auto**, …	wir ——— nach Italien ——— fahren
5 Das ist das **Haus**, …	meine Eltern ——— kaufen	**6** Das ist das **Mädchen**, …	Peter ——— ins Kino ——— gehen
7 Das ist das **Handy**, …	ich ——— gestern ——— verlieren	**8** Das ist die **Vase**, …	Max ——— Flohmarkt ——— finden
9 Das ist das **Buch**, … 	wir ——— Deutsch ——— lernen	**10** Das ist der **Roman**, …	ich ——— eine Nacht ——— lesen
11 Das ist das **Fahrrad**, …	mir ——— mein Onkel ——— schenken	**12** Das ist die **Uhr**, … 	ich ——— viel Geld ——— bezahlen

Sätze mit Relativpronomen (2)

13 Ist das der **Mann**, ... 	du Geld geben?	**14** Das ist die **Pizza**, ...	mir am besten schmecken
15 Das ist die **Lehrerin**, ...	ich viel lernen	**16** Das ist das **Lied**, ...	ich am Wochenende 1000 Mal hören
17 Das ist die **Reise**, ...	wir seit 1 Jahr freuen	**18** Das ist die **Katze**, ... 	ich als Kind spielen
19 Das sind die **Freunde**, ...	ich Marathon laufen	**20** Ist das der **Typ**, ...	dein Bruder schlagen?
21 Das ist der **Junge**, ... 	mein Füller kaputt machen	**22** Das sind die **Ausländer**, ...	wir Demonstration planen
23 Das ist die **Stadt**, ...	Dario Fiona treffen	**24** Das ist die **WG**, ...	Max Zimmer bekommen

Kontrollblatt: Sätze mit Relativpronomen (1) und (2)

	Sätze mit Relativpronomen (1)		**Sätze mit Relativpronomen (2)**
1	Das ist der Hund, der meine Freundin gebissen hat. (oder witzig: Das ist der Hund, den meine Freundin gebissen hat)	**13**	Ist das der Mann, dem du das Geld gegeben hast? / … der dir das Geld …?
2	Ist das das Mädchen, das Paul beim Sport kennengelernt hat?	**14**	Das ist die Pizza, die mir am besten geschmeckt hat.
3	Das ist die Gitarre, mit der John Lennon gespielt hat.	**15**	Das ist die Lehrerin, von der ich viel gelernt habe. / …, bei der ich viel …
4	Das ist das Auto, mit dem wir nach Italien gefahren sind.	**16**	Das ist das Lied, das ich am Wochenende 1000-mal gehört habe.
5	Das ist das Haus, das meine Eltern gekauft haben.	**17**	Das ist die Reise, auf die wir uns seit einem Jahr gefreut haben.
6	Das ist das Mädchen, mit dem Peter ins Kino gegangen ist. / … das mit Peter ins Kino …	**18**	Das ist die Katze, mit der ich als Kind gespielt habe.
7	Das ist das Handy, das ich gestern verloren habe.	**19**	Das sind die Freunde, mit denen ich Marathon gelaufen bin.
8	Das ist die Vase, die Max auf dem Flohmarkt gefunden hat.	**20**	Ist das der Typ, der deinen Bruder geschlagen hat? / …, den dein Bruder geschlagen hat?
9	Das ist das Buch, mit dem wir Deutsch gelernt haben.	**21**	Das ist der Junge, der meinen Füller kaputt gemacht hat.
10	Das ist der Roman, den ich in einer Nacht gelesen habe.	**22**	Das sind die Ausländer, für die wir eine Demonstration geplant haben.
11	Das ist das Fahrrad, das mir mein Onkel geschenkt hat.	**23**	Das ist die Stadt, in der Dario Fiona getroffen hat.
12	Das ist die Uhr, für die ich viel Geld bezahlt habe.	**24**	Das ist die WG, in der Max ein Zimmer bekommen hat.

Zur Arbeit mit Lernkärtchen

Fenster	window	Gehst du mit ______ ______ Stadt?	in die
Ich habe ________ sehr gefreut.	mich	Die CD liegt auf ________ Tisch.	dem
Er ist der Sohn ein____ Sängerin.	einer	Ich habe Maria die CD zurückgegeben. → Ich habe ______ _______ zurückgegeben.	sie ihr
Frisch____ Fisch riecht gut. Frisch____ Obst auch.	Frischer Frisches	Wor_______ ärgerst du dich?	worüber
Adjektiv zu „Demokratie“: demo________	demokratisch	Das sind die Leute, d______ ich den Weg gezeigt habe.	denen
Wenn ich reich wäre, w______ ich viel reisen.	würde	Da ist Tom mit seinem neu____ Moped.	neuen

Fragen zu Kapitel 5–8 und Plateau 2

	Frage	Buchseite – Stichworte
1	„Boys are said to be unable to cook." Wie heißt das auf Deutsch?	
2	Wer hat dasselbe Hobby?	
3	„Ich habe es ihm schon lange gebracht." Was und wem?	
4	Was wäre, wenn ich öfter ins Kino gehen würde?	
5	„Wahrscheinlich kann sie gar nicht Klavier spielen." – Wozu könnte das passen?	
6	Bello bellt, aber er …	
7	Bevor ich ein Bild male, muss ich DAS machen.	
8	Wie viel? 80 Stück? Wahnsinn! Aber was meinst du eigentlich?	
9	Wie heißt der Spaßsucher-Typ?	
10	Ein Preis fur eine Reise. Wie heißt der Preis?	
11	Von wem träumt Jakob?	
12	Workcamp? Toll, aber ich bin noch nicht 18. Hm, gibt es noch eine Chance?	
13	Ein Typ, mit dem sie unbedingt in einer Gruppe sein will … Wer? Und mit wem?	
14	Wenn Mareike lügen würde, würde ich sie … WAS???	
15	Wo wollen die Leute Hannahs Geburtstag feiern?	
16	Das ist ja prima: Auch mit Fehlern …	

Die BRD und die DDR (1)

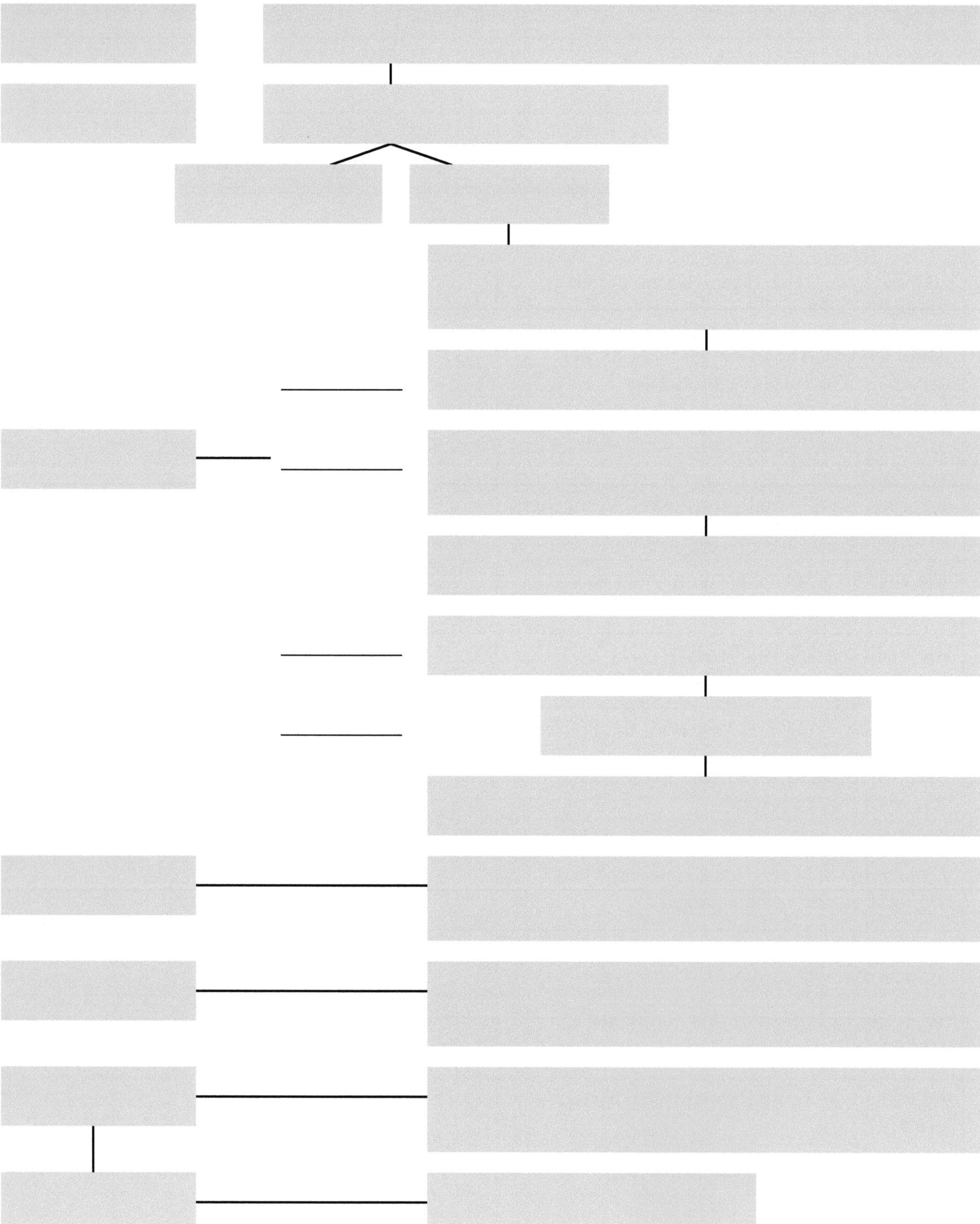

Die BRD und die DDR (2)

8.5.1945: Ende 2. ____________________ / Deutschland ____________________

1949: Deutschland ____________________

Westen: ___

Osten: ___

keine ____
keine freien ____________________________________

Daher: Viele DDR-Bürger ______________________________

____________ — Reaktion DDR: Beginn ______________________________
Schließung der ______________________________

Keine Reisemöglichkeit ________________________

Trotzdem: Viele versuchen ______________________________

Aber: sehr ____________________

Viele ____

4.9.1989: Erste Montagsdemonstration für mehr __________
____

____________ — Fall der Mauer
Möglichkeit: ______________________________

3.10.1990: Wiedervereinigung
Berlin: ______________________________

3. Oktober: ______________________

Die BRD und die DDR (3)

8.5.1945: Ende 2. Weltkrieg / Deutschland besiegt

1949: Deutschland geteilt

Westen: BRD

Osten: DDR

keine Demokratie
keine freien Wahlen

Daher: Viele DDR-Bürger verlassen die DDR.

13.8.1961: Reaktion DDR: Beginn Mauerbau.
Schließung der Grenze zu Westdeutschland

Keine Reisemöglichkeit in den Westen

Trotzdem: Viele versuchen zu fliehen.

Aber: sehr gefährlich

Viele DDR-Bürger getötet.

4.9.1989: Erste Montagsdemonstration für mehr Freiheit und Demokratie

9.11.1989: Fall der Mauer
Möglichkeit: Reisen in den Westen

3.10.1990: Wiedervereinigung
Berlin: Hauptstadt von Deutschland

3. Oktober: Nationalfeiertag

Noch ein Streitgespräch

- ● Pass doch auf, du Idiot!
- ○ Jetzt mal ganz langsam. Ist doch nichts passiert.
- ● Nichts passiert? Bist du blind? Hier guck! Sooo ein Fleck!
- ○ Na und, einmal waschen, dann ist alles wieder o. k. Jetzt stell dich nicht so an. Ich bezahl dir auch das Waschmittel …
- ● Du bist echt bescheuert! Das ist Seide und das darf man gar nicht waschen und außerdem ist es ein Geschenk von meiner Schwester. Und ich habe das heute extra angezogen, weil ich mit ihr verabredet bin … Oh Mann …
- ○ Ja, ist ja gut. Mann, ich hab das doch nicht extra gemacht … ich bin über den blöden Rucksack gestolpert … Wem gehört der eigentlich?
- ● Welcher Rucksack? Ach so, der, hm, das ist meiner …
- ○ Deiner? Hm, das war dein Rucksack? Tja, ich wollte ihn ja noch wegschieben, aber …
- ● Ja, tut mir leid, ist blöd gelaufen …
- ○ Hm o. k. Dann sind wir ja fast ein bisschen „quitt", oder?
- ● Mmmmh.
- ○ Also: Ich schlage vor, …

Schreibt den Dialog weiter. Wer findet das beste Ende?

Spielt dann das Gespräch.

Plusquamperfekt: Was gehört (sinnvoll) zusammen?

1. Nachdem Max seinen Schreibtisch aufgeräumt hatte,	a. beruhigten diese sich.
2. Nachdem der Streitschlichter mit den Schülern geredet hatte,	b. schickten ihre Eltern sie zu einem Psychologen.
3. Nachdem Ringo das Bild an die neue Hauswand gesprayt hatte,	c. wurde dieser ein schöner Prinz.
4. Nachdem Maria hatte schon wieder zu viele neue Kleider gekauft hatte,	d. war die Welt wieder in Ordnung.
5. Nachdem ihr Freund vor drei Monaten mit Marion Schluss gemacht hatte,	e. untersuchten sie ihn genau.
6. Nachdem der Klassensprecher mit der Lehrerin gesprochen hatte,	f. wollte sie das Lippenpiercing nicht mehr haben.
7. Nachdem Dario in Frankfurt einen Job gefunden hatte,	g. fing das Konzert endlich an.
8. Nachdem Frieda eine Allergie bekommen hatte,	h. wurde der Unterricht viel besser.
9. Nachdem Rudi seine Gitarre gestimmt hatte,	i. wollte er nun wieder mit ihr zusammen sein. Aber sie wollte ihn nicht mehr.
10. Nachdem mein Vater das gelöschte Foto wieder aus dem Papierkorb geholt hatte,	j. konnte er sich einen Roller kaufen.
11. Nachdem Kai und Max den Müll gesammelt hatten,	k. kam die Polizei um die Ecke.
12. Nachdem die Prinzessin den Frosch geküsst hatte,	l. konnte er sich viel besser konzentrieren.

Präsentation I

1. Lies die Präsentation und gliedere sie. Notiere die Zeilen, in denen die Gliederungspunkte stehen.

Vorstellung des Themas	Deine Erfahrungen	Die Situation in deinem Land	Vor-/Nachteile und deine Meinung	Abschluss und Dank
Zeilen: ________	Zeilen: ________	Zeilen: ________	Zeilen: ________	Zeilen: ________

Mein Thema ist heute „Kinder und Fernsehen" und die Frage, ob Kinder zu viel fernsehen. Das ist heutzutage überall auf der Welt ein wichtiges Thema. Ich persönlich habe zwar keine Kinder, aber ich höre oft, dass viele Eltern darüber sprechen, dass die Kinder zu viel fernsehen. Ich selbst schaue nicht viel fern. Ich sehe in der Regel nur die Nachrichten. Ich lese sehr gerne, aber ich sehe nicht gerne fern. Viele Eltern sind heute gestresst. Auch in meiner Heimat in Finnland arbeiten sie oft beide und sie haben nicht so viel Zeit für die Kinder und es ist leichter für die Eltern, wenn die Kinder vor dem Fernseher sitzen. Dann haben sie ein bisschen Ruhe. In Finnland sehen Kinder viel zu viel fern. Zum Beispiel nach der Schule machen sie nicht ihre Hausaufgaben und sie sehen lieber fern und das ist nicht gut. Ein Vorteil ist vielleicht, dass Kinder durch Fernsehen vieles lernen können. Es gibt viele interessante Sendungen und bei uns in Finnland werden die Filme oft nicht übersetzt und man muss die Untertitel lesen und so lernt man auch ein bisschen die Sprachen. Das ist anders als in Deutschland. Aber ein Nachteil ist, dass viele Kinder durch das viele Fernsehen aggressiv werden oder sich in der Schule nicht konzentrieren können. Ich komme zum Schluss meiner Präsentation und ich finde, dass Kinder maximal eine Stunde am Tag vor dem Fernseher sitzen sollten. Vielen Dank für die Aufmerksamkeit.

2. Markiere wichtige Stichworte und notiere sie.

3. Stelle die Präsentation anhand deiner Stichworte vor.

Präsentation II

1. Lies die Präsentation und gliedere sie. Notiere die Zeilen, in denen die Gliederungspunkte stehen.

Vorstellung des Themas	Deine Erfahrungen	Die Situation in deinem Land	Vor-/Nachteile und deine Meinung	Abschluss und Dank
Zeilen: ________	Zeilen: ________	Zeilen: ________	Zeilen: ________	Zeilen: ________

Ich spreche heute über Handys und Kinder oder Jugendliche. Ich glaube, dass Handys für Kinder nicht nötig sind. Ich selbst habe auch immer ein Handy gehabt, weil mein Vater Handys verkauft, und daher hat es zu Hause immer Handys gegeben. Für meine Eltern war es wichtig, dass ich ein Handy habe. Ich habe immer sehr viel Sport gemacht, Fußball gespielt und ich war öfter im Ausland und ich musste daher meinen Eltern sagen, wo ich war und dass alles in Ordnung war. Ich habe meine Eltern immer informiert, wo ich war und was ich gemacht habe. Aber ich hatte das Handy auch, weil es eine Mode ist, ein Handy zu haben, und möglichst das neueste Modell, das muss ich auch zugeben. Bei uns im Tessin haben fast alle Kinder und Jugendliche ein Handy. Das ist so ähnlich, wie in Deutschland. Aber oft haben viele Jugendliche einfach ein Handy, weil alle ein Handy haben, und sie chatten oder schauen Fotos. Sie brauchen das Handy nicht wirklich. Es gibt auch oft Probleme, weil die Handyrechnung sehr hoch ist, und die Eltern müssen das dann bezahlen. Aber wenn ein Kind oft weg von zu Hause ist, dann braucht es vielleicht ein Handy, damit es seine Eltern anrufen kann, wenn man zum Beispiel ein bisschen später kommt. Also, ein Nachteil ist zum Beispiel, dass man immer auf das Handy schaut, auch im Unterricht. Das habe ich auch schon einmal gemacht. SMS schicken, während die Lehrerin spricht. Das ist nicht so gut. Aber es gibt auch Vorteile. Zum Beispiel kann man jetzt auch mit einem Smartphone Zeitung lesen oder sogar ein Buch – oder Vokabeln üben. Es wird in Zukunft bestimmt noch viele neue Entwicklungen geben. Ja, das war meine Präsentation. Danke fürs Zuhören.

2. Markiere wichtige Stichworte und notiere sie.

____

____

____

____

____

____

____

3. Stelle die Präsentation anhand deiner Stichworte vor.

Lösung zu den Präsentationen I und II

Präsentation I

Vorstellung des Themas
Mein Thema ist heute „Kinder und Fernsehen" und die Frage, ob Kinder zu viel fernsehen.

Meine Erfahrungen
Das ist heutzutage überall auf der Welt ein wichtiges Thema. Ich persönlich habe zwar keine Kinder, aber ich höre oft, dass viele Eltern darüber sprechen, dass die Kinder zu viel fernsehen. Ich selbst schaue nicht viel fern. Ich sehe in der Regel nur die Nachrichten. Ich lese sehr gerne, aber ich sehe nicht gerne fern.

Die Situation in deinem Land
Viele Eltern sind heute gestresst. Auch in meiner Heimat in Finnland arbeiten sie oft beide und sie haben nicht so viel Zeit für die Kinder und es ist leichter für die Eltern, wenn die Kinder vor dem Fernseher sitzen. Dann haben sie ein bisschen Ruhe. In Finnland sehen Kinder viel zu viel fern. Zum Beispiel nach der Schule machen sie nicht ihre Hausaufgaben und sie sehen lieber fern und das ist nicht gut.

Vor-/Nachteile und meine Meinung
Ein **Vorteil** ist vielleicht, dass Kinder durch Fernsehen vieles lernen können. Es gibt viele interessante Sendungen und bei uns in Finnland werden die Filme oft nicht übersetzt und man muss die Untertitel lesen und so lernt man auch ein bisschen die Sprachen. Das ist anders als in Deutschland. Aber ein **Nachteil** ist, dass viele Kinder durch das viele Fernsehen aggressiv werden oder sich in der Schule nicht konzentrieren können.

Abschluss und Dank
Ich komme zum Schluss meiner Präsentation und ich finde, dass Kinder maximal eine Stunde am Tag vor dem Fernseher sitzen sollten. Vielen Dank für die Aufmerksamkeit.

Präsentation II

Vorstellung des Themas
Ich spreche heute über Handys und Kinder oder Jugendliche. Ich glaube, dass Handys für Kinder nicht nötig sind.

Meine Erfahrungen
Ich selbst habe auch immer ein Handy gehabt, weil mein Vater Handys verkauft, und daher hat es zu Hause immer Handys gegeben. Für meine Eltern war es wichtig, dass ich ein Handy habe. Ich habe immer sehr viel Sport gemacht, Fußball gespielt und ich war öfter im Ausland und ich musste daher meinen Eltern sagen, wo ich war und dass alles in Ordnung war. Ich habe meine Eltern immer informiert, wo ich war und was ich gemacht habe. Aber ich hatte das Handy auch, weil es eine Mode ist, ein Handy zu haben, und möglichst das neueste Modell, das muss ich auch zugeben.

Die Situation in deinem Land
Bei uns im Tessin haben fast alle Kinder und Jugendliche ein Handy. Das ist so ähnlich, wie in Deutschland. Aber oft haben viele Jugendliche einfach ein Handy, weil alle ein Handy haben, und sie chatten oder schauen Fotos. Sie brauchen das Handy nicht wirklich. Es gibt auch oft Probleme, weil die Handyrechnung sehr hoch ist, und die Eltern müssen das dann bezahlen.
Aber wenn ein Kind oft weg von zu Hause ist, dann braucht es vielleicht ein Handy, damit es seine Eltern anrufen kann, wenn es zum Beispiel ein bisschen später kommt.

Vor-/Nachteile und meine Meinung
Also, ein **Nachteil** ist zum Beispiel, dass man immer auf das Handy schaut, auch im Unterricht. Das habe ich auch schon einmal gemacht. SMS schicken, während die Lehrerin spricht. Das ist nicht so gut. Aber es gibt auch **Vorteile.** Zum Beispiel kann man jetzt auch mit einem Smartphone Zeitung lesen oder sogar ein Buch – oder Vokabeln üben. Es wird in Zukunft bestimmt noch viele neue Entwicklungen geben.

Abschluss und Dank
Ja, das war meine Präsentation. Danke fürs Zuhören.

Fragen zu Kapitel 9–12 und Plateau 3

	Frage	Buchseite – Stichworte
1	Warum konnte man die Kirche in Dresden schneller als geplant wieder aufbauen?	
2	Früher hatte sie Angst vor Monstern. Wie heißt sie?	
3	Manchmal ist ein tiefer Schlaf historisch nicht so gut – wieso?	
4	Pebe? Nie gehört. Was soll denn das sein?	
5	● Unglaublich: Die armen Schüler müssen draußen in der Kälte warten. ○ Echt? Wieso? ● Ja, weil…	
6	● Sie hat einen Affe gemalt. ○ Falsch! ● Falsch? Wieso?	
7	Worüber freut sich die begeisterte Spaziergängerin?	
8	Eigentlich hat Wilbur von einem Sportwagen geträumt. Stattdessen hat er jetzt …	
9	Dario möchte einen Roller kaufen. Deshalb wird er sich …	
10	Welcher Tag? Was schreibt Fiona an Rita? „Hi Rita, am …"	
11	Wenn man auszieht, ist es anstrengender als zu Hause, weil man …	
12	● Das ist der Bruder von Anna. ○ Kannst du das kürzer sagen? ● O.k., das ist …	
13	● „Amoi seng' ma uns wieder" ○ Hä, was hat er gesagt?	
14	● Sein Lebensmotto: yolo. Deins auch? ○ Was soll denn das bedeuten?	
15	Nicht gucken! Wie geht das Gedicht mit den Ameisen? Also drei Zeilen mindestens!	
16	Ruck-zuck! Das stammt aus folgendem Text: …	

Kontrollblatt: Fragen zu den Kopiervorlagen 7, 13 und 18

	S. 7 bis S. 44	S. 45 bis S. 82	S. 83 bis S. 120
1	S. 8 Paul: Italien; Kurt: Ägypten	S. 49 Jungen sollen nicht kochen können.	S. 83 Es gab viele Spenden aus aller Welt.
2	S. 13 schwarz	S. 52 Tina und Lina	S. 84 Lena
3	S. 16 Hannah	S. 55 Geschenk / Onkel Theo	S. 88 Molly hat die Öffnung der DDR verschlafen.
4	S. 18 Die Kleidung von Jugendlichen.	S. 58 Dann hätte ich weniger Zeit zum Jobben.	S. 89 So ähnlich wie LEGO®.
5	S. 21 Lucas	S. 62 die Frau / Gemälde von Hopper	S. 93 … die Sportlehrerin immer zu spät kommt.
6	S. 22 Spickzettel	S. 63 … beißt nicht.	S. 96 einen Affen
7	S. 25 Gitarre	S. 65 Farben kaufen	S. 97 Darüber, dass die Studenten den Park schön aufgeräumt haben.
8	S. 27 Auf seine Freundin.	S. 66 80 Kaugummis pro Quadratmeter	S. 99 … einen Traktor.
9	S. 29 Ein Foto.	S. 69 Tobias	S. 100 … in Frankfurt einen Job suchen.
10	S. 30 … eines Fußballspielers.	S. 70 Globetrotter des Jahres	S. 101 … Freitag.
11	S. 32 CO_2 (Kohlendioxid)	S. 71 Von Beyoncé.	S. 104 … alles selber machen muss.
12	S. 34 Papier, Plastik, Restmüll	S. 72 In einigen Ländern geht es auch ab 15.	S. 106 … Annas Bruder.
13	S. 34 Bello	S. 74 Bea – mit Jan	S. 109 „Irgendwann sehen wir uns wieder."
14	S. 37 Das nette Foto von Till.	S. 79 … sie hassen.	S. 111 you only live once
15	S. 41 Einen Baum fällen.	S. 80 Im Park.	S. 112 *s. Anfang Gedicht*
16	S. 44 Parkour	S. 81 … kann man eine sehr gute Note bekommen.	S. 114 Die Schwierigkeit aufzuhören.

Transkripte der Hörtexte im Kursbuch

Im Folgenden finden Sie die Hörtexte, die nicht im Kursbuch abgedruckt sind.

genial klick – Deutsch für Jugendliche – Kursbuch B1
von Sarah Fleer, Michael Koenig, Petra Pfeifhofer, Margret Rodi, Cordula Schurig, unter Mitarbeit von Maruska Mariotta

Kapitel 1: Endlich wieder Schule!??

1a So sprecht ihr in der Klasse. Hört die Aussagen und sucht sie auf dem Plakat.

So, jetzt fangen wir aber an.
Können Sie das bitte noch einmal erklären? Ich habe es noch nicht richtig verstanden.
Kannst du mir bitte mal kurz dein Wörterbuch leihen?
Entschuldigung, wie schreibt man Konzertbändchen?
Verzeihung, kann ich auf die Toilette gehen, bitte?
Ich heiße Peter, und du?
Was hast du gesagt? Tut mir leid, ich habe gerade nicht zugehört.
Können Sie bitte noch ein Beispiel geben?
Dürfen wir ein Wörterbuch benutzen?
Entschuldigung, wie heißt das auf Deutsch?
Verzeihung, ich habe gerade nicht aufgepasst. Was sollen wir machen, bitte?
Wo sind wir gerade?!
Was sollen wir jetzt bitte genau machen?
Wann ist endlich Pause?
Können Sie das bitte noch einmal wiederholen? Vielleicht etwas langsamer?
Sollen wir die Übung zu zweit machen oder alleine?
Ich habe mein Buch vergessen.
Wie spricht man dieses Wort aus?
Ich habe eine Frage. Können Sie bitte kommen?
Sollen wir das abschreiben?

2a Das habe ich immer dabei! Jule erzählt.

Hallo, ich bin Jule – und die Bändchen hier habe ich natürlich immer dabei. Vor einem Jahr war ich zum ersten Mal mit Freunden auf einem Rockfestival, da habe ich das erste Konzertbändchen bekommen. Und bei jedem Konzert gibt es natürlich ein neues. Jetzt sammle ich die. Immer wenn ich sie anschaue, denke ich an die tollen Konzerte. Wir hatten da so viel Spaß, das war einfach super!

7a Giovanni spricht über seine Sprachen. Was sagt er?

Sprachen …, ja, das ist bei uns ein wichtiges Thema. Viele wissen nicht, dass es in der Schweiz vier Sprachen gibt: Deutsch, Französisch, Italienisch und Rätoromanisch. Ich komme aus Lugano und deshalb ist meine Muttersprache Italienisch. Ich verstehe aber auch noch ein bisschen Schweizerdeutsch, weil meine Oma in Bern wohnt. In der Schule lerne ich seit neun Jahren Französisch, das ist für mich nicht so schwer. Seit fünf Jahren lerne ich auch Deutsch und seit vier Jahren Englisch. Englisch gefällt mir sehr – nun verstehe ich auch endlich die Lieder von OneRebublic, meiner Lieblingsband. Ich möchte auch noch Spanisch lernen, weil ich nach dem Abitur einige Monate nach Argentinien möchte.

Kapitel 2: Meine Stärken – meine Schwächen

1a Anta und Martin erklären die Plakate. Was ist die Schwäche von Anta? Und wie heißt die Freundin von Martin?

● Hallo Anta, hallo Martin. Könnt ihr erklären, was die beiden Plakate bedeuten? Vielleicht zuerst rechts, meine Stärken?
○ Also, wir haben in der Klasse darüber gesprochen, wie die Schüler sich finden, was ihre Stärken und ihre Schwächen sind, was gute Eigenschaften sind und was nicht. Und dann war die Aufgabe, ein Plakat zu machen, das die eigenen Stärken zeigt. Das war gar nicht so einfach, aber dann habe ich doch ein paar gute Eigenschaften bei mir gefunden.
Ich finde am wichtigsten, dass ich fast immer gute Laune habe und dass ich immer freundlich bin. Und für die Schule habe ich genug Ausdauer zum Lernen. Die anderen Schüler sagen mir auch oft, dass ich sehr offen und hilfsbereit bin … Und ein paar Schwächen habe ich natürlich auch, zum Beispiel esse ich manchmal zu viel Schokolade … Aber die macht mich auch wieder stark.
● Danke, und hallo, Martin, was bedeutet das Foto mit dem Poster „Abi 2013"?
■ Also, das ist ganz einfach, das Poster ist für ein Mädchen, das gerade mitten in der Abiturprüfung ist. Man sieht in Deutschland in dieser Zeit viele solche Poster an den Schulen. Die Freunde und die Familien wünschen den Schülern viel Glück. Oft nehmen sie den Namen und machen daraus dann positive Eigenschaften wie „engagiert" oder „super" oder „süß". Das Mädchen ist übrigens meine Freundin. Und, wisst ihr jetzt, wie sie heißt?

2b Stärken und Schwächen. Hört die Interpretation von Mirka. Seid ihr einverstanden?

Viele Menschen haben Angst, echte Gefühle zu zeigen. Sie wollen keine Schwäche zeigen, auch wenn es ihnen nicht gut geht, und sie zeigen oft nur eine Maske: „Immer nur lächeln". Aber in Wirklichkeit haben fast alle Leute auch Probleme. Für mich ist es eine Stärke, wenn man sagen kann, dass nicht alles o. k. ist. Und ich finde, dass die Menschen mehr echte Gefühle zeigen sollen, auch dann, wenn es ihnen mal nicht gut geht.

2c Was sind die Stärken und Schwächen von Indra und Max? Was wünschen sie sich?

● Indra und Max, danke, dass ihr bei der Umfrage „Meine Stärken – meine Schwächen" mitmacht. Wer fängt an? Indra?
○ Also, ich bin eher der selbstbewusste Typ und ich weiß meistens genau, was ich will. Ich überlege mir zuerst ein Ziel und dann arbeite ich dafür. Ich kann sehr gut planen und strukturieren und ich bin auch sehr ordentlich.
● Was heißt ordentlich genau?
○ Na ja, mein Schreibtisch zum Beispiel ist immer aufgeräumt und ich kontrolliere immer meine Papiere und Ordner vor der Schule, damit ich nichts vergesse.
● Hm, das hört sich sehr gut an, das ist bei mir aber leider nicht so …
■ Bei mir auch nicht …
○ Ja, das ist schon gut, aber auf der anderen Seite bin ich auch nicht sehr spontan und ich wäre gern ein bisschen kreativer. Ja, und mehr Flexibilität hätte ich auch gern. Meine Freunde meinen, dass ich oft zu „steif" bin.
● Und wie ist es bei dir, Max?

■ Puuh … Bei mir ist das genau umgekehrt, ich plane nicht so sehr, und ich überlege mir auch nicht immer alles so genau. Und ich bin auch nicht so ordentlich, eigentlich bin ich ziemlich chaotisch. Also, auf meinem Schreibtisch ist immer ein Riesenchaos. Und deshalb sind meine Noten in der Schule auch nicht so gut.
● O. k., und was findest du gut bei dir?
■ Meine Freunde sagen, dass ich sehr kreativ bin und dass ich sehr gut mit anderen zusammenarbeiten kann. Ich mache auch Musik und zeichne gerne. Flexibel bin ich auch – meistens. Aber wenn ich einen Wunsch frei hätte: Ich wäre gerne ein bisschen ordentlicher, nur ein bisschen! Ja, mehr Ordnung in meinem Leben, das wäre nicht schlecht.
● Hm, interessant, danke. Ich hoffe, dass ihr eure „Wünsche" realisieren könnt.
○ Ja, mal sehen. Vielen Dank!
■ Wir sind ja noch jung und haben noch viel Zeit.

4a Einfach toll, oder? Hört den Beitrag aus dem Jugendradio und notiert. Wer findet wen oder was toll?

● Hallo, hier ist wieder euer Bruno mit der „Sendung für euch". Unser Thema heute: „Einfach toll!"
Also: Wen findet ihr toll oder was findet ihr toll? Ruft einfach an unter der Nummer: 0800 4634 4634 …
Also, ich fang mal selbst an …
Ich finde Albert Einstein toll. Das war ein Mensch, der sehr intelligent war, der viel für die Wissenschaft getan hat, aber auch ein sozialer Mensch – jemand, den ich sehr bewundere! Nun ja, ich hoffe ihr wisst noch, wer das war?
Und da ist ja auch schon der erste Anruf … Ja bitte, was ist für dich einfach toll? Stell dich kurz vor und los geht's.
○ Hallo, ich bin Angela und ich finde Adele toll, sie singt einfach phantastisch. Und sie ist eine Frau, die sehr viel Erfolg hat und die trotzdem noch normal geblieben ist.
● Danke Angela, ich glaube, Adele finden die meisten von unseren Hörerinnen und Hörern auch toll – und jetzt sind schon ganz viele Anrufer in der Leitung. Ja, bitte?
■ Ich heiße Mirko Schneider und für mich ist meine Mutter toll. Sie hat seit Jahren für mich und meine beiden Schwestern ganz alleine gesorgt und sie jammert nie – Respekt!
● Ja, danke, Mirko, Idole in der Familie, die Mama, der Papa, gaaanz wichtig …
▲ Dani Hollstein: Ich finde meine Katze Babsi toll. Sie kann richtig mit mir sprechen. Sie ist die erste Katze, die alles versteht, was ich sage.
△ Ich finde Obama toll. Der erste farbige Präsident Amerikas und endlich ein Politiker, der gute Ideen hat. Auch wenn es nicht einfach für ihn ist. Den finde ich toll! Das ist meine Meinung. Ich bin Tina.
◇ Hallo, ich bin der Jens: Für mich ist mein neues Handy toll. Ich habe schon über 50 kostenlose Apps, die alle super funktionieren.
◆ Maja Fischer. Ich finde mein T-Shirt toll, das mir meine beste Freundin aus Tokio mitgebracht hat, mit einem Bild vom Fujijama! Daaanke Verena!
● Tja, was es nicht alles gibt, von Einstein bis zum T-Shirt … Das war unser Thema heute: „Einfach toll!" Danke an die Anrufer, ihr wart toll, ich bin sowieso immer toll. Noch einen tollen Tag und bis morgen, euer Bruno, der immer ein offenes Ohr für euch hat.

9c Hört zu und vergleicht eure Ergebnisse mit der Jugendstudie aus Deutschland.

Und wir kommen nun zu den Ergebnissen einer Studie zu der Frage, was für Jugendliche im Leben wichtig ist: Die Studie zeigt, dass für die meisten Jugendlichen und jungen Erwachsenen die Familie am wichtigsten ist, um glücklich zu sein. Gleich danach kommen Freunde – und die Gesundheit folgt auf Platz drei. Liebe und Partnerschaft sind auf Platz vier und die Themen Erfolg, Freizeit und Geld sind alle mit 40 % auf Platz 5.
Die Familie ist und bleibt also auch bei unserer Jugend ein sehr wichtiger Aspekt und daran wird sich wahrscheinlich auch so schnell nichts ändern …

Kapitel 3: Wir und die Medien

1c Medien – früher und heute. Über welche Medien sprechen die Personen?

● Schau dir das mal an!
○ Meinst du den Cartoon?
● Ja, der ist gut, oder?
○ Mhm, find ich auch. Ich weiß auch nicht, wie die Jugendlichen das heute schaffen, immer alles gleichzeitig zu machen! Bin ich froh, dass unsere Kinder schon erwachsen sind!
● Ja, die hatten damals Bücher und Hefte – und das war's. Und wenn sie mal was recherchieren sollten, sind sie eben in die Bücherei gegangen. Heute googlen die mal kurz und schon haben sie's.
○ Und ständig telefonieren sie oder schicken sich SMS. Tja, das war bei uns damals ganz anders! Weißt du noch, als wir frisch verliebt waren? Bei mir zu Hause hatten wir ja nur das Telefon im Flur, aber da hat natürlich immer die ganze Familie mitgehört. Deshalb bin ich immer extra zur Telefonzelle gelaufen, damit ich in Ruhe mit dir reden konnte. Aber das war auch furchtbar teuer …
● … ja, deshalb hast du mir oft lieber Briefe geschrieben. Ach, die waren so romantisch …

2a Unsere Hits. Hört die Umfrage. Welches Lied finden die Schülerinnen und Schüler am besten?

● Hallo, wir machen eine Umfrage für das Schülerradio.
○ Oh nee, nicht schon wieder 'ne Umfrage!
■ Mensch, jetzt hör' doch erst mal zu! Vielleicht ist es ja ganz interessant!
● Also – wir wollen einfach wissen, was euer Lieblingssong ist. Und wir möchten, dass ihr uns ein paar Takte vorsingt.
○ Was? Singen sollen wir auch noch?
■ O. k. … ich finde „Wunderbare Jahre" von EMMA6 gerade so richtig gut – ich mag den Text.
□ Stimmt, ich auch. Wie geht das noch mal?
Auf geht's in die große Welt, keine Ahnung, ob sie mir gefällt.
○ Das kann ich echt nicht mehr hören!
■ O. k., dann was anderes!
○ Hör mal: Eines Tages werd' ich wieder glücklich sein …
■ Das klingt gut, das muss ich mir unbedingt mal auf youtube anhören! Von wem ist das denn?
○ Von Samy Deluxe. Ich liebe ihn! Ich finde, er hat einfach eine tolle Stimme!
□ Sorry, aber das gefällt mir überhaupt nicht! Also, ich bin ja für „Someone like you". Das ist echt ein cooler Song. Den hör' ich zurzeit rauf und runter. Adele ist sowieso meine Lieblingssängerin.
■ Oh ja, das ist ein richtiger Ohrwurm – super!
alle Ja, das ist unser Hit! …

4a Vor dem Konzert. Wo ist Marco, wo ist Lenny?

- ● Hi Marco! Super, dass du anrufst! Ich wäre jetzt so gerne dabei, aber mit 39 Fieber … Nächstes Mal klappt es dann hoffentlich! Ich muss Seeed unbedingt mal live hören!
- ○ Hallo Lenny! Mann, es ist so schade, dass du nicht dabei bist!
- ● Ja, das finde ich auch!
  …
  Aaah, was ist das denn?
- ○ Da wird gerade der Soundcheck gemacht. Sei froh, dass du nicht hier warst! Das hat echt weh getan!
- ● Sind die Musiker denn schon auf der Bühne?
- ○ Nee, ich glaube, das sind noch irgendwelche Techniker.
- ● Und jetzt?
- ○ Boh, du, ich bin schon ganz aufgeregt! Da kommen schon die Musiker! Sie testen gerade die Mikrofone. Und jetzt stimmt Rudy noch seine Gitarre.
- ● Wann fangen sie denn endlich an?
- ○ Warte, … gleich … Oh, das Licht wird gerade ausgemacht … Bleib dran, o.k.? Dann kannst du ein bisschen mithören!

7a Handygeschichten. Welche Ausdrücke passen zu welcher Geschichte?

- ● … also, ruft an und erzählt uns eure Handygeschichten! Ah, hier ist schon der erste Mutige! Hallo!
- ○ Hallo, ich heiße Paul. Also, ich war in der Stadt verabredet. Mit Charlotte, die ich ganz toll finde. Endlich – unser erstes Date! Ich war total nervös. Unterwegs fällt mir auf einmal ein: Wir haben ja gar keinen Treffpunkt ausgemacht! Also hole ich mein Handy aus der Hosentasche und wähle ihre Nummer, aber plötzlich stürzt mein Handy ab. Verdammt, ausgerechnet jetzt! Der Akku war leer. Ich bin rasend schnell nach Hause gefahren und habe sie vom Festnetz aus angerufen. Es hat dann alles geklappt und unser Treffen war echt toll – wir sind immer noch zusammen!
- ● Dank dir Paul! Das war eine schöne Geschichte! Und hier habe ich gleich noch jemanden!
- ■ Hallo, ich bin Sonja. Mir ist gestern in der Schule was unheimlich Doofes passiert: Es war wieder sooo langweilig in Physik – da simste ich eben mit einer Freundin aus der Parallelklasse, wir hatten richtig Spaß. Eine SMS war so witzig, dass ich laut lachen musste. Da hat der Lehrer mich erwischt und mir das Handy weggenommen. Er hat gesagt, meine Eltern müssen es bei ihm abholen. Und jetzt habe ich kein Handy mehr …

10a Mist, es funktioniert nicht! Hört zu und notiert für die Dialoge jeweils das Problem und die passende Lösung.

1
- ● Oh nein! Es ist weg! Hanna, hilfst du mir bitte mal?
- ○ Was ist denn jetzt schon wieder los?
- ● Das Foto, das ich Oma schicken wollte – ich glaube, ich habe es gelöscht, anstatt es zu speichern!
- ○ Mensch ,Mama, das habe ich dir doch schon so oft erklärt! Du musst immer von allem eine Sicherungskopie machen! Aber schau doch einfach mal im Papierkorb nach, statt gleich panisch zu werden. Da ist es bestimmt noch!
- ● … Ähm, kannst du mir das bitte mal zeigen? Ich weiß nicht, wie das geht. Wo ist denn der Papierkorb?
- ○ Guck mal, da!
- ● Super, danke!
- ○ So, jetzt habe ich Hunger. Ich mach uns mal eine Pizza.
- ● Au ja, das ist eine gute Idee!
- ○ Äh, Mama, wie funktioniert der Ofen noch mal? Erklärst du mir das bitte?
- ● Also, das geht so: Zuerst …

2
- ● Hilfe, mein Computer ist abgestürzt! Es geht gar nichts mehr! Und das ausgerechnet jetzt! Morgen muss ich mein Referat halten! Was soll ich jetzt nur machen? Hast du eine Idee?
- ○ O.k., o.k. Bleib mal ganz ruhig. Am besten schaltest du den Computer einfach aus.
- ● Das hab ich ja schon dauernd probiert. Aber er reagiert einfach nicht.
- ○ Anstatt gleich auszuflippen, solltest du einfach mal ein bisschen Geduld haben. Du musst ganz lange auf den Knopf drücken. Mindestens 7 Sekunden.
- ● O.k. … Ja, jetzt ist er aus.
- ○ Gut – dann schalt ihn wieder ein.
- ● Gott sei Dank! Er tut wieder! Tausend Dank!

Kapitel 4: Für die Umwelt

1b Newsticker Umweltprobleme. Hört die Nachrichten und notiert pro Umweltproblem eine neue Information.

1 Durch den Klimawandel sind die Eisbären in der Arktis akut bedroht. Da wegen der globalen Erwärmung das Eis in der Arktis schmilzt, wird ihr Lebensraum immer kleiner. Noch leben in der Arktis ungefähr 20 000 Eisbären.

2 1,3 Milliarden Tonnen Müll werden im Jahr produziert. Und die Zahl steigt. Bis 2025 könnte sich diese Zahl auf 2,6 Milliarden Tonnen verdoppeln. Positiv ist, dass circa ein Viertel des Mülls recycelt wird.

3 Neuer Rekord: Die CO_2-Emissionen steigen weiter. Insgesamt sind es jetzt über 34 Milliarden Tonnen. Auf Platz 1 steht China mit den höchsten Emissionen von 8,9 Milliarden Tonnen. Deutschland ist international auf Platz 6.

4 Der Regenwald ist in Gefahr. Fast 20 % der Fläche ist heute schon zerstört. Schuld daran sind Abholzung, Dürre und Waldbrände. Nach einer Studie sind bis 2030 über 50 % des Regenwaldes zerstört.

3a Kurz vor zwölf. Hört den Anfang der Radiosendung: Was ist das Thema?

… nach den neuesten Überschwemmungen wird wieder einmal intensiv über die immer noch viel zu hohen CO_2- Emissionen diskutiert. Die Situation ist immer noch kritisch. Der Klimawandel ist ein globales Problem, aber jeder von uns hat die Möglichkeit, etwas für die Umwelt zu tun. Was können wir gegen schädliche CO_2-Emissionen machen? Das ist heute das Thema hier bei „kurz vor zwölf", dem Nachrichtenmagazin für alle, die nicht nur reden, sondern auch handeln wollen.

3b Hört weiter. Welche Tipps werden in der Sendung genannt?

- ● Hier im Studio sind Professor Willi Weitauer von der Uni Berlin, Harald Gause, Student der Umweltwissenschaften in Zürich, und Ulrike Bonhag, Schülerin an der Anne-Frank-Schule in Freiburg. Aber auch unsere Zuhörer können gerne an der Diskussion teilnehmen – rufen Sie einfach unter 03648-374264 an.
  Herr Professor Weitauer, Sie sind Experte für Umweltfragen. Was sollten wir persönlich machen, damit die CO_2-Emissionen reduziert werden können?
- ○ Nun, da kann man eine Menge tun …, zum Beispiel Energiesparlampen benutzen. Außerdem ist es wichtig, dass viel Sonnenlicht in die Räume kommt. So kann man Strom sparen und die CO_2-Emissionen werden niedriger.
- ● Ja, das ist klar, je weniger wir heizen müssen, desto besser ist es.

○ Genau: Wenn Sie die Raumtemperatur um nur 1 Grad reduzieren, so ist der CO_2-Ausstoß um 7 % niedriger.
● Harald, du beschäftigst dich in deinem Studium ständig mit Umweltfragen. Wie verbesserst du deine persönliche CO_2-Bilanz?
■ Hm, ich wohne seit drei Monaten nicht mehr zu Hause und habe meine eigene Wohnung. Da musste ich einen Kühlschrank und auch eine kleine Waschmaschine kaufen. Dabei habe ich mich genau informiert und Modelle ausgesucht, die nicht viel Energie verbrauchen.
Außerdem esse ich fast nur Produkte, die in der Nähe produziert werden. Der Transport per Flugzeug von einem Ende der Welt zum anderen verursacht sehr hohe CO_2-Emissionen.
● Das ist sicherlich eine gute Entscheidung. Ulrike, was sind denn deine persönlichen Tipps?
□ Tja, meine Eltern sind sehr aktiv in Sachen Umweltschutz. Deshalb reisen wir zum Beispiel nie mit dem Flugzeug. Meistens suchen meine Eltern Ferienziele, die nicht weit weg sind, und wir sind schon einige Male zu Fuß in den Urlaub gegangen. Das ist schon ein bisschen extrem, aber irgendwie finde ich es auch gut.
● Bestimmt! Nun wollen wir aber auch wissen, was unsere Zuhörer zum Thema sagen. Am Telefon ist Pia Rot. Hallo Pia.
▲ Hallo. Also, unsere Klasse macht dieses Jahr mit bei der Kampagne „FahrRad – fürs Klima auf Tour." Wir versuchen dabei, so viele Wege wie möglich mit dem Fahrrad zu fahren. Jeder Kilometer wird aufgeschrieben und dann werden die Kilometer der ganzen Gruppe zusammengezählt. Insgesamt haben wir fünf Monate Zeit, 2641 km zu fahren und Quizfragen zu beantworten. Am Ende kann man 500 Euro und andere tolle Preise gewinnen.
● Das ist sehr interessant. Wer hatte denn die Idee zu dieser Aktion?

5b Umweltprojekt in der Schule. Hört den Podcast. Wie findet ihr die Idee?

● Hallihallo, hier sind wir wieder mit unserem Podcast der Klasse 10b. Euer Felix und eure Sara. Unser Thema heute: Müll an unserer Schule.
○ Stellt euch vor: In unserer Projektwoche haben wir erfahren, dass jeder Mensch in Deutschland über 450 Kilogramm Müll im Jahr produziert. Das ist fast eine halbe Tonne! Wir, die Schüler der Klasse 10b, waren schockiert und wir wollten es ganz genau wissen. Zwei Schüler von uns, Max und Kai, haben eine Woche lang ihren Müll während der Schulzeit gesammelt.
● Gesammelt, das heißt, sie haben den Müll nicht in die Mülltonne geworfen, sondern aufgehoben, um ihn später zu untersuchen. Am Ende der Woche hatten sie für jeden ungefähr drei Kilo Müll gesammelt, also pro Person. In einem Jahr wären das über 150 Kilo pro Person! Und das war nur der Müll in der Schule!!
○ In der Projektgruppe wollten die beiden aber auch wissen, was sie alles im Müll finden und was am meisten Müll produziert. Im Schulmüll war der größte Teil Plastik und Papier. Das entsteht vor allem durch Getränke in Plastikbechern oder Plastikflaschen und durch Kopien, Hefte und Zeitschriften.
● Um etwas gegen den Müll zu machen, haben wir dann mit unserer Klasse mehrere Aktionen gestartet.
○ Zum Beispiel kommt nur noch recyceltes Papier in unseren Kopierer.
● In jedem Klassenzimmer haben wir jetzt auch drei Mülleimer, um unseren Müll zu trennen: Plastik, Papier und Restmüll.
○ Getränkeautomaten gibt es in Zukunft auch nicht mehr. Man bekommt Getränke nur noch im Schulkiosk in Plastikbechern, die man wieder waschen kann.
● Die Leute in der Schule müssen sich aber erst an die neue Situation gewöhnen. Aber wir denken, dass es ein guter Anfang ist.
○ Übrigens waren nicht alle Schüler von unserem Projekt begeistert. Hört mal, was Max und Kai in der Woche gehört haben. Zum Schluss also ein paar Beispiele und von uns. Tschüs, bis zum nächsten Mal, euer Felix …
● … und eure Sara!
…
■ Der Plastikbecher, oh, das habe ich gar nicht bemerkt. Ist doch nicht schlimm!
▲ Papier ist doch auch Bio, oder?
◆ Das machen doch alle. Wenn ich alleine aufpasse, dann bringt das nichts. Alle müssen mitmachen. Ich mache nur mit, wenn alle mitmachen.
◇ Jetzt stell dich bitte nicht so an wegen einer einzigen Dose! Das macht doch nichts!
△ Hast du ein Problem? Wozu soll ich das in den Mülleimer werfen? Die Putzfrauen machen das doch sowieso weg.

8a Verwandlungen. Hört das Märchen „Der Froschkönig" in Kurzform. Was wird aus dem Frosch?

Es war einmal eine Prinzessin, die mit ihrer goldenen Kugel im Garten spielte. Die Kugel fiel in einen tiefen Brunnen und die Prinzessin war sehr, sehr traurig. Da kam ein Frosch, holte die Kugel und gab sie der Prinzessin. Aber die Prinzessin musste versprechen, dass der Frosch jetzt bei ihr leben durfte, wie ein richtiger Freund. Das war ein Problem für die Prinzessin, weil der Frosch sehr hässlich war. Als die Prinzessin aber den Frosch küsste, wurde der hässliche Frosch plötzlich ein wunderschöner junger Prinz! Die Prinzessin war sehr glücklich!

Plateau 1

2b Eine Kurzrede zu einem Thema halten – die 5-Satz-Rede. Achtet auf die Präsentation: Ist sie deutlich, nicht zu schnell, gibt es Pausen?

Die vielen Autos auf der Welt sind ein Problem für die Umwelt.
Autos machen viel Lärm.
Sie produzieren zu viel CO_2.
Sie verbrauchen viel Energie.
Deshalb sollten wir mehr mit dem Fahrrad, mit dem Bus oder mit der Bahn fahren.

3b Erwachsene und Jugendliche: „Meckern" und „Protestieren". Vergleicht eure Proteste in der Klasse.

● Die sitzen den ganzen Tag vor dem Computer und spielen nur oder surfen herum.
○ Das stimmt gar nicht. Wir arbeiten auch genauso viel mit dem Computer für die Schule!

4b Der Tag des Baumes. Hört zu und sprecht nach. Übt die Intonation.

Zu fällen einen schönen Baum,
braucht's eine halbe Stunde kaum.
Zu wachsen, bis man ihn bewundert,
braucht er, bedenk es, ein Jahrhundert.

6c Tipps für Prüfungen. Hört zu und notiert drei Tipps.

● Fang rechtzeitig mit der Vorbereitung an!
○ Mach dir einen Lernplan!
■ Informiere dich, wie der Test funktioniert!
□ Übe mit einem Modelltest!
● Frag die Prüfer, wenn du ein Wort nicht weißt!
○ Frag, ob du kurz nachdenken darfst!

8c Wenn ihr ein Wort nicht wisst ... Über welchen Gegenstand spricht die junge Frau?

Wo ist eigentlich das ... Dingsda? Mist, ich weiß nicht, wie man das sagt. Also, es ist aus Metall, manchmal auch aus Plastik. Es ist rund und es hat viele Löcher. Ich brauche es oft mittags oder abends beim Kochen, zum Beispiel wenn ich Nudeln mache. Es liegt normalerweise im Küchenschrank. Auf Italienisch heißt es ...

Kapitel 5: Menschen wie du und ich

1b Guck mal! Hört zu und ordnet die Kommentare den Bildern zu.

1 Ich sehe eine alte Frau auf einem Motorrad.
2 Das könnte in Afrika sein.
3 Die zwei tragen elegante Kleidung. Sie sehen sich an und lächeln.
4 Dafür ist sie ja nun wirklich zu alt.
5 Da repariert eine junge Frau ein Auto.
6 Solche Typen kenne ich: Die tun den ganzen Tag nichts und provozieren nur.
7 Das ist doch eigentlich Männersache. Ich kann mir nicht vorstellen, dass die das kann.
8 Sie macht bestimmt einen Ausflug mit ihren Enkeln.
9 Zwei total verschiedene Kulturen – das gibt bestimmt Probleme.
10 Das sind zwei Männer mit Kamelen. Sie tragen Schals und lange Kleider.

5b Wie sieht die denn aus? Hört Teil 1 des Interviews. Was ist Gisèle wirklich von Beruf?

● Frauenpower in Männerberufen – das ist heute das Thema bei Radio Regenbogen. Im Studio sitzt Gisèle Kaufmann. Sie ist Dachdeckerin. Hallo, Gisèle, schön, dass du hier bist.
○ Hallo, ich bin gern gekommen.
● Gisèle, du arbeitest als Dachdeckerin, das heißt, du musst auf Häuser klettern. Hast du keine Probleme so hoch oben?
○ Nein, das ist für mich ganz normal. Ich konzentriere mich dann auf meine Arbeit, mache meine Reparaturen, kontrolliere, ob alles gut isoliert ist, und mache auch ein neues Dach. Und wenn ich fertig bin, geht es wieder nach unten.

5c Hört jetzt Teil 2 und notiert Informationen zu den Fragen aus a.

● Bei welcher Firma arbeitest du denn?
○ Bei der Gerber AG in Stuttgart.
● Wie lange arbeitest du denn schon bei Gerber?
○ Seit einem Jahr, seitdem ich mit meiner Lehre fertig bin. Da war ich 18, jetzt bin ich 19.
● Wie ist denn das Klima in der Firma?
○ Wir verstehen uns prima. Am Anfang hat aber niemand geglaubt, dass ich als Dachdeckerin arbeiten will. Mein Chef hat bei unserem ersten Treffen gedacht, dass ich ein Praktikum im Büro machen will. Ja, und meine Kollegen wollten mir immer helfen. Sie haben geglaubt, dass die Arbeit zu schwer für mich ist, und wollten alles für mich tragen.
● Und ist das immer noch so?
○ Nein, jetzt haben sie verstanden, dass ich meinen Job 100% machen kann. Aber die Leute gucken immer noch komisch, wenn da eine Frau auf ihr Dach klettert.
● Wenn du dann nach Hause kommst, kannst du dich aber bestimmt ausruhen?
○ Nein, nicht wirklich. Seitdem ich Dachdeckerin bin, muss ich immer beim Renovieren helfen. Aber am Wochenende ist Arbeit tabu. Da gehe ich aus. Und dann gefällt es mir, wenn ich mich richtig schick machen kann. Ich gebe auch ziemlich viel Geld für Kosmetik aus. Seit ich einen festen Job habe, kann ich mir das endlich leisten. Und dann geht es ab in die Disco, man kann ja nicht immer nur arbeiten ...

9c Szenetypen. Eine Präsentation: Welche Szenemerkmale beschreibt der Jugendliche?

Wir stellen euch die Hip-Hopper vor. Hip-Hop kommt aus den schwarzen Ghettos in den USA, insbesondere aus New York. Es ist eine Straßenkultur. Hip-Hopper sehen cool aus. Sie tragen weite Hosen, Kapuzenpullover, Sportanzüge und Baseballmützen. Meistens haben sie auch Ketten. Sie sprayen gern Graffitis und tanzen Breakdance. Früher haben sich die Hip-Hopper auf der Straße getroffen, aber heute ist das nicht mehr so. Hip-Hopper haben ein Ritual zur Begrüßung, das „gimme five".

12b Konflikte. Hört die Minidialoge, vergleicht und sprecht nach.

1 ● Immer lässt du dich bedienen!
○ Wieso nicht?

2 ● Warum lässt du dich denn nicht untersuchen?
○ Von wem denn?

3 ● Lass dich bloß nicht tätowieren!
○ Ich hätte aber gern so ein Herz auf dem Arm.

4 ● Lass dir endlich die Haare schneiden!
○ Ich bin doch gerade erst beim Frisör gewesen.

Kapitel 6: Ich hätte gern ...

1c Um welches der drei Themen geht es? Um Wünschen, Kaufen oder Verzichten?

1 Ich verstehe gar nicht, warum so viele Mädchen aus meiner Klasse so viele Schuhe haben. Meine Oma erzählt immer, dass sie früher nur zwei Paar Schuhe hatte: eins für den Sommer, eins für den Winter. Und ich habe jetzt halt Winterschuhe, Turnschuhe und Sandalen – mehr brauche ich nicht.
2 Ganz viele aus meiner Klasse haben jetzt schon eine feste Freundin, nur ich noch nicht. Ich weiß auch nicht, aber ich finde es einfach schwierig, ein Mädchen anzusprechen. Aber in der Schulband ist eine, die mir total gefällt. Sie hat einfach so ein nettes Lachen. Vielleicht lade ich sie mal zu einem Eis ein ...
3 Zu Weihnachten habe ich ein Tablet bekommen und zum Geburtstag wünsche ich mir ein Mountainbike. Ach ja, und ich liebe es, mit Freundinnen durch die Fußgängerzone zu bummeln und zu schauen, was es in den Läden so Neues gibt. Eigentlich kaufe ich mir dann auch immer was ... Bei Schuhen werde ich sowieso ganz schnell schwach. Ich muss schon jobben, damit ich das alles bezahlen kann.

4c Kontrolliert mit der CD.

● Angelaaa! Hast du deinem Freund sein Handy zurückgegeben?
○ Was?
● Das Handy! Hast du es deinem Freund zurückgegeben?
○ Ach so, das Handy! Äh, wem?
● Deinem Freund! Hast du ihm das Handy zurückgegeben?
○ Aber er hat es mir doch geschenkt!

6b Kaufverhalten. Überrascht euch das Ergebnis?

In seiner neuesten Umfrage hat sich der Elternratgeber mit dem Kaufverhalten von Jugendlichen beschäftigt. Warum kaufen Jugendliche? Was ist ihnen wichtig? Hier das Ergebnis: 43% der Jugendlichen achten beim Kauf auf Markenprodukte. Für 31% ist es wichtig, immer die neuesten Versionen oder Modelle eines Produkts zu besitzen. 27 % möchten über die gekauften Produkte etwas über sich selbst sagen. Eine positive Bewertung der Einkäufe durch Freunde ist für 19 % der Jugendlichen wichtig und 8 % wollen bei Freunden Eindruck machen.

7c Was sagen die Personen?

● Ich besuche gerade Verwandte in Indien. Meine Freunde feiern grade draußen ein Fest, weil es regnet! Endlich! Hier haben die Menschen sechs Monate auf den Regen gewartet.

○ Das ist Gibril aus Algerien. Stellt euch vor: Selbst im kältesten Monat, im Januar, liegen die Temperaturen im Durchschnitt immer noch bei 32 Grad. Zum Schutz gegen die Sonne trägt Gibril einen Schal.

■ Ich bleibe zu Hause, weil ich Schule habe. Um 9 Uhr habe ich über das Internet Unterricht mit meinem Lehrer und anderen Schülern. Dann mache ich hier in meinem Zimmer noch ungefähr fünf Stunden Aufgaben. Meine Schule ist nämlich fast 500 Kilometer entfernt, in Alice Springs.

9a Wenn ich viel Geld hätte, würde ich … Was sagen die Jugendlichen über ihre Träume?

● Hallihallo, da sind wir wieder, jetzt mit unserer Frage der Woche: Was würdest du tun, wenn du ganz viel Geld hättest? Also, Mia, du bist dran!

○ Ich reite und träume schon ganz lange von einem eigenen Pferd. Deshalb ist meine Antwort logisch: Wenn ich reich wäre, würde ich mir ein Pferd kaufen.

● Danke, Mia! Und du, Daniel, was würdest du machen?

■ Also, ich werde bald 17 und möchte endlich Auto fahren lernen. Wir wohnen auf dem Land, und wenn ich jetzt schon den Führerschein hätte, könnte ich abends in die Stadt fahren. Das wäre super!

● Das verstehe ich absolut. Danke auch dir, Daniel! Jenny, wie sieht es bei dir aus?

□ Ich finde Mode total spannend. Wenn ich viel Geld hätte, würde ich erst mal so richtig groß shoppen gehen.

● Danke, Jenny. So, zum Schluss haben wir hier noch den Lukas. Sag mal, was würdest du mit ganz viel Geld machen?

▲ Eine ganz große Reise. Das ist schon ewig mein Traum. Am liebsten würde ich gleich um die ganze Welt fahren.

● Danke auch dir! …

12c Was findet ihr interessant? Habt ihr Antworten auf eure Fragen bekommen?

● Herzlich willkommen zum Thema des Tages: „Ist weniger mehr?" Wir haben für euch mit Menschen gesprochen, die ganz bewusst verzichten. Zuerst hört ihr ein Interview mit Jens. Er ist Anfang zwanzig und lebt in einer 1,5-Zimmer-Wohnung in Hamburg. Er hat nur das, was er wirklich braucht: Laptop, Handy, Bücher und viel Platz! Wir haben ihn zu Hause besucht.

● Hallo, Jens! und danke, dass wir dich hier besuchen dürfen. Dein Zimmer sieht ja ziemlich leer aus.

○ Leer? Das finde ich überhaupt nicht. Ich habe hier absolut alles, was ich brauche.

● Wirklich? Also, wenn ich da so an meine Wohnung denke – ich brauche vielleicht zehn Mal so viele Sachen wie du …

○ Das glaub' ich dir sofort. Ich hatte früher auch viel, viel mehr. Aber dann habe ich vor ein paar Jahren angefangen, einfach Dinge zu verschenken oder wegzugeben. Meine Freunde waren da echt glücklich! Und ich hatte auf einmal so viel Platz, das fand ich wunderbar! Und irgendwann hatte ich dann nur noch die Sachen, die du jetzt hier siehst.

● Was machst du, wenn du doch mal etwas Neues brauchst? Kaufst du es dir dann oder verzichtest du?

○ Na ja, zuerst frage ich mich immer, ob ich das wirklich haben muss. Wenn ich mich dann tatsächlich entschließe, was Neues zu kaufen, überlege ich mir, was ich dafür weggebe. Zuerst muss etwas Altes raus, dann kaufe ich mir etwas Neues. Und das versuche ich dann irgendwo gebraucht zu bekommen, auf dem Flohmarkt oder bei ebay oder so.

● Jens, vielen Dank, dass wir dich besuchen durften, und danke für das Gespräch!
So, und nun zu unserem zweiten Interview. Das haben wir mit Meike gemacht. Sie hat immer wieder neue Ideen für interessante Projekte.
Meike, Sie haben ein Jahr lang immer dasselbe Kleid getragen. Warum?

■ Na ja, ich fand die Idee einfach faszinierend, mit ganz wenig auszukommen. Es war auf jeden Fall ein interessantes Experiment für mich.

● Und wie hat Ihre Umwelt reagiert?

■ Viele haben sich für ganz praktische Fragen interessiert, zum Beispiel, wann ich das Kleid denn mal wasche. Die konnte ich beruhigen, denn ich hatte dreimal genau dasselbe Kleid.

● Sie haben in Ihrem Blog zu diesem Projekt geschrieben, dass Sie dieses Kleid beim Renovieren Ihrer Wohnung genauso anhatten wie auf Safari in Afrika, im Alltag im Büro genauso wie auf ganz offiziellen Konferenzen – wie geht denn das?

■ Das geht schon, wenn man einen guten Stoff und ein variables und intelligentes Design hat. Deshalb habe ich das Kleid auch extra von einer Modedesignerin machen lassen.

● Und wie geht es Ihnen nach dem Jahr? Hat sich was geändert?

■ In der ersten Woche danach war es ganz komisch. Ich stand morgens immer ewig vor meinem Kleiderschrank und wusste nicht, was ich anziehen sollte.

● Und, sind Sie dann gleich shoppen gegangen?

■ Nein, das hat mich selbst etwas überrascht. Zum Einkaufen hatte ich gar keine Lust. Im Gegenteil, ich habe dann noch mal viele Klamotten weggeschenkt, die ich einfach nicht mehr brauchte.

● Meike, besten Dank für das Gespräch! Und viel Erfolg bei Ihren weiteren Projekten!

■ Danke gleichfalls!

Kapitel 7: Kunst und Können

1b Kunst. Hört die Aussagen zu den Fotos und reagiert auf die Fragen.

● Das ist ein ganz berühmtes Bild. Das Mädchen mit dem Perlenohrring. Es ist schon über 300 Jahre alt, aber es war immer das Lieblingsbild meiner Mutter. Bevor sie es gemalt hat, hat sie extra einen Malkurs an der Volkshochschule besucht. Sie hat dann zwei Kopien gemalt, eine für mich und eine für meine Schwester. Ich finde, meine Mutter ist eine kleine Künstlerin, findet ihr nicht? Habt ihr auch so jemanden in der Familie?

■ Für mich ist Tanzen mein Leben. Am liebsten in einer Gruppe mit vielen anderen. Da macht sogar das Üben richtig Spaß. Zusammen geht alles besser!!! Wie seht ihr das?

○ Das Bild sieht so einfach aus, aber es ist ganz schön kompliziert, die richtigen Farben zu finden. Wir haben es im Kunstunterricht versucht. Ein Original kostet aber Millionen! Habt ihr das auch schon einmal gemacht? Was macht ihr im Kunstunterricht?

■ Das ist Max. Er fährt schon seit dreizehn Jahren mit seinem Skateboard. Er macht ganz verrückte Sachen und er hat viel Mut. Ich finde, dass so etwas auch Kunst ist. Aber ich finde das zu gefährlich. Was meint ihr?

□ Graffiti ist für mich Kunst. Leider gibt es viele Sprayer, die nur die Häuser beschmieren. Aber immer wieder sieht man auch tolle Malereien. Wie findet ihr das Bild?

● Das war in Spanien. Ich finde, das sieht wirklich aus wie ein Stier. Es ist nur ein Fahrrad, aber es hat etwas von einem Kunstwerk, oder? Seht ihr auch manchmal solche Sachen?

■ Für mich sind alle Musiker Künstler. Wenn jemand ein Instrument spielen kann, dann ist das toll! Ich wollte schon immer Saxofon lernen, aber bevor man etwas gut kann, muss man viel üben. Tja, Kunst kommt von Können, oder? Ich habe leider wieder aufgehört ... Spielt ihr ein Instrument? Und übt ihr auch richtig viel???

2b Ein Gemälde – von Edward Hopper. Hört den ersten Teil der Beschreibung. Folgt ihr auf dem Bild.

Man schaut von außen durch ein Fenster direkt in ein Zimmer, das hell erleuchtet ist.
Die Hauswand im Vordergrund ist dunkel, fast schwarz.
Die Wände des Zimmers im Hintergrund sind leuchtend gelb gestrichen. Links und rechts neben einer hohen braunen Holztür hängen Bilder an der Wand.
In der Mitte des Zimmers steht ein runder brauner Holztisch. Auf dem Tisch liegt ein rundes weißes Deckchen.
Links neben dem Tisch sitzt ein junger Mann in einem dicken, hellroten Sessel. Er liest eine Zeitung.
Der Mann trägt ein weißes Hemd, eine schwarze Weste, eine schwarze Hose und eine dunkle Krawatte. Er hat kurze Haare.

2e Hört jetzt das Beispiel.

Rechts neben dem Tisch sitzt eine junge Frau. Sie hat den rechten Ellenbogen auf den Tisch gelegt. Sie sitzt auf einem Klavierstuhl, mit dem Rücken zum Mann. Sie drückt mit einem Finger auf die Tasten von einem alten schwarzen Klavier, das ganz rechts im Bild zu sehen ist. Hinter dem Klavier sieht man einen Teil von einer roten Lampe.
Die Frau trägt ein sommerliches langes Kleid ohne Ärmel. Es ist rot, wie der Sessel und auch die kleine Lampe. Sie hat die Haare im Nacken zusammengebunden und sie trägt keinen Schmuck. Man kann das Gesicht des Mannes und der Frau nicht genau erkennen.

9e Zwei Werke aus einer Ausstellung. Hört die Beschreibung der Kunstwerke.

● Die Künstler Ute Mescher und Jürgen O. Olbrich haben kreativ mit dem Material Kaugummi gearbeitet. Sie wollten den blassen Flecken wieder eine „Farbe" geben. Bevor die „Fußmatten" der beiden entstanden, haben sie 6000 Fotos von Kaugummiflecken gemacht, meistens morgens, wenn noch keine Leute unterwegs waren. Dann haben sie die Fotos ausgewählt, vergrößert und farbig auf große weiche Fußmatten gedruckt und auf den Platz gelegt an der Stelle, wo auch die Kaugummiflecken sind. Das Ziel war, die Menschen auf das Problem der Kaugummis aufmerksam zu machen.

○ Für die Ausstellung hat Ute Mescher, die oft mit elastischen Materialien arbeitet, viele hundert Kaugummis gekaut und dann aus dem weichen Material ganz neue Objekte geschaffen, wie zum Beispiel den Kalender des Jahres 2011, mit kleinen gelben und grünen Kügelchen für die Wochentage und roten Kügelchen für die Sonntage und Feiertage. Interessant ist, dass das Material eigentlich erst dann sichtbar wird, wenn es benutzt, also „gekaut" wurde. Davor ist es unsichtbar – eingepackt in buntes Papier.

Kapitel 8: Auf in die Welt!

1c Ein Reisetypen-Test. Was für ein Reisetyp ist Tobias?

● Hallo, ich freue mich über Nachrichten nach dem Piepston! Danke!

○ Hallo Oma, Tobias hier, ich wollte dir noch tschüs sagen, ich fahre doch morgen schon los. Na ja, dann hier noch ein paar Infos für dich aufs Band: Ich fahre jetzt doch mit Freunden nach Barcelona, Mama hat es in letzter Minute erlaubt! Das wird sicher toll, da ist nachts so viel los wie hier nicht mal am Tag. Da wollen wir ein bisschen feiern. Danach geht es dann noch ein Wochenende an den Strand. Von deinem Geld kaufe ich mir dann wahrscheinlich dort eine schicke neue Badehose – dank dir auch nochmal dafür! Ich schicke dir von unterwegs ein paar Fotos und melde mich dann, wenn ich wieder da bin. Tschüüüs!

3e Nachfragen und antworten. Kontrolliert mit der CD.

1 ● Ich träume von Australien.
○ Wovon träumst du?
● Von Australien.
○ Oh ja, davon träume ich auch. Ich würde so gerne mal Kängurus sehen.

2 ● Ich träume von Bruno Mars.
○ Von wem träumst du?
● Von Bruno Mars.
○ Ich träume schon lange nicht mehr von ihm – seine neuen Songs gefallen mir gar nicht.

3 ● Ich freue mich schon so auf unsere Reise!
○ Worauf freust du dich?
● Auf unsere Reise! Frankreich ist doch toll!
○ Ja, darauf freue ich mich auch!

4 ● Ich freue mich so auf meine Oma!
○ Auf wen freust du dich?
● Auf meine Oma! Sie besucht uns endlich wieder.
○ Ich würde mich auch auf sie freuen. 70 Jahre alt und so nett!

3g Kontrolliert mit der CD. Sprecht dann zu zweit.

1 ● Hast du schon gehört? Jakob träumt von Beyoncé!
○ Und du? Träumst du auch von ihr?

2 ● Weißt du was? Mein kleiner Bruder freut sich schon auf die Schule.
○ Was? Meine kleine Schwester freut sich gar nicht darauf.

4b Günstig ins Ausland reisen. Hört zwei Urlaubsberichte. Welche Fotos passen?

1 ● Hallo und herzlich willkommen zur ersten Radioclub-Sendung nach den Ferien! Wir sind hier natürlich neugierig, was ihr alles Tolles erlebt habt! Ah, da haben wir ja schon die erste Anruferin in der Leitung – mit wem spreche ich denn?
○ Hallo, ich bin Lena.
● Tag Lena! Na, dann mal los!
○ Also, mein Urlaub war super! Ich war mit meinen beiden besten Freundinnen vier Wochen lang in Südeuropa unterwegs – mit Interrail. Wir haben so tolle Städte gesehen: Venedig, Rom, Barcelona, Lissabon ... Und die Tickets waren wirklich günstig!
● Oh ja, das klingt gut! Und wo habt ihr da dann immer übernachtet?

○ Ach, ganz unterschiedlich: Meistens auf Campingplätzen, die waren leider oft sehr voll, aber in Italien haben wir auch ein paar Tage auf einem Bauernhof geholfen und durften da dann umsonst übernachten. In Barcelona waren wir bei Freunden, das war natürlich praktisch! Und ein paar Mal waren wir auch in Jugendherbergen.
● Vielen Dank, Lena für diesen interessanten Bericht!

2 ● Und da habe ich schon den Nächsten in der Leitung!
○ Tag, ich bin Niklas! Tja, mein Urlaub war auch ganz international – und das, obwohl ich in Deutschland geblieben bin! Ich war auf einem internationalen Workcamp mit Leuten aus der ganzen Welt.
● Und woher kamen dann die Teilnehmer so?
○ Wirklich aus der ganzen Welt, das war ja das Schöne! Da waren Leute aus der Türkei, aus der tschechischen Republik, aus Spanien und Russland, aber sogar auch aus Taiwan und Südkorea.
● Und was habt ihr dann dort genau gemacht?
○ Natürlich gearbeitet – wir haben einen Spielplatz für die Kinder im Ort gebaut. Die Arbeit war echt hart, an den ersten zwei Tagen hat mir ganz schön der Rücken wehgetan! Aber es war trotzdem super, zusammen was zu schaffen – und am Ende waren wir alle total stolz und die Kinder haben sich total gefreut!
● Danke auch dir, Niklas, für deinen Anruf! So, dann gibt es bei uns jetzt erst mal ein bisschen Musik …

5b Abenteuer Bahnfahren. Hört zu und vergleicht mit eurer Lösung.

1 ● Entschuldigung, könnten Sie mir vielleicht helfen? Ich möchte zwei Tickets nach Hannover kaufen, aber das klappt nicht.
◆ Oh je … Moment bitte, ich brauche erst mal meine Brille. … Tut mir leid, ich habe meine Brille wohl zu Hause vergessen … Dann kann ich Ihnen leider auch nicht helfen. Aber Sie können die Tickets auch da am Schalter kaufen!
● Vielen Dank!

2 ◇ So, der Nächste bitte! Sie wünschen?
● Guten Tag. Ich würde gern … äh, hätte gern zwei Fahrkarten nach Hannover, für den Zug um 14:17 Uhr.
◇ Gut, das macht dann …

3 ● Hallo Eva, da bist du ja endlich!
○ Tag Mary! Tut mir leid! Ich habe es einfach nicht früher geschafft! Hast du die Fahrkarten?
● Ja ja. Komm schnell, wir müssen auf Gleis 3.
□ Auf Gleis drei fährt ein der verspätete Regionalexpress nach Nauen, Abfahrt 14:07 Uhr.
● Da ist ja unser Zug! Komm, wir steigen ein!
○ Ist das der richtige? Bist du sicher?
● Wieso nicht? Das Gleis stimmt doch!
○ O.k., dann komm! …
Hm, du, ich weiß nicht, fragen wir zur Sicherheit doch noch mal den Schaffner! …
Entschuldigung, ist das der Zug nach Hannover?
■ Nein, das ist der Regionalexpress nach Nauen!
○ Oh Mist! Was machen wir denn jetzt?
Wie kommen wir denn jetzt am schnellsten nach Hannover? Würden Sie uns bitte einen Tipp geben?
■ Steigen Sie am besten an der nächsten Station aus und fahren Sie zurück nach Berlin. Der nächste ICE nach Hannover fährt dann um 15:17 Uhr.
beide Danke!

4 ○ So, da wären wir wieder! Wo fährt jetzt unser Zug?
● Warte mal … auf dem Fahrplan steht: Gleis 3.
○ Da waren wir doch heute schon mal … Komisch, hier auf dem Schild steht der Zug aber nicht.
▲ Verehrte Fahrgäste, aufgrund einer technischen Störung muss der ICE nach Hannover, Abfahrt um 15:17 Uhr von Gleis 3 heute leider entfallen. Wir bitten um Entschuldigung.
● Hast du das verstanden?
○ Nee, wie denn? Komm, wir fragen einfach! Entschuldigung, wären Sie so nett uns zu sagen, von welchem Gleis der Zug nach Hannover abfährt?
△ Der ICE um 15:17 Uhr? Der fährt heute leider nicht. Der nächste fährt dann um 16:17 Uhr hier von Gleis 3.
○ Oh nein, das darf doch nicht wahr sein! Jetzt hab' ich aber echt keine Lust mehr! Weißt du was? Wir fahren morgen erst und machen uns heute nochmal einen schönen Abend in Berlin, oder?
● O.k., gute Idee!

Plateau 2

2b Wozu wird die GiveBox benutzt? Wie findet ihr die Idee?

● Machen die hier heute einen Flohmarkt?
○ Wie kommst du denn darauf?
● Guck doch mal, was da gegenüber auf der Straße steht! Ein Regal mit ganz vielen verschiedenen Klamotten. Ja, und nicht nur Klamotten. Da gibt es auch Taschen, Bücher, Vasen und das da links sind, glaube ich, CDs.
○ Kennst du das noch nicht? Das ist eine GiveBox. Hier kannst du hinbringen, was du nicht mehr anziehst oder benutzt, was aber andere vielleicht gut gebrauchen können.
● Tatsächlich? Da unten steht ein super schöner Spiegel. So einen suche ich schon seit Langem.
○ Dann nimm ihn doch mit! Dafür steht er ja da.
● Ja, und wie bezahle ich den?
○ Gar nicht. Was hier zurückgelassen wird, ist kostenlos. Deshalb heißt es ja GiveBox – Geschenkekiste.

2e Hört zu: Welche Regeln habt auch ihr aufgestellt, welche sind neu?

● Das ist ja total praktisch: Dann kann man hier alles hinbringen, was zu Hause nur unnötigen Platz wegnimmt?
○ Theoretisch ja. Aber was keiner mitnimmt, muss nach zwei Wochen wieder abgeholt werden, damit die GiveBox nicht zur Mülltonne wird.
● Ja, und damit sie nicht zur Mülltonne wird, ist es sicherlich auch wichtig, dass die Sachen sauber sind, wenn man sie hier hinbringt!
○ Ich denke schon. Wer will schon schmutzige Kleider mitnehmen. Das wäre ja eklig.
● Aber was passiert, wenn jemand kommt, der einfach alles mitnimmt?
○ Wenn er die Sachen wirklich braucht, ist das kein Problem. Allerdings darf er sie auf keinen Fall an andere weiterverkaufen.
● Klar, das wäre ja auch blöd, wenn ich etwas verschenken würde und andere dann mit meinen Sachen Geld machen könnten.
○ Ja, genau. Das wäre absolut nicht der Sinn der Sache.

10b Erfüllen die Jugendlichen in den Gesprächen die Kriterien?

Gespräch 1

● Machen wir ein Ausflug?
○ Ja, das ist eine gut Idee. Wo fahren wir?
● An den See?
○ Und was machen wir?
● Schwimmen, Picknick, …
○ Ja, gut. Ich mache Salat, ääh, Nudelnsalat, und kaufe Wasser.
● Kuchen. Ich bringe Kuchen.
○ O.k., alles klar.
● Super.

Gespräch 2

● Du, ich würde gern mal wieder einen Ausflug machen.
○ Ja, gerne! Wann hast du Zeit?
● Vielleicht am Samstag, kannst du da?
○ Ja, Samstag ist gut. Wohin sollen wir fahren?
● Wir könnten an den See fahren.
○ Gut, einverstanden. Und wie kommen wir da hin?
● Mit dem Fahrrad?
○ Meinst du wirklich? Ich finde, das ist zu weit. Wir fahren besser mit der S-Bahn.
● Gut, aber dann nehmen wir die Räder mit, damit wir dann am See fahren können.
○ O.k.
● Und was machen wir dann dort?
○ Schwimmen natürlich! Und wir könnten auch ein Picknick machen, oder?
● Das ist eine gute Idee.
○ Ich bringe einen Nudelsalat und was zum Trinken mit, o.k.?
● Super! Dann bringe ich einen Kuchen mit.
○ O.k.! Wann und wo treffen wir uns?
● Um 11 Uhr an der S-Bahn?
○ Alles klar, dann bis Samstag um 11!

Kapitel 9: So war es – so ist es jetzt

1b Erinnerungen. Über welche Fotos sprechen die Personen?

1 ● Kennst du diese Kinderserie?
○ Ach ja, Pingu! Das habe ich als Kind so gerne geguckt. Da gab es den Pinguin Pingu und seinen Freund, den Seehund. Ach, wie hieß der noch mal … Robby, genau. Ich glaube, diese Schweizer Kinderserie gibt es heute gar nicht mehr. Schade.

2 ■ Guck mal, der könnte doch schon im Museum stehen. Eigentlich cool, die alten Medien.
□ Ja. So sah unser Fernseher aus, als ich klein war. Meine Kinder können sich das gar nicht mehr vorstellen. Da musste man immer aufstehen und am Fernseher das Programm umschalten. Meine Brüder und ich haben uns immer gestritten, wer aufstehen und umschalten muss. Und dann gab es sowieso nur drei Programme.

3 ▲ Oh, so ein süßer Fratz! Bist du das?
△ Ja, das bin ich mit vier Jahren. Ich wollte früher unbedingt Boxer werden. Immer hatte ich diese Boxhandschuhe an. Ich wollte sie gar nicht ausziehen. Eine Boxbirne hatte ich auch. Das ist so ein Sack mit Sand. Damit habe ich die ganze Zeit geübt.

4 ◆ Und dieses Foto hier, Onkel Karl? War das bei euch in der Nähe?
◇ Ja, so sah das damals bei uns aus an der Grenze, als die Mauer noch stand. Wir haben in Ostberlin gewohnt. Ich habe immer davon geträumt, einmal über die Grenze nach Westberlin zu gehen. Aber wir konnten natürlich nicht über die Grenze. Und ich hatte große Angst vor den Soldaten. Ich hätte nie gedacht, dass mein Traum einmal in Erfüllung geht.

5 ● Oh, wie sahen wir damals bloß aus! Guck mal, dieses Foto! Erinnerst du dich? Ich glaube, das war 1971. Hippiezeit. So eine verrückte Mode. Diese langen offenen Haare, sogar die Männer hatten lange Haare. Dazu diese Haarbänder! Und guck dir mal die Kleider an.

6 ○ Hier, schau mal. So sah die Frauenkirche nach dem Zweiten Weltkrieg aus. Von Bomben ganz zerstört. Eine Ruine. Und so sah es fast 50 Jahre lang aus. In der DDR-Zeit gab es gar kein Geld, um die Kirche wieder aufzubauen. Die Ruine war ein Symbol gegen den Krieg.

4a Wichtige Ereignisse. Hört Rasmus zu und ergänzt den Zeitstrahl.

● Was waren die wichtigsten Ereignisse in deinem Leben, Rasmus?
○ Lass mal überlegen. Also 1990 war Deutschland nicht mehr geteilt. Daran kann ich mich zwar nicht mehr erinnern, aber wichtig ist es. Schließlich gab es die Mauer plötzlich nicht mehr.
● Wie alt warst du da?
○ Drei. Meine Oma wohnte in Ostberlin. Wir haben sie ein paar Mal besucht, als es die DDR noch gab, aber meine Oma konnte erst 1990 das erste Mal nach Westberlin kommen und uns besuchen. Das erzählen meine Eltern immer wieder.
● Aha. Und dann? Was war das nächste wichtige Ereignis?
○ Das nächste … mein Hund Struppi – ganz wichtig. Den hab ich zu meinem achten Geburtstag bekommen. Das weiß ich noch ganz genau. Ich war vielleicht stolz.
Und meine erste Freundin, Karla, das war vor einem Jahr. Also war ich 17.
● Und zwischen 8 und 17? Ist da nichts passiert?
○ Hmmmm. Ach ja, vor zwei Jahren, der erste Urlaub ohne Eltern. Das war schön. Ich war mit ein paar Freunden an der Ostsee. Da haben wir Party gemacht. Werd' ich nie vergessen.
Und vielleicht ist das Schultheater noch wichtig. Als ich zwölf war, hatte ich meine erste Hauptrolle. Das kann nicht jeder von sich sagen. Und es war nicht die letzte Rolle. Und du? Was sind deine …

5b Ein besonderer Stein. Hört die Aussage von Marius und vergleicht mit euren Vermutungen.

Dies ist ein ganz besonderer Stein. Er ist nicht schön, aber ich würde ihn niemals wegwerfen oder verkaufen. Ich könnte sicher viel Geld dafür bekommen. Es ist nämlich ein Stück von der Berliner Mauer. Früher war Deutschland geteilt. Es gab die BRD und die DDR. Berlin war auch geteilt und durch eine Mauer getrennt. Als dann am 9. November 1989 die Mauer gefallen ist, ist mein Vater sofort zur Mauer gelaufen und hat den Stein selbst von der Mauer geholt und mir geschenkt. Er hat gesagt, dass heute ein besonderer Tag ist und ich gut auf den Stein aufpassen soll. Das habe ich auch gemacht. Wir haben damals in Westberlin gewohnt. Als ich noch ein kleines Kind war, bin ich mit meinen Eltern oft an der Mauer spazieren gegangen. Das weiß ich noch. Aber ich war zu klein und habe nicht verstanden, warum es die Mauer gibt.
Der Stein erinnert mich an diese Zeit in meiner Kindheit. Deshalb ist er so wichtig für mich und ich möchte ihn immer behalten.

6e Was passierte an diesen Tagen? Hört zur Kontrolle und sprecht nach.

1 Am 8. Mai 1945 wurde Deutschland besiegt und der Zweite Weltkrieg wurde beendet.
2 Im Jahr 1949 wurden zwei deutsche Staaten gegründet.
3 Am 13. August 1961 wurde die Berliner Mauer gebaut.
4 Am 4. September 1989 gab es die erste Montagsdemonstration in Leipzig.
5 Am 9. November 1989 ist die Mauer gefallen.
6 Am 3. Oktober 1990 wurden die beiden deutschen Staaten wiedervereinigt.

7c Hört die zwei Präsentationen. Achtet auf die Tipps. Was könnten die Personen noch besser machen?

1 ● Hallo, ähm, also wir erzählen jetzt was über die DDR.
○ Ja, genau. Also, vom Mauerbau zum Mauerfall.
● Ich bin dran. …
Also, hier ist das Plakat. Hier ist der Zweite Weltkrieg und hier der Mauerbau. Dann kommt die DDR, also, wie das so war und so – und dann der Mauerfall. …
So, jetzt du.
○ Nachdem Deutschland von den Alliierten im Mai1945 besiegt wurde, wurde Deutschland geteilt und die BRD und die DDR wurden 1949 gegründet. Ähm … äh …
Ja und dann … ach ja. Dann wurde die Mauer gebaut.
● Genau. Also, die DDR-Regierung hat mit dem Mauerbau am …

2 ● Timo und ich möchten heute über die deutsche Geschichte sprechen. Unser Thema lautet: Vom Mauerbau zum Mauerfall. Unsere Präsentation hat vier Teile. Zuerst spricht Timo über das Ende des Zweiten Weltkriegs und über den Mauerbau, dann spreche ich über die Situation in der DDR und zum Schluss über den Mauerfall. Timo?
○ Danke, Meike. Also, der Zweite Weltkrieg endete im Mai 1945. Deutschland hat den Krieg verloren. Ich habe euch ein interessantes Foto mitgebracht. Da kann man sehen, wie es in Deutschland nach dem Krieg ausgesehen hat.
… Was ist denn jetzt los? Wieso geht der Beamer nicht?
● Warte, ich helfe dir. Hm. Komisch.
■ Ich glaube, der Beamer ist nicht richtig angeschlossen.
○ Oh, stimmt. So jetzt. Also, hier könnt ihr sehen, dass die Bomben die deutschen Städte total zerstört haben. Fast alle Häuser waren kaputt. Im Jahr 1949 hat man Deutschland geteilt. Im Westen hat man die BRD und im Osten die DDR gegründet. Die Stadt Berlin wurde auch geteilt und am 13. August hat die DDR-Regierung angefangen, eine Mauer durch Berlin zu bauen und hat die Grenzen nach Westdeutschland zugemacht.
● Als Nächstes möchte ich über die Situation in der DDR sprechen. Die Menschen in der DDR konnten nicht …

Kapitel 10: Wir tun was!

1c Dafür engagieren wir uns! Wer macht wo mit? Was machen Johanna und Lukas?

● Und hier ist wieder euer Stadtradio – heute mit dem Thema: „Ja, ich tu was!" Wir haben mit zwei Jugendlichen gesprochen. Aber hört sie selbst!
○ Hallo, ich bin die Johanna und ich mache beim Jugendteam der Indienhilfe mit. Indien finde ich ein total spannendes Land. Aber ich finde es furchtbar, dass dort immer noch Leute hungern müssen. Deshalb machen wir gemeinsam Aktionen, um Spenden zu sammeln, zum Beispiel auf dem Schulfest typisch indische Spiele. Uns ist es aber auch wichtig, das Land und seine Menschen kennenzulernen. Deshalb machen wir manchmal indische Filmabende oder wir kochen zusammen indisch.
● Das ist ja interessant! Danke, Johanna!
So, und jetzt haben wir hier den Lukas. Lukas, wofür engagierst du dich denn?
■ Also, ich mache bei youngagement mit. Da bin ich einmal in der Woche nachmittags in der Kinderbetreuung in einer Grundschule. Ich unterstütze die Kinder bei den Hausaufgaben. Mir macht es Spaß, für die Kinder da zu sein und mich um sie zu kümmern, und wenn es warm ist, spielen wir auch oft draußen Fußball.
● Super, Lukas, das klingt gut! Und für die, die jetzt motiviert sind mitzumachen, haben wir eine Hotline …

4c Hört die Sätze und sprecht nach.

● Sag mal, geht's noch? Hast du keine Augen im Kopf?
○ Was willst du denn schon wieder von mir?
● Wie kann man nur so blöd sein?
○ Mann, jetzt stell dich nicht so an!
● Von wegen nur ein Füller!
○ Das ist mir doch egal!
● Dir doch egal? Den musst du mir bezahlen!
○ Das ist doch nicht dein Ernst, oder?
● Aber ja doch!
○ Komm, jetzt lass uns da mal in Ruhe drüber reden.
● Hör mir bitte mal zu!
○ Das war wirklich ein Versehen.
● Entschuldigung, dass ich gleich so losgemotzt habe.

6c Hört zu. Zu welchen Texten und Fotos passen die Aussagen?

1 Ich bin bei youngagement dabei, weil meine Lehrerin mir das empfohlen hat. Seit ein paar Monaten besuche ich Herrn Rehbein im Altersheim. Zuerst dachte ich, wir haben uns sicher nichts zu sagen, aber dann hat er mir ein paar tolle Tricks im Schach gezeigt. Und außerdem hat er mir bei meinem letzten Referat für Geschichte geholfen.
2 Mir tun die Kinder so leid, die noch gar nicht richtig Deutsch können und dann so viele Probleme in der Schule haben. Deshalb mache ich zweimal pro Woche bei der Hausaufgabenhilfe mit. Sie sagen, dass ich so toll erklären kann – wer weiß, vielleicht werde ich ja mal Lehrerin! Und die Kinder bringen mir auch ein bisschen Türkisch bei – ich will nämlich in den nächsten Ferien in die Türkei fahren!
3 Zuerst war ich nicht so begeistert, als mein Vater mir sagte, dass ich Frau Hilbert helfen soll. Aber dann dachte ich, was soll's, ich hab' ja wirklich viel Zeit. Und letzte Woche, als ich so nervös war wegen der Physikarbeit, hat sie mir alles super erklärt!
4 Ich habe noch nie ein so originelles Kind wie Olivia erlebt. Als ich ihr gestern Abend beim Ausziehen half, grinste sie mich an und sagte: „Die Haare auch ausziehen!" Wir haben sehr viel Spaß zusammen – und ihre Eltern sind sehr dankbar, wenn ich mich um sie kümmere. Und als kürzlich was mit meinem Computer kaputt war, hat Olivias Papa den gleich für mich repariert.

Kapitel 11: Alles wird anders

1c Klassentreffen nach 20 Jahren. Welche Träume von Wilbur sind wahr geworden? Welche nicht?

● Mensch, bist du nicht der Wilbur, Wilbur Westhagen?
○ Ja, der bin ich – lass dich drücken, Matilde. Du siehst richtig toll aus.
● Danke, danke. Ich freu mich, dich zu sehen. Was hast du denn in all den Jahren gemacht? Du wolltest doch Design studieren?
○ Ja, das wollte ich mal. Aber ich habe keinen Studienplatz bekommen und dann habe ich Agrarwissenschaften gewählt.
● Agrarwissenschaften? Was macht denn ein Stadtmensch wie du mit Agrarwissenschaften?
○ Der Stadtmensch war einmal. Ich lebe jetzt auf dem Land, da habe ich einen Bauernhof mit 55 Kühen und vier Pferden.
● Wow, das gibt bestimmt viel Arbeit.
○ Ja, das stimmt, aber meine Frau und meine zwei Kinder helfen kräftig mit. Ohne meine Familie wäre das schwer.
● Und was ist mit Hawaii, den Bahamas, Santo Domingo? Weißt du noch? Da wollten wir doch früher immer zusammen hin.
○ Das brauch' ich nicht mehr. Gute Luft habe ich auch zu Hause. Längeren Urlaub können wir sowieso nie machen – wir haben ja die vielen Tiere und niemanden, der die Arbeit für uns machen könnte. Aber glaub mir, das ist kein Problem. Wir lieben unser Leben. Heute bin ich mit meinem Jüngsten den ganzen Tag mit dem Traktor auf den Feldern gewesen. Das ist doch der totale Luxus, wenn man seine Kinder immer bei sich haben kann.
● Ja, schon, aber das ist alles so anders, als du es vor 20 Jahren geplant hast.
○ Tja …, aber jetzt erzähl doch mal von dir. Was machst du denn so?
● Also, ich …

5f Hört nun die ganze Geschichte. Vergleicht mit eurer Fortsetzung.

● Mist, der erste Tag und ich komme zu spät.
…
○ Geschafft. Jetzt aber schnell nach Hause. …
Warum ist die Jacke denn so eng?
● Ist das vielleicht deine Jacke?
○ Da hab' ich wohl was verwechselt. Aber vielleicht kann ich dir ja hiermit eine Freude machen.
● Wow! Du spielst in einer Band! Freitagabend, 20 Uhr? Klar, da kann ich. Ich komme gern zu deinem Konzert.
○ Und wie kommst du jetzt nach Hause? Den Bus hast du wohl verpasst.
● Kein Problem, ich wohn' hier im Internat.
○ Na, dann hast du's ja nicht weit. Wir sehen uns morgen.
● Ja, bis dann, tschüs.
○ Tschüs, mach's gut.
● Toller Typ! Eigentlich ist Frankfurt gar nicht so schlecht …

7c Hört die Ausschnitte aus den Bewerbungsgesprächen. Welche Fragen habt auch ihr notiert?

1 ● Lobitz.
○ Hi, Svenja Hollenstein am Apparat.
Ich rufe auf die Anzeige in den Salzburger Nachrichten an. Ich interessiere mich für die Stelle als Au-Pair.
● Oh, das ist schön. Hast du denn schon mit Kindern gearbeitet?
○ Ja, …, das heißt nein, aber das ist bestimmt kein Problem. Wie viel zahlen Sie denn?
● Nun, wir haben gedacht, 300 Euro. Und dann wohnst und isst du natürlich hier bei uns gratis.
○ Darf mein Freund dann auch manchmal kommen? Er hat mittwochs immer frei und könnte schon dienstagsabends hier sein.
● Hmm, wir haben keinen Platz für eine weitere Person. Und am Mittwoch solltest du ja auch bei den Kindern sein. … Hast du eigentlich irgendwelche Hobbys? Was würdest du denn mit den Kindern machen?
○ Da habe ich mir noch nichts überlegt, aber mir fällt bestimmt noch was ein.

2 ● Entschuldigung, ich habe verschlafen.
○ Erst mal guten Tag, junger Mann. Na, dann setzen Sie sich mal. Sie haben sich für die Stelle als Aushilfe beworben. Haben Sie denn Erfahrung? Haben Sie schon als Kellner gearbeitet?
● Ja, ich hatte schon ganz viele Jobs als Bedienung. Aber meine Chefs waren fast immer unmöglich, da musste ich den ganzen Tag rennen – ich bin doch kein D-Zug.
○ Was sind denn Ihre Stärken? Was können Sie gut?
● Tja, ich bin freundlich und kann gut kochen. Ich könnte also auch in der Küche helfen.
○ Arbeiten Sie gern mit anderen Menschen zusammen?
● Geht so, ich mache die Dinge am liebsten allein – das geht schneller und besser.
○ Finden Sie? … Haben Sie denn auch abends Zeit?
● Abends, da möchte ich eigentlich lieber ausgehen …

3 ● Magst du Tiere?
○ Ja, natürlich. Ich habe auch selbst einen Hund und drei Katzen.
● Weshalb willst du ein Praktikum bei uns machen?
○ Ich möchte später einmal Tierarzt werden. Ich denke, dass ich bei Ihnen viel über Tiere lernen kann.
● Kannst du auch am Wochenende kommen?
○ Ja, klar. In der Praktikumszeit habe ich Ferien und da kann ich arbeiten, wann immer Sie mich brauchen. Wie viele Tiere leben denn im Tierheim?
● Im Moment sind es 84, die meisten sind Katzen und Hunde. Wir haben aber auch andere Kleintiere.

8b Prognosen – Reaktionen: Hört zu und sprecht nach.

● Ben wird doch sicher auf uns warten!?
○ Keine Ahnung.

● Karin wird bestimmt ihren Freund mitbringen.
○ Das glaube ich nicht.

● Niemand wird meinen Vorschlag gut finden.
○ So ein Quatsch.

● Du wirst bestimmt den Job bekommen!
○ Woher willst du das denn wissen?

● Dieses Mal wird Doris kommen.
○ Bestimmt nicht.

● Das Kleid wird Richard gefallen.
○ Das denke ich auch.

● Deine Eltern werden bestimmt einverstanden sein.
○ Da bin ich mir nicht sicher.

● Wir werden keine Eintrittskarte mehr bekommen.
○ Das ist gut möglich.

● Du wirst das Match bestimmt wieder gewinnen.
○ Das kann schon sein.

8d **Hört die Prognosen und reagiert.**

Am Wochenende wird es wärmer.
Spanien wird die nächste Fußballweltmeisterschaft gewinnen.
Der Meeresspiegel wird bis zur Jahrtausendmitte einen halben Meter steigen.
2050 werden 9,2 Milliarden Menschen auf der Welt leben.
In 30 Jahren wird es keine Atomkraftwerke mehr geben.

9a **Gesucht – gefunden. Hört die Gespräche. Zu welcher Anzeige passen sie?**

1
● Hallo, hier ist Emily.
○ Ja, hallo, hier ist Hannes Zabel. Sind deine Eltern zu Hause?
● Nein, die arbeiten. Aber mein Opa ist hier. Wollen Sie den sprechen?
○ Ja, ... Nein, dann rufe ich später noch mal an. Tschüs.
● Tschüs.

2
● Gislinde Schönemann.
○ Guten Tag, hier spricht Linda Kübler. Ich rufe an, weil ich Ihre Anzeige gelesen habe. Ist die Wohnung noch frei?
● Ja, das ist sie. Sie wissen, dass ich Hilfe brauche?
○ Ja, das mache ich gern. Da bin ich bestimmt die Richtige.
● Dann kommen Sie doch einfach morgen einmal vorbei. So gegen halb vier. Geht das?
○ Ja, das passt bestens.
● Sehr gut, auf Wiederhören.
○ Auf Wiederhören.

3
● Tamini.
○ Fabian Urban, guten Tag. Ich interessiere mich für das Zimmer bei euch. Ist es schon vermietet?
● Nein, noch nicht. Wir haben die Anzeige ja erst heute ins Internet gestellt.
○ Super, wann kann man das Zimmer und die Wohnung denn ansehen?
● Hmm, wir machen am nächsten Samstag eine offene Besichtigung. Dann können alle Interessenten kommen und wir können sehen, wer am besten zu uns passt.
○ Gute Idee. Wann soll ich denn da sein?
● Der Besichtigungstermin geht von 15 bis 18 Uhr. Am besten, du kommst nicht zu spät.
○ Bestimmt nicht. Welche Hausnummer habt ihr denn?
● 138.
○ Alles klar. Dann sehen wir uns also am Samstag. Tschüs.
● Tschüs.

10b **Ein Gespräch. Wer lebt lieber zu Hause, wer möchte ausziehen?**

● Hej, Ron, warte mal ... Wie ist dein Zeugnis?
○ Hm, das ist das beste Zeugnis, das ich je hatte.
● Herzlichen Glückwunsch! Dann bekommst du jetzt doch bestimmt die Lehrstelle im Chemielabor.
○ Ja, das sollte klappen. Aber die Wohnsituation macht mir Kopfschmerzen.
● Wieso denn das?
○ Für mich war immer klar, dass ich nach der Schule ausziehen möchte. Aber so einfach ist das nicht. Zu Hause sind wir zu siebt – meine Eltern, meine vier Geschwister und ich. Das kostet eine Menge. Wenn meine Eltern dann auch noch meine Miete zahlen müssen ...
● Zu Hause ist es doch eh am schönsten. Und außerdem zahlst du da nichts fürs Wohnen oder Essen – das bedeutet mehr Geld für dich.
○ Ja, aber das Chemielabor ist mehr als 50 km von hier entfernt – da muss ich dann einiges für Bus und Bahn ausgeben und verliere auch noch eine Menge Zeit für die Fahrt.
● Zeit sparst du dann aber auch wieder, weil du zu Hause weniger tun musst. Wäsche waschen, kochen usw. – das musst du in einer eigenen Wohnung immer selbst machen.
○ Nicht unbedingt. Ich könnte ja auch in eine WG ziehen. Da kann man sich die Aufgaben teilen.
● Ja, aber meistens funktioniert das nicht. Mein Bruder hat auch mal in einer WG gelebt. Da lag das schmutzige Geschirr am Ende in der Badewanne, weil es keiner abwaschen wollte.
○ Na ja, das ist aber bestimmt eine Ausnahme. Und eigentlich will ich auch gar nicht in eine WG ziehen. Aber egal, ob WG oder eigene Wohnung: Am Ende lernt man doch eine Menge, wenn man nicht mehr zu Hause wohnt. Und vor allem können dann Mama und Papa nicht mehr sagen, was man tun soll. Man kann alles selber entscheiden – das finde ich super.
● Also, ich bin froh, dass ich bei Problemen sofort mit meinen Eltern sprechen kann.
○ Aber dir würde es auch gut tun, mal ein bisschen hier wegzukommen und neue Leute kennenzulernen.
● Nein danke. Ich finde es schön, wenn man abends nach Hause kommt und das Essen auf dem Tisch steht. Und dann die Gespräche mit der Familie – das würde mir schon sehr fehlen. Moment mal ... – meine Mutter.
Hi Mama, was ist los? ... O.k., ich bin in 10 Minuten zu Hause.
Das war meine Mutter. Das Essen ist gleich fertig. Ich muss nach Hause – wie das nervt!

11a **Max sucht ein Zimmer. Hört zu und notiert die Informationen, die in der Anzeige fehlen.**

● Ulrike Bartel.
○ Ja, guten Tag, hier ist Max Volkert.
● Guten Tag!
○ In der Zeitung steht, dass ihr ein Zimmer vermietet. Ist es noch frei?
● Ja, im Moment schon.
○ ... Also hier steht: Küche, Diele, Bad, Wohnzimmer, 3 Schlafzimmer. Wie viel kostet denn die Miete?
● 620 Franken, inklusive Nebenkosten.
○ Puh, das ist aber teuer! Wo genau liegt denn die Wohnung?
● In der Bahnhofsstraße 14. Das ist im Stadtzentrum von Zürich und da gibt es viele Geschäfte.
○ Hm, das ist nicht schlecht. Ab wann ist das Zimmer denn frei?
● Ab dem 1. März.
○ Das passt gut. Kann ich die Wohnung besichtigen?
● Klar. Komm doch am Freitagnachmittag um 5.
○ Prima. Dann also bis Freitagnachmittag.
● Ja, in Ordnung. Tschüs.
○ Tschüs.

Kapitel 12: geni@les aus DACH – und mehr!

1a **Hört zu. Woher kommen die beiden? Aus dem Süden, Westen, Osten oder Norden von Deutschland?**

● Moin, moin, was kann ich für dich tun?
○ Ich hätte gerne zwei Stück Streuselkuchen.

3a Trachten und Dialekte – wieder in?!! Wann und wo werden Trachten getragen?

1 ● Hallo, ihr zwei! Ich sehe, ihr tragt Dirndl und Lederhose. Warum?
○ Warum? Ja, also wir sind auf dem Weg zur Hochzeit von meiner Cousine. Da tragen viele Tracht. Das ist doch ganz normal.
● Viele? Also nicht nur die älteren Leute?
■ Nein, auch die Kinder und jungen Leute. Alle schauen, wer das schönste Dirndl trägt oder die coolste Lederhose.
○ Die hab' ich an, ist doch klar.
● Ja, dann viel Spaß auf der Hochzeit!

2 ● Entschuldigung. Ihr tragt so schöne Dirndl. Darf ich fragen, warum?
○ Na, jetzt ist doch das Rosenheimer Herbstfest. Da wollen wir hin.
● Ach so. Muss man dort Tracht tragen?
■ Ja, nein, äh, also man MUSS nicht, aber alle tragen Tracht. Es ist peinlich, wenn man keine trägt.
● War das schon immer so?
○ Ich glaub' nicht. Früher sind nur die älteren Leute in Tracht zu solchen Festen gegangen. Aber wir finden unsere Dirndl super. Alle unsere Freundinnen haben eins. Und die Jungs sehen in Lederhosen einfach total cool aus.

3 ○ Und wie findet ihr dieses hier?
■ Wow, probier mal an. Das ist der Hammer!
● Entschuldigung, ich hab' mal eine Frage. Ihr wollt Dirndl kaufen?
○ Ja, wie gefällt Ihnen das hier?
● Das steht dir super. Und wofür brauchst du das?
○ Mein altes ist zu klein. Ich brauche ein neues, weil ich nächsten Samstag auf das Konzert von Andreas Gabalier gehe. Ich will nicht die Einzige sein, die keine Tracht trägt.
● Du kaufst ein Dirndl nur für ein Konzert?
○ Neeeeein. Das trage ich auch zu Festen und Feiertagen.

3c Versteht ihr, was die Personen sagen?

Ich gehe jetzt nach Hause. Oh, ich freue mich schon auf das Abendessen. Hab' ich Hunger!

3d Welche Dialekte hört ihr? Welchen versteht ihr am besten?

Wo ist denn bloß meine Brille? Wo hab' ich sie gestern nur hingelegt? Mist! Ich komme zu spät zur Arbeit.

5a Was genau ist Schwingen?

● Hallo Johannes, du hast gerade einen Kampf gewonnen. Herzlichen Glückwunsch. Wie bist du eigentlich zum Schwingen gekommen?
○ Das habe ich zum ersten Mal vor fünf Jahren beim Schwing- und Äplerfest in Burgdorf gesehen. Das wollte ich auch lernen. Also bin ich in den Verein gegangen und nun mache ich das schon fast fünf Jahre.
● Was genau ist das denn, das Schwingen?
○ Also, das Schwingen ist eine alte, traditionelle Kampfsportart aus der Schweiz, also wie Ringen oder Sumo aus Japan, aber wir sind nicht so dick.
● Wann hat man den Kampf gewonnen?
○ Man muss seinen Gegner innerhalb eines Kreises von ca. 7–12 Metern zu Boden bringen. Der Gegner muss auf dem Rücken liegen. Man muss dabei eine Hand an der Hose des Gegners haben. Jute-Hosen nennt man die.
● Und wer macht diese Sportart heute?
○ Heute eigentlich alle möglichen Leute: Frauen, Männer, Alte und Junge und viele Kinder. Manche machen das mehr aus Spaß, andere gehen richtig auf Wettkämpfe und trainieren regelmäßig, so wie ich. Hier auf dem Land ist Schwingen mittlerweile sehr beliebt, viele meiner Freunde schwingen, auch viele Mädchen aus meiner Schule. Aber in den Städten eher nicht.
● Ja, wer weiß. Johannes, vielen Dank für das Interview und viel Erfolg bei den nächsten Schwingerwettkämpfen.
○ Danke.

Plateau 3

2a Schule – und dann? Ein Test. Welche Antwort passt zu euch?

● Weißt du schon, welchen Beruf du lernen möchtest?
○ Da habe ich mehrere Ideen und möchte jetzt Praktika machen, um mich zu orientieren.
□ Nein, keine Ahnung. Das ist wirklich schwierig.
■ Ja, das weiß ich ganz genau.

● Was sind deine Interessen?
□ Ich habe keine besonderen Interessen. Aber ich möchte unbedingt mal was Neues machen.
■ Ich denke gern nach, je schwieriger ein Problem, desto besser.
○ Ich muss aktiv sein, am liebsten arbeite ich mit den Händen.

● Nach der Schule – Was fällt dir dazu ein?
■ Ich freue mich darauf, dass ich selber entscheiden kann, was ich lernen will.
□ Ich brauch' erst einmal eine Pause. Ich weiß ja noch gar nicht, was ich will.
○ Ich würde gern etwas Praktisches machen.

● Welche Berufe würden dich am ehesten interessieren?
○ Mechatroniker, Friseur, Dachdecker, Bauer …
■ Anwalt, Arzt, Ingenieur, Lehrer …
□ Animateur, Au-Pair, Surflehrer …

● Wo würdest du gerne leben?
□ Fast überall: Ich würde gern viel von der Welt sehen.
○ Am liebsten zu Hause.
■ Da bin ich flexibel.

● Findest du es wichtig, Karriere zu machen?
■ Ja, das ist absolut mein Ziel.
○ Nicht so sehr. Wichtiger ist, dass ich tun kann, was mir Spaß macht.
□ Darüber habe ich noch überhaupt nicht nachgedacht.

Transkripte der Hörtexte im Arbeitsbuch

Im Folgenden finden Sie die Hörtexte, die nicht im Arbeitsbuch abgedruckt sind.

genial klick – Deutsch für Jugendliche – Arbeitsbuch B1
von Sarah Fleer, Susy Keller, Maruska Mariotta, Petra Pfeifhofer, Margret Rodi

Kapitel 1: Endlich wieder Schule!??

1a Sprache in der Klasse. Wer spricht? Hör zu und schreib die Dialognummern zur passenden Person.

1 Schlagt das Buch auf, bitte!
2 Entschuldigung, können Sie bitte das Beispiel noch einmal wiederholen? Ich habe es nicht verstanden.
3 Arbeitet zu dritt, bitte!
4 Verzeihung, können Sie bitte langsamer sprechen?
5 Lies bitte deinen Text vor!
6 Verzeihung, ich habe nicht zugehört. Sollen wir den Satz abschreiben?
7 Schlagt bitte im Wörterbuch nach!
8 Frau Benz, können Sie bitte kommen? Ich habe eine Frage.
9 Verzeihung, darf ich bitte auf die Toilette?
10 Und jetzt sprecht bitte nach!

1c Situationen in der Klasse. Du hörst acht Äußerungen. Ordne sie den Situationen zu.

1 Frau Roth, können Sie bitte kommen? Ich habe ein Problem.
2 Verzeihung, ist es so richtig?
3 Kannst du mir bitte deinen Bleistift geben?
4 Verzeihung, was sollen wir jetzt machen?
5 Kannst du mir bitte helfen?
6 Darf ich auf die Toilette?
7 Entschuldigung, wie spricht man dieses Wort aus?
8 Kannst du mir bitte dein Wörterbuch ausleihen?

2a Das haben Hélène, Viktor, Ina und Jens gemeinsam. Hör zu. Welches Bild passt zu wem? Trage den Buchstaben in die Tabelle ein.

● Ich heiße Hélène und bin 17. Ich liebe klassische Musik und spiele seit fünf Jahren Geige. David Garret ist mein großes Vorbild. Er hat so viel Talent – unglaublich! Ich möchte einmal wie er eine Rock-Symphonie spielen können. Das ist mein großer Traum.

○ Und ich bin Viktor, bin 18. Ich spiele E-Gitarre, das habe ich mit 14 Jahren angefangen. Da habe ich mich sehr für Rockmusik der 70er-Jahre interessiert und wollte meine Lieblingsstücke spielen können. Jetzt spiele ich in einer Band und wir treffen uns einmal in der Woche – wenn wir ein Konzert haben, auch öfter. Bei den Proben haben wir immer viel Spaß.

■ Ich bin 16 und heiße Ina. Seit ich elf Jahre alt bin, tanze ich. Meine Eltern kommen aus Brasilien und ich mag die Musik aus diesen Ländern. Die lateinamerikanische Musik ist für mich sehr wichtig und ich habe fast immer meinen MP3-Player dabei. Wenn ich Musik höre, kann ich nicht ruhig bleiben. Salsa und Tango sind meine Lieblingstänze.

□ Meine Lieblingsmusik ist Rap. Vor drei Jahren haben ich und meine Freunde einmal in der Stadt eine Gruppe Jungs getroffen. Die haben auf einer Straße gerappt und dazu Hip-Hop getanzt. Wir haben zuerst zugeschaut und dann konnten wir es auch ausprobieren. Wir haben zu Hause weiter geübt und das hat super geklappt. Rhythmus und Texte passen im Rap gut zusammen! Ach, Entschuldigung, ich habe mich noch gar nicht vorgestellt. Ich heiße Jens und bin 18.

7b Emma und ihre Sprachen. Hör das Gespräch. Waren deine Vermutungen richtig?

Ich heiße Emma und wohne in der französischen Schweiz und spreche Französisch. Meine Muttersprache ist Schwedisch, denn meine Eltern kommen aus Schweden. Französisch, Deutsch und Englisch lerne ich in der Schule. Außerdem habe ich Latein gewählt … Ja, das ist viel, aber zum Glück habe ich keine Schwierigkeiten in den Sprachen und habe gute Noten. Ich möchte noch gern Rätoromanisch und Italienisch lernen, weil wir oft im Engadin, also im Kanton Graubünden, Winterferien machen. In der Snowboardschule spricht man auch Italienisch, weil Jugendliche aus dem Tessin und aus Italien mitmachen. Oft gibt es einen Mix aus den verschiedenen Sprachen, aber das ist kein Problem, und wir verstehen uns bestens.
Mit meiner älteren Schwester spreche ich auch zu Hause fast immer Französisch. Wenn meine Eltern dabei sind oder wenn ich in den Ferien bei den Großeltern bin, spreche ich dann Schwedisch. Hmm, … manchmal gebrauche ich schon Wörter aus einer anderen Sprache, aber ich spreche sicher nicht auf Europanto. Die vielen Sprachen machen mich freier und offener und helfen mir in der Schule. Ich muss weniger lernen und oft verstehe ich ein neues Wort, weil ich es aus einer anderen Sprache kenne.

12a Hör zu und notiere Stichwörter. Die Fragen helfen.

● Hallo Leute, wir machen heute ein Interview zum Thema „Taschengeld". Bei mir im Studio sind Tanja und Kai. Könnt ihr euch bitte kurz vorstellen?
○ Hi, ich bin Tanja. Ich bin 15 und gehe auf das Keppler-Gymnasium.
■ … und ich heiße Kai. Ich bin 16 und gehe auch aufs Keppler-Gymnasium.
● Thema Taschengeld: Wie viel bekommt ihr denn?
○ Ich bekomme 20 Euro im Monat …
■ … ich 30.
● Zwanzig Euro ist ja nicht gerade viel? Reicht dir das?
○ Nein! 20 Euro sind einfach zu wenig. Aber deshalb jobbe ich ja seit ein paar Monaten, damit ich nicht immer meine Eltern fragen muss, wenn ich wieder mal pleite bin.
● Und was machst du?
○ Ich verkaufe Brötchen in einer Bäckerei. Ich arbeite jeden zweiten Samstag. Immer von acht bis zwölf Uhr. Das ist nicht schwer und ich bekomme 20 Euro. Das sind im Monat noch mal 40 Euro. Zusammen mit dem Taschengeld reicht es für meine Ausgaben: Handy, Kosmetik und so weiter. Und ich hab' genug Geld, damit ich am Wochenende manchmal meine Freundin ins Kino einladen kann. Die bekommt auch viel zu wenig Taschengeld …
● Jobbst du auch, Kai?
■ Klar! Mein Taschengeld reicht gerade mal so. Aber sparen kann ich davon nichts. Ich habe sogar zwei Jobs: Einmal in der Woche trage ich in unserem Stadtteil Zeitungen aus und einmal im Monat helfe ich unserer Nachbarin im Garten. Im Monat verdiene ich meistens so zwischen 50 und 60 Euro. Das meiste Geld spare ich, damit ich mir ein neues Mountainbike kaufen kann.

Kapitel 2: Meine Stärken – meine Schwächen

3a Das wäre schön! Hör die Aussagen von Tessa, Nelli, Robert und Jan. Welcher Wunsch passt zu wem? Ergänze die Namen.

1 ● Robert, nun komm endlich! Wir müssen los!
○ Gleich! Wo ist denn bloß mein Rucksack? Das kann doch nicht sein. Mist. Ich muss dringend aufräumen. Und mehr Platz brauche ich. Wir waren alle in der Stadt shoppen und ich habe – ähhh – viel gekauft, leider wieder zu viel!

2 ● Hey, Tessa. Guck dir mal dieses Video an.
○ Wow! Die Tänzer sind fantastisch! Das möchte ich auch gerne können.
● Das kannst du doch lernen.
○ Pffff, ich? Ich kann Musik hören. Mehr nicht. Ehrlich.

3 ● Mann, warum geht das nicht!?
○ Nelli, was ist denn los?
● Meine Frisur! Was soll ich denn mit meinen Haaren machen? Nichts kann ich damit machen! Ich hab' einfach viel zu dünnes Haar. Das sieht alles so doof aus.
○ Ach, Schatz. Ich finde, dass dir kurze Haare …

4 ● Wir mussten im Sportunterricht wieder Fußball spielen.
○ Du spielst doch gerne Fußball, oder?
● Nein, nicht mehr. Ich bin einfach nicht so gut wie die anderen. Ich schieße immer am Tor vorbei.
○ Ach, Jan. Es gibt wichtigere Sachen als …

4a Den finde ich toll! Ordne zu und vergleiche dann mit der CD.

1 Albert Einstein ist toll. Ein Mensch, der viel für die Wissenschaft getan hat.
2 Adele singt einfach phantastisch. Eine Frau, die noch normal geblieben ist.
3 Ich finde Ben und Ken süß. Brüder, die beide super aussehen und immer nett sind.
4 Mein Bruder ist cool. Er ist ein Typ, den alle bewundern, weil er toll Gitarre spielt.
5 Ich mag Tara. Sie ist ein Mädchen, das alle Menschen total süß und lustig finden.

5a Was denken diese Menschen über die Jugendlichen? Lies die Sätze. Hör dann die vier Interviews. Stoppe nach jedem Interview und kreuze an.

1 Ja, also, ich habe zwei Söhne und ich kann sagen, dass sie sehr fleißig sind. Die Schule ist ihnen schon sehr wichtig und sie denken viel über ihre Zukunft nach. Sie sind sehr selbstbewusst und haben klare Ziele. Das finde ich toll. Die Freunde von meinen Jungs sind auch so. Aber sicher gibt es auch andere Jugendliche. Ich muss aber auch sagen, dass den Jugendlichen Geld, Kleidung und Handys und solche Sachen viel zu wichtig sind. Deshalb geben sie viel mehr Geld aus, als sie haben. Das ist wirklich ein Problem.

2 Die Jugendlichen heute? Egoistischer als früher. Sie interessieren sich nur für sich selbst und für ihre Freunde. Sie wissen gar nicht, wie das ist, wenn man etwas nicht bekommt. Sie wollen alles haben, sofort. Und wenn sie es nicht bekommen, dann nehmen sie es sich einfach. Sie verstehen nicht, dass man für die Dinge hart arbeiten muss. Man bekommt nichts umsonst. Aber die Jugendlichen haben keine Ausdauer mehr. So ist das heute. Ja, schade.

3 Hm, das kann man nicht so allgemein sagen, denke ich. Ein Teil der Jugendlichen ist wirklich schlimm. Sie gehen nicht zur Schule, trinken viel Alkohol, stehlen und sind sehr unfreundlich. So schlimm war das früher nicht. Aber zum Glück ist die Mehrheit nicht so. Viele engagieren sich, sind immer freundlich und offen. Meine Enkelin zum Beispiel. Wirklich toll!

4 Also, das Leben heute hat viel mehr mit Medien zu tun als früher. Eigentlich können sich die Jugendlichen gar nicht langweilen. Es gibt immer das Handy oder den Computer, das Internet. Deshalb haben sie aber auch weniger Zeit als früher, etwas für die Gesellschaft zu tun, sich zu engagieren, weil sie immer beschäftigt sind. Dafür können sie mit Medien und Technik wirklich sehr gut umgehen. Das ist ja auch gut so.

7a Werte – Jugendliche berichten. Hör die Aussagen und notiere die genannten Werte in der Tabelle.

● Unser Thema heute lautet: Was ist euch heute wichtig im Leben? Welche Werte sind besonders wichtig, welche nicht so sehr? Heute haben wir Phillip, Nina und Rafael im Studio zu Gast. Phillip, wie ist es bei dir? Was ist dir wichtig?
○ Ja, also am wichtigsten ist mir, dass ich in der Schule und später im Beruf erfolgreich bin. Ich möchte später einen Job haben, der mir Spaß macht und bei dem ich auch ganz gut verdiene. Hm. Was noch? Also, ich engagiere mich in unserer Kirche. Ich singe im Chor und ich leite eine Kindergruppe. Ich unterrichte sie in Religion. Das ist auch ein wichtiger Teil in meinem Leben. Tja, Freunde sind natürlich auch wichtig. Aber … vielleicht nicht so wichtig wie Erfolg im Beruf und Religion.
● Aha, sehr interessant. Danke, Phillip. Und was denkst du, Nina?
■ Mir ist meine Freizeit eigentlich nicht so wichtig. Ich denke, wir haben eigentlich keine Zeit, einfach nur das Leben zu genießen. Es gibt so viele Dinge auf der Welt, die wir ändern müssen. Also, ich finde es zum Beispiel ganz wichtig, dass wir unsere Umwelt schützen. Deshalb engagiere ich mich bei Greenpeace. Eine gesunde Umwelt ist das wichtigste für unser Leben. Dafür müssen wir kämpfen. … Ja, was ist mir noch wichtig? Ähm, meine Familie, also meine Eltern und Geschwister, denke ich.
● Vielen Dank, Nina. Umweltschutz, Rafael, ist dir das auch wichtig?
□ Ähm, weiß nicht. Hab noch nicht so darüber nachgedacht.
● Ach so. Na, dann erzähl doch mal, was dir wichtig ist.
□ Tja, ich finde, dass man alles im Leben schaffen kann, wenn man gesund ist. Das ist das wichtigste. Deshalb esse ich viel Obst und Gemüse und mache viel Sport und natürlich trinke ich keinen Alkohol und rauche nicht. Ja, also, wenn man gesund ist, kann man außerdem große Leistung bringen. Und äh, Leistung ist heute im Beruf ganz wichtig, aber nicht nur im Beruf. Überall muss man sich anstrengen. Ich bin gerne einer der besten. Also, ich mag es jedenfalls nicht, wenn Leute faul sind. Tja, was noch? Eigentlich nichts mehr. Na ja, irgendwann möchte ich eine Freundin haben. Aber heiraten? Nee, also soooo wichtig ist die Liebe nicht.

11a Was bedeuten die Symbole? Hör zu und kreuze an: richtig oder falsch?

1 Das Kleeblatt muss vier Blätter haben, damit es Glück bringt. Das ist aber sehr selten. Außerdem muss man das Kleeblatt zufällig finden. Vierblättriger Klee ist auch ein Symbol für die Liebe.

2 Früher haben Schornsteinfeger Glück gebracht, weil es schnell ein Feuer geben konnte, wenn die Schornsteine nicht sauber waren. Die Schornsteinfeger haben die Schornsteine sauber gemacht. Deswegen hat man sie zu Hause gerne gesehen. Heute sagen die Leute, es bringt Glück, wenn man einen Schornsteinfeger anfasst.

3 Der Käfer hat seinen Namen von Maria, der Mutter von Jesus. Er soll Kinder beschützen und Kranke heilen. Außerdem ist er ein Symbol für Glück und Fleiß.

4 Schon vor 2000 Jahren waren Schweine ein Glückssymbol, weil sie viele Kinder bekommen und weil es früher nicht so häufig Fleisch zu essen gab. Wer also ein Schwein hatte, hatte auch immer etwas zu essen und war deshalb reich und glücklich. Heute sagt man auch: „Du hast Schwein gehabt." Das bedeutet, dass du Glück gehabt hast. Heute schenkt man Schweine als Süßigkeit. Sie sollen Glück und Geld bringen.

Kapitel 3: Wir und die Medien

1b Hör zu. Über welche Medien sprechen Corinna und ihre Oma?

● Hallo Oma, komm rein! Willkommen in meinem Zimmer!
○ Tag, Corinna! Huch, hier ist es ja ganz schön voll!
● Äh, ja, sorry, ich weiß, ich sollte mal wieder aufräumen. Aber egal. Ich finde immer alles, was ich brauche.
○ Oh, den Plattenspieler da, den kenne ich doch! Den haben wir deiner Mutter mal zum Geburtstag geschenkt!
● Ja, und sie hat ihn dann mir gegeben, und die alten Platten gleich dazu. Die höre ich abends total gerne, die Musik klingt mit dem alten Plattenspieler einfach super!
○ Und was ist das da unter deinem Bett?
● Ach, das sind meine Zeitschriften. Weißt du, im Moment finde ich Mode ganz spannend, und deshalb lese ich gern diese Zeitschriften, dann weiß ich, was gerade „in" ist.
○ Wenn du möchtest, bring' ich dir mal ein paar mit. Ich habe auch noch welche zu Hause.
● Oh ja, super!
○ Sag mal, seit wann hast du denn einen Fernseher in deinem Zimmer?
● Seit Mama und Papa sich einen neuen gekauft haben. Weißt du, ich sehe nachmittags immer ganz gerne fern, ich finde Serien doch so gut, und sie wollen dann im Wohnzimmer lieber ihre Ruhe haben.
○ Ach so. Ah, und da ist ja dein neuer Computer! Funktioniert er denn gut?
● Ja, bestens. Danke auch noch mal für das Geld dafür, Oma! Es ist wirklich toll, dass ich ihn habe, ich muss immer richtig viel für die Schule recherchieren … Naja, jetzt gerade nicht …
○ Und das? Das sieht aber nicht gerade nach Schule aus …
● Das da? Nee, das ist Facebook, ich habe mir da gerade die Urlaubsfotos von meiner Freundin angeschaut.
…
Oh, entschuldige bitte mal, das muss ich schnell lesen. Weißt du, ohne Smartphone geht gar nichts mehr. Wir verabreden uns immer per SMS, und heute Abend wollten wir ins Kino …
○ Gut, Corinna, dann will ich dich mal nicht länger stören … Tschüs!
● Tschüs, Oma!

2b Über Musik sprechen und Songs bewerten. Hör zu und vergleiche mit deinen Dialogen.

1
● Ich finde „Du" gerade ganz toll!
○ „Du"? Von wem ist das denn?
● Von Cro. Ich mag den Text.
○ Ah ja. Ich finde Cro furchtbar!

2
● Meine Mutter hört in der Küche dauernd Jazz. Und ich hasse Jazz!
○ Ja? Ich finde Jazz ganz okay.

5a Lesen, lesen, lesen … Hör zu. Wer liest was? Wie findet er/sie das? Ergänze die Tabelle.

1 Im Moment lese ich was für die Schule – ein Sachbuch über China, weil ich das für ein Referat brauche. Es ist wirklich sehr informativ. Ach ja, Alex heiße ich.

2 Tag, ich bin Justus. Zurzeit lese ich einen Krimi. Heute Nacht habe ich bis drei Uhr gelesen, ich konnte einfach nicht aufhören – es war so spannend!

3 Hallo, mein Name ist Svenja. Ich lese meistens Liebesgeschichten. Die finde ich immer so romantisch …

9b Mist, es funktioniert nicht! Kontrolliere mit der CD.

● Äh, du, ich hab' da ein Problem. Mein Handy stürzt dauernd ab.
○ Dein Handy stürzt dauernd ab? Na, dann lad doch den Akku auf!
● Aber ich habe den Akku erst heute früh aufgeladen. Hast du noch eine andere Idee?
○ Hm, dann brauchst du wohl einen neuen Akku. Sei froh, dass du so ein altes Modell hast. Da kann man den Akku noch auswechseln.
● Okay, dann wechsle ich mal den Akku … Mist! Wie geht denn das Ding auf? Kannst du mir mal zeigen, wie das geht?
○ Gib mal her. Du solltest es mal mit Gefühl probieren statt gleich so brutal zu werden. Schau mal, du musst nur hier ein bisschen drücken – und schon ist es offen.
● Super, dass du es aufgekriegt hast, dank dir! Und wo bekomme ich jetzt einen neuen Akku?
○ Mensch, Papa, wie wär's, wenn du erst mal selbst nachdenkst, anstatt dauernd mich zu fragen? Das rätst du mir doch auch immer …

Kapitel 4: Für die Umwelt

1a Umweltprobleme. Hör zu. Welche Schlagzeile passt zu welchem Foto? Nummeriere die Fotos.

Hier ist Radio dzf, am Mikrofon: Ulf Giger. Hier sind die Schlagzeilen:

1 CO_2-Emissionen steigen weiter. China an der Spitze!
2 Die Müllproduktion steigt weiter, dieses Jahr werden 1,3 Milliarden Tonnen produziert.
3 Regenwald in Gefahr: bis 2030 über 50 % zerstört.
4 Der Lebensraum der Eisbären in der Arktis wird wegen globaler Erwärmung immer kleiner!

9b Wozu das alles? Hör zu und korrigiere die Minidialoge.

Dialog 1
● Du hast ja ein neues Mountainbike!
○ Ja, das stimmt, ich habe es gekauft, um bei der Tour fürs Klima mitzumachen.

Dialog 2
● Trinkst du auch gern Cola?
○ Ja, aber nie aus der Plastikflasche, um den Plastikmüll zu reduzieren.

Dialog 3
● Vergisst du auch oft, das Licht auszuschalten?
○ Nein, das schalte ich immer aus, um Energie zu sparen.

Dialog 4
● Gehst du oft am Kinotag ins Kino?
○ Ja, das mache ich fast immer, um weniger Taschengeld auszugeben.

10a Für eine saubere Umwelt. Hör den Text. Worum geht es? Kreuze an.

● Maria, willst du uns bitte das Ergebnis deiner Recherche zum Thema Plastikabfall vorlesen?

○ Ja, also ... Leider sind die Ergebnisse meiner Recherche nicht sehr erfreulich, denn das Leben vieler Tiere auf der ganzen Welt ist durch Plastikabfall bedroht. Der größte Teil des Plastikabfalls entsteht durch Plastiktüten. Ein EU-Bürger allein braucht im Jahr 500 Plastiktaschen. Diese werden normalerweise nur vom Supermarkt bis nach Hause gebraucht und dann weggeworfen und leider nicht immer in den Plastikmülleimer. Oft landet dann der Plastikabfall in den Flüssen, den Seen, im Meer, im Wald. Somit sind unsere Tiere in Gefahr, denn sie fressen den Müll und sterben daran. Im Internet habe ich eine interessante Initiative gefunden, die Weltretter-Initiative von der Grünen Jugend Oldenburg. Sie hat sich das Ziel gesetzt, den Plastikmüll und den Plastiktütenverbrauch zu reduzieren.
Dafür verteilen sie Stofftaschen, damit die Menschen eigene Taschen zum Einkaufen mitnehmen. Die Idee fand ich super und möchte gerne wissen, was ihr dazu meint.

Plateau 1: Testtraining

Testtraining Hören – Ein Gespräch: a

Lies zuerst die Aufgaben. Du hast eine Minute Zeit dafür. Hör dann das Gespräch einmal und löse die Aufgabe.

● Hallo Urs. Ich hab' dich schon lange nicht gesehen. Wie geht's in der Schule?

○ Super! Dieses Jahr finden nämlich fast ein Drittel der Stunden virtuell statt. Die Erfahrung ist für mich absolut positiv. Es ist einfach ein neues Lernen und der Unterricht ist viel interessanter als nur mit einem Lehrer und einem Buch.

● Das kann ich mir vorstellen. Aber wie läuft das eigentlich? Arbeitet jeder für sich, also immer allein?

○ Nein, ich war selber überrascht, wie gut man da in Gruppen arbeiten kann. Und außerdem ist man auch ständig aktiv, weil man viel denken muss.

● Das hört sich ja gut an. Aber wie könnt ihr miteinander diskutieren, wenn jeder an seinem PC sitzt?

○ Das geht bestens. Es gibt ja eine Plattform und alle können gleichzeitig an einem Projekt arbeiten und sich auch gegenseitig helfen.

● Ist denn diese Art zu arbeiten für alle Schüler das Richtige?

○ Für mich ist das ideal. Aber es stimmt schon, für einige ist die Arbeit am Anfang etwas kompliziert, denn manchmal entstehen technische Probleme ..., wie zum Beispiel beim Speichern oder Herunterladen.

● Und wie ist es mit den Hausaufgaben?

○ Wir laden die Aufgaben herunter und bearbeiten sie dann in einer Datei, die wir auf unserem privaten Computer speichern. Dann laden wir sie auf die Lernplattform hoch.

● Nicht schlecht! Und sag mal, ist denn die Lernplattform geschützt?

○ Selbstverständlich! Sie ist durch ein Passwort geschützt. So können andere Leute nicht rein und auch keine Dateien löschen oder herunterladen. Blöde Kommentare können auch nicht mehr geschrieben werden.

● Ja, ich verstehe, ohne Passwort könnte das natürlich passieren! Und wie könnt ihr euch gegenseitig helfen?

○ Ja, wie schon gesagt, helfen wir uns in den Foren gegenseitig, so können die meisten ohne Probleme mitmachen.

● Schade, dass ich nicht mehr zur Schule gehe, denn ein solcher Unterricht würde mir auch gefallen ...

○ Mein Bus kommt, dann bis zum nächsten Mal, Herr Stiefel.

● Tschüs Urs, bis bald!

Testtraining Hören – Nachrichten auf dem Anrufbeantworter: a

Du hörst zwei kurze Texte: das Beispiel und Text 1. Du hörst jeden Text zweimal. Zu jedem Text gibt es zwei Aufgaben.

Beispiel

Hallo Rudi, hier ist Hanna. Du, ich habe ein Problem. Ich komme nicht auf die Lernplattform und dabei sollte ich meine Hausaufgabe hochladen. Ich habe den Computer einmal ausgeschaltet und dann wieder eingeschaltet. Das Passwort kann ich auch nicht eingeben. Kannst du mir vielleicht helfen? Wir sollen ja die Hausaufgabe bis morgen hochladen. Kannst du mich bitte zurückrufen? Ich bin bis 17 Uhr zu Hause, dann gehe ich in die Musikschule und bin erst ab 19 Uhr wieder zu Hause. Bis später, danke!

Text 1

Hallo, Tina. Hier ist Max. Ich ruf' dich an, weil ich wieder Probleme zu Hause habe und gern deine Hilfe hätte. Du kennst mich gut und weißt ganz genau, wie chaotisch ich bin. Das macht mir Probleme, ja ..., und nicht nur zu Hause. Nun habe ich beschlossen, ab sofort etwas ordentlicher zu sein ... Einige Tipps von dir würden mir bestimmt helfen. Kannst du mich zurückrufen? Ich bin zu Hause, ... und versuche aufzuräumen ... Bis später, danke!

Kapitel 5: Menschen wie du und ich

5a Eindrücke. Sieh die Fotos an und hör zu. Über welches Foto sprechen die Personen?

1 Er sieht sehr traurig aus. Er hat bestimmt etwas Schlimmes erlebt. Vielleicht hat er keine Eltern mehr.

2 Wahrscheinlich kommt er aus Frankreich oder aus Italien. Ich vermute, dass er schon sehr alt ist. Er ist vielleicht ein Bauer oder auch ein Künstler.

3 So stelle ich mir einen Künstler oder einen Maler vor. Er könnte so um die sechzig sein.

4 Ich finde ihn unsympathisch. Es könnte sein, dass er in einer Bank arbeitet. Er verdient bestimmt eine Menge Geld, aber glücklich sieht er nicht aus.

8a Eine Geschichte über Vorurteile. Hör zu und ordne zu.

Eine ältere Frau kauft sich in einem Schnellrestaurant eine Suppe. Sie trägt den heißen Teller an einen der Tische und hängt ihre Handtasche an einen Stuhl. Dann geht sie wieder an die Bar, um sich einen Löffel zu holen. Als sie zurückkommt, sieht sie am Tisch einen Mann mit langen, ungewaschenen Haaren und alten, kaputten Kleidern, der ihre Suppe isst. „Was fällt dem ein?! Typisch!", denkt die Frau. Sie setzt sich neben ihn, sieht ihn wütend an und taucht ihren Löffel auch in die Suppe. Die Zwei sprechen kein Wort miteinander, aber nach dem Essen holt der Mann für sie beide noch Kaffee und verabschiedet sich dann freundlich. Überrascht bedankt sich die Frau mit einem Lächeln. Als sie gehen will, findet sie ihre Handtasche nicht. „Also doch ein gemeiner Dieb! Ich habe es ja sofort gewusst." Mit rotem Gesicht schaut sie sich um. Aber er ist weg. Doch am Nachbartisch sieht sie ihre Handtasche hängen – und einen Teller Suppe. Der ist nun kalt geworden.

10a Mein Kind ist ein … Hör zu. Um welche Szene geht es?

1 ● Immer diese schwarzen Klamotten. Kann sie sich nicht normal anziehen?
○ Ich versteh das auch nicht. Und warum muss sie sich so weiß schminken?
● Ja, das sieht fürchterlich aus – da bekommt man ja richtig Angst.

2 ● Guck mal, wie Sascha rumläuft. So haben wir in den 60er-Jahren auch ausgesehen.
○ Ja, Flowerpower, lange Haare, die Gitarre immer im Gepäck – das waren noch Zeiten.
● Und weißt du noch, damals am Woodstock-Festival?
○ Wie könnte ich das vergessen – das war DER Event.

3 ● Den ganzen Tag sitzt du am Computer. Kannst du auch mal was anderes machen?
○ Ich lerne hier. Und über meine guten Noten hast du dich doch immer gefreut.
● Ja, aber du könntest auch mal wieder nach draußen gehen, deine Freunde treffen. Immer sitzt du hier allein rum. Und wie du aussiehst: So findest du nie eine Freundin. Mit dieser scheußlichen Brille siehst du aus wie Woody Allen.
○ Wenn ich mal das Geld habe, das der verdient hat, dann regst du dich bestimmt nicht mehr über mich auf.

4 ● So kannst du dich doch hier nicht zeigen. Was sollen denn die Nachbarn denken?
○ Was die Nachbarn denken, ist mir so was von egal.
● Mir aber nicht. Diese Tattoos und Piercings: Du machst dir doch total deinen Körper kaputt.
○ Ist ja MEIN Körper, du musst ja nicht so rumlaufen.
● Will ich auch nicht. Und dann diese Frisur. Mehr Farben hatten sie nicht, oder?
○ Ach, lass mich doch in Ruhe.

Kapitel 6: Ich hätte gern

1b Wortgedichte von Mira, Tina und Hajo. Hör zur Kontrolle, was Mira, Tina und Hajo zu ihren Wortgedichten sagen.

1 Hallo, ich bin die Mira und ich habe das Wort „kaufen" gewählt. Na ja, ich gehe einfach furchtbar gerne einkaufen. Am meisten Geld gebe ich zurzeit für Kosmetik aus, ich mache mich einfach gerne schön. Außerdem habe ich jetzt im Herbst auch ein paar Schals gekauft. Und Schuhe kann ich auch nie genug haben, Schuhe gefallen mir einfach. Außerdem bin ich ein Fantasyfan und gehe oft in den Buchladen und gucke, ob es was Neues gibt. Ich lese immer vor dem Einschlafen noch eine halbe Stunde, das ist so gemütlich! Natürlich bringe ich auch immer Geschenke mit, wenn ich irgendwo auf eine Party eingeladen bin. Die einzukaufen macht mir immer so richtig Spaß. Ach ja, und manchmal, wenn ich wirklich den ganzen Nachmittag unterwegs bin, da kaufe ich mir dann unterwegs auch gern mal was Süßes gegen den Hunger, am liebsten Eis …

2 Ich heiße Tina. Viele denken ja, Jugendliche können heute gar nicht verzichten, weil sie so viel bekommen, aber ich finde das stimmt absolut nicht. Es gibt viele Dinge, die ich nicht brauche. Zum Beispiel Videos. Irgendwie finde ich es einfach nicht so spannend, stundenlang zu Hause allein vor einer Kiste zu sitzen. Ins Kino gehe ich aber manchmal schon ganz gern. Was ich auch gar nicht brauche, sind Modezeitschriften, weil mir Mode einfach ziemlich egal ist. Hauptsache, meine Klamotten sind bequem. Na ja, und auf Ärger kann ich sowieso verzichten, aber ich denke das gilt für uns alle. Ach ja, und ich rauche nicht, deshalb brauche ich natürlich auch keine Zigaretten. Eis mag ich übrigens auch nicht so gern. Und wo wir gerade beim Thema Essen sind: Fleisch mag ich auch nicht, ich bin nämlich Vegetarierin. Auf ein Smartphone muss ich leider verzichten. Ich hätte ganz gern eins, aber das bezahlen meine Eltern nicht und für mich ist es zu teuer. Vielleicht wünsche ich mir ja eins zu Weihnachten, mal sehen. Was noch? Teamsport mag ich auch nicht, ich kämpfe lieber für mich allein. Blues gefällt mir nicht besonders, und Piercings finde ich auch irgendwie komisch. Natürlich gibt es ganz viele Dinge, die mir gut gefallen, aber das war ja jetzt nicht mein Thema …

3 Mein Name ist Hajo. Ich habe was zum Thema Wünschen geschrieben. Mein erster Wunsch ist ein ganz großer – ich hätte gerne eine eigene Wohnung, weil ich schon 18 bin und einfach lieber allein leben würde. Aber das ist meinen Eltern zu teuer, weil sie schon das Studentenzimmer von meinem großen Bruder bezahlen müssen. Zu meinem Geburtstag wünsche ich mir zum Essen immer Würstchen, das habe ich schon als Kind so gemacht und das ist einfach so geblieben. Jetzt zu Weihnachten wünsche ich mir ein Mountainbike, weil ich einfach sehr gerne mit meinen Freunden in den Bergen rumfahre. Auf mein neues Snowboard muss ich noch etwas warten, das bekomme ich dann zu meinem Geburtstag im März. Tja, und super wäre natürlich auch ein Computer, der etwas schneller ist – aber das kostet natürlich auch … Was noch? Neue Turnschuhe könnte ich auch gut gebrauchen, jetzt wo der Winter kommt. Die bezahlt mir vielleicht meine Tante. Na ja, und ein paar nicht ganz so große Wünsche habe ich auch noch: Schokolade esse ich immer gerne, und bald ist ein Konzert von Jesper Munk hier bei uns, dafür hätte ich gerne Tickets …

2a Maras Gastgeschenk. Hör zu und nummeriere die Bilder in der richtigen Reihenfolge.

Hallo, ich heiße Mara und kann auch was zum Thema Gastgeschenke erzählen. In den Osterferien war ich bei meiner Austauschpartnerin in Neapel – das waren meine tollsten Ferien in diesem Jahr! Nur am Anfang gab es leider etwas Stress. Wir kamen spätabends am Flughafen an – aber mein Koffer war nicht da! Sie haben ihn wohl in Deutschland einfach nicht ins Flugzeug getan. So was Blödes! Ich habe ihn dann erst am nächsten Tag bekommen. Zum Glück hatte ich Zahnbürste und so in meinem Rucksack dabei, aber mein Mitbringsel, ein Fotobuch über Deutschland, das war im Koffer! Und leider konnte ich am Flughafen auch nichts mehr kaufen, weil alle Läden schon zu waren – nicht mal ein paar Blumen. So stand ich dann mit leeren Händen vor meiner Gastgeberin – das war mir wirklich sehr peinlich! Sie hat mich aber trotzdem unheimlich freundlich begrüßt und gemeint: Das Wichtigste ist doch, dass du da bist! Wir sind alle sehr froh, dich kennenzulernen! Die ganze Familie war wirklich wahnsinnig nett! Das Problem war nur, dass ich dort furchtbar viel essen musste, meine italienische Mama hat immer extra für mich lauter leckere italienische Spezialitäten gekocht und der Papa hat mir dauernd noch mehr auf den Teller getan … Und dann war sie immer ganz stolz, wenn es mir geschmeckt hat. Es war wirklich sehr gut, aber eigentlich hatte ich gar nicht so viel Hunger … Nur wollte ich sie natürlich auch nicht beleidigen, und dann habe ich gegessen und gegessen und gegessen … Das war mir schon richtig unangenehm und hat mich auch etwas irritiert – ich konnte ihr einfach nicht klarmachen, dass ich satt bin. Aber bis auf dieses Thema mit dem Essen war es wirklich ein sehr schöner Urlaub, ich war dort so richtig glücklich und ich freue mich schon sehr, wenn Lucia, meine Austauschpartnerin, dann zu uns nach Berlin kommt!

4a Zwei Ergänzungen: Akkusativ und Dativ. Danas Mutter stellt viele Fragen. Hör zu und streiche, was nicht passt.

1 Hast du deinem Hund schon sein Wasser gegeben? Ich glaube, er hat Durst.
2 Hast du deiner Katze den Fisch schon gegeben? Sie sieht so hungrig aus.
3 Hast du deiner Lehrerin die Entschuldigung gebracht? Sie hat mich schon wieder gefragt, wo du am Dienstag warst.
4 Hast du deinen Freunden die Einladung geschickt? Die Party ist schon übermorgen.

12a Jugendliche zum Thema „Verzichten". Hör zu und ergänze die Tabelle.

1 Hi, ich bin Kira. Hm, verzichten ist für mich vor allem bei der Mode ziemlich schwer: Ich brauche unbedingt schicke Klamotten. Immer nur Jeans und T-Shirts – das finde ich einfach zu langweilig. Dafür ist mir das Fernsehen nicht ganz so wichtig, weil ich mir lieber Videos auf youtube anschaue. Und ich könnte sehr gut ohne die supergesunden Salate leben, die meine Mutter immer macht, weil sie meint, dass wir gesund essen sollen ...
2 Benno heiße ich. Also, Schokolade esse ich schon ganz gerne, aber notfalls geht es auch ohne ... Was mir nie fehlen würde, sind Bücher. Ich habe ehrlich gesagt schon seit zwei, drei Jahren kein Buch mehr gelesen. Aber ohne meine Spiele wäre ich, glaube ich, der unglücklichste Mensch der Welt. Ohne die geht es gar nicht. Ich finde es immer furchtbar, wenn wir zwei Wochen in den Urlaub fahren und ich sie nicht mitnehmen kann.
3 Hallo, ich heiße Fabian. Also, auf keinen Fall brauche ich Ski, ich hasse nämlich den Winter! Ich mache selbst Musik, das macht mir sehr viel Spaß! Ohne meine Gitarre würde mir auf jeden Fall was fehlen! Worauf ich verzichten könnte, wenn es sein muss? Na ja, da fallen mir schon so ein paar Sachen ein: Designerturnschuhe, schicke T-Shirts, ...

Kapitel 7: Kunst und Können

1a Kunst. Hör die Kommentare und ordne sie den Bildern zu.

1 Dick ist schön, findet der berühmte kolumbianische Künstler Fernando Botero. Schaut doch mal seine Figuren an!
2 Eine so moderne Kirche in diesem kleinen Bergdorf? Passt das? Ich weiß nicht ...
3 Kunst aus Afrika? Manchmal sehr einfach, aber ich mag sie trotzdem sehr.
4 Bilder wie dieses hier würde ich bei mir nie aufhängen. Das ist was für ältere Leute.
5 Wie können die Leute so was Kunst nennen? Was soll denn das Bild bedeuten?
6 Musik machen oder in einer Band spielen ist für junge Leute eine tolle Sache.

2a Dimitris Steckbrief. Hör zu und ergänze die Künstler-Berufe.

Dimitri ist ein international bekannter Schweizer Clown, der am 18. September 1935 in Ascona geboren ist. Seine Eltern waren beide Künstler und haben ihn schon früh künstlerisch beeinflusst. Dimitri ist ein Meister in vielen künstlerischen Disziplinen, denn er ist nicht nur Clown ..., er ist auch Töpfer, Schauspieler, Musiker, Mime, Akrobat, Seiltänzer und natürlich Maler.

2b Dimitris Steckbrief. Hör Teil 2 und ordne zu.

Dimitri entdeckt bereits im Alter von sieben Jahren sein komisches Talent und entschließt sich, Clown zu werden: Er will andere zum Lachen bringen.
Trotzdem macht er nach zehn Schuljahren eine Lehre als Töpfer und lernt dabei, mit den Händen künstlerisch zu arbeiten. Er lernt zu zeichnen und zu malen.
Nach der Lehre geht er nach Paris und 1958 wird er Schüler des berühmten französischen Pantomimen Marcel Marceau, der ihn in seine Truppe aufnimmt.
1959 findet die erste Aufführung seines eigenen Soloprogramms in Ascona statt. Es ist ein großer Erfolg, sodass er schon bald durch die ganze Welt auf Tournee geht.
In den folgenden Jahren schafft er weitere Soloprogramme. Seit 1971 hat er auch sein eigenes Theater und seit 1978 seine eigene Theatergruppe. Daneben zeichnet und malt er auch. Seit 1990 finden auch regelmäßig Ausstellungen seiner Bilder statt.

9a Comics mit dem Computer. Wie geht das? Hör zu und nummeriere die Aktivitäten der Reihenfolge nach.

● Hey, was schenken wir Karin zum Geburtstag?
○ Hmm ... Ich weiß nicht. Hast du schon eine Idee?
● Wir haben doch diese witzigen Fotos von der Party bei mir zu Hause.
○ Na und?
● Können wir damit nicht was Nettes machen? Komm, vielleicht finden wir was im Internet.
○ Schau mal ..., hier ist ein Video zur Herstellung von Comics. Das wär's doch!
● Ja, super. Gucken wir's mal an.
...
■ Heute zeigen wir euch, wie man Comics macht.
Um einen Comic zu machen, musste man bis vor einigen Jahren normalerweise zeichnen können.
Jetzt ist das aber nicht mehr so. Wer Lust dazu hat, kann heute mit eigenen Fotos kreative und lustige Comics herstellen. Ein internationales Team hat nämlich ein Grafikprogramm entwickelt, das die eigene Bildersammlung in einen Comicstrip verwandelt. Wie das geht? Problemlos und in wenigen Schritten.
Schritt 1: Du wählst unter den über 200 Vorlagen oder Schablonen das Layout aus, das dir am besten passt.
Schritt 2: Du suchst die Fotos aus, die du für deinen Comic brauchst, und setzt sie per Drag & Drop in die Schablonen ein.
Schritt 3: Mithilfe mehrerer Fotofilter kannst du die Fotos nach Wunsch bearbeiten oder wie gezeichnet erscheinen lassen.
Schritt 4: Anschließend suchst du die Sprechblasen aus und ordnest sie den Personen auf den Fotos zu.
Schritt 5: Du wählst Schriften und Farben aus und gibst den Text ein.
Schritt 6: Speichere nun deine Arbeit, aber mach das auch schon nach den vorigen Schritten immer wieder.
Schritt 7: Jetzt kannst du das Ergebnis drucken oder auch deinen Freunden mailen. So einfach geht das!
● Klasse, wir machen so einen Comic für Karin!

10d Kurioses aus der Welt der Kunst. Hör die Kommentare. Zu welchem Text passen sie? Ordne zu.

1 Kaum zu glauben: Ich bin auch ohne Regenschirm trocken geblieben.
2 Mit einem solchen Ding rumfahren? Das gibt's ja nicht!
3 Dieser Raum ist ein fantastischer Mix von Kreativität und Technik.

4 Es ist schön, wenn man für wenig Geld ein Gemälde mit nach Hause nehmen kann.
5 Ist doch eine originelle Idee! Ob man darin auch schwimmen kann?
6 Für 900 Gramm habe ich nicht mal 100 Dollar bezahlt.
7 Fast alle schauten nach oben, um zu verstehen, woher das Wasser kam.

Kapitel 8: Auf in die Welt!

1a Gespräche nach den Ferien. Hör zu. Wo waren Justin, Sophie, Charlotte und Ben? Schreib die Namen und das Reiseziel zu den Fotos.

1
● Na, Justin, schon wieder da? Wie war's an der Ostsee?
○ Tag, Sophie! Och du, es war ganz o. k. Wir hatten leider nur ein bisschen Pech mit dem Wetter.
● Wieso? Hat es so viel geregnet?
○ Nee – Regen wäre ja egal, beim Surfen wirst du ja sowieso nass …
● Ach ja, stimmt …
○ Das Problem war, dass wir fast keinen Wind hatten und deshalb nur ganz wenig surfen konnten.
● Oh, wie doof! Das tut mir ja leid.
○ Ach, war nicht so schlimm. Eigentlich war die Woche trotzdem schön, weil die Gruppe so nett war. Ich war ja mit meinem Bruder dort und wir haben wirklich witzige Leute kennengelernt. Und wenn kein Wind war, haben wir einfach in unserem Jugendhotel Tischtennis gespielt. Und wie war's bei dir, Sophie?
● Ich war ja mit dem Chor in Japan. Das war sehr interessant – aber auch anstrengend. Wir haben bei Gasteltern gewohnt, die waren sehr nett, aber wir mussten die ganze Zeit Englisch sprechen!
○ Und was habt ihr da so gemacht? Erzähl doch mal!
● Also, natürlich haben wir ein paar Konzerte gegeben. Und außerdem haben sie dort ein ganz tolles Kulturprogramm für uns organisiert. Einmal durften wir auch Kimonos anprobieren. Da hab' ich auch ein Foto davon, sieh mal!
○ Steht dir ja super!
Äh, du, ich muss los! Wir sehen uns morgen, ja?
● Klar, bis dann!

2
● Grüß dich, Charlotte!
○ Hi Ben!
● Wow, bist du braun! Wo warst du denn in den Ferien?
○ Ich war mit meinen Eltern in Kroatien, auf einem Campingplatz am Meer. Und da waren wir den ganzen Tag am Strand
● Hm, klingt gut!
○ Nee du, ich fand es ziemlich langweilig. Und du, was hast du gemacht?
● Ich war zwei Wochen in Österreich, bei Freunden. Es war ein super entspannter Urlaub!
○ Ganz allein?
● Ja, klar! Ich bin doch im Mai endlich 18 geworden, da mussten meine Eltern das erlauben.
○ Du Glücklicher! Ich würde auch so gern mal allein in Urlaub fahren, aber meine Eltern wollen das absolut nicht. Aber jetzt erzähl mal, was hast du dann in den zwei Wochen so gemacht?
● Na ja, ich war in Klagenfurt und Wien. Ich habe mir einfach die Städte angeschaut, und abends waren wir in Clubs.
○ Nächstes Jahr will ich auch so was machen!
● Okay du, ich muss weiter! Tschüs!
○ Tschüs!

5b Nachfragen nach Sachen und Personen. Kontrolliere mit der CD.

1
● Ich freue mich schon so auf das Fest morgen!
○ Worauf freust du dich?
● Auf das Fest bei Timo!
○ Ach so … Darauf freue ich mich gar nicht, es wird bestimmt wieder langweilig.

2
● Ich muss mich noch um ein Geschenk für Timo kümmern.
○ Worum musst du dich kümmern?
● Um ein Geschenk!
○ Darum habe ich mich schon lange gekümmert.

3
● Letztes Jahr hat er sich so über die CD von mir gefreut.
○ Worüber hat er sich gefreut?
● Über die CD von mir.
○ Ach, darüber!

4
● Auf so ein Gespräch kann ich auch verzichten! Du hörst mir ja gar nicht richtig zu!
○ Worauf kannst du verzichten?
● DARAUF! Tschüs!

6b Arbeiten, wo andere Urlaub machen. Die Jugendlichen erzählen von ihren Jobs. Hör zu und kreuze an: richtig oder falsch?

1
● Herzlich willkommen zur ersten Sendung der Jungen Welle nach den Ferien! Und natürlich sind wir ganz neugierig, was für Ferienjobs ihr hattet und wie sie euch gefallen haben! Also ruft uns gleich an und erzählt! Ah, da ist auch schon der Erste!
○ Hallo, ich bin der Simon. Ich habe diesen Sommer in Cuxhaven beim Fun-Team mitgearbeitet.
● Aha, und was hast du da so gemacht?
○ Also, ich habe geholfen, die Touristen zu betreuen. Hierher kommen eigentlich fast nur Deutsche, meistens Familien mit Kindern. Ich bin zum Beispiel bei Strandwanderungen mitgegangen und habe aufgepasst, dass die Gruppe zusammenbleibt. Oder ich habe mit den Kindern was gebastelt.
● Und, kannst du diesen Job empfehlen?
○ Ja, es hat wirklich Spaß gemacht, ich gehe ja selbst gern ans Meer und die Kinder waren auch meistens nett. Und wir hatten ein total lustiges Team, das war auch schön.

2
● Schön, Simon, dass du angerufen hast! Und hier hab' ich jetzt gleich die Lisa. Lisa, wie war es denn bei dir?
○ Also, ich war in Zempow, das ist ein Hof in Brandenburg. Ich habe eigentlich überall mitgeholfen: Wenn die Kinder die Ponys geputzt und zum Reiten fertig gemacht haben, war ich dabei. Die ganz Kleinen habe ich auch geführt oder ihren Eltern gezeigt, wie man das macht. Und morgens und abends habe ich im Stall geholfen. Also, ich war immer von früh bis spät fleißig! Und dafür durfte ich jeden Tag ganz lange reiten, das war ein Traum!
● Dank dir, Lisa!

3 ● So, dann schauen wir mal, ob der Nächste auch so begeistert ist! Hier haben wir den David!
○ Mein Sommer war total anstrengend! Ich war in Südtirol bei der Apfelernte, da haben wir wirklich hart gearbeitet. Wir waren von morgens acht bis nachmittags um fünf oder sechs unterwegs und haben immer nur kurze Pausen gemacht. Aber wenigstens der Sonntag war frei. Wir waren ein ganz internationales Team und hatten viel Spaß zusammen. So wahnsinnig viel verdient habe ich da zwar nicht, aber immerhin mussten wir für Unterkunft und Essen nichts bezahlen. Und Südtirol hat mir sehr gut gefallen, ist echt eine tolle Landschaft da. Und ich fand auch interessant, dass alles zweisprachig ist: Deutsch und Italienisch.

4 ● Und da ruft schon der Nächste an! Hallo Dominik!
○ Ja, ich bin der Dominik und ich habe Stadtführungen in Heidelberg gemacht, vor allem für Familien mit Kindern und Jugendlichen. Ich habe ihnen unsere schöne Altstadt gezeigt, und natürlich waren alle von dem romantischen Schloss ganz begeistert! Bei den ersten Führungen auf Englisch war ich total nervös, aber die Gäste waren sehr nett, vor allem die Japaner. Leider war diesen Sommer das Wetter ziemlich schlecht und ich konnte nicht so oft arbeiten, wie ich wollte. Aber dafür habe ich ganz schön viel Trinkgeld bekommen, das war dann wieder gut.

5 ● So, und jetzt kommt noch die Carolin dran!
○ Hallo! Ich war in der Nähe von Bern in den Bergen und habe dort eine Familie unterstützt. Die Frau sollte bald ihr drittes Kind bekommen und die beiden, die schon da waren, waren auch noch sehr klein. Ich war so eine Art Mädchen für alles, habe draußen und im Stall geholfen, aber auch beim Käsemachen und im Haushalt. Wenn ich Zeit hatte, habe ich mit den Kindern gespielt. Abends war ich dann immer total müde – aber die Familie war so nett und auch ganz dankbar. Das Gefühl, jemandem wirklich helfen zu können, war schön. Und ich habe auch ganz viel gelernt!

6 ● So, und jetzt kommen wir zum letzten Anruf!
○ Ja, also, ich heiße Fiona und war diesen Sommer in Innsbruck und habe da in einem Eiscafé gearbeitet. Die italienische Familie, der das Café gehört, war sehr nett, aber die Arbeit war so richtig hart, vor allem an den heißen Tagen, wo natürlich alle Touristen ein Eis wollten! Weil ich fast nur Eis verkauft habe, gab es leider nicht so viel Trinkgeld. Das war ein bisschen schade.
● Danke auch dir, Fiona! So, und jetzt erst mal ein bisschen Musik!

7a Eine Städtereise nach Leipzig. Maria und Adrian haben unterwegs Probleme.

1 ● Mann, ist der Koffer schwer!
○ Komm, ich helf' dir! Wahnsinn, ist das hier voll!
● Ja, furchtbar! Und wir müssen jetzt vier Stunden hier stehen! Für die Rückfahrt nach Mainz reservieren wir dann aber! Komm, wir gehen erst mal ins Zugrestaurant!

2 ● So, hier sind Ihre Nudeln mit Soße!
○ Oh, was ist das denn? In der Soße ist ja Fleisch! Und ich esse leider kein Fleisch!

3 ● Herzlich willkommen in der Jugendherberge Leipzig! So, ihr seid im 10-Bett-Zimmer. Das ist in der zweiten Etage.
○ Äh – aber wir wollten ein Zimmer nur für uns zwei!
● Ach so! Ihr habt nur geschrieben, ihr braucht zwei Betten – die Doppelzimmer sind leider alle belegt!

7b Hör zu und sprich nach.

● Würden Sie uns bitte zwei Sitzplätze reservieren?
○ Entschuldigung, ich bin Vegetarier. Hätten Sie vielleicht etwas ohne Fleisch?
● Wir hätten gern ein Zweibettzimmer, bitte.

Plateau 2: Testtraining

Testtraining Hören – Vier Durchsagen und ein Wetterbericht: a

Du hörst nun vier kurze Texte und ein Beispiel. Du hörst jeden Text zweimal. Zu jedem Text gibt es zwei Aufgaben. Wähle bei jeder Aufgabe die richtige Lösung.

Beispiel: Du hörst eine Durchsage am Bahnhof.
Sehr geehrte Fahrgäste, bitte beachten Sie: ÖBB Eurocity 566, Stadt Innsbruck, von Wien-Westbahnhof nach Bregenz mit der Plan-Abfahrt um 17 Uhr 40 wird voraussichtlich fünf Minuten später ankommen. Wir bitten um Verständnis.

Text 1: Du hörst eine Durchsage im Zug.
Sehr geehrte Fahrgäste, wir freuen uns, Sie im Namen der Deutschen Bahn begrüßen zu dürfen, und wünschen Ihnen eine angenehme Fahrt.
Nächste Station: Köln. Bitte in Fahrtrichtung rechts aussteigen. Der nächste Zug zum Flughafen fährt auf Gleis 4. Richtung Düsseldorf bitte in die Linie S2 umsteigen.

Text 2: Du hörst eine Durchsage im Flugzeug.
Wir möchten Sie ganz herzlich an Bord begrüßen. Mein Name ist Sandra Nell und ich bin die verantwortliche Flugbegleiterin. Meine Kollegin und ich möchten, dass Sie sich bei uns an Bord wohlfühlen. Nach dem Abflug werden wir Getränke, Snacks, Brötchen und warme Speisen servieren. Da Cloud-Air dieses Jahr seinen 10. Geburtstag feiert, sind auf diesem Flug alle nichtalkoholischen Getränke und alle kalten Speisen kostenlos. Ich möchte Sie jetzt bitten …

Text 3: Du hörst den Wetterbericht im Radio.
Und nun das Wetter: Heute ist der Himmel den ganzen Tag grau, aber es bleibt morgens noch trocken. Am Nachmittag regnet es leicht und am Abend gibt es stärkeren Regen und Gewitter. Am Wochenende wird es in Freiburg aber wieder sonniger. Am Sonntag steigen die Temperaturen sogar auf bis zu 28 Grad.

Text 4: Du hörst eine Durchsage im Museum.
Verehrte Gäste, in wenigen Minuten schließen wir. Wir möchten Sie bitten, zu den Ausgängen zu gehen. Der Ausgang Nord zur Ringstraße kann wegen Renovierungsarbeiten leider nicht benutzt werden. Vergessen Sie vor dem Verlassen des Gebäudes nicht, ihre Taschen, Jacken und Mäntel an der Garderobe im ersten Stock abzuholen. Der Museumsshop am Ausgang Süd, gleich unter der Garderobe, hat noch eine halbe Stunde länger geöffnet. Herzlichen Dank.

Kapitel 9: So war es – so ist es jetzt

1a So ist es jetzt. Hör zu. Welches Foto passt zu welchem Gespräch?

1 ● Jetzt gehen wir hier rüber. Kommen Sie. So, haben Sie es gemerkt? Sie sind jetzt nicht mehr im Westen der Stadt, sondern im Osten.
○ Oh, wirklich?
■ Man sieht ja überhaupt keinen Unterschied. Und wo war die Mauer?

- ● Gehen wir wieder ein Stück zurück. Ich zeige es Ihnen. Schauen Sie hier. Sehen Sie die doppelte Reihe von Pflastersteinen und die Bronzetafeln auf dem Boden hier? „Berliner Mauer 1961–1989" steht auf den Tafeln. Die Reihe mit Pflastersteinen und den Tafeln ist ungefähr 8 Kilometer lang. Das längste noch erhaltene Mauerstück ist die East Side Gallery. Sie ist 1,3 Kilometer lang und …

2 ● Und nun gehen wir zum wichtigsten Gebäude der Stadt: die Frauenkirche. Nach dem Zweiten Weltkrieg war die Ruine 40 Jahre lang ein Zeichen gegen den Krieg. Heute ist die Kirche ein Symbol für die Freiheit und die deutsche Einheit. Der Wiederaufbau begann …

2c Martin früher und heute. Der „echte" Martin stellt sich vor. Hör zu und ergänze seinen Steckbrief. Ähnelt er dem Steckbrief von deinem Fantasie-Martin?

Mein Name ist Martin Müller und ich bin 28 Jahre alt. Früher, als ich ungefähr vier Jahre alt war, wollte ich unbedingt Boxer werden. Tja, ich gucke mir zwar immer noch gerne Boxen im Fernsehen an, aber selber zu boxen ist mir doch zu gefährlich. Aber auch Fahrrad fahren macht mir Spaß und das ist nicht so gefährlich. Also, Boxer bin ich nicht geworden. Mein großes Hobby ist Musik. Ich spiele Trompete und Klavier und habe mein Hobby zum Beruf gemacht. Ich bin Musiklehrer am Gymnasium. Das ist ein toller Beruf. In meiner Freizeit spiele ich in einer Band Trompete.

4a Jakob und Nadine sprechen über früher und heute. Hör zu. Auf wen trifft das zu? Notiere die Namen.

- ○ Sag mal, Jakob, was wolltest du eigentlich früher gerne mal werden?
- ● Also mit vier Jahren wollte ich Stuntman werden.
- ○ Stuntman? Ehrlich?
- ● Ja, es gab da so eine Serie, die ich gerne geguckt hab'. Wie hieß die noch gleich … Keine Ahnung. Ich wusste ja nicht, wie gefährlich der Beruf ist. Und du, Nadine?
- ○ Schauspielerin oder Sängerin. Typisch Mädchen, ich weiß. Mit zehn Jahren fand ich die Serie „Hannah Montana" total toll. So wie Miley Cyrus wollte ich auch sein. Sie war mein großes Vorbild.
- ● Und jetzt?
- ○ Jetzt mag ich Miley Cyrus überhaupt nicht mehr. Und ich glaube, ich werde lieber Ärztin, wie meine Tante. Und du, Stuntman?
- ● Ich will Physik studieren. Das kann ich gut und das macht mir Spaß. Albert Einstein ist mein Vorbild. Den fand ich schon als Kind toll. Da gab es früher einen Film, meinen Lieblingsfilm: Einstein Junior. Kennst du den?
- ○ Nee.
- ● Früher dachte ich natürlich, dass die Geschichte wirklich stimmt. Also, in dem Film ist Einstein noch …

11c Eine Präsentation vorbereiten. Was gibt Sicherheit für Präsentationen? Was sagen die Schüler? Hör zu und mach Notizen.

- ● Ja, habt ihr denn Ideen, wie ihr euch gut auf die Präsentation vorbereiten könnt? Vielleicht sind einige von euch ein bisschen nervös. Was kann man da machen?
- ■ Tja, also, ich glaube, wir müssen einfach ganz viel üben. Mindestens zehnmal.
  …
- ● Timo hat aber recht.
- ○ Man kann die Präsentation ja auch den Eltern und Freunden oder so vortragen. Sie können uns sagen, was wir noch verbessern können.
- ● Gute Idee.
- □ Wir können die Präsentation auch auf dem Handy aufnehmen und dann noch mal anhören. Dann weiß man, ob man zu schnell gesprochen hat und so.
- ○ Und wenn ich trotzdem noch nervös bin?
- ● Tja, was dann? Ideen?
- ▲ Du kannst ja jeden Tag und immer, wenn du die Präsentation übst, zehnmal laut „Ich schaffe das" sagen. Am besten guckst du dabei in den Spiegel und lächelst.
- ◆ So ein Quatsch. Das soll helfen?
- ▲ Ist ja nur ein Vorschlag. Ich mache das immer und mir hilft das sehr.
- ● Danke, Meike für den tollen Tipp. Wer neugierig ist, kann es ja mal ausprobieren.
- ○ Ich habe auch noch einen Tipp.
- ● Ja?
- ○ Wenn man bei der Präsentation mal den Faden verliert, wird man auch ganz schnell nervös. Dann muss man ruhig bleiben. Man kann ja eine kurze Pause machen und nachdenken. Das ist kein Problem. Zu lang darf die Pause aber nicht sein.
- □ Ja, und dann?
- ○ Dann sagst du einfach „Entschuldigung, ich habe den Faden verloren." Dann hast du noch mal ein bisschen Zeit zum Überlegen. Und dein Partner kann dir vielleicht helfen.
- ● Eine super Idee!
- ◇ Und ich nehme meinen Glücksbringer mit. Den stecke ich in meine Hosentasche. Und du?

13a Eine Umfrage zum Mauerfall am 9. November 1989. Hör zu. Wer kommt aus dem Osten, wer aus dem Westen?

Liebe Hörerinnen und Hörer, heute ist der 9. November. Wir wollten wissen, was die Menschen im Osten und im Westen am 9. November 1989 gemacht haben und wie sie vom Fall der Mauer erfahren haben. Hier hört ihr ein paar Antworten.

1 Guten Tag, mein Name ist Bettina Kreuz. Ja, also damals war ich acht Jahre alt und wohnte in Wolfsburg. Also Westdeutschland. Aber es war nicht weit bis zur DDR. Ich weiß noch, dass ich am Abend noch mal in die Küche gegangen bin. Ich wollte noch nicht ins Bett. Deshalb habe ich noch ein Glas Milch getrunken, als ich plötzlich meinen Vater im Wohnzimmer laut brüllen hörte. Erst dachte ich, dass er sauer ist, weil ich eigentlich schon seit zwei Stunden schlafen sollte. Aber er hatte mich noch gar nicht gesehen. Es musste also etwas anderes passiert sein. Aber ich wusste nicht, was. Ich wollte auch nicht fragen und bin schnell zurück in mein Zimmer gelaufen. Ein paar Tage später bin ich mit meinen Eltern und meiner Freundin mit dem Auto unterwegs gewesen. Ich habe mich gewundert, warum so viele Trabbis auf der Straße waren. Da habe ich dann zum ersten Mal meine Eltern gefragt, was denn eigentlich passiert ist. Meine Freundin und ich haben an dem Tag 428 Trabbis gezählt. Das weiß ich noch genau.

2 Renate Hilbig ist mein Name. Der 9. November. Ich saß damals vor dem Fernseher und konnte es nicht glauben. Ich dachte, das ist ein schlechter, politischer Film. Als es dann auf allen Programmen lief, habe ich verstanden, dass die Grenze wirklich offen ist und was das bedeutet. Die Chance zum Beispiel, die Verwandten in der DDR wiederzusehen, ohne Visum, ohne stundenlanges Warten an der Grenze und ohne die unfreundlichen Grenzposten. Da habe ich dann doch vor Freude geweint. Das passiert mir heute noch manchmal, wenn ich die Bilder von früher sehe. Gut, dass es so gekommen ist.

3 Ich heiße Martin Klemm. Also, ich war 15 und habe geschlafen. Wir haben damals in Jena gewohnt. Am nächsten Morgen hat mich ein Freund zur Schule abgeholt und der hat mir vom Mauerfall erzählt. Meine Eltern und ich haben ihm nicht geglaubt, weil er schon so oft irgendwelche Geschichten erzählt hat, die nicht stimmten. Als wir dann in der Schule angekommen sind und nur drei Schüler in der Klasse waren und die Lehrerin Tränen in den Augen hatte, hab' ich's dann endlich auch geglaubt. Aber erst eine Woche später sind wir in den Westen gefahren, um zu gucken.

4 Hallo, ich bin Daniel Püsken. Ich war damals zehn Jahre alt und wohnte in Berlin. Ich lag schon im Bett, als meine Eltern im Fernsehen die Nachricht von der Maueröffnung sahen. Meine Mutter kam in mein Zimmer und sagte, dass ich aufstehen soll. Sie packte ein paar Gummibärchen für die Kinder aus Ostberlin ein. Dann fuhren wir zur Bornholmer Straße. Dort kamen dann die Ostberliner in ihren Autos, den Trabbis, zu uns in den Westen. Wildfremde Menschen umarmten sich. Es war eine wunderbare Stimmung. Wir fuhren dann auch noch zum Brandenburger Tor und ich kletterte mit meinem Vater auf die Mauer. Obwohl ich damals noch sehr jung war, vergesse ich nie, dass ich bei diesem historischen Ereignis dabei war.

5 Hallo, ich heiße Julia Berger und ich bin aus Magdeburg. Früher war das DDR. Also, an den 9. November kann ich mich nicht mehr erinnern. Ich habe sicher schon geschlafen, als die Grenze geöffnet wurde. Ich hatte ja am nächsten Tag Schule. Aber an den 3. Oktober 1990 kann ich mich gut erinnern, weil wir ein großes Fest gefeiert haben. Einen Tag vorher ist nämlich meine Schwester geboren. Wir haben also zwei Ereignisse gefeiert: die Wiedervereinigung und die Geburt meiner Schwester.

13e Kontrolliere mit der CD.

Liebe Anna,
weißt du noch, was du am 9. November 1989 gemacht hast? Ich saß damals vor dem Fernseher und konnte es nicht glauben. Ich dachte, das ist ein schlechter, politischer Film. Als es dann auf allen Programmen lief, habe ich verstanden, dass die Grenze wirklich offen ist und was das bedeutet. Die Chance zum Beispiel, die Verwandten in der DDR wiederzusehen, ohne Visum, ohne stundenlanges Warten an der Grenze und ohne die unfreundlichen Grenzposten. Da habe ich dann doch vor Freude geweint. Das passiert mir heute noch manchmal, wenn ich die Bilder von früher sehe. Gut, dass es so gekommen ist.
Ich bin gespannt auf deine Geschichte vom 9. November 1989.
Liebe Grüße, Renate

Kapitel 10: Wir tun was!

1b Aktionen für Fabiola?? Welche Aktionen hat Fabiolas Klasse am Ende durchgeführt?

■ Hallo, hier sind wir wieder mit „Hamburg aktuell" – und bei uns sind eine Schülerin und ein Schüler aus Fabiolas Klasse. Wie ihr sicher alle wisst, sollten Fabiola und ihre Familie nach Honduras zurückgeschickt werden, obwohl sie hier schon über sechs Jahre leben und bestens integriert sind. Herzlichen Glückwunsch, ihr habt es geschafft, dass Fabiola bleiben kann. Aber vielleicht erzählt ihr einfach mal der Reihe nach!

● Ja, gerne. Also, als Fabiola vor ein paar Wochen morgens total traurig zur Schule kam und uns erzählte, dass sie zurückmuss, war uns klar: Hier müssen wir was tun!

○ Ja, genau. Deshalb haben wir uns gemeinsam ein paar Aktionen überlegt. Das Tolle war, dass uns fast alle Lehrer und auch viele Eltern von Anfang an unterstützt haben. Das war natürlich super!

● Mhm, das hat uns alle noch mehr motiviert. Weil wir so viele waren, konnten wir richtig viel unternehmen. Paula aus unserer Klasse hat im Internet eine Petition gestartet Da haben gleich ganz viele Leute unterschrieben. So konnten wir den Politikern dann mit 11500 Unterschriften zeigen, dass sehr viele Leute finden, dass Fabiola und ihre Familie zu uns gehören.

○ Das war ganz wichtig! Außerdem haben wir im Deutschunterricht zusammen einen Artikel für die Stadtteilzeitung geschrieben. Und die hat den auch sofort gedruckt.

● Da stand dann auch der Termin für die große Demonstration drin, die wir organisiert haben. Dafür haben wir im Kunstunterricht dann auch noch Plakate gemalt, das hat sehr viel Spaß gemacht.

○ Ja, stimmt absolut! Aber wir haben auch noch andere Aktionen gemacht: Zwei von uns sind zu Politikern in die Sprechstunde gegangen und haben ihnen gesagt, dass sie unbedingt was für die Familie tun müssen.

● Das Tolle bei den ganzen Aktionen war, dass sogar die Schuldirektion sich für Fabiola engagiert hat. Am Tag der Demonstration hatten wir die letzten Stunden frei. Praktisch die ganze Schule war für Fabiola auf der Straße. Es war wirklich eine ganz besondere Stimmung auf der Demo!

○ Als dann ein paar Tage später die offizielle Nachricht kam, dass die Familie hierbleiben kann, haben wir erst mal ganz groß gefeiert. Dieses Gefühl von „Gemeinsam sind wir stark – wir können was erreichen!", das ist wirklich wunderbar!

■ Und das war ein wunderbares Schlusswort zu unserer Sendung! Danke, dass ihr bei uns wart! So, und jetzt geht es hier gleich weiter mit …

4a Klassensprecher und ihre Erfolge. Hör die Interviews und ergänze die Tabelle.

Hallo, hier ist das Schulradio live von einer SMV-Sitzung. Ich habe mal drei Klassensprecher gebeten, euch von ihren Erfolgen in der letzten Zeit zu berichten. Also, es geht los mit dem Fabian!

1 Tag, ich bin der Fabian aus der 9. Klasse. Also, bei uns gab es folgendes Problem: Wir haben auf unserem Pausenhof ja so ein schönes Basketballfeld – aber eben leider nur eins! Und immer wenn wir darauf spielen wollten, waren da schon die aus der 10. Klasse! Das ging einen Monat lang so, aber dann fanden wir das einfach zu unfair. Ich bin zu dem Klassensprecher von der Zehnten gegangen und jetzt haben wir uns geeinigt, dass die von der 10. Klasse am Montag und am Mittwoch spielen dürfen, wir von der 9. am Dienstag und am Donnerstag – und am Freitag spielen wir immer zusammen!

2 Hallo, mein Name ist Melanie und ich bin in der 12. Wir brauchen dringend Geld für unsere Abifahrt, weil es einfach ein paar Leute gibt, deren Eltern das nicht bezahlen können. Aber wir wollen natürlich, dass alle mitfahren! Ich habe gemeinsam mit den anderen Sprechern von unserer Stufe erreicht, dass wir immer in der großen Pause Kuchen verkaufen dürfen. So können wir das Geld für die verdienen, die es brauchen.

3 Hallo, ich bin Janina aus der 11. Es gibt ja hier an unserer Schule schon länger die Initiative für eine Caféteria, damit wir in der Mittagspause auch mal was Warmes essen können. Bisher geht das ja gar nicht, und das ist vor allem im Winter bei den langen Schultagen wirklich nicht so toll. Aber jetzt wird eine Schülerfirma gegründet, die sich um die Caféteria kümmert, und im nächsten Schuljahr können wir dann alle dort essen!

7b Konflikte, Konflikte. Kontrolliere mit der CD.

- ● Sag mal, geht's noch? Du kannst doch nicht einfach mein Geodreieck nehmen!
- ○ Jetzt chill doch mal! Ist doch nur ein Geodreieck!
- ● Ja, aber du nimmst es dauernd, ohne zu fragen!
- ○ Mensch, jetzt stell dich mal nicht so an!
- ● Aber ich musste mir letzte Woche schon ein neues kaufen, weil meins einfach weg war! Das hat mich so geärgert! Dann bezahl du mir das doch!
- ○ Das ist doch nicht dein Ernst, oder? So ein Ding kostet doch nicht so viel!
- ● Schon, aber ich würde mir von dem Geld lieber was anderes kaufen!
- ○ Hm, stimmt, das verstehe ich. O.k., dann kaufe ich dir eines, wenn es das nächste Mal weg ist.
- ● Gut, in Ordnung. Dann kannst du es von mir aus auch immer nehmen.
- ○ Super.
- ● Alles klar.
- ○ Und entschuldige bitte, dass ich es einfach so genommen habe.
- ● Ist o.k. Und entschuldige du bitte, dass ich gleich so losgemotzt habe.
- ○ War nicht so schlimm.
- ● Du, wir könnten doch heute zusammen ins Kino gehen!
- ○ Ja, gerne!

8b Helfen macht Spaß! Hör das Interview mit der Personalberaterin. Über welche Kompetenzen spricht sie? Kreuze an.

- ● Herzlich willkommen, liebe Hörerinnen und Hörer. Heute gab es in den Schulen die Abschlusszeugnisse und viele junge Menschen fragen sich jetzt, was sie tun sollen: gleich studieren oder zuerst mal was ganz anderes machen? Zu dieser Frage habe ich eine Expertin ins Studio gebeten: Frau Brandner, Personalberaterin. Schön, dass Sie da sind!
- ○ Ja, danke für die Einladung.
- ● Frau Brandner, wie ist denn Ihre Erfahrung: Schadet es der Karriere, nach dem Schulabschluss erst mal was ganz anderes zu machen, oder ist es im Gegenteil sogar nützlich?
- ○ Das kommt natürlich immer auch darauf an, in welchem Bereich man arbeiten will, aber grundsätzlich kann ich schon sagen, dass die sogenannten Soft Skills wie Kommunikationsfähigkeit und Organisationstalent immer wichtiger werden. Und die Firmen nehmen heutzutage auch gerne junge Menschen, die erst einmal andere Erfahrungen gemacht haben.
- ● Und welche Rolle spielen Auslandsaufenthalte?
- ○ Die sind natürlich immer gerne gesehen, weil man auf alle Fälle mit einem größeren Selbstbewusstsein aus dem Ausland wiederkommt. Man war dort ja ohne die Eltern und hat es auch ohne sie geschafft, Probleme zu lösen. Darauf kann man dann auch stolz sein. Und das große Plus an Auslandsaufenthalten ist natürlich auch, dass man seine Fremdsprachenkenntnisse verbessert. Zusätzlich macht man außerdem die wichtige Erfahrung, dass man so manches auch ganz anders betrachten kann, als man das bisher gewohnt war, und dass die Dinge durchaus nicht immer so sein müssen, wie man das bisher so kannte. Kurz: Man lernt, flexibel auf neue Situationen zu reagieren.
- ● Ja, das leuchtet ein. Welche Kompetenzen finden Sie denn noch wichtig?
- ○ Da heute sehr viel in Projekten gearbeitet wird, ist es natürlich extrem wichtig, gut mit anderen zusammenarbeiten zu können. Das kann man zum Beispiel in einem Freiwilligen Sozialen Jahr sehr gut trainieren, da in sozialen Einrichtungen immer in Teams gearbeitet wird. Aber auch jemand, der zum Beispiel ein Freiwilliges Ökologisches Jahr auf einem Bauernhof macht und da jeden Tag acht Stunden harte körperliche Arbeit leistet, erwirbt eine wichtige Kompetenz, nämlich Ausdauer. Und egal, wo die jungen Leute arbeiten: Sie lernen auf jeden Fall, Verantwortung zu übernehmen, und das ist natürlich immer wichtig.
- ● Besten Dank Frau Brandner, für Ihren Besuch hier im Studio! Und wer noch mehr Informationen braucht, findet diese wie immer auf unserer Homepage unter …

So lerne und übe ich: 5

Ich lerne mit Dialogen. Ich höre und spreche mit viel Gefühl nach.

- ● Komm, gib mal dein Erdkundeheft her, ich hab die Hausaufgaben vergessen!
- ○ Geht's noch? Schon wieder?
- ● Ja, du Streber! Und wenn du mich nicht lässt, schreib' ich eben bei Sara ab!
- ○ Ist ja schon gut!
- ● Danke! Dafür kannst du heute Nachmittag ja mit uns Fußball spielen!
- ○ Au ja! Super!

Kapitel 11: Alles wird anders

2 Was sagt Nelly zu ihren Zielen, Träumen, Ängsten? Hör zu und notiere.

- ● Hi Nelly. Hast du jetzt einen Moment Zeit? Kann ich dir für meine Masterarbeit an der Uni ein paar Fragen stellen?
- ○ Ja klar, leg ruhig los – hoffentlich kann ich dir antworten.
- ● Das kannst du bestimmt. Also, es geht um die Zukunft. Frage ist: Was sind die Ziele, Träume und Ängste von jungen Leuten?
- ○ Hm, wie meinst du das?
- ● Ja, sag doch zum Beispiel mal, was dir für die Zukunft wichtig ist.
- ○ Ach so, habe verstanden. Also, die Familie ist eigentlich für mich am wichtigsten. Wenn man eine Familie hat, so hat man immer jemanden, mit dem man reden kann. Man ist nie alleine mit seinen Problemen. Hoffentlich finde ich einen netten Mann. Es ist bestimmt gar nicht so einfach, den richtigen Partner zu finden.
- ● Ist es denn für dich positiv, älter zu werden?
- ○ Im Moment schon. In 40 Jahren sage ich vielleicht etwas anderes. Jetzt muss ich aber erst einmal 18 werden, damit ich den Führerschein machen kann. Das kann ich kaum erwarten.
- ● Das klingt so, als wäre die Zukunft für dich rosarot. Hast du keine Ängste oder Sorgen?
- ○ Doch, die hab' ich. Im Moment finden viele keinen Job. Keine Arbeit zu haben und weiter von meinen Eltern abhängig zu sein – das würde mir nicht gefallen.
  Aber jetzt sollte ich erst mal an den nächsten Schritt denken. Meinen Abschluss schaffe ich bestimmt. Im Moment sind meine Noten super und dann sehe ich weiter …

4a Unter Freundinnen. Hör das Telefongespräch. Welche Tipps bekommt Fiona von Saskia?

- ● Fiona Niehr.
- ○ Hi, Fiona, ich bin's, Saskia.
- ● Oh, Saskia, schön, dass du anrufst.
- ○ Ja, Mensch, dein Brief hat ja nicht gerade positiv geklungen. Da wollte ich unbedingt mal hören, wie es dir so geht.
- ● Wie soll es mir schon gehen? Gar nicht gut. Ich bin so sauer, dass ich in dieses Internat nach Frankfurt muss. Ich kann mir schon vorstellen, wie es da aussieht.

- ○ Das kannst du doch gar nicht wissen. Du darfst nicht so negativ denken und musst offen für die neue Situation sein. Überleg doch mal: Hier im Dorf, das ist doch immer dasselbe. Schule, Judoclub und dann höchstens mal ins Café – mehr gibt es hier doch nicht. In Frankfurt, da ist richtig was los, da kannst du neue Leute kennenlernen und es gibt tausend Dinge, die man machen kann.
- ● Ich habe aber Angst, dass ich im Internat keine Freunde finde. Die kennen sich doch alle schon – bestimmt bin ich die einzige Neue.
- ○ Aber im Internat haben die doch bestimmt AGs oder irgendwelche Sportgruppen – vielleicht sogar eine Judogruppe. Wenn du da mitmachst, bekommst du bestimmt Kontakte.
- ● Hm, meinst du?
- ○ Ja klar, und jetzt lach nicht, ich hab da noch eine Idee. Meine Tante ist doch Wahrsagerin. Sie legt Karten und liest aus der Hand. Wenn du willst, können wir sie ja mal fragen, wie deine Zukunft aussieht.
- ● Zur Wahrsagerin? Na ja, ich weiß nicht. An so etwas glaube ich eigentlich nicht.
- ○ Stell dich doch nicht so an. Ein Versuch kostet doch nichts.
- ● Wann könnten wir denn zu ihr gehen?
- ○ Wir besuchen sie nächsten Freitag. Dann komm doch einfach mit.
- ● In Ordnung. Lass uns aber vorher noch einmal kurz telefonieren.
- ○ Geht in Ordnung. Dann bis bald!
- ● Gut. Schönen Abend und tschüs.
- ○ Tschüs.

8b Prognosen – ob das wohl stimmt? Kontrolliere deine Lösungen mit der CD.

Du wirst einen tollen Job haben.
Dein Chef wird mit dir zufrieden sein.
Du wirst in einem schicken Haus wohnen.
Du wirst ein schnelles Auto fahren.
Du wirst elegante Kleider tragen.
Und du wirst in den teuersten Restaurants essen.
Deine Freunde werden ohne dich in die Pizzeria gehen.
Ihr werdet euch nur noch selten sehen.
Deine Eltern werden auf dich warten, aber du wirst keine Zeit für sie haben.

10a Nadja vermietet ihr Zimmer. Hör zu und notiere Informationen zu Lage, Preis, Größe, ...

- ○ Und das ist mein Zimmer – komm ruhig rein.
- ● Wow, schön groß!
- ○ 25 Quadratmeter. Da hat man eine Menge Platz. Und für 350 Euro findest du hier in München nicht so schnell ein möbliertes Zimmer.
- ● Stimmt, 350 Euro sind ein guter Preis. München ist wirklich teuer, aber auch eine tolle Stadt.
- ○ Ja, und hier in der Immastraße wohnst du nur einen Kilometer von der Uni entfernt, das ist ideal.
- ● Wie hoch sind denn die Nebenkosten?
- ○ Die sind inklusive.
- ● Super. Ab wann ist das Zimmer frei?
- ○ Ab dem 1. September, da beginne ich dann mein Erasmus-Jahr.
- ● Erst ab dem 1. September? Ich brauche das Zimmer aber schon im Juli.
- ○ Tut mir leid, bis September brauche ich das Zimmer selber. Habe ich das nicht in die Anzeige geschrieben?
- ● Nein, leider nicht. Da muss ich wohl weitersuchen.

12c Hör das Gespräch und vergleiche mit deinen Sätzen in b. Korrigiere, wenn nötig.

- ● Wiese.
- ○ Ja, hallo, hier ist Linda Rudolf.
- ● Guten Tag.
- ○ Ich habe im Internet gelesen, dass Sie ein Zimmer vermieten. Ist es schon vermietet?
- ● Nein, im Moment noch nicht.
- ○ Wie viel kostet denn die Miete?
- ● 180 Euro im Monat, inklusive Strom, Wasser, Heizung.
- ○ Ach, das ist gar nicht so teuer. Wo genau liegt denn das Haus?
- ● In Bremen Horn-Lehe, am Herzogenkamp 8. Eine Bushaltestelle ist direkt vor dem Haus.
- ○ Das ist gut. Ab wann ist das Zimmer denn frei?
- ● Ab dem 1. November.
- ○ O. k., das kann gehen. Kann ich es einmal besichtigen?
- ● Ja, wie wäre es mit Samstag zwischen 10 und 12?
- ○ Das passt gut. Dann bis Samstag.
- ● Ja, bis dann. Tschüs.

Kapitel 12: genia@les aus DACH – und mehr!

1b Hör zu. Wovon berichten die sechs Textausschnitte? Kreuze an.

1 Kaum ein anderer Schweizer spielt so gut das Hackbrett wie Nicolas Senn. Der junge Appenzeller entdeckte seine Leidenschaft für dieses traditionelle Instrument schon mit vier Jahren, als er zum ersten Mal eins sah und seine Klänge hörte. Heute gehört er zur neuen Generation der Volksmusiker.

2 Moderne, frische Volksmusik im Dialekt gewinnt in allen drei Ländern immer mehr Fans. Aber nicht nur in der musikalischen Szene ist Dialekt „in". Auch literarische Texte sieht man wieder mehr, besonders Gedichte – und natürlich gibt es immer noch die vielen Witze, über die heute wie früher jüngere und ältere Generationen lachen können.

3 Der Erfolg für Jana und Sophia war enorm und sie spielten im Film so gut, dass sie noch im gleichen Jahr den deutschen Filmpreis Bambi als beste junge Schauspieltalente bekamen – und das mit erst 12 Jahren! Seitdem haben sie weitere Filme gedreht und für ihre Zukunft haben sie bereits entschieden: Sie wollen definitiv Schauspielerinnen werden!

4 Von A, wie Affendorf, bis Z, wie Zwischenstopp, gibt es in Deutschland Hunderte von Ortsnamen, die absolut witzig sind, besonders für die, die nicht dort leben. Wer in Hundeluft, Langweiler, Streitdorf, Regenmantel oder Lederhose wohnt, muss sich oft blöde Kommentare anhören.

5 In der fantastischen Bergwelt der Osttiroler Alpen, in der Region von Lienz, kommen jeden Sommer Sportler aus der ganzen Welt zusammen. Sie nehmen an einem Teamwettbewerb teil und kämpfen gegen Berge, Wind und Wasser. Jedes Team besteht aus einem Bergläufer, einem Paragleiter, einem Kajakfahrer und einem Mountainbiker.

6 Mit „Es war einmal" beginnen normalerweise die Märchen. Es gibt aber auch ein Gedicht, das mit diesem Satz anfängt und das fast alle Deutschsprachigen kennen. Es ist von einem unbekannten Autor, von dem man nicht einmal den Namen kennt. Es beginnt mit „Es war einmal ein Mann ..." Und da man die Reime leicht mit anderen ersetzen kann, ist das Gedicht Modell für unzählige Varianten geworden.

5c Gegen Berge, Wind und Wasser. Kontrolliere mit der CD.

1 Die ersten Kilometer waren flach und problemlos. Dann stieg es aber sehr und es wurde so schwierig, dass ich manchmal auf Händen und Füßen gehen musste.
2 Der Flug in den Osttiroler Alpen war für mich ein fantastisches Erlebnis. Ich glaube, dass es aber auch für die Zuschauer sehr spannend war.
3 Die 5 km in diesem schnellen Wasser waren ziemlich hart. Ich habe fast eine halbe Stunde gebraucht bis zum Ziel. Am Ende war ich erschöpft.
4 Manchmal war der Weg sehr schmal. Aber am meisten musste ich auf die spitzen Steine aufpassen. Ich musste mein Bike oft auch tragen.

7a Kontrolliere das Gedicht mit der CD.

Es war einmal eine Kuh,
die machte nachts laut Muh.
Da dachte Hans, der Bauer,
das macht mich jetzt echt sauer.
Und spielt seitdem Klavier
von Mitternacht bis vier.
Der Kuh tut das im Ohr so weh,
nun sagt sie nachts: Oje, oje!

7b Hör das Gedicht und ergänze es beim Hören.

Es war einmal ein Fisch,
der saß sehr gern am Tisch.
Er aß ganz schnell ein Ei
und dann noch weitere drei,
trank dazu Limonade
und aß auch Schokolade.
Dann war er viel zu voll,
das fand er gar nicht toll!

Plateau 3: Testtraining

Testtraining Hören – Führung durch das DDR-Museum

Lies zuerst die Aufgaben. Hör dann den Text einmal und wähle jeweils die richtige Lösung: a, b oder c.

Klasse 12b, bitte zum Eingang kommen. ...

...

So, bei der großen Besucherzahl ist es jetzt wichtig, dass wir uns nicht verlieren. Aber ihr erkennt mich bestimmt immer an meiner blauen Mütze.

...

Also, erst einmal herzlich Willkommen im DDR-Museum, hier in Berlin. Es freut mich, dass ihr euch für eine Führung entschieden habt. Ihr werdet sehen: Das DDR-Museum unterscheidet sich sehr von anderen Museen. War schon einmal einer von euch in einer Kunstausstellung? Ja? Dann wirst du wissen, dass es dort verboten ist, die Bilder oder Skulpturen mit den Händen anzufassen. Hier ist das anders. Alles wartet darauf, angefasst und erlebt zu werden.

Hier könnt ihr selbst aktiv werden: Schubladen und Schränke öffnen, hineinsehen, herausnehmen. Kurz: mit Augen, Händen, Ohren und sogar der Nase entdecken, wie das Leben zu DDR-Zeiten war.

Die Führung dauert 60 Minuten und geht durch das gesamte Museum. Ich werde dabei an einigen Stellen etwas erklären, manchmal lasse ich euch die Dinge aber auch einfach nur ausprobieren. Normalerweise macht es den Besuchern viel Spaß, die interaktiven Angebote selbst zu entdecken. Ihr werdet sehen: Vieles erklärt sich dabei dann auch von selbst.

Interessant zu wissen ist vielleicht noch, dass das DDR-Museum komplett auf Geld vom Staat verzichtet. Deshalb sind die Eintrittsgelder so wichtig. Zum Glück sind die Besucherzahlen seit der Eröffnung im Juli 2006 sehr hoch gewesen. Im Jahr sind bis zu einer halben Million Leute ins Museum gekommen.

So, dann wollen wir mal mit der Führung beginnen. Nur zu eurer Information: Die Toiletten befinden sich genau am anderen Ende des Museums, vor dem Gefängnis und dem Verhörzimmer. Wenn ihr nach der Führung Hunger habt, empfehle ich euch das DDR-Restaurant. Es ist gleich neben dem Eingang, am Spreeufer und bietet originale DDR-Küche.

Hier sind im Moment sehr viele Leute, deshalb gehen wir doch direkt einmal vor bis zu dem Trabbi da drüben, da sind gerade weniger Besucher und es ist nicht so laut. Leider gibt es hier aber nirgendwo viel Platz. Daher immer aufpassen, dass man den anderen nicht auf die Füße tritt. Wer möchte, kann sich ruhig einmal in den Trabbi setzen. Ja, und Fotos dürfen natürlich auch gemacht werden.

Trabbi ist übrigens die Abkürzung für „Trabant". 1958 war das Geburtsjahr des Trabbis. Weil in der Nachkriegszeit die Stahlproduktion nicht so einfach war und die westlichen Länder der DDR keinen Stahl verkauften, wurde der Trabant zum großen Teil aus Plastik gemacht. Wenn man einen Trabbi kaufen wollte, musste man oft 10 Jahre warten, bis man ihn endlich bekam. Zwischen November 1957 und April 1991 wurden in Zwickau über 3 Millionen Trabbis produziert. Im Moment gibt es in Deutschland nur noch ca. 33 000 Autos dieser Marke und es werden immer weniger, weil man ihn heute nicht mehr baut.

Testtraining Hören – Nachrichten auf dem Anrufbeantworter

Lies die Aufgaben. Hör dann die Texte zweimal und kreuze an: richtig oder falsch?

Text 1

Guten Tag, hier ist Patrick Escher. Ich habe mich vor einiger Zeit bei Ihnen für eine Ausbildung als Verkäufer beworben, aber leider habe ich immer noch keine Antwort erhalten. Für mich wäre es aber sehr wichtig zu wissen, ob ich die Stelle bekomme. Wenn nicht, würde ich nämlich eventuell eine andere Stelle annehmen. Im Bewerbungsgespräch hat man mir gesagt, dass ich spätestens in zwei Wochen informiert würde. Da jetzt schon ein Monat vorbei ist, wollte ich mal nachfragen, ob Sie vielleicht schon jemand anderen genommen haben. Außerdem ist mir etwas Dummes passiert: Ich habe aus Versehen mein Originalzeugnis zu den Bewerbungsunterlagen getan und das brauche ich jetzt unbedingt. Könnten Sie mich bitte einmal zurückrufen? Meine Telefonnummer ist 045 84 22 04. Herzlichen Dank und auf Wiederhören.

Text 2

Hi Margarita, ich bin's, Anja. Ich stehe hier vor der Stadthalle. Wo bleibst du denn? Ich habe ja nicht schon vor einem halben Jahr die Karten für Andreas Gabalier gekauft, um dann das Konzert zu verpassen. Also, ich warte jetzt noch 5 Minuten und dann gehe ich rein. Ich weiß auch nicht, was ich mit deiner Eintrittskarte machen soll. Ich guck' mal, ob ich die an der Kasse abgeben kann, dann kannst du sie dir dort abholen. Ich versuche, ganz weit nach vorne an die Bühne zu kommen. Du kannst mich ja suchen. Ich habe übrigens mein blaues Dirndl an – vielleicht findest du mich ja. Bis nachher ...

Transkripte der Texte im Video

Szene 1: Voll die Action

Hallo, ich heiße Tina.
Ich lebe auf dem Land, richtig auf dem Land.
...
Unser Dorf hat zwar nur ein paar Häuser, aber mir gefällt es hier – ich lebe hier gerne.
Ich habe Hühner, Katzen und Schafe.
...
Meine Freundin wohnt in der Stadt und sie meint, dass bei uns nichts los ist. So ein Quatsch, bei uns ist hier voll die „Äktschn"! Passt mal auf ...
...
Manche Mädchen aus meiner Klasse mögen Pferde und gehen jeden Tag reiten. Aber mir sind meine 16 PS lieber!

Szene 2: Stuntman: Mit viel Training ans Ziel

Hallo, ich bin der Matthias. Ich bin professioneller Parkour-Läufer und Stuntman.
...
Ich trainiere seit sechs Jahren, circa, und hab' auch davor Kampfkunst viel trainiert, Geräteturnen und solche Dinge.
Ich trainiere circa ..., ja, ich würd' mal sagen, vier- bis fünfmal die Woche. Aber es kann auch mal sein, dass ich 'ne Woche ganz Pause mache, je nachdem, wie viel ich so trainier' generell.
...
Also ich nehm' mir auch gern mal größere Pausen und dann trainiere ich auch mal 'ne Zeitlang intensiver.
Im Endeffekt kann man sagen, ich hab' kein wirkliches Trainings-Schema, ich richte mich komplett nach meinem Körper.
...
Ich trainiere hauptsächlich Parkour und Freerunning, aber eben auch für solche Stuntgeschichten, also Stürze, wie man hinfällt ..., Kampfszenen, solche Dinge ... – alles, was man für Filmszenen braucht.

Szene 3: Fahrräder für die Umwelt

Zu viele Menschen fahren zu viele Kilometer in viel zu großen Autos. Die negativen Folgen für Klima, Mensch und Landschaft sind bekannt.
Mit dem Fahrrad sieht das ganz anders aus: Jeder Kilometer, den man mit dem Fahrrad und nicht mit dem Auto fährt, bedeutet weniger schädliche CO_2-Emissionen. Und es ist auch billiger.
Konkret: Wenn man jeden Tag 10 km Rad fährt und nicht mit dem Auto und das an 300 Tagen im Jahr, so entstehen 480 kg weniger CO_2.
Außerdem spart man die Kosten für's Auto, nämlich 1080 Euro. Aber noch viel mehr wert ist, dass Radfahren viel gesünder ist als Autofahren und außerdem auch noch fit hält.

Mario Herr Mischner, wie kommt man eigentlich darauf, Fahrräder selbst zu bauen?
Herr Mi. Ich denk' die Grundvoraussetzung ist, dass man eine große Begeisterung für's Fahrrad an sich hat. So hab' ich dann 'ne eigene Firma gegründet ... Das war 1990 und hab' angefangen mit Rädern, die sich gerade in einer Nische befinden, also ich kann als kleiner Hersteller nicht irgendwo gegen große Unternehmen konkurrieren, so bin ich dann als Erstes auf Liegeräder gekommen, die ich jetzt seit über 20 Jahren produziere.
Mario Und wie viel Zeit braucht man, um ein Fahrrad zu bauen?
Herr Mi. Also, die reine Montagezeit die variiert hier, je nach Aufwand so zwischen vier und sechs Stunden pro Fahrrad. Also, Aufwand heißt, kommt darauf an, was da so alles dran ist: Lichtanlage, Schutzbleche, Gepäckträger ... Das dauert dann ein bisschen länger. Es dauert insgesamt überhaupt sehr lang hier, weil wir natürlich alle Räder einzeln montieren.
Mario Wo lernt man denn Fahrräder zu bauen?
Herr Mi. Also, meine Anfänge hab' ich in einem normalen Einzelhandelsgeschäft gehabt. Da hatte ich das Glück, auf einen sehr erfahrenen Mechaniker-Meister zu treffen, der also 40 Jahre Berufserfahrung schon hatte. Der hat mir sehr viele Tricks und so beigebracht und den Rahmenbau an sich, den hab ich mir mehr oder weniger selbst beigebracht.
Mario Wie viele Mitarbeiter beschäftigen Sie?
Herr Mi. Eigentlich gar keine. Also FLUX ist ein erweiterter Ein-mann-Betrieb. Also, es gab Jahre, da gab's mal zwei drei Angestellte. Aber das ist lange her. Das hat sich nicht getragen, das konnte ich nicht finanzieren, sozusagen. Und ich arbeite jetzt saisonbedingt mit Aushilfen – sagen wir von Mai bis September.
Mario Und wie viele Fahrräder produziert Flux?
Herr Mi. Das variiert. Also, das sind hundert bis zweihundert bis dreihundert. Ich glaub', dreihundertfünfzig war so die höchste Stückzahl, die wir pro Jahr hatten.
Mario Vielen Dank für das Interview, Herr Mischner.
Herr Mi. Gerne!

Szene 4: Szenen – mal Gothic, mal Metal

Hallo ich bin Sophia, ich bin 19 Jahre alt und ich komme aus der Nähe von Bamberg.
In meiner Freizeit lese ich gern und ich hör' auch gern viel Musik. Ich hör' eigentlich ziemlich verschiedene Genre. Am liebsten hör' ich „Gothic". Ich mach' auch gern Musik. Ich hör' sie nicht nur gern ... ich spiel' auch Klavier, schon seit 7 oder 8 Jahren. Das macht mir auch viel Spaß.
Außerdem les' ich gern. Ich les' eigentlich alles Mögliche, aber ich wähl' sorgfältig aus. Am liebsten les' ich zurzeit die Bücher von Haruki Murakami.
Im Juni hab' ich mein Abitur gemacht, also vor circa einem halben Jahr. Jetzt ist ja mittlerweile schon Oktober und nächste Woche werde ich anfangen zu studieren. Ich werde Germanistik und Slawistik studieren. Wenn man es grob vereinfacht sagt: Deutsch und Russisch, weil es mich eigentlich sehr interessiert.
...
Naja, Szene ist Szene. Wer alternativ ist, versteht sich gut mit anderen alternativen Szenen, würde ich mal jetzt sagen ...
Hauptsache ist, quasi besonders zu sein. Ich glaub' kaum, dass es in Szenen besonders große Feindschaften gibt, weil eigentlich verstehen sich ja alle, trotzdem, man weiß ganz genau Gothic, Punk, Metal ... Man sieht schon die Grenzen, aber das heißt ja nicht, dass man in seiner Szene bleiben muss. Also, Leute von

verschiedenen Szenen, die verstehen sich oft auch gut untereinander.
Es gibt viele Leute, die schon in verschiedenen Szenen waren und die die Szenen wechseln. Zum Beispiel ... was weiß ich, die zuerst mal ein Punk waren, bevor sie dann gemerkt haben: Oh, jetzt ist Metal mehr was für mich. Und dadurch entsteht auch untereinander ein gewisses Verständnis für die verschiedenen Lebensweisen.
Eigentlich bin ich schon noch eher in der Gothic-Szene. Aber allein der Begriff Szene ist ja ein bisschen schwammig. Mittlerweile interessiere ich mich auch für andere Szenen. Zurzeit ist es die Lolita-Szene, die sich ja eigentlich nur durch die Lolita-Mode definiert, weil mir das sehr zusagt, weil ich dieses Verspielte und Mädchenhafte gern mag.
...
Als ich jung war, da gab es natürlich auch viele Vorurteile. Das fängt schon bei den eigenen Eltern an.
Vorurteile, die ich erfahren habe, waren vor allem Klischees. Irgendwo ist ja Klischee und Vorurteil ein ganz eng verbundener Begriff. Zum Beispiel, dass, wenn du dir die Haare rot färbst, sagen die Leute „Hexe" zu dir, weil sie es superlustig finden – oder weil es so schön aus dem Mittelalter tradiert ist.
Oder wenn du dich nur schwarz anziehst, bist du immer traurig oder gammelst auf dem Friedhof rum. Das haben auch schon Leute zu mir gesagt. Das find ich aber an den Haaren herbeigezogen.
Mich hat nicht wirklich was gestört, weil wenn sich jemand drüber aufregt, bestärkt es einen nur in seiner Meinung. Für mich ist es wichtig, dass ich meine eigene Sache mache, dass ich das mache, was mir selbst gefällt, und mich auch kleide und style, wie es mir gefällt. Weil ich lass mir ja eigentlich nicht in meine Sache reinreden.

Szene 5: Mit Interrail auf Tour

Nach dem Abitur haben meine beiden Freundinnen und ich beschlossen, gemeinsam eine Reise zu machen.
Mona ist in der Mitte, links ist Lena und rechts bin ich: Nora. Mit einem Interrail-Ticket wollten wir in möglichst viele Länder und Städte im Süden Europas reisen. Ein Interrail-Ticket quer durch Europa kostet ungefähr 400 Euro und gilt einen Monat. Am 29. August sind wir in Bremen gestartet.

Mit dem Nachtzug sind wir dann bis Venedig gefahren. Also: 1. Station Venedig! Da seht ihr mal, wie viel Gepäck wir dabei hatten ... Ach Venedig, eine wunderbare Stadt ...

Dann ging es weiter zur 2. Station: Rom. Hier seht ihr uns nach der Morgentoilette im Bahnhof Roma Termini.

Das war die 3. Station. In einem Dorf in der Nähe von Rom haben wir für ein paar Tage auf einem kleinen Bauernhof gewohnt, ganz umsonst. Dafür haben wir dem Bauern geholfen, Tomaten einzumachen. Heftig!

Die 4. Station war Livorno. Hier suchen wir gerade einen Zeltplatz. Wir sind stundenlang gelaufen und endlich haben wir ihn gefunden. Der Zeltplatz war nicht so gut ..., wie ihr seht. Aber der Sonnenuntergang war super!

Von Italien sind wir dann nach Frankreich gefahren. Zu unserer 5. Station: Arcachon. Dort gibt es die Dünen von Pilat. Eine wunderbare Landschaft! Wirklich schön. Und plötzlich waren da ganz viele Fallschirme in der Luft. Das mussten wir natürlich auch machen!

Die nächste Station war Toulon. Ich glaube, die 6. Das ist der Bahnhof von Toulon, schön oder? Und das sind wir, wie wir am Campingplatz Essen kochen. Mit dem kleinen Kocher hat das oft ewig gedauert ... Aber das Meer war wunderbar!

Nach drei Wochen sind wir dann in Barcelona angekommen. Die 7. Station. Eine tolle Stadt! Ein Besuch im Parque Güell war natürlich Pflicht. Das ist der Park, den Gaudí gestaltet hat. Und in so einer Umgebung schmeckt das Picknick doppelt so gut! Ach ja, in Barcelona haben wir bei Freunden gewohnt.

Von Spanien sind wir dann nach Portugal gefahren, nach Lissabon. Unsere letzte Station.

Nach vier Wochen mussten wir wieder zurück.
Schade – aber die Reise war unvergesslich!
Wir haben eine Menge neuer Freunde kennengelernt und am liebsten würden wir jedes Jahr so eine Interrail-Tour machen!
Und ganz wichtig: Wir drei haben uns nie gestritten!

Szene 6: Die Präsentation

Talia Und was wird das?
Jenny Das wird eine Mindmap. Damit kann ich das Thema besser strukturieren.
Schau mal. Hier ist das Hauptthema und das sind die einzelnen Punkte. Dann wissen wir bei der Präsentation immer, wo wir sind.
Talia Ah, kapiert! Gute Idee! Und zu den einzelnen Punkten machen wir uns dann Kärtchen mit Notizen, oder?
Jenny Genau. Dann brauchen wir nicht alles aufschreiben, Notizen genügen. Du kannst schon mal damit anfangen.
...
Talia So, ... Fertig!
Jenny Warte ... Zeig mal!
...
Prima!
Sag mal ... Wer fängt eigentlich mit dem Referat an?
Talia Also, ich würd' sagen, du fängst an und ich mach' dann mit dem Punkt Mauerbau weiter.
Jenny Einverstanden. Pass mal auf, ich habe mir ein paar Redemittel notiert:
Wir möchten über die Geschichte der DDR sprechen.
Unser Thema lautet: Vom Mauerbau zum Mauerfall
Unsere Präsentation hat vier Teile.
Zuerst spreche ich kurz über die Geschichte der DDR und dann spricht Talia über den Mauerbau.
Talia Mann, du bist ja echt gut vorbereitet.
Jenny Na ja, wir wollen ja auch eine gute Note haben, oder?
Talia Du, ich hab' auch 'ne Idee. Pass mal auf!
Schau, wenn du anfängst zu sprechen, kann ich ja schon mal die Stichwörter auf der Mindmap zeigen.
Jenny Klasse! ... Du, hier ist doch auch ein Beamer ...
Talia Ich mach's mal dunkel, gell.
Jenny O.k.
Talia ... gut.
Jenny Prima! Die Bilder sind alle da!
Wollen wir es mal ausprobieren?
Talia Klar, so 'ne richtige Generalprobe.
Jenny O.k.!
...
Jenny Wir möchten über die Geschichte der DDR sprechen.
Unser Thema lautet: Vom Mauerbau zum Mauerfall
Unsere Präsentation hat vier Teile. Zuerst spreche ich kurz über die Geschichte der DDR und dann spricht Talia über den Mauerbau.
Talia Klappt doch super! Aber ich glaube, du sprichst viel zu schnell! Du musst langsam und deutlich sprechen.

Jenny	Ja, war ja nur die Probe ...
Talia	Und du hast auch nur auf die Kärtchen gekuckt. Du musst die Leute schon anschaun, wenn du die Präsentation hältst.
Jenny	O.k., mach' ich. Aber was mach' ich, wenn ich gar nicht mehr weiterweiß?
Talia	Kein Problem! Wir haben ja die Kärtchen, die Mindmap und wenn du mal wirklich nicht weiterweißt, kannst du ja so was sagen wie: Tut mir leid, ich habe den Faden verloren ...
Jenny	Ich hab noch eine Idee! Ich kann doch einfach den Stift fallen lassen. Damit gewinne ich Zeit!
Talia	Ja, oder ich mach' es einfach weiter ... Komm, probieren wir es noch mal aus.
Jenny	O.k., aber dann must du neben mir stehen.
Talia	O.k.
	...
Jenny	Wir möchten über die Geschichte der DDR sprechen. Unser Thema lautet: Vom Mauerbau zum Mauerfall Unsere Präsentation hat vier Teile. Zuerst spreche ich kurz über die Geschichte der DDR und dann erzählt Talia was zum Mauerbau. ...

Szene 7: Suchst du Streit?

Das ist Caro. Sie ist sauer. Sie hat einen schlechten Mathetest geschrieben. Und das bedeutet wieder mal Stress zu Hause ...

Das ist Mario. Er spielt total gerne Fußball. Am Samstag ist das Endspiel – aber der Trainer hat gesagt, er spielt nicht mit. Jetzt ist er auch sauer.

Caro	Pass doch auf, du Idiot!
Mario	Pass doch selber auf, du blöde Kuh! Suchst du Streit?
Caro	Ehrlich, was soll das!!!?
	...
Felix	Was ist hier denn los?
Mario	Sie hat angefangen!
Caro	Er hat angefangen!
Felix	Ihr beiden kommt jetzt mal mit!
	...
Felix	Was war denn eigentlich los?
Caro	Ja, ich war eh schon so genervt, weil ich schlecht in der Mathe-Ex war ... und dann kommt auch noch er daher und rempelt mich dann an, dass auf der Treppe mein ganzes Zeug runterfliegt.
Mario	Das war ganz anders! Sie hat mich angerempelt. Und dann hat sie mich auch noch dumm angeredet.
Felix	Am besten schreibt ihr das mal auf.
	...
Jenny	Kannst du dich bitte kurz vorstellen?
Felix	Ich heiße Felix und ich bin Streitschlichter. Und in der Schule haben wir eine zweijährige Ausbildung absolviert ...
Jenny	Und was habt ihr dabei gelernt?
Felix	Also, ich weiß jetzt genau, wie ich auf streitende Mitschüler zugehe. Und in der Schule trage ich immer meinen roten Streitschlichter-Schal, damit meine Mitschüler wissen, dass ich heute als Streitschlichter unterwegs bin. Am wichtigsten sind drei Regeln: Erstens, jeder lässt den anderen aussprechen, Schimpfwörter sind verboten. Zweitens, der Streitschlichter ist neutral. Und drittens, ich darf niemandem von der Schlichtung erzählen.
Jenny	O.k., und was hast du den beiden da gerade gegeben?
Felix	Ich habe mit beiden einen Vertrag gemacht und ich hab zufällig auch einen dabei.
Jenny	O.k., dann schau ich mir den mal an ... Ah, ja ... gut. Meinst du, es gibt jetzt weniger Streit an eurer Schule?
Felix	Ja, ich glaube schon, dass wir gute Arbeit leisten. Und viele unserer Mitschüler kommen schon von selbst zu uns, um den Streit zu klären.
Jenny	Das ist toll! Danke, Felix ...
Felix	Bitte ...

Szene 8: Vom Hobby zum Beruf

Video	Stop, falsch! Der Text stimmt nicht, so ein Quatsch!
	...
Jenny	Kannst du dich vielleicht kurz vorstellen?
Ines	Also, ich bin die Ines, Ines Hollinger, bin 24 mittlerweile und studier' an der Bayerischen Theater-Akademie Schauspiel im dritten Jahr. Im November bin ich fertig. ... Ja, das war vor zehn Jahren, da war ich 14, und da hab' ich bei diesem Projekt mitgemacht. Wahnsinn, das ist zehn Jahre her ...
Jenny	Du kannst dich also noch an den Clip erinnern, von geni@l?
Ines	Ja, ... ich hab' ihn neulich mit meinen ganzen Klassenkameraden zusammen angeschaut und das war schon ein witziges Erlebnis ...
Jenny	Ja, das kann ich mir vorstellen ...
Ines	... alle zusammen vorm Fernseher ... haben wir das angeschaut. Das war echt ...
Jenny	Also, hat dir das Drehen von dem Video Spaß gemacht damals?
Ines	Ja, total. Ich war so glücklich, da, als ich gehört hab', dass ich da mitmachen darf und so. Meine Mama war damals noch dabei beim Casting und so. Dann hat sie da gesagt, sie glaubt, das war gut. ... *„Echt, Mama?"* Ich hab' mich echt richtig gefreut, weil ich eben das damals schon machen wollte ... Und das war halt so meine erste Dreherfahrung, würde ich sagen und so. Und das war total schön für mich.
Jenny	Was war bis jetzt so das Projekt, was dir als Schauspielerin am meisten Spaß gemacht hat?
Ines	Hmm, eigentlich bin ich eher so ... also, ich bin 'ne Theaterschauspielerin, würde ich sagen ... Und dann ist es halt ... ein Theaterprojekt, das mir sehr am Herzen gelegen hat, war „Merlin". So hieß das. Das haben wir im „Metropol-Theater" gespielt, in Freimann draußen ...
Jenny	Da war ich da ...
Ines	Warst du da? Hast du's gesehen?
Jenny	Ja, das hab' ich angeschaut ...
Ines	Nein, ach komm!
Jenny	Doch,
Ines	Echt?
Jenny	Ja ... da waren so billige Eintrittskarten ...
Ines	Ja, mit Theater-Abo, oder was?
Jenny	Ja.
Ines	Ist ja witzig ... Naja, und das haben wir insgesamt 50 Vorstellungen gespielt. Im Juli dreißig und jetzt im Januar noch mal zwanzig.

Und das war echt eine anstrengende Zeit, aber ich hab' auch wahnsinnig viel gelernt, weil wir jeden Abend – fünfmal die Woche – gespielt haben.

Jenny O. k. und wie gut ... Was gefällt dir an der Schauspielerei am besten?

Ines Oh je!

Jenny Gibt es da was Besonderes?

Ines Na ja, also, was mich halt immer so fasziniert daran, ist ... Beim Theater gibt es diesen einen Moment, wo man einfach alles um sich herum vergisst und ... Den gibt's nicht so oft, diesen Moment ... Den gibt's vielleicht zweimal im halben Jahr ... oder dreimal im halben Jahr ...

Aber wenn man diesen Moment mal hatte – auf der Bühne – das ist wie ein Rausch ... und das ist einfach das Allerschönste, was man sich nur vorstellen kann.

Und dann immer, wenn ich diesen Moment hab', dann denk ich mir: Ja, das hat sich alles gelohnt, alles, alles, alles ...

Jenny ... das ist doch cool ...

Ines Ja, für diesen Moment mach' ich das.

Jenny Hast du vielleicht noch einen letzten Tipp an alle, die vielleicht auch mal Schauspieler werden wollen?

Ines Oh Gott! Ich kann ja immer nur Tipps für's Theater geben, weil beim Film kenn' ich mich wie gesagt nicht so gut aus ...

Jenny ... doch, auch super ...

Ines Was ich eigentlich den wichtigsten Tipp für's Theater finde, oder wenn man sich an der Schauspielschule bewerben will, ist der Körper ... wie wichtig der Körper ist. Also, da kann man noch so viel Talent haben, wenn der Körper so irgendwie krumm und schief ist – das kann er ja ruhig sein bei einer Rolle, aber generell muss man echt wissen, wie wichtig Sport und alles, und körperliche Betätigung ist für die Schauspielerei. Das hab' ich nicht gewusst, bevor ich mich beworben habe ...

Jenny Das hab' ich jetzt ehrlich gesagt auch nicht gewusst ...

Ines Aber für's Theater ist es wirklich das Allerwichtigste.

Jenny Gut, dann Dankeschön für deine Zeit!

Ines Gerne!

Jenny Viel Glück noch mit der Schauspielerei, viel Erfolg ...

Ines Dankeschön!

Jenny ... und auf Wiedersehen!

Ines Tschüs!

Lösungsschlüssel für die Aufgaben des internationalen Arbeitsbuchs

Kapitel 1

1a
Schüler/Schülerin: 2, 4, 6, 8, 9
Lehrer/Lehrerin: 3, 5, 7, 10

1b
1. spielen – 2. ins Wohnzimmer – 3. deinen Kaugummi – 4. einen Punkt – 5. das Skateboard – 6. deine CD – 7. die Musik – 8. Italien

1c
a: 3, 8 – b: 2, 4, 7 – c: 1, 5 – d: 6

2a/b

	Bild	Alter	Welche Musik?	Instrument	Wie lange?
Hélène	*a*	17	*Klassik*	*Geige*	5 Jahre
Viktor	c	18	Rock (70er-Jahre)	E-Gitarre	4 Jahre
Ina	b	16	lateinamerikanische Musik		5 Jahre
Jens	d	18	Rap – Hip-Hop		3 Jahre

2c
Hélène spielt seit fünf Jahren. Ihr Vorbild ist David Garret. Sie möchte eine Rock-Symphonie wie er spielen.
Viktor spielt in einer Band. Sie treffen sich einmal die Woche. Bei den Proben habe sie viel Spaß.
Ina tanzt, seit sie 11 Jahren ist. Ihre Eltern kommen aus Brasilien. Sie hat ihren MP3-Player immer dabei. Salsa und Tango sind ihre Lieblingstänze.
Jens findet, dass Rhythmus und Texte im Rap gut zusammenpassen.

3a (Beispielantwort)
Carla 18: 20–30 km – Santiago de Chile – Füße weh – 2 Monate – interessante Leute – nächsten Morgen wieder fit – nächstes Jahr – 500 km bis zum Ziel
Daniel 17: Bruder: 3 Jahre Kolumbien – Schule – Kinder aus Slums – ihn letzten Sommer besucht – Leute freundlich – Spanisch lernen – Erfahrung im Blog
Peter 17: Sommer Traumreise – 6 Wochen – Bahn – 12 Haupt- und Großstädte – 1 Woche Alpen – seit 1 Monat zurück

4a
A2 – B1 – C3 – D6

4b
A2: im Bett – Lieblingslektüren – Agatha Christie
B1: Nachbarn – laut – anonym – Stadt
C3: trage – T-Shirt – Jeans
D6: Weihnachten – Silvester – Geschenke

5
a1 – b1 – c1

6a
Moreno: ich interessiere mich für deutsche Automarken – in München das BMW-Museum besuchen – später leichter einen Job finden
Pedro: Deutsch – interessante Struktur – mit der Sprache spielen – Wörter erfinden – im Tourismus arbeiten
xfun: bei einer internationalen Firma arbeiten
Danny: Lieblingsbücher in Deutsch lesen
Sheila: Lieblingsmusiker Casper – Liedtexte nicht verstehen – Lieblingslieder mitsingen
Readme: einen Jungen aus Österreich kennengelernt – nicht leicht zu schreiben – nicht immer alles erzählen

6b
1. Moreno – 2. Moreno, Pedro, xfun – 3. Sheila – 4. Readme – 5. Danny

7a
Sie kommt aus der Schweiz. In der Schweiz spricht man je nach Region vier Sprachen: Deutsch, Französisch, Italienisch und Rätoromanisch.

7b
Sie kommt aus der französischen Schweiz.

7c
2r – 3r – 4f – 5r – 6r – 7r – 8f

7d
4. Sie hat keine Schwierigkeiten in den Sprachen und hat gute Noten. Sie möchte auch noch Italienisch und Rätoromanisch lernen.
8. Die vielen Sprachen helfen ihr in der Schule, sie muss weniger lernen und versteht oft ein neues Wort aus einer anderen Sprache.

9a
Lebensmittel: Nudeln – Müsli – Äpfel – Hamburger
Körper: Arm – Bauch – wehtun – Ohren
Kleidung: Strumpfhose – Hut – anprobieren – Rock – Schal
Medien: Handy – surfen – Drucker
Schüleraustausch: Erfahrung – Gastfamilie – ein halbes Jahr – Austauschland

9b
langweilig – interessant; krank – gesund; langsam – schnell; kurz – lang; traurig – lustig; arm – reich; dunkelblau – hellblau; hell – dunkel; billig – teuer

9c (Beispiellösung)
reparieren: das Auto – das Fahrrad – die Uhr – das Radio
bestellen: ein Eis – einen Salat – ein Stück Kuchen
erzählen: eine Geschichte – einen Witz
schreiben: einen Brief – einen Text

10b
1i – 2e – 3b – 4h – 5g – 6d – 7c – 8f – 9a

11a
1. Typ 1 – 2. Typ 2 – 3. Typ 3 – 4. Typ 2 – 5. Typ 1 – 6. Typ 3

11b
1. Wenn ich nach Hause komme, *esse ich* Obst.
2. Stefanie hat ... Kaffee *getrunken*.
3. Maria ist vor eine*m* Monat in unsere Klasse gekommen.
4. Gestern ist Jan ins Kino *gegangen*.
5. Maria ist *in die Stadt gefahren*.
6. Wann ...? *Um* zwei.

12

	Was machen sie?	Wo?	Wie oft?	Wie viel?	Was bezahlen sie?
Tanja	*einen Job*	*in einer Bäckerei*	*jeden zweiten Samstag / 8–12 Uhr*	*20 Euro / 40 im Monat*	*Handy – Kosmetik – Freundin ins Kino einladen*
Kai	*zwei Jobs*	*– Zeitungen austragen – Nachbarin im Garten helfen*	*1. Job: 1 x pro Woche 2. Job: 1 x im Monat*	*50–60 Euro im Monat*	*Geld sparen – ein Mountainbike kaufen*

Das kann ich schon: 1
Verzeihung, können wir jetzt anfangen? – Können Sie das bitte wiederholen? – Entschuldigung, können Sie bitte langsamer sprechen? – Kann ich bitte eine Fahrkarte haben? – Dürfen wir / Darf ich bitte ein Wörterbuch benutzen?

Das kann ich schon: 2 (Beispiellösung)
1. Ich lerne Deutsch, weil ich später an der Uni in Zürich studieren möchte. / weil ich später im Tourismus arbeiten möchte.
2. Ich lerne Deutsch, damit ich mehr Möglichkeiten im Beruf habe.

Das kann ich schon: 3 (Beispiellösung)
1. Ich komme aus der Schweiz / aus England und meine Muttersprache ist Französisch/Englisch.
2. Ich kann Englisch und auch noch ein bisschen Italienisch.
3. In der Schule lerne ich seit einem Jahr Russisch.

Kapitel 2

1a
2. freundlich – 3. lernbereit – 4. offen – 5. teamfähig – 6. ausdauernd – 7. selbstbewusst

1b
die Ehrlichkeit – die Teamfähigkeit – die Hilfsbereitschaft – das Selbstbewusstsein – die Flexibilität – die Ausdauer – die Offenheit

2
2. teamfähig – 3. zuverlässig – 4. mutig – 5. sympathisch – 6. ehrgeizig

3a
1. Tessa – 2. Jan – 3. Robert – 4. Nelli

3b
1a – 2b

3c
2. hätte – 3. würde – 4. würdest – 5. wärt – 6. würden – 7. wäre

3d

	sein	haben	gehen
ich	*wäre*	*hätte*	*würde* gehen
du	*wärst*	*hättest*	würdest gehen
er/es/sie	wäre	*hätte*	*würde gehen*
wir	*wären*	*hätten*	würden gehen
ihr	wärt	hättet	*würdet gehen*
sie/Sie	*wären*	hätten	*würden gehen*

3e (Beispiel)
1. Ulrike und Carmen hätten gern ein gutes Zeugnis.
2. Sie hätten gern ein neues Auto.
3. Sie würden gern nach Japan reisen.
4. Sie wären gern berühmte Sängerinnen.

4a
1e – 2a – 3d – 4c – 5b

4b
2. eine Frau – 3. ein Mädchen – 4. Brüder

4c

	der Mensch	das Mädchen	die Frau	die Brüder
Nominativ	*der*	das	*die*	*die*
Akkusativ	den	*das*	die	die

4d
2. der – 3. die – 4. das – 5. die

4e
2. das – 3. der – 4. den

4g
2. ..., das in den Charts auf Platz 1 ist.
3. ..., die wir in der Schule lesen müssen.
4. ..., den wir letzte Woche im Kino gesehen haben.

5a
a1 – b2 – c1 – d2 – e4 – f3 – g4

5b
skeptisches – Eigentum – respektieren – umgehen – Mehrheit – Führerschein – Aussehen

6a
Familie – Freunde – Kultur

6b
für Schüleraustausch = gegen Hochzeit
erstes Mal ins Ausland reisen; leben in einer Gastfamilie; in die englische Schule gehen; Englisch verbessern, neue Freunde finden; Ausflüge und Besichtigungen; beste Freundinnen kommen auch mit

gegen Schüleraustausch = für Hochzeit
Cousine heiratet, Laura möchte dabei sein; Eltern sind gegen Austausch; Cousine traurig, wenn Laura nicht kommt; viele Verwandte wiedersehen

7a

Name	sehr wichtig	wichtig	weniger wichtig
Phillip	*Erfolg im Beruf, (Geld)*	*Religion*	*Freunde*
Nina	*Umwelt schützen*	*Familie/Geschwister*	*das Leben genießen / Freizeit*
Rafael	*Gesundheit*	*Leistung*	*Liebe*

8
Luise: besser – Sinn – das Gefühl
Dennis: schlimm – die Möglichkeit – versucht – viel Spaß

9a
2d – 3e – 4a – 5b

9b
1. … kreativ und fleißig zu sein.
2. … früh aufzustehen und Geige zu spielen.
3. … mindestens vier Stunden zu üben
4. … auf Konzerten aufzutreten.
5. … einfach aufzugeben.

9c (Beispiel)
2. … alleine im Zimmer zu schlafen.
3. … im Unterricht einen Film zu gucken.
4. … mit den besten Freunden zu feiern.
5. … den ganzen Tag nur zu lernen.

10a
b

10b
1b – 2b – 3a – 4b

11a
2f – 3f – 4r – 5f – 6f – 7r

11b
2. Die Schornsteinfeger haben früher die Schornsteine sauber gemacht, damit es kein Feuer gibt.
3. Heute bringt es Glück, wenn man einen Schornsteinfeger anfasst.
5. Ein Marienkäfer ist ein Symbol für Glück und Fleiß.
6. Wenn man früher ein Schwein hatte, hatte man etwas zu essen.

Das kann ich schon: 1
1. fleißig, flexibel
2. freundlich, offen
3. Ausdauer, ehrgeizig
4. hilfsbereit, teamfähig

Das kann ich schon: 2 (Beispiellösung)
1. Ich würde gern nach Südamerika reisen.
2. Ich wäre gern mutiger.

Das kann ich schon: 3 (Beispiellösung)
1. …, der immer Pizza isst.
2. …, den alle Mädchen toll finden.
3. …, das das Mädchen ihrem Freund zum Geburtstag schenkt / geschenkt hat.
4. …, die Hilfe braucht.

Das kann ich schon: 4
1. Ich versuche, im Unterricht aufmerksam zu sein.
2. Ich plane, in den Ferien einen Chinesischkurs zu besuchen.
3. Es hilft mir, einen Trainingsplan zu machen.

So lerne und übe ich: 5
Konjunktiv

Kapitel 3

1a
1. das Tablet – 2. die Zeitung – 3. der Computer – 4. die Zeitschrift – 5. der Plattenspieler – 6. das Radio – 7. der Fernseher – 8. das Smartphone

1b
Plattenspieler – Zeitschriften – Fernseher – Computer – Smartphone

1c
1c – 2e – 3b – 4a – 5f – 6d

2a (Beispiellösung)
1.
- ● Von Cro. Ich mag den Text.
- ○ Ah ja. Ich finde Cro furchtbar.

2.
- ● Und ich hasse Jazz!
- ○ Ich finde Jazz ganz o.k.

2c
Zwei Daumen hoch: Das ist ein richtiger Ohrwurm – super! Das finde ich gerade total toll! Ich finde – dass er/sie eine sehr schöne Stimme hat!
Ein Daumen hoch: Ich mag den Text. Das klingt doch nicht schlecht! Das finde ich ganz okay.
Ein Daumen runter: Das kann ich echt nicht mehr hören! Das gefällt mir überhaupt nicht! Das finde ich viel zu laut! Das ist absolut nicht mein Geschmack! Das gefällt mir nicht wirklich.

2e
Musikstile: der Pop – die Klassik – der Rock – der Reggae – der Hip-Hop – der Blues …
Musikinstrumente: der Bass – das Schlagzeug – die Gitarre – das Saxofon – die Geige – die Flöte – das Klavier …
Berufe mit Musik: die Dirigentin – die Komponistin – der Musiker – der Tontechniker – der Produzent – die Sängerin – der Schlagzeuger …

3a
2. Pop – 3. Musiker – 4. Bass – 5. Charts – 6. Song

3b
1f – 2b – 3e – 4g – 5d – 6a – 7c

3c
CDs/sie werden verkauft – wir werden kontrolliert – du wirst gefragt – ihr werdet gesehen – ich werde abgeholt – es wird ausgemacht

4a
eine CD – Kekse – Kuchen – Brote – …

5a/b
Alex: Sachbuch – informativ – interessant – aktuell
Justus: Krimi – spannend – aufregend – brutal – traurig
Svenja: Liebesgeschichten – romantisch – interessant – aufregend – fantasievoll – witzig – traurig

6a
1 Ich habe „Pampas Blues" gelesen.
2 Der Autor heißt ...
3 Es geht um ...
4 Die Hauptfigur ist ...
5 Die Geschichte hat mir sehr gut gefallen.

6b
2. der Hauptfigur – 3. eines Ufos – 4. der Leute – 5. der Geschichte

7a
1 fallen – 2 helfen – 3 bringen – 4 fahren – 5 denken – 6 finden – 7 sehen – 8 nehmen – 9 anrufen – 10 sitzen

7b
1 fiel – 2 half – 3 brachte – 4 fuhr – 5 dachte – 6 fand – 7 sah – 8 nahm – 9 rief ... an – 10 saß

8a
1. ich persönlich finde
2. mir macht es einfach Spaß – warum sollen wir nicht
3. aber ich meine
4. fand ... langweilig – habe die Erfahrung gemacht, dass ... – kann auf ... verzichten

8b
1 Martin: nein – 2. Lino: ja – 3. Helen: ja – 4. Rainer: nein

8c
1f – 2f – 3r – 4f – 5f – 6 r – 7r – 8f

8d
1. ausschalten – 2. einkaufen – 3. sprechen – 4. chatten

8c
virtuell – Monitor – Webcam – mailen – surfen – sich einloggen – chatten – online – skypen

9a
1. 2T – 2. 5V – 3. 3V – 4. 7V – 5. 4T – 6. 8T – 7. 1V – 8. 6T

9d
(markieren) Mensch Papa, wie wär's, wenn du erst mal selbst nachdenkst, anstatt dauernd mich zu fragen? Du solltest es mal mit Gefühl probieren, statt gleich so brutal zu werden!

(Was macht der Vater (nicht)?) Er denkt nicht selbst nach. Er fragt wegen jeder Kleinigkeit seine Tochter. Er probiert es nicht mit Gefühl. Er wird gleich brutal.

9e
2d – 3b – 4a

10
2. Blogs – 3. Videos – 4. Computerspiele

Das kann ich schon: 1 (Beispiellösung)
1. Im Internet sehe ich Videos an und recherchiere Infos für die Schule.
2. Morgens im Bad höre ich Radio.
3. Nachmittags sehe ich fern, am liebsten Serien.
4. Mit dem Handy telefoniere ich, mache Fotos und schicke meinen Freundinnen SMS.

Das kann ich schon: 2 (Beispiellösung)
Mein Lieblingssänger ist Cro. Er kommt aus Deutschland. Er spielt Klavier und Gitarre. Sein Musikstil heißt Raop, das ist eine Mischung aus Rap und Pop. 2012 hat er eine Konzerttournee gemacht: „Pandas gone wild." Der Song „Whatever" war 2013 in den deutschen Charts. Ich finde ihn spitze!

Das kann ich schon: 3 (Beispiellösungen)
1. Ja, gerne, lad doch einfach den Akku auf.
2. Schau einfach im Papierkorb nach.
3. Am besten schaltest du ihn einmal aus und wieder ein.
4. Kannst du mir sagen, wie ich das Handy öffnen kann?
5. Wie kann ich denn das Radio reparieren?

So lerne und übe ich: 4
Max *freute* sich riesig. ... Er *wollte* aber nicht fliegen, sondern mit dem Zug fahren. Nervös *ging* Max zum Bahnhof. Eine Stunde später *saß* er schon im Zug nach Brüssel und *las* einen Comic.

Kapitel 4

1a
2B – 3A – 4C

1b
(passt nicht) 2. Europa – 3. Deutschland – 4. ab – 5. Waldes in Europa – 6. die Abholzung

1c
1e – 2d – 3a – 4g – 5h – 6b – 7f – 8c

1d
Erwärmung – schmilzt – Arktis – Alpen – Leben – bedroht

2a
2. lässt, heizt – 3. belastet, produziert – 4. umgibt, verursacht – 5. produziert, braucht – 6. haben, können

2b
2f – 3d – 4e – 5c – 6b – 7a

3
17 kg – 57 kg – 81 kg

(Beispiel) Ich reise mit der Bahn, weil ich so weniger CO_2 produziere / weil es weniger kostet / weil es auch nicht länger dauert (als mit dem Auto).

4a
1. Jugendliche als Klasse oder Jugendgruppe – im Alter von 12–18 Jahren
2. das Klima schützen – CO_2 sparen (und auch tolle Preise gewinnen)
3. von Anfang März bis Ende Juli
4. möglichst alle Wege mit dem Fahrrad fahren

4b
1. Entweder nehme ich an einer Klimaaktion teil oder ich achte darauf, täglich Strom zu sparen. / Entweder ich nehme an einer Klimaaktion teil oder ich achte darauf, täglich Strom zu sparen.
2. Entweder gehe ich fürs Klima auf Tour oder ich mache bei Plant-for-the Planet mit. / Entweder ich gehe fürs Klima auf Tour oder ich mache bei Plant-for-the Planet mit.
3. Entweder fahren wir in den Ferien in die Berge oder wir fahren ans Meer. / Entweder wir fahren in den Ferien in die Berge oder wir fahren ans Meer.
4. Entweder isst Monika in der Mittagspause zu Hause oder sie geht in die Schulmensa. / Entweder Monika isst in der Mittagspause zu Hause oder sie geht in die Schulmensa.
5. Entweder mache ich meine Hausaufgaben gleich nach der Schule oder ich gehe erst einmal schwimmen und mache sie am Abend. / Entweder ich mache meine Hausaufgaben gleich nach der Schule oder ich gehe erst einmal schwimmen und mache sie am Abend.

5a
1. Milliarde	5. Energie	9. ökologisch	13. heizen
2. Kohlendioxid	6. schockiert	10. recycelt	14. demokratisch
3. Emission	7. Aktion	11. sich engagieren	15. Naturkatastrophe
4. isolieren	8. aktiv	12. Demonstration	16. symbolisch

6a
erfahren – schockieren

6b
wegwerfen – (weg)geworfen; untersuchen – untersucht; schockieren – schockiert; trennen – getrennt; recyceln – recycelt; produzieren – produziert; erfahren – erfahren; sammeln – gesammelt; aufheben – aufgehoben

6c
produziert – schockiert – geworfen – aufgehoben – getrennt – gesammelt – untersucht – recycelt

6d
1. …, um ihre Mitschüler auf den vielen Müll aufmerksam zu machen.
3. …, um eine Cola zu trinken.
4. …, um schwimmen zu gehen.

7a (Beispiellösung)
Ja, ich spare bei den Verpackungen, weil ich den Müll reduzieren will.

7b
Problem:
weltweit: Papierverbrauch – in den letzten 50 Jahren – um das Sechsfache gestiegen
ein Deutscher: 250 kg Papier im Jahr
70 % Recyclingpapier
Papier ist aus Holz
Jeder dritte Baum weltweit zu Papier
Jährlich 15 Millionen Hektar Wald
Aktion:
Papier sparen – Recyclingpapier verwenden
Ziel:
weniger Bäume fällen
weniger CO_2
weniger Energie – weniger Müll

8a
2. in der Dose – 3. Recyclingpapier – 4. Müll – 5. öffnen – 6. Standby-Modus – 7. Fuß

8b
2. …, um gesund zu bleiben.
3. …, um Strom zu sparen.
4. …, um Wasser und Energie zu sparen.
5. …, um CO_2-Emissionen zu reduzieren.
6. … weniger Stress zu haben, …

9a
Dialog 2: …, um den Plastikmüll zu reduzieren.
Dialog 3: …, um Energie zu sparen.
Dialog 4: …, um weniger Taschengeld auszugeben.

10a
c Ergebnisse einer Recherche

10b (Beispiellösung)
Problem:
1. Das Leben der Tiere ist durch …
2. Am meisten Plastikabfall entsteht …
3. Ein EU-Bürger braucht im Jahr …
4. Der Plastikabfall landet oft in den Flüssen, in den Seen, im Meer und im Wald.
5. Somit sind unsere Tiere in Gefahr, denn sie fressen den Müll und sterben dann.

Aktion:
6. Die Jugendlichen der Weltretter-Initiative verteilen Stofftaschen, damit die Menschen die eigenen Taschen zum Einkaufen mitnehmen.

Ziel:
7. Sie haben sich das Ziel gesetzt, den Plastikmüll und den Plastiktütenverbrauch zu reduzieren.

11
2. …, um CO_2 zu sparen.
3. …, um nicht so oft zu kochen und Strom zu sparen.
4. …, um Wasser und Energie zu sparen.

Das kann ich schon: 1 (Beispiellösungen)
1. Naturkatastrophen
2. belastet, das Fliegen, sind Busfahrten
3. …, um weniger Müll zu produzieren.

Das kann ich schon: 2
1. Entweder machen wir / Entweder wir machen bei der Fahrrad-Aktion mit oder wir engagieren uns täglich für die Umwelt.
2. Entweder spielt Patrik / Entweder Patrik spielt Fußball oder er übt Saxofon mit seiner Band.
3. Entweder höre ich / Entweder ich höre coole Songs mit meinem Handy oder ich gehe in die Disco.

Das kann ich schon: 3
1. …, um die CO_2-Emissionen zu reduzieren.
2. …, um den Müll zu trennen.
3. …, um etwas gegen den Plastiktütenverbrauch zu unternehmen.

Das kann ich schon: 4
1. Man sollte duschen statt baden!
2. Man sollte abends die Elektrogeräte ausschalten!
3. Man sollte Cola nicht in der Dose kaufen.

So lerne und übe ich: 5 (Beispiellösung)

Problem: Die Temperatur auf der Erde ist gestiegen. Die Erwärmung wird im 21. Jahrhundert zwischen 1,4 und 5,8 Grad betragen. Durch den Klimawandel wird das Wetter extremer und es gibt auch mehr Naturkatastrophen.

Aktionen: Man sollte zum Beispiel weniger Auto fahren und bei Elektrogeräten auf den Stromverbrauch achten.

Ziel: Wir müssen die CO_2-Produktion reduzieren, um etwas für die Umwelt zu tun.

Plateau 1 – Testtraining

1a

A	U	S	S	C	H	A	L	T	E	N	R	A	N	T
L	I	V	O	E	U	I	O	L	W	I	E	N	U	E
T	M	E	D	S	A	N	H	Ö	R	E	N	S	M	I
O	A	B	R	I	P	G	U	S	B	Y	D	C	H	N
S	C	H	Ü	T	Z	E	N	C	K	M	O	H	A	S
P	H	E	C	R	A	M	E	H	I	A	C	A	N	C
E	E	Y	K	S	U	R	F	E	N	I	K	U	C	H
I	N	S	E	P	E	I	O	N	U	L	I	E	H	A
C	E	I	N	L	O	G	G	E	N	E	S	N	A	L
H	O	C	H	L	A	D	E	N	U	N	T	O	T	T
E	N	L	A	O	T	A	L	U	F	A	R	Z	T	E
R	G	I	S	V	B	E	A	R	B	E	I	T	E	N
N	H	E	R	U	N	T	E	R	L	A	D	E	N	G

1b

1. auszuschalten; 2. herunterladen, hochladen; 3. mache; 4.drück/drücke, löschst; 5. speichere; 6. surfe; 7. loggen … ein, chatten; 8. anschaue, anhöre; 9. schützen

2

Mieze würde gern mehr Fische fressen, sie wäre gern etwas größer und sie hätte gerne einen längeren Schwanz.
Bello hätte gern eine echte Freundin und kein graues Fell. Und er wäre gern etwas fitter.
Lara hätte zum Geburtstag gerne ein neues Smartphone. Und sie würde gerne mit Freunden chatten und im Internet Musik hören.
Rudi hätte gerne bessere Noten in Mathe und er hätte gern weniger Angst vor Matheprüfungen. Und er wäre gern ordentlicher.

Testtraining – Lesen 1

1r – 2r – 3r – 4f – 5f – 6r

Testtraining – Lesen 2

1b – 2c – 3c

Testtraining – Hören

Ein Gespräch:
1r – 2r – 3f – 4f – 5r – 6r – 7r – 8f

Nachrichten auf dem Anrufbeantworter:
2a – 3f – 4b

Kapitel 5

1e

b

2a

1. Zeile 9–16; 2. Zeile 25–32; 3. Zeile 1–8; 4. 17–24

2b (Beispiellösung)

Weil er anders ist/aussieht.

2c (Beispiellösung)

Weil die Buntgemischten offen sind und es positiv finden, wenn viele verschiedene Menschen in ihrem Land leben.

2d

2. Die Rotgefleckten verhalten sich egoistisch, denn sie lassen die Grüngestreiften nicht in ihr Land.
3. Die Grüngestreiften schicken den Blaukarierten weg, denn er passt nicht zu ihnen.
4. Die Buntgemischten mögen die Gelbgetupften, weil sie ihr Land noch schöner machen.

3a

1. Mädchen – 2. Sport – 3. Schule – 4. Länder

3b

Im Geschäft: *dasselbe*
Im Skiurlaub: *dieselben*
Im Schwimmbad: *denselben*
Zwei Omas im Café: *dieselbe – dieselben – dieselben – dieselbe*
Im Zimmer: *dieselbe*

5a

1D – 2C – 3A – 4B

5b

er hat bestimmt … – Vielleicht … – Wahrscheinlich … – Ich vermute, dass … – er könnte … – Es könnte sein, dass …

5c (Beispiellösung)

Sie ist *vielleicht* Kellnerin. *Ich vermute*, dass sie zwischen 20 und 25 Jahre alt ist. Es *könnte* sein, dass sie in einer Bar arbeitet. *Bestimmt* hat sie kein Auto, denn sie fährt immer mit dem Bus.

6a

1. Seitdem ich mit Timo lerne, …
2. Seitdem Lena jedes Wochenende schwimmen geht, …
3. Seit meine Oma einen Computerkurs macht, …
4. Seit ich abends keinen Kaffee mehr trinke, …

7a

1b Deutschland – 2c USA – 3a Japan/Korea/Asien

7b (Beispiellösung)

Die Deutschen sollen fußballverrückt sein und immer Hüte und Socken in Sandalen tragen. Sie sollen viel Bier trinken und ich glaube, sie sind pünktlich.
Die Amerikaner tragen gerne verrückte Sonnenbrillen und bunte Kleider. Sie sollen offen sein – manchmal auch etwas laut.
Die Japaner/Koreaner/Asiaten sehen modisch aus. Sie sollen Hightech-Apparate lieben. Meistens lächeln sie. Viele sprechen das „r" wie ein „l" aus. Japaner machen gerne Busreisen und fotografieren dann alles.

8a
1b – 2a – 3e – 4d – 5c

8b
1. Die Frau geht ins Restaurant, weil/da sie eine Suppe essen will.
2. Sie geht zur Bar, weil/da sie einen Löffel braucht.
3. Da/weil sie nur schaut, wie der Mann aussieht, hat sie eine negative Meinung über ihn.
4. Da/weil sie denkt, dass der Mann ihre Suppe isst, ist sie wütend.
5. Die Frau findet ihre Tasche nicht, weil/da sie an einem falschen Tisch sitzt.

9a
ein Urteil fällen – sich Mühe geben – Interesse zeigen

9b
1. Erfahrungen – 2. Rat – 3. Frage – 4. Interesse – 5. Urteil

10a
1. Gothic – 2. Hippie – 3. Nerd – 4. Punk

10b
1. schwarze Klamotten – weiß schminken
2. 1960er-Jahre – lange Haare – Gitarre
3. Computer – allein zu Hause – Brille
4. Tattoos – Piercings – gefärbte Haare

11
stellen … vor – kommt – sehen … aus – tragen – getroffen

12a
Musik: Rock'n Roll
Aktivitäten: eigene Lieder schreiben – Konzerte geben
Treffpunkte: Garagen
Aussehen/Kleidung: lange Haare – bunte Mäntel – karierte Hemden – große Brillen
Rituale: zum Gruß die linke Hand auf das Herz legen.

12b (Beispiellösung)
Ich stelle euch die *Bernix* vor. Sie sehen verrückt aus. Sie haben lange Haare und tragen bunte Mäntel, karierte Hosen und große Brillen. Die *Bernix* lieben Rock'n' Roll und geben oft Konzerte. Ihre Lieder schreiben sie selbst. Wenn sie üben wollen, treffen sie sich in Garagen. Zum Gruß legen sie ihre linke Hand auf das Herz.

13
1d – 2c – 3a – 4b

14a
2. Sie lässt ihn Pizza holen. – 3. Sie lässt ihn die Schuhe putzen. – 4. Sie lässt ihn ihr Fahrrad reparieren. – 5. Sie lässt ihn ihre Tasche tragen. – 6. Sie lässt ihn ihr Zimmer aufräumen.

14b
1. … darfst nicht – 2. Wenn …, dann… – 3. Es ist nicht gut, dass … – 5. Ich schlage vor, dass … – … musst …

15 (Beispiellösung)
Du solltest mehr für die Schule tun. Wenn du wenigstens 1 Stunde am Tag lernst, dann werden deine Noten bestimmt wieder besser.

Das kann ich schon: 1
1. denn – 2. weil – 3. da

Das kann ich schon: 2
1. Wir haben *denselben* Friseur.
2. Unsere Mütter gehen zum Einkaufen in *dasselbe* Geschäft.
3. Wir haben nicht *dieselben* Interessen.

Das kann ich schon: 3
1. Seit ich abends früher ins Bett gehe, kann ich mich in der Schule besser konzentrieren.
2. Seitdem ich eine neue Brille habe, sehe ich besser.

Das kann ich schon: 4
1. Die Engländer sollen um 17 Uhr immer Tee trinken.
2. Sie sollen auch höflich sein.

Das kann ich schon: 5
1c – 2d – 3e – 4b – 5a

Das kann ich schon: 6
1. *Wenn* du einen Job bekommen willst, *dann* informiere dich vorher gut über die Firma.
2. Du *musst* auf jeden Fall pünktlich kommen, wenn du dich vorstellst.
3. Piercings *solltest* du besser nicht tragen.
4. Du *darfst* keine zu sportlichen Kleider anziehen.
5. Außerdem *schlage* ich *vor*, dass du dunklere Farben wählst.

Kapitel 6

1a (Definitionen)
1. Kosmetik – 2. Fantasyromane – 3. Süßigkeiten – 4. Modezeitschriften – 5. Zigaretten – 6. Fleisch – 7. Wohnung – 8. Mountainbike – 9. Konzertkarten.
die senkrechten Lösungswörter sind: kaufen, verzichten, wünschen

1c
1b – 2c

2a
a4 – b3 – c2 – d1

2b
1b – 2a – 3a

2c
peinlich – freundlich – stolz – beleidigt – irritiert – glücklich

3a
1b – 2a – 3c

3b
1 schönstes – lustigsten – witzigste
2 tollstes – jüngste – längsten
3 bestes – interessanteste – coolsten

4a
(es passt nicht:) 2. deiner Schwester – 3. deiner Freundin – 4. deinen Mitschülern

4b
2. deiner Katze den Fisch
3. deiner Lehrerin die Entschuldigung
4. deinen Freunden die Einladung

4c
2. ihn – 3. ihr – 4. sie

5a
2. es euch – 3. sie dir – 4. ihn mir – 5. es ihm – 6. sie ihr – 7. es ihnen

5b (Beispiele)
1. Würdest du deinem Lieblingssänger deine E-Mail-Adresse geben?
2. Ich würde meiner Freundin meinen neuen Computer zeigen.
3. Hast du deinen Freunden das Video mitgebracht?

6a
1B – 2C – 3A

6b
1a – 2a – 3b

6c
2. Sprich mit deinen Eltern, obwohl dir das vielleicht peinlich ist.
3. Die anderen Mitschüler sind vielleicht auch nett, obwohl sie nicht in der coolen Clique sind.
4. Ihr könnt etwas unternehmen, obwohl ihr wenig Geld habt.

7a
2. Außenseiter – 3. Gewohnheit – 4. surfen – 5. Bücher

7b
2. Schnäppchen/Sonderangebot – 3. einkaufen/shoppen – 4. Schulden/Geldprobleme – 5. Klamotten/Kleider

8a (Beispiellösung)
1. Ich habe Sandalen an, weil es draußen 35 Grad hat. / obwohl ich kalte Füße habe.
2. Ich trage kurze Hosen, weil es draußen 35 Grad hat.
3. Ich gehe in die Schule, weil/obwohl heute Samstag ist.
4. Ich schenke meiner Tante was, weil/obwohl ich sie selten sehe.
5. Ich höre Musik, weil/obwohl ich schlafen will.
6. Ich wünsche mir Schuhe, obwohl ich schon ganz viele habe. / weil ich kalte Füße habe.

8b (Beispiellösung)
1. Ich kaufe für meine Freundin ein teures Geschenk, obwohl ich wenig Geld habe. / weil sie mir auch was ganz Teures geschenkt hat.
2. Ich schenke meiner Mutter nichts zum Geburtstag, weil sie gesagt hat, dass ich ihr nichts schenken soll. / obwohl sie dann sicher traurig ist.
3. Morgen kaufe ich mir neue Jeans, weil ich nichts mehr zum Anziehen habe. / obwohl ich eigentlich gerade kein Geld habe.

9a
Wohnen: miri99 – Medien: mr smart – Musik: bluesman

9b
1f – 2r – 3f – 4r – 5f

9c
1. Wenn mr smart mehr Geld hätte, würde er sich ein Handy kaufen.
3. Wenn miri99 ein eigens Zimmer hätte, würde sie abends länger lesen.
5. Wenn er schon mit der Schule fertig wäre, würde er eine Band gründen.

9d
1. hätte – könnte – könntest – würde – könnte
2. würde – könnte/dürfte – wäre
3. wärt – könntet/dürftet/müsstet/würdet – würden/könnten/dürften

10a (Beispiellösung)
1. Wenn ich schon erwachsen wäre, könnte ich allein in Urlaub fahren.
2. Wenn ich auf einer einsamen Insel leben würde, würde ich jeden Tag im Meer schwimmen.
3. Wenn ich neun Geschwister hätte, wäre mir nie langweilig.
4. Wenn ich toll singen könnte und berühmt wäre, würde ich ein Konzert für Afrika geben.

11a
1e – 2f – 3b – 4a – 5c – 6d

11b
1. gebraucht – 2. Luxus – 3. Schnäppchenjäger – 4. Besitz – 5. bewusst – 6. das Nötigste

12a
Kira: auf keinen Fall: schicke Klamotten – wenn es sein muss: Fernsehen – gut: Salate
Benno: auf keinen Fall: Spiele – wenn es sein muss: Schokolade – gut: Bücher
Fabian: auf keinen Fall: Gitarre – wenn es sein muss: Designerturnschuhe, schicke T-Shirts – gut: Ski

Das kann ich schon: 1
1. stolz/glücklich/fröhlich – 2. beleidigt/irritiert – 3. glücklich/fröhlich – 4. peinlich/unangenehm

Das kann ich schon: 2
schönste – bester – aufregendste – tollsten

Das kann ich schon: 3
1. Ich kaufe neue Schuhe, obwohl ich schon ganz viele habe.
2. Ich gehe in die Stadt, obwohl es schon spät ist.
3. Ich besuche dich, obwohl ich wenig Zeit habe.

Das kann ich schon: 4
1. Wenn ich gut singen könnte, würde ich ein Konzert für Afrika geben.
2. Wenn ich viel Geld hätte, würde ich eine Weltreise machen.
3. Wenn ich mehr lernen würde, wäre ich in der Schule besser.

So lerne und übe ich: 5 (Beispiellösung)

FRÖHLICH
ZUSAMMEN PA**R**TYS FEIERN
G**E**SCHENKE
L**U**STIG
NETT
DISKUTIEREN
ECHT TOLL!

Kapitel 7

1a
2D – 3F – 4A – 5C – 6E

1b
1. dick – 2. moderne – passt – 3. Kunst – trotzdem – 4. ältere – Bilder – 5. Leute – nennen – 6. Sache – Musik

1d
1. Arbeit – Geld – anderes – 2. Aufgabe – Natur – 3. Sprache

1e (Beispiellösung)
1. … Wer kein Geld macht/verdient, muss sagen, dass seine Arbeit Kunst ist.
2. …, sie muss die Natur auch ausdrücken.
3. … Man versteht sie überall.

2a
Clown – Schauspieler – Musiker – Maler

2b
2c – 3b – 4f – 5a – 6d

2c
Dimitri entdeckt schon mit sieben Jahren sein komisches Talent, aber er macht nach der Schule trotzdem eine Lehre als Töpfer und lernt dabei auch zu zeichnen und zu malen. Er geht nach der Lehre zum Kunststudium nach Paris und wird 1958 Schüler von Marcel Marceau. Er hat seit 1959 mit seinen Soloprogrammen überall großen Erfolg.

3a
(richtig sind:) Mitte – Gitarre – Trompete – zwischen – Händen – dunkle – schwarze – oben – Hintergrund – davor – viele – neben – Fische

4
1. Basel – 2. nicht – 3. Akrobat und Musiker – 4. großes – 5. Freude

5a
2. glücklich – 3. skeptisch – 4. gelangweilt – 5. traurig – 6. wütend

5b
Infinitiv, *-d*, Adjektiv, Endungen

5c
2. essendes Kind – 3. lachende Person – 4. weinender Junge

5d
2. aussehendes – 3. kommende – 4. verlierendes

6a
3 , also die Kunst in den Parks, auf Straßen oder Plätzen
4 und noch vieles andere
2 , die auch Straßenkunst genannt wird,
6 , das heißt nicht mit den wahren Namen
1 , deshalb ist es auch schwierig, zwischen den beiden Begriffen zu unterscheiden

6b
Was ist Street-Art und was Graffiti? Die Techniken sind sehr oft die gleichen, deshalb ist es auch schwierig, zwischen den beiden Begriffen zu unterscheiden. Die Street-Art, die auch Straßenkunst genannt wird, zählt verschiedene Formen von Kunst im öffentlichen Raum, also die Kunst in den Parks, auf Straßen oder Plätzen. Oft ist Street-Art vor allem Bild, im Gegensatz zu den Graffiti, in denen auch sehr viel geschrieben wird. Meistens werden Flächen bemalt, aber auch Telefonzellen, Mülleimer, Ampeln und noch vieles andere. Street-Art ist ein modernes Kunstmuseum im Freien, das jeder kostenlos besuchen kann. Da die meisten Werke aber nicht legal sind, wollen viele Künstler lieber anonym bleiben und oft kennt man sich in der Szene nur mit dem Künstlernamen, das heißt nicht mit den wahren Namen.

7a
Street-Art

7b
1. Street-Art-Künstler; Tiere – 2. Kunst; Graffiti – 3. mir; mich – 4. Freizeit; kalt – 5. dass; Flächen – 6. Künstlernamen; Namen – 7. Wer; ist – 8. legal; keine

7c
b4 – c8 – d2

8a
2f – 3r – 4f – 5f – 6f

8b
2. Man muss nicht zeichnen können.
4. Diese Kunstform wurde im 20. Jahrhundert erfunden.
5. Es gibt fast keinen Unterschied zu einem „normalen" Bild.
6. Man kann auch farbige Kompositionen machen.

9a
2 Fotos aussuchen und einsetzen – 3 Fotos bearbeiten – 4 Sprechblasen aussuchen – 5 Text eingeben – 6 speichern – 7 drucken/mailen

9b
1. Bevor ich meine Fotos einsetze, wähle ich die Schablone aus.
2. Bevor ich die Sprechblasen aussuche, bearbeite ich die Fotos.
3. Bevor ich meinen Comic drucke oder maile, speichere ich meine Arbeit ein letztes Mal.

10a
Vier junge Männer haben ein altes Auto in einen Pool verwandelt. Erst haben sie das Dach weggenommen und dann alle Sitze, außer dem Fahrersitz. Danach haben sie es innen blau angemalt und zuletzt haben sie Wasser reingelassen. Dann haben sie mit ihrem fahrenden Pool die Straßen unsicher gemacht, bis die Polizei ihre verrückte Fahrt definitiv gestoppt hat.

10b
Eine Kunstgalerie in der Ukraine verkauft ihre Bilder nach Kilos, so wie man sonst Obst und Gemüse im Supermarkt einkauft. Autor und Stil des Kunstwerks zählen fast nichts, nur die Kilos! An der Ausstellung nehmen zehn Künstler teil, die hundertdreißig Bilder anbieten. Das schwerste bis jetzt verkaufte Gemälde wog zwölf Kilo und wurde für 700 Dollar verkauft.

10c
London – danach – geschaffen – hineingeht – nass – Besucher – obwohl – gießt – 3D-Kameras – informieren

10d
Künstlerisch und kreativ ...: 2, 5
Kunst nach Kilos: 4, 6
Der Regen-Raum: 1, 3, 7

11a
2. Stofftier – 3. Holzkiste – 4. Silberbesteck – 5. Gummiball – 6. Gipsbein

11b
2. DURCHSICHTIG – 3. TROCKEN – 4. KALT – 5. FEIN – 6. GROB – 7. UNDURCHSICHTIG – 8. FEST – 9. WARM – 10. FEUCHT

11c
1. chinesischer Seide; rauem Karton – 2. leuchtendem Silber; bemaltem Porzellan – 3. echten Perlen; gelbem Gold – 4. durchsichtigem Plastik; dunklem Glas

11d
1 OVAL – 2 GERADE – 3 DREIECKIG – 4 HERZFÖRMIG – 5 RECHTECKIG – 6 KRUMM – 7 QUADRATISCH – 8 RUND – 9 STERNFÖRMIG – 10 SPITZ

11e
Münze

Das kann ich schon: 1
2. Er wurde 1889 geboren.
3. Er war ein Komiker.
4. Er hatte übergroße Hosen und Schuhe, eine enge Jacke und einen Hut (auf dem Kopf).

Das kann ich schon: 2
Wolke – Sonne – Mond – der Mitte – Herz

Das kann ich schon: 3 (Beispiellösung)
Ich denke, dass ein Junge im Wasser (im Meer / in einem See / in einem Schwimmbad) in Schwierigkeiten ist und die beiden Männer losgehen, um ihm zu helfen.

Das kann ich schon: 4
Stoff – Papier – gerade – krumm – rund

So lerne und übe ich: 5
glatt/rau, vorne/hinten

Kapitel 8

1a
1. Ben, in Österreich – 2. Sophie, in Japan – 3. Justin, an der Ostsee – 4. Charlotte, in Kroatien

1b
Justin: an der Ostsee, im Jugendhotel – mit seinem Bruder – gesurft, Tischtennis gespielt – ganz okay
Sophie: in Japan, bei Gasteltern – mit dem Chor – Konzerte gegeben, Kulturprogramm – sehr interessant, anstrengend
Charlotte: in Kroatien, auf dem Campingplatz – mit ihren Eltern – am Strand gewesen – ziemlich langweilig
Ben: in Österreich, bei Freunden, allein – Städte angeschaut, in Clubs gegangen – super entspannt

2a
1S – 2H – 3A – 4K – 5H – 6K – 7A – 8S

3a
a. 1, 2, 5, 7
b. 3, 4, 6

3b
2. an ... denken – 3. auf ... warten – 4. über ... informieren – 5. um ... kümmern – 6. interessiere ... für – 7. träume ... von

4a
2. von – 3. auf – 4. um – 5. auf – 6. über – 7. auf – 8. von

4b
auf die – um unseren – auf die/meine – von den/deinen/eueren – an die

4c (zum Beispiel)
to prepare for – se préparer à – prepararsi a

5a
2. Worum – Darum; 3. Worüber – darüber; 4. Worauf – Darauf

5c
1. darüber – 2. darum – 3. darauf – 4. für ihn

5d
Wofür – dafür – Für wen – für ihn

6a
2C – 3A – 4E – 5D – 6B

6b
1f – 2r – 3f – 4f – 5r – 6r

7a
a1 – b3 – c2

7c (Beispiellösung)
1. Hätten Sie vielleicht einen Konzerttipp für uns?
2. Wir hätten gern zwei Tickets, bitte.
3. Könnten Sie uns vielleicht ein Programm geben?

8a
2. unterwegs in der Stadt – 3. im Krankenhaus – 4. in der Touristeninformation – 5. im Museum – 6. im Hotel

8b
1b – 2a – 3b – 4b – 5a – 6b

9a
Berghütte – Berg – mit denen – in dem

9b
Die Berghütte, in der wir hier wohnen, ist sehr gemütlich.
Der Berg, auf den wir morgen steigen wollen, ist 3156 Meter hoch.
Die Leute, mit denen ich hier klettere, sind alle sehr nett.
Das Essen, auf das wir uns abends immer freuen, ist so richtig lecker.

9c
der – dem – denen – die – die

9d (Beispiellösung)

Hallo …!

Ich bin mit meiner Familie in der Türkei am Meer. Das Flugzeug, mit dem wir geflogen sind, war total voll. Wir haben Glück: Das Wetter ist super, immer warm und sonnig! Wir wohnen in einem kleinen Hotel ganz in der Nähe vom Strand. Gestern haben wir einen Ausflug in die Berge gemacht, das war sehr anstrengend, aber auch schön. Nicht so gut finde ich, dass meine Eltern mir nicht erlauben, abends in die Disco zu gehen. Aber der Strand ist total schön!

Liebe Grüße! …

10a

Paris

10b

… ist sehr bekannt. Ihr Wahrzeichen sein *[KO]* der Eiffelturm. Aber natürlich es gibt *[VP]* noch viele andere Sehenswürdigkeiten. Die Kirche Notre Dame ist sehr alte *[EN]* und sehr schön. Und es ist wunderbar, auf die *[A/D]* eleganten Straße Champs-Élysées spazierenzugehen. Auch die Museen sehr beliebt sind *[VP]*. Die meisten Touristen geht *[KO]* in den Louvre. Aber ist *[VP]* das Centre Pompidou auch sehr interessant. Und es gibt auch ganz moderne Clubs, in die *[A/D]* man toll tanzen kann. Das Essen ist natürlich auch sehr lecker und es gibt viele romantischen *[EN]* Cafés.

10c

… ist sehr bekannt. Ihr Wahrzeichen *ist* der Eiffelturm. Aber natürlich *gibt es* noch viele andere Sehenswürdigkeiten. Die Kirche Notre Dame ist sehr *alt* und sehr schön. Und es ist wunderbar, *auf der* eleganten Straße Champs-Élysées spazierenzugehen. Auch die Museen *sind sehr beliebt*. Die meisten Touristen *gehen* in den Louvre. Aber *das Centre Pompidou* ist auch sehr interessant. Und es gibt auch ganz moderne Clubs, *in denen* man toll tanzen kann. Das Essen ist natürlich auch sehr lecker und es gibt viele *romantische* Cafés.

11a

London ist eine sehr interessanten *[EN]* Stadt. Ihr Wahrzeichen die Tower Bridge ist *[VP]*, eine schöne alte Brücke über die Themse. Wir haben hier auch sehr viele berühmten *[EN]* Sehenswürdigkeiten! Zum Beispiel du kannst *[VP]* den Buckingham Palace besichtigen. Das ist das Schloss, in das *[A/D]* unsere Königin wohnt. Natürlich geben *[KO]* es auch viele Museen. Junge Leute gehen gern auf dem *[A/D]* Flohmarkt in Camden Town. Und abends ist in den tolle *[EN]* Clubs immer was los!

Also, worauf warten *[KO]* du?

11b

London ist eine sehr interessanten (→ interessante) Stadt. Ihr Wahrzeichen die Tower Bridge ist (→ ist die Tower Bridge), eine schöne alte Brücke über die Themse. Wir haben hier auch sehr viele berühmten (→ berühmte) Sehenswürdigkeiten! Zum Beispiel du kannst (→ kannst du) den Buckingham Palace besichtigen. Das ist das Schloss, in das (→ in dem) unsere Königin wohnt. Natürlich geben (→ gibt) es auch viele Museen. Junge Leute gehen gern auf dem (→ auf den) Flohmarkt in Camden Town. Und abends ist in den tolle (→ tollen) Clubs immer was los!

Also, worauf warten (→ wartest) du?

Das kann ich schon: 1

1. träume – 2. um – 3. auf – 4. vorbereiten – 5. von … berichten

Das kann ich schon: 2

1. Kannst
2. Könnten Sie bitte ein Foto von uns machen?
3. Ich hätte gern ein großes Eis.

Das kann ich schon: 3 (Beispiellösung)

1. Ich war mit meiner Freundin in Frankreich.
2. Wir haben in Jugendherbergen übernachtet.
3. Das war mein schönstes Erlebnis: im Meer zu baden und dann am Strand zu übernachten.

Das kann ich schon: 4

München liegt in Süddeutschland / im Süden von Deutschland.

Das Wahrzeichen von München ist die Frauenkirche.

Andere Sehenswürdigkeiten sind das Deutsche Museum und das Olympiastadion.

Die Surfer am Eisbach im Englischen Garten sind besonders interessant.

So lerne und übe ich: 5

in die Mitte (A/D) → in der Mitte

Das Wahrzeichen sind (KO) → ist

Heißt es (VP) → Es heißt

vielen andere Sehenswürdigkeiten (EN) → viele andere Sehenswürdigkeiten

Plateau 2 – Testtraining

1a

A	**senkrecht:**	1. quadratisch, 2. rund, 3. flüssig, 4. weich, 7. trocken, 11. hart
	waagerecht:	2. rau, 6. spitz, 8. durchsichtig, 9. kalt, 10. zerbrechlich
B	**senkrecht:**	1. quadratisch, 2. rund, 4. weich, 5. glatt, 7. trocken, 11. hart
	waagerecht:	2. rau, 6. spitz, 8. durchsichtig, 10. zerbrechlich, 12. warm

Testtraining – Lesen 1

1B – 2 (keine Anzeige) – 3G – 4C – 5A – 6F

Testtraining – Lesen 2

1 ja – 2 ja – 3 nein – 4 nein – 5 ja – 6 nein

Testtraining – Hören

3r – 4a – 5f – 6b – 7r – 8b – 9r – 10c

Kapitel 9

1a

1A – 2B

1b

1B – 2A

1c

Berliner Mauer: Reihe mit Pflastersteinen und Bronzetafeln – auf Tafeln steht Berliner Mauer 1961–1989 – 8 km lang – East Side Gallery 1,3 km lang

Frauenkirche: wichtigstes Gebäude der Stadt – Ruine 40 Jahre Zeichen gegen den Krieg – heute Symbol für Freiheit und deutsche Einheit

2c
Name: Martin Müller
Alter: 28
Sport: Fahrrad fahren
Instrument: Trompete
Beruf: Musiklehrer

3
1. Vorbilder – 2. Mein größter Wunsch – 3. Klamotten

4a
2. Jakob – 3. Jakob – 4. Nadine – 5. Jakob

4b
2. wusste – 3. fand – 4. wollte – 5. gab – 6. dachte

5
1. Früher fanden die jungen Leute ganz lange Haare auch bei Männern schick, aber heute tragen die meisten kurze Haare.
2. Früher wusste man nichts über den Klimawandel, heute ist er ein großes Thema.
3. Früher gab es Geräte zum Telefonieren, eins zum Fotografieren, eins zum Filme gucken. Heute gibt es Geräte, die viele Funktionen haben.

6a
Rike: vor zehn Jahren – Hund bekommen
Florian: Sieg deutschen Meisterschaften im Judo – letztes Jahr
Sara: im Kindergarten – Vater alte Geige mitgebracht
Hekim: nach Deutschland gezogen – vor drei Jahren

6b
1. Hekim, d – 2. Florian, a – 3. Rike, e – 4. Lilly, b – 5. Sara, c

7
2. Als Sabine mit fünf Jahren einen Ballettfilm gesehen hat, …
3. Als Daniel und Sina in den Ferien in Dresden waren, …
4. Als Henrike noch in Köln gelebt hat, …
5. Als es noch kein Internet gab, …

8a
b

8b
1r (Zeile 3) – 2f (Zeile 6–7) – 3f (Zeile 12–13) – 4r (Zeile 14–15) – 5f (Zeile 15–16) – 6r (Zeile 17)

8c
2. Arbeiter aus Italien, Portugal und der Türkei haben Arbeit in Deutschland gefunden.
3. Frauen haben nur bis zur Hochzeit gearbeitet. Danach waren sie Hausfrauen.
5. Die Menschen in der BRD sind am liebsten nach Italien gereist.

9
1. breit – 2. durchschnittlich – 3. enttäuscht – 4. hoch – 5. verbieten – 6. bedienen – 7. demonstrieren – 8. gewinnen

10
2. Reisen in den Westen wurden für die DDR-Bürger verboten. / Für die DDR-Bürger wurden Reisen in den Westen verboten.
3. Die Frauen wurden nach dem Krieg für den Wiederaufbau gebraucht. / Nach dem Krieg wurden die Frauen für den Wiederaufbau gebraucht.
4. In der BRD wurde die Industrie in den 1950er-Jahren wieder aufgebaut. / In den 1950er-Jahren wurde in der BRD die Industrie wieder aufgebaut.

11a
Infos sammeln: Internet – andere Menschen fragen – Bibliothek – Zeitungen
Infos strukturieren: Mindmap – Notizen auf Karteikärtchen – Tabelle
Medien: Flipchart – Beamer – Tafel – Videos – Fotos

11c
vor der Präsentation: die Präsentation zehnmal üben – die Präsentation Eltern und Freunden vortragen – auf Handy aufnehmen und anhören – zehnmal laut „Ich schaffe das" sagen – in den Spiegel schauen und lächeln
bei der Präsentation: wenn man den Faden verloren hat, ruhig bleiben – kurze Pause machen – Glücksbringer mitnehmen

12a
1. über die deutsche Geschichte
2. Unser Thema lautet
3. vier Teile
4. Timo über das Ende des Zweiten Weltkriegs
5. und zum Schluss über den Mauerfall

12b
2e – 3a – 4f – 5b – 6d

13a
Bettina: Westen; Renate: Westen; Martin: Osten; Daniel: Westen; Julia: Osten

13b
2r – 3f – 4r – 5r – 6f – 7r – 8r

13c
2f – 3a – 4d – 5c – 6e

13d
Film – Grenze – Verwandten – DDR – Grenzposten – Freude – Bilder

14a
Rose7: A – Zonendiva: D – FiliB: E – Ossimaik: C

14b
2b – 3b – 4a – 5a

Das kann ich schon: 1 (Beispiellösung)
1. Früher waren die Handys groß und dick, heute sind die Handys dünn und es gibt auch sehr kleine Handys.
2. Früher reisten die Menschen mit langsamen Zügen, heute reisen wir mit dem Flugzeug.

Das kann ich schon: 2 (Beispiellösung)
1. Als ich zehn Jahre alt war, habe ich am liebsten Fußball gespielt.
2. Als ich in die Schule gekommen bin, gab es eine große Party.
3. Als ich das erste Mal auf einem Konzert war, war ich total begeistert.

Das kann ich schon: 3
Zweite Weltkrieg – Mauerbau – Mauerfall

Das kann ich schon: 4
Ich fand deine Präsentation sehr gut.
Es war toll, dass du frei gesprochen hast.
Das war sehr interessant.
Ich denke, dass du etwas lauter sprechen solltest.

So lerne und übe ich: 5
Demokratie – demokratisch; Wirklichkeit – wirklich; Flucht – fliehen; Gefahr – gefährlich; Versuch – versuchen

Kapitel 10

1a (Beispiellösung)
1. im Internet eine Petition starten
2. einen Film über Fabiola drehen
3. einen Artikel für eine Zeitung schreiben
4. eine Demonstration organisieren / Plakate für eine Demonstration malen
5. Briefe an Politiker schreiben
6. mit Politikern sprechen

1b
1 – 3 – 4 – 6

1c
1f – 2r – 3f – 4r – 5r

2a
Probleme – streng – kenne – versucht – Erfolg – Klassenarbeiten – gehen

2b
(unterstreichen) einige – Manche – den meisten – Viele – ein paar
(Pyramide) jemand – ein paar – manche – einige – viele – die meisten – alle

2c (Beispiellösung)
1. ganz in Ordnung – 2. sehr engagiert – 3. Außenseiter/Konflikte – 4. Außenseiter/Konflikte – 5. in die Schule

3
1c – 2e – 3a – 4d – 5b

4
Fabian: Problem: Basketballfeld nie frei – Lösung: Zeitplan gemacht
Melanie: Problem: manche Eltern können die Abifahrt nicht bezahlen – Lösung: in der Pause Kuchen verkaufen, so das Geld verdienen
Janina: Problem: man kann mittags in der Schule nicht warm essen – Lösung: Schülerfirma gründen, die Cafeteria organisiert

5b
(unterstreichen) In dieser Woche – an diesem Projekt – Diese Woche – diesen einen Planet – diese Woche – dieses Projekt

(Grammatikzettel)

Akkusativ:	de*n*	da*s*	di*e*
	diese*n*	diese*s*	dies*e*
Dativ:	de*m*	de*m*	de*r*
	diese*m*	diese*m*	diese*r*

5c
1. Projekt – 2. Planet – 3. Woche – 4. Projekt

6a
1. Wähl den richtigen Moment! – 2. Sprich von dir! – 3. Mach Kompromisse! – 4. Sag, dass es dir leid tut.

6b
4 – 1 – 3

6c
1. irgendwo – 2. Irgendwann – 3. Irgendwer – 4. irgendwas – 5. Irgendwie

7a
spinnst du: geht's noch
entspann dich: chill
mach da mal kein Riesenproblem draus: stell dich mal nicht so an
meinst du jetzt nicht wirklich so: ist doch nicht dein Ernst
so unfreundlich war: losgemotzt habe

7d
1B – 2F – 3A – 4D – 5E – 6C

8a
1r – 2r – 3f – 4r – 5f – 6f

8b
genannt werden: Organisationstalent – Teamfähigkeit – Kommunikationsfähigkeit – Selbstbewusstsein – Flexibilität – Ausdauer – Verantwortungsbewusstsein

8d
Praktikant – Praktikant*en* – Praktikant*en* – Kollege – Kolleg*en* – Kolleg*en*

9a
c

9b
1. Sie überzeugen den Direktor.
2. Sie bekommen die Erlaubnis für das Projekt.
3. Sie bereiten sich vor.
4. Sie arbeiten mit den fünften und sechsten Klassen.
5. Die Kinder verkaufen selbst gebastelte Sachen.
6. Sie haben 221 Euro Spenden zusammen.
7. Sie werden Juniorbotschafterinnen.
8. Sie gewinnen diesen Preis.
9. Sie engagieren sich noch mehr für Afrika.

9c
2e – 3a – 4d – 5b

Das kann ich schon: 1 (Beispiellösung)
Ich möchte für die Rettung des Jugendzentrums kämpfen und organisiere eine Demonstration.
Ich möchte eine Aktion für den Tierschutz durchführen und verteile Flyer.
Ich möchte für die Kinderrechte kämpfen und schreibe Briefe an Politiker.

Das kann ich schon: 2
An meiner Schule gibt es keinen Sportplatz. Außerdem sind unsere Klassenzimmer viel zu klein.
Und das Schulessen schmeckt schrecklich! Ich finde auch, dass wir zu wenig Ausflüge machen.

Das kann ich schon: 3

Irgendwo – Irgendwer – Irgendwann

Das kann ich schon: 4

1. Äh, ja. Entschuldigung, aber ich habe es total eilig. Darf ich vielleicht vor?
2. Okay, gleich seid ihr dran!

Kapitel 11

1a

1. Familie – 2. Gesundheit – 3. Beruf – 4. Frieden – 5. Besitz

2

Am wichtigsten ist für mich *die Familie*.
Ich hoffe, dass *ich einen netten Mann finde*.
Ich freue mich auf *den Führerschein*.
Ich mache mir Sorgen, weil *viele keine Arbeit finden*.
Ich bin sicher, dass *ich meinen Abschluss schaffe*.

3a

Landschaft: Wald – Bach – Wiese – Blumen – Felder
Verkehr: Kreuzung – Abgase – Autos – Ampel – Straße – Bus – Asphalt
Wohnen: Bauernhof – Mietshaus – Stadt – Hochhaus – Wohnung – Dorf

3b

2. zuverlässig – 3. lustig – 4. laut

3c

1. ruhig – 2. interessant/spannend – 3. sauber – 4. bekannt

4a

1. Sie soll positiv und offen sein. Sie soll in AGs oder Sportgruppen gehen.

4b

2. Er wird dich ins Konzert einladen.
3. Ihr werdet viel zusammen machen.
4. Deine Mitschüler werden sehr sympathisch sein.
5. Du wirst bessere Noten bekommen.

5c

... und es gibt *keine Geschäfte* in der Nähe.
Dario *freut sich* auf den Umzug nach Frankfurt, weil in seinem Dorf *nichts los ist*.
In Frankfurt möchte Dario sich *einen Roller* kaufen. ...
Er ist der Meinung, dass er seinen Freund Marvin in Frankfurt *häufiger* sehen wird.
Fiona ist *nicht gut* in der Schule ...
... Dort ist es *ruhig*. ...
Fiona bringt *Darios* Jacke nach draußen. ... Dario lädt Fiona zu einem *Konzertbesuch* ein.

6a

kann ich ganz gut Englisch – bekommen Sie – Jetzt – mit der Schule fertig sein – deine – Bis bald / Liebe Grüße – will die – toll ist / o.k. ist – Hi / Hallo – einen Besuch bei Ihnen – mache gerne was mit anderen

6b (Beispiellösung)

Sehr geehrte Frau ... / Sehr geehrter Herr ...,
im Internet habe ich Ihre Anzeige gelesen. Ich interessiere mich sehr für die Ausbildung als Reisekaufmann, da diese Tätigkeit gut zu meinen Fähigkeiten passt. Ich arbeite gern im Team. Außerdem spreche ich gut Englisch. Zurzeit besuche ich noch das Gymnasium in Essen, aber im Juli werde ich voraussichtlich mein Abitur machen.
In der Anlage sende ich Ihnen meine Bewerbungsunterlagen.
Über eine positive Antwort würde ich mich sehr freuen.
Mit freundlichen Grüßen

6c

(von oben nach unten)
Absender – Adressat – Betreff – Datum – Anrede – Ausbildungsangebot – Motivation – Stärken – Kenntnisse – aktuelle Situation – weitere Dokumente – Schlusssatz – Gruß – Unterschrift

7

2A – 3A – 4B – 5C

8a

wird – sein – wirst – wohnen – wirst – fahren – wirst – tragen – wirst – essen – werden – gehen – werdet – sehen – werden – warten – wirst – haben

8c

Keine A*hnun*g. – Das gl*aub*e ich n*ich*t. – Das ist g*u*t m*öglic*h. – Das k*an*n s*cho*n s*ei*n. – Auf k*eine*n Fall. – Woher w*ill*st du das d*en*n w*isse*n? – Da b*i*n ich mir nicht s*iche*r. – So ein Q*uatsc*h. – B*estimm*t nicht. – Das d*enk*e ich a*uc*h.

9

möbliertes – qm – Balkon – Küche – liegt – entfernt – monatliche – inklusive – Heizung – beträgt

10a

Lage: München, Immastraße, 1 km von Uni
Preis: 350 Euro
Größe: 25 m^2
andere Informationen: möbliert, inklusive Nebenkosten, frei ab 1. September

10b (Beispiellösung)

Vermiete Zimmer in München.
Vermiete zum 1.9. möbliertes Zimmer (25 m^2) in der Immastraße, 1 km von der Uni entfernt. Die monatliche Miete beträgt 350 €, inklusive Nebenkosten.

11a

Jan: ... *besser* – Felix: ... *weniger* – Sara: ... *anstrengender* – Paula: ... *ordentlicher* – Tom: ... *lustiger* – Stefan: ... *lauter*

12a

Internet / Zimmer schon vermietet?
Nein – im Moment noch nicht.
Wie viel?
180 Euro – inklusive ...
nicht so teuer! Wo genau?
Am Herzogenkamp 8
☺ / frei?
ab 1. November
☺ besichtigen?
Samstag, 10–12 Uhr
☺ / bis ...
☺ Tschüs!

12b (Beispiellösung)
Ich habe im Internet gelesen, dass Sie ein Zimmer vermieten. Ist es schon vermietet? – Wie viel kostet denn die Miete? – Ach, das ist gar nicht so teuer. Wo genau liegt denn das Haus? – Das ist gut. Ab wann ist das Zimmer denn frei? – O. k., das kann gehen. Kann ich es einmal besichtigen? – Das passt gut. Dann bis Samstag.

13 (Beispiellösung)
1. Er/Sie sollte hilfsbereit sein und gut mit Menschen umgehen können. – 2. Er/Sie sollte flexibel sein und Rockmusik mögen. – 3. Er/Sie sollte pünktlich, ordentlich und zuverlässig sein.

Das kann ich schon: 1
Land – Felder – Bach – Mietshaus – Straße – Abgase – schlecht

Das kann ich schon: 2
1. Ich werde morgen früh aufstehen.
2. Wir werden im Sommer eine Klassenfahrt machen.

Das kann ich schon: 3
Sehr geehrter Herr Brock,
mit großem *Interesse* habe ich Ihre *Anzeige* im Internet gelesen. Hiermit *bewerbe* ich mich für die *Ausbildung* als Friseurin. Im Moment *besuche* ich noch die Realschule. Im Juli werde ich aber meinen *Abschluss* machen. Ich *arbeite* gerne im Team und *bin* sehr kreativ.
Über eine positive *Antwort* würde ich mich sehr *freuen*.
Mit *freundlichen* Grüßen, Ida Mohr

Das kann ich schon: 4
Das ist gut *möglich*. – Da bin ich mir *nicht sicher*. – Keine *Ahnung*. – So ein *Quatsch*. – Bestimmt *nicht*. – Auf keinen *Fall*.

Das kann ich schon: 5
1r – 2f – 3r

Das kann ich schon: 6
Ist die Wohnung noch frei? – Wie viel kostet die Miete? – Wo liegt die Wohnung?

Kapitel 12

1a
1c – 2f – 3e – 4g – 5a – 6b – 7d

1b
2b – 3a – 4b – 5a – 6b

2a
Zither

2b
Tracht: ~~blaue~~ *rote* Weste – im ~~linken~~ *rechten* Ohr ein Ohrring
Musikstile: ~~Heavy Metal~~
Projekte: mit Bligg ~~zwei~~ *drei* Jahre auf Tournee – Hilfsprojekt in ~~Kanada~~ *Kenia*

2c
Rock – Klassik – Jazz

3a
1 ~~Bayerischen~~ *Wiener* Alpen – ~~zwei~~ *vielen* Jahren – ~~Schriftsteller~~ *Dialektmusiker* – ~~Marktplatz~~ *Schloss*
2 Ländern – Stadt – Fans – Charts

3b
Ich hätte gern (Ich möchte) ein Hähnchen!
Nein, nein, nicht schicken! Ich esse gleich hier!

3c
Der Smiley in der Mitte.

4a
2. Wo wohnt/lebt ihr? – 3. Was sind eure Hobbys? – 4. Spielt ihr ein Musikinstrument? – 5. Wer sind eure Lieblingssänger/innen? – 6. Was esst ihr am liebsten? / Was ist euer Lieblingsessen? – 7. Werdet ihr nie verwechselt?

4c
Wir suchen Schauspieler, *Models*, *Musiker*, *Sänger* und *Tänzer* für:
– **Filmaufnahmen** (Kinofilme, *Fernsehwerbung* und *Musikvideos*)
– *Inszenierungen* (Oper, Theater und Zirkus)
– **Fotoaufnahmen** (Kataloge, *Poster* und *Zeitschriften*)

5a
1. Bergläufer → *Kühbodentörl*
2. Paragleiter → *Leisach*
3. *Kajakfahrer* → Tiroler Brücke
4. *Mountainbiker* → Hauptplatz

5b
1. schwierig – Händen
2. Flug – Erlebnis – spannend
3. Wasser – halbe – Ziel
4. Weg – spitzen – tragen

6
2. Berlin war zu voll. – 3. Daheim war es zu nett. – 4. Tirol war zu klein. – 5. Der Schwamm war zu nass. – 6. Der Wald war zu grün.

7a
Bauer – sauer – Klavier – vier – weh

7b
Fisch – Tisch – Ei – drei – Limonade – Schokolade – voll – toll

8a
2. Feucht – 3. Affendorf – 4. Lederhose – 5. Langweiler – 6. Aua – 7. Hundeluft – 8. Streitdorf

8b
Sack – Lust – Regenmantel – Zwischenstopp – Sorge – Ende – Welt

Das kann ich schon: 1a
(die Lösungen stehen im Arbeitsbuch auf S. 114 ganz unten auf dem Kopf)

Plateau 3 – Testtraining

1a
passt nicht:	Thema:
1. Hilfsbereitschaft	Politik und Geschichte
2. Kuchen	Wohnen
3. Puppe	Beruf
4. Schlagzeug	Schule

1b
Wohnen: entfernt, Hausnummer, Heizung, Hochhaus, Miete, Nebenkosten, qm, Schlafzimmer, Strom, Umzug, vermieten, WC, WG
Beruf: Fähigkeit, Job, Lebenslauf, Manager, Praktikum, sich bewerben, Stelle, Zeugnis
Geschichte/Politik: DDR, Einheit, sich engagieren, fliehen, Grenze, kämpfen, Mauerbau, Regierung
Schule: Abiturient, Fähigkeit, Hausaufgaben, Internat, Klassensprecher, Schülervertreter, Unterstufenparty, Vertrauenslehrer, Zeugnis

Testtraining – Lesen 1
1b – 2b – 3c – 4c

Testtraining – Lesen 2
1D – 2I – 3F – 4H – 5B

Testtraining – Hören
Führung durch das DDR-Museum:
1b – 2b –3a – 4c – 5a

Nachrichten auf dem Anrufbeantworter:
Text 1: 1r – 2f – 3f
Text 2: 1f – 2r – 3r

Schreiben (Beispiellösung)
Sehr geehrte Frau Wagner,

in der Zeitung habe ich Ihre Anzeige gelesen. Hiermit bewerbe ich mich um die Stelle als Animateur bei HITSforKIDS. Im Moment besuche ich das Gymnasium in Dresden. Die Stelle als Animateur wäre für mich ideal, weil ich Lehrerin werden will. Da ich drei jüngere Geschwister habe, habe ich schon Erfahrungen mit Kindern gesammelt. Außerdem habe ich im letzten Jahr ein Praktikum im Kindergarten gemacht. Ich bin kontaktfreudig, zuverlässig und flexibel. Ich interessiere mich für Musik und spiele verschiedene Instrumente. Ich denke, dass ich gut mit den Kindern Musik machen könnte.
Über eine positive Antwort würde ich mich sehr freuen.

Mit freundlichen Grüßen

Videotrainer

1
1. Voll die Action – 2. Mit Interrail auf Tour – 3. Stuntman: Mit viel Training ans Ziel – 4. Die Präsentation – 5. Fahrräder für die Umwelt – 6. Suchst du Streit? – 7. Szenen: Mal Gothic, mal Metal – 8. Vom Hobby zum Beruf

2c
Tina sagt: „Bei uns ist hier voll die Action."

2d
Fahrrad, Bäume, Rucksack, Computer, Land, Häuser, Kuli, Hahn, Katze, Schafe, Motorrad

3a
Stuntman sein bedeutet, ... viel zu trainieren – ... manchmal auch Pausen zu machen. – ... sich nach seinem Körper zu richten. – ... zu wissen, wie man hinfällt.

3b
Ausdauer, Ehrgeiz, Fleiß, Selbstbewusstsein, Mut

4a
1. vier bis sechs Stunden – 2. einen sehr erfahrenen Mechaniker-Meister getroffen – 3. keine festen Angestellten – 4. 100–350 Räder

5a
Name: Sophia; Alter: 19; Hobbys: Lesen, Musik hören; Instrument: Klavier; Studienfächer: Deutsch und Russisch

5b
1r – 2f – 3r – 4f – 5r

5c
1. Punk: Piercing – 2. Gothic: Kreuzkette – 3. Lolita: Kleider, Zöpfe

6
1. Venedig – 2. Bahnhof Roma Termini – 3. Rom – 4. Livorno – 5. Arcachon – 6. Toulon – 7. Barcelona – 8. Lissabon

7a
a2 – b1 – c3

7b
1 Dann wissen wir bei der Präsentation immer, wo wir sind.
2 Dann müssen wir nicht alles aufschreiben.
3 Wenn du anfängst zu sprechen, zeige ich die Stichwörter auf der Mindmap.

7c
1. Langsam und deutlich sprechen – 2. Die Leute anschauen – 3. „Tut mir leid, ich habe den Faden verloren" sagen

8a
(von oben nach unten:) 3 – 9 – 4 – 1 – 5 – 7 – 2 – 8 – 11 – 6 – 10

9a (Beispiellösung)
November: Ines wird mit der Schauspielschule fertig sein.
14: Mit 14 hat sie bei einem Video-Clip mitgemacht.
Mama: Ihre Mutter war beim Casting dabei und hat gesagt, dass es gut war.
Merlin: Das ist das Theaterprojekt, das Ines am meisten Spaß gemacht hat.

9c
Jenny: gefällt
Ines: Theater – vergisst – Moment – vorstellen – immer

9d
den Körper

10a
Tina: Land, Motorrad – Mathias: Stuntman, Trainingsschema – Herr Mischner: Flux, Fahrräder – Sophia: Gothic-Szene, Vorurteile – Nora: Interrail-Ticket, Europa – Jenny: Präsentation, Geschichte – Felix: Streitschlichter, Konflikte

10b
Tina lebt auf dem Land und fährt Motorrad. – Mathias ist Stuntman. Er hat kein festes Trainingsschema. – Herr Mischner baut Fahrräder. Seine Firma heißt Flux. – Sophia ist in der Gothic-Szene. Sie sagt, dass viele Leute Vorurteile gegenüber Jugendlichen haben, die in Szenen sind. – Nora ist mit ihren Freundinnen mit einem Interrail-Ticket durch Europa gereist. – Jenny hat mit Talia eine Präsentation zum Thema „Geschichte" vorbereitet. – Felix ist Streitschlichter. Er versucht, in der Schule Konflikte zu lösen.

Bild- und Textquellen Kursbuch

S. 8 Jutta Paal
S. 9 1: Petra Pfeifhofer; 2: Stadt Halle/T. Steger; 3: Gestaltung und Illustration der Briefmarke: Christoph Niemann; 4: Meike Winnemuth; 5: Popperfoto/Getty Images
S. 10 alle shutterstock.com: 1: filipw, 2: Aaron Amat, 3: mangostock, 4: dotshock, unten: PT Images
S. 13 Thomas Amby/shutterstock.com
S. 14 3: Petra Pfeifhofer; 4: filipw/shutterstock.com
S. 15 links: Michael Koenig; rechts: Petra Pfeifhofer
S. 16 alle shutterstock.com: oben: Robert S.; unten: Natalia Sheinkin
S. 17 REDAV/shutterstock.com
S. 18 Ratte im Zug/1983/Christiane Eisler/SUBstitut
S. 19 alle shutterstock.com (v.l.n.r): Kostsov, cameilia, Vitaly Korovin; Robbi, Coprid
S. 20 Daisy Daisy/shutterstock.com
S. 21 oben: Michael Koenig; restliche Fotos shutterstock.com (v.l.o.n.r.u.): YorkBerlin; Elena Schweitzer; Jaimie Duplass; mattomedia Werbeagentur; IronFlame; S. Hanusch; Ewa Studio
S. 24 2 Fotos: Petra Pfeifhofer; Mikrofon: Andrea Pfeifer
S. 25 Stefan M. Prager/Getty Images
S. 26 oben: Stadt Halle/T. Steger; mitte: Random House/cbt Verlag; unten: Oetinger Verlag
S. 27 Kostenyukova Nataliya/shutterstock.com
S. 28 picture alliance/dpa/Hans-Christian Wöste
S. 31 alle shutterstock.com: 1: Jan Martin Will; 2: Krasowit; 3: Huguette Roe; 4: guentermanaus
S. 32 alle shutterstock.com: oben: artiomp; unten: lilmallugirl
S. 33 3 Fotos: Plant for the Planet
S. 34 Inga Nielsen/shutterstock.com
S. 35 Froschkönig: askaja/Fotolia; Briefmarke: Gestaltung und Illustration: Christoph Niemann; a: Recycling-Art über DaWanda.com; b, d: Michael Koenig; c: Igor Kisselev/Fotolia; e: andavia ueber DaWanda; unten links: imging/shutterstock.com; unten rechts: Neil Rouse/shutterstock.com
S. 36 BeRad/shutterstock.com
S. 39 Hanusch/shutterstock.com
S. 41 Foto: Michael Koenig; Text: Eugen Roth, Sämtliche Werke, Carl Hanser, München 1977 © Thomas Roth
S. 42 skynesher/iStockphoto
S. 44 aus Video geni@l klick B1
S. 45 A: Thai Soriano/shutterstock.com; B: CREATISTA/shutterstock.com; C: Barbara Welzel; D: Tyler Olson/shutterstock.com; E: LifesizeImages/iStockphoto; F: Cinetext/Constantin Film
S. 46 alle shutterstock.com: oben: Banana Republic images; unten: Bocman1973
S. 48 ollyy/shutterstock.com
S. 50 alle shutterstock.com (v.l.n.r.): Jose AS Reyes; ollyy; Condor 36; Iakov Filimonov; Riccardo Piccinini; magicinfoto
S. 51 Jose AS Reyes/shutterstock.com
S. 54 v.l.n.r: elina/shutterstock.com; B. Welzel; Pressmaster/shutterstock.com
S. 55 Martina Inderst
S. 56 wrangler/shutterstock.com
S. 57 1: Hindustan Times/Getty Images; 2: Teo Tarras/shutterstock.com; 3: Catalin Petolea/shutterstock.com; Uluru: Stanislav Fosenbauer/shutterstock.com
S. 59 links: Sarah Fleer; rechts: Meike Winnemuth
S. 61 A: rj lerich/shutterstock.com; B–E: Michael Koenig; F: Kiselev Andrey Valerevich/shutterstock.com; G: Gabriele Zeller, Cavigliano/Schweiz
S. 62 akg-images
S. 63 oben: Flas100/shutterstock.com; unten: Michael Koenig
S. 64 alle Fotos: Michael Koenig; smiley: aggressor/Fotolia.com
S. 66 2 Fotos: Jürgen O. Olbrich
S. 67 1–7: Michael Koenig; 8: Barbara Welzel
S. 69 alle shutterstock.com: a: photobank.ch; b: Rechitan Sorin; c: Mircea Netval
S. 70 Fotos Fabian Nawrath www.africabybike.de; Afrikaroute nach www.africabybike.de
S. 71 1: IBG - Internationale Begegnung in Gemeinschaftsdiensten e.V.; 2: YanLev/shutterstock.com; 3: aus Video geni@l klick B1
S. 74 Brykaylo Yuriy/shutterstock.com
S. 75 alle shutterstock.com: links: Mikhail Markovskiy; rechts: Maxim Blinkov
S. 77 Karkas/shutterstock.com
S. 78 oben: Robert Schlesinger/picture alliance; unten: Chepe Nicoli/shutterstock.com
S. 80 Dmitry Kalinovsky/shutterstock.com
S. 82 alle Fotos: aus Video geni@l klick B1
S. 83 A: Neftali/shutterstock.com; B: Sarah Fleer; C: Boris Bushmin/shutterstock.com; D: Eldad Carin/shutterstock.com; E: Andrea Crisante/shutterstock.com; F: AFP/Getty Images
S. 84 alle shutterstock.com (v.l.o.n.r.u.): Sinisa Bobic; Olena Zaskochenko; Samuel Borges Photography; CREATISTA; szefei; Suzanne Tucker
S. 85 Brian Chase/shutterstock.com
S. 86 A: AFP/GILLES LEIMDORFER/Getty Images; B: Popperfoto/Getty Images; C: TIME & LIFE Images/Getty Images; D: Tom Stoddart Archive/Kontributor/Getty Images; E: Increa/Fotolia
S. 87 aus Video geni@l klick B1
S. 88 rororo Rotfuchs Verlag
S. 88/89 Text: Holly-Jane Rahlens, „Mauerblümchen"; Deutsche Übersetzung von Sabine Ludwig © 2009 Rowohlt Verlag GmbH, Reinbek bei Hamburg
S. 89 links: fuxart/Fotolia; rechts: Ralf Gosch/shutterstock.com
S. 91 1: Rido/shutterstock.com; 2: Ocskay Bence/shutterstock.com; 3 und Text: Indienhilfe e.V. Herrsching, www.indienhilfe-herrsching.de
S. 92 Schülermitverantwortung (SMV) des Max-Planck-Gymnasiums, Lahr
S. 93 alle shutterstock.com (v.o.n.u.): Lisa S.; Chepe Nicoli; Tyler Olson; Luna Vandoorne
S. 94 Michael Koenig
S. 95 aus Video geni@l klick B1
S. 96 alle iStockphoto: A: Barış Muratoğlu; B: DenKuvaiev; C: FredFroese; D: Ugurhan Betin;
S. 99 alle shutterstock.com (v.l.o.n.r.u.): Kovnir Andrii; Max Earey; Anna Omelchenko; Monkey Business Images; PlusONE; John Gordon
S. 100 alle shutterstock.com: links: travelpeter; rechts: ER_09
S. 101 1–5: Petra Pfeifhofer; unten: cobalt88/shutterstock.com
S. 102 alle shutterstock.com: 1: Arek Malang; 2: Monkey Business Images; 3, 6: Edyta Pawlowska; 4: Matthew Williams-Ellis; 5: Luna Vandoorne
S. 103 Sean Gladwell/shutterstock.com
S. 107 1: AFP, Mike Clarke/Getty Images; 2, 3: Michael Koenig; 5: rdnzl/Fotolia; 6: Westfalenpost; 7: Andrea Pfeifer
S. 108 oben: Peter Bischoff/Getty Images; unten links: Aleks49/shutterstock.com; unten rechts: AFP, Mike Clarke/Getty Images
S. 109 oben links: Michael Koenig; oben mitte und rechts: Bettina Stolze/pixelio.de; unten Kartengrundlage: skvoor/shutterstock.com
S. 110 oben: Westfalenpost; unten: Website des Bundesministeriums für Arbeit, Soziales und Konsumentenschutz zur österreichweiten Umsetzung des Boys' Day www.boysday.at
S. 111 oben: Martin Lehmann/shutterstock.com; unten: Daniel Wagner/Red Bull Content Pool
S. 112 Personen shutterstock.com (v.l.n.r.): ouh_desire; Tubol Evgeniya; v.s.anandhakrishna; Sinisa Bobic; Ameisen: Potapov Alexander/shutterstock.com; Häuser u. Plakat: Michael Koenig
S. 113 v.l.n.r: yamix/shutterstock.com; rdnzl/Fotolia; Madlen/shutterstock.com; Edler von Rabenstein/shutterstock.com
S. 114 Text aus: Der eine und der andere – Szenische Dialoge von Helmut Müller, 3-12-558900-2, © Ernst Klett Verlag, Stuttgart 1975
S. 115 oben: AdStock RF; unten: Neamov
S. 117 Schwein: Elena Schweitzer/shutterstock.com; Dirndl: Michael Koenig
S. 118 Pecold/shutterstock.com
S. 120 aus Video geni@l klick B1

Bildquellen Lehrerhandbuch

Cover Titelfoto: Tyler Olson/shutterstock.com; Illu: Aliaksandr Stsiazhyn/iStockphoto
S. 163 Milta/shutterstock.com